Vielen jungen Mädchen mangelt es an Selbstbewusstsein, Optimismus und Widerstandskraft – vor allem in der Pubertät. Eltern können in dieser schwierigen Lebensphase helfen, wenn sie die richtigen »Werkzeuge« kennen. Nicky Marone zeigt, dass besonders Mütter ihre Töchter darin unterstützen können, emotionale und intellektuelle Fähigkeiten zu erlangen, die das Selbstbewusstsein der jungen Mädchen stärken. Die Mütter selbst liefern dabei das beste Vorbild einer erfolgreichen und durchsetzungsstarken Persönlichkeit. Die Autorin hat – auf Grundlage ihrer langjährigen Forschung auf dem Gebiet der Lerntheorie und des geschlechtsspezifischen Verhaltens – altersbezogene Strategien für die Entwicklung von Erfolgsorientiertheit und Selbsteffizienz bei Mädchen und jungen Frauen erarbeitet, die sie widerstandsfähiger in einer Welt machen, die alles andere als mädchenfreundlich ist.

Nicky Marone studierte Pädagogische Psychologie, arbeitete als Lehrerin und lehrte an verschiedenen Universitäten. Seit 1984 hält sie Vorträge über frauenspezifische Themen. Sie gründete das »Girls Empowerment Program« für die YWCA in Boulder, Colorado, unterrichtet am Colorado State University Institute for Woman and Leadership und lebt in Denver, Colorado. Im Fischer Taschenbuch erschien »›Das kannst Du nicht.‹ Wie Frauen erlernte Hilflosigkeit überwinden« (Bd. 14730) und »Gute Väter – Selbstbewußte Töchter« (Bd. 12224).

Unsere Adresse im Internet: www.fischer-tb.de

Nicky Marone

Starke Mütter –
selbstbewusste Töchter

Mädchen zu erfolgreichen
und glücklichen Frauen erziehen

Aus dem Amerikanischen
von Erna Tom

Fischer Taschenbuch Verlag

Deutsche Erstausgabe
Veröffentlicht im Fischer Taschenbuch Verlag GmbH,
Frankfurt am Main, Juni 2001

Die amerikanische Originalausgabe erschien 1998
unter dem Titel ›How to Mother a Successfull Daughter‹
im Verlag Harmony Books, New York
© 1998 by Nicky Marone. First published by Harmony Books.
Translation rights arranged by Sandra Dijkstra Literary Agency
Für die deutsche Ausgabe:
© Fischer Taschenbuch Verlag GmbH, Frankfurt am Main 2001
Satz: Pinkuin Satz und Datentechnik, Berlin
Druck und Bindung: Clausen & Bosse, Leck
Printed in Germany
ISBN 3-596-15068-X

Widmung

Für meine Mutter Maxine, eine energische, lustige, schwierige, liebevolle und begabte Frau. Nie werde ich wissen, wie viel Einfluss sie wirklich auf mich gehabt hat.

Der Kreis wäre jedoch nicht vollständig, würde ich nicht auch die anderen Frauen erwähnen, die gleichermaßen Einfluss auf mich genommen haben; sie waren ganz andere, aber nicht weniger prägende Rollenvorbilder. Es waren meine Tanten: Tante Blanche, Tante Estelle und Tante Anne. Ich hatte das seltene Glück, von mehreren klugen und liebevollen Mentorinnen umgeben zu sein, und in gewisser Weise begleiten sie mich noch heute.

Dank

Die Entstehung eines Buches ist ein langes gemeinsames Bemühen. Die Mitwirkung der folgenden Menschen machte das Buch zu dem, was es ist.

An erster Stelle danke ich meiner Lektorin Leslie Meredith dafür, dass sie mir Gelegenheit gegeben hat, mein Wissen mitzuteilen, dass sie Mädchen so zugetan ist und für ihren sachkundigen Rat, ebenso Laura Wood für ihre gründliche und sorgfältige Durchsicht des Manuskripts, und meiner Agentin Sandy Dijkstra für ihren außerordentlichen Weitblick, ihr mutiges Urteil und ihre jahrelange treue Unterstützung.

Anerkennung möchte ich meinen Kolleginnen Alice Swanson, Lisa Gerstacker, Janet Beardsley und Suzanne Roser aussprechen, die auf unterschiedliche Weise dazu beitragen, dass Frauen und Mädchen ihre Ziele erreichen.

Aus tiefem Herzen dankbar bin ich Deana Bennet, Alice Cohen, Kristen Yount, Suzanne Gerleit, Mary Neumann, Rick Losoff und Dennis Shaver, weil sie immer da waren, wenn ich sie in den schwierigen Zeiten der Entstehung dieses Buches gebraucht habe.

Inhalt

Teil I
Der große Rahmen

Kapitel 1

Leistungsverhalten: Heute so, morgen ganz anders

> In der Pubertät war meine Tochter nicht
> wieder zu erkennen, sie war Dr. Jekyll
> und Mr. Hyde in einer Person, nur dass es
> bei ihr Thelma und Louise waren. Aus
> einer starken, vernünftigen Louise war
> über Nacht eine kichernde, naive Thelma
> geworden.
>
> *Patty, Workshopteilnehmerin und*
> *Mutter einer Vierzehnjährigen*

»Kein Mensch hätte das voraussehen können«, sagte eine Frau im blauen Jogginganzug. »Holly wusste immer ganz genau, wer und was sie war. Sie war klug, sie konnte sich behaupten und hatte immer gute Noten. Aber mit zwölf war auf einmal alles ganz anders.« Die Frau hielt inne. »Dabei war ich mir so sicher, dass es bei ihr anders verlaufen würde.«

»Ich weiß, was Sie meinen; bei meiner Tochter war es genau dasselbe«, meldete sich eine Frau in der hintersten Reihe. »Amy wollte ihr ganzes Leben lang Herzchirurgin werden, und dann wählte sie plötzlich sogar Chemie ab.«

»Meine Tochter hatte fast immer nur Einser«, fiel eine andere Mutter ein. »Als sie in diesem Schuljahr Mathe zum ersten Mal nicht mit links schaffte, war sie plötzlich der Meinung, sie sei dumm.«

»Meiner Tochter macht zwar Mathe immer noch Spaß«, berichtete eine Krankenschwester, »aber sie überlegt sich, ob sie's nächstes Jahr nicht abwählen soll, weil sie, wie sie sagt, keine Lust hat, mit ›überheblichen Jungen‹ zu konkurrieren. Sie will auf keinen Fall so werden wie die.«

»Das versteh ich sehr gut«, murmelte eine Frau weiter hinten.

Hätte ich die Teilnehmerinnen meines Workshops bewusst auswählen können, ich hätte die Verschiedenartigkeit moderner Mütter nicht besser aufzeigen können. Anwesend waren Frauen der geburtenstarken Jahrgänge und der Nullbock-Generation, berufstätige Mütter in schicken Kleidern, Kostümen und Jeans, Mütter mit Studienabschluss, die ihre Brille an einer Kette um den Hals tragen, Krankenschwestern in

Berufskleidung und Mütter in Jogginganzügen. Mütter von Töchtern zwischen Kleinkind und Teenager. Was sie, ungeachtet ihrer unterschiedlichen Lebensumstände, finanziellen Situation und Bildung verband, war die Sorge um das Wohl ihrer Töchter, vor allem in einer so schwierigen Zeit wie der Pubertät. Es war die erste Zusammenkunft in einem sechswöchigen Workshop für Mütter, die erfahren wollten, wie sie ihre Töchter zu erfolgreichen jungen Frauen erziehen.

»Meine Geschichte, glaube ich, ist schlimmer«, sagte eine Frau, der Tränen in den Augen standen. »Meine Tochter hat sich in einen Jungen verliebt, den *ich* für einen Versager halte. Es gibt so viele nette Jungen in unserer Gegend, aber nein, sie mag ausgerechnet den, der immer die schlechtesten Noten hat, dafür keine Manieren und noch nicht einmal lieb zu ihr ist. Sie schleicht sich nachts aus dem Haus, um ihn zu treffen. Dabei ist sie ein Mädchen, das sich in der Grundschule von keinem Jungen was gefallen ließ.«

Sie hielt inne, um einen Schluck Kaffee aus ihrem Pappbecher zu trinken. »Vor ein paar Tagen hab ich sie am Telefon reden hören. Ich wäre fast in Ohnmacht gefallen, als ich hörte, wie sie sagte, dass es cool wäre, ihn zu heiraten und ein Kind von ihm zu bekommen! Ich bin fast durchgedreht, um einen ihrer Lieblingsausdrücke zu verwenden. Mein Gott, sie ist doch erst vierzehn!«

»Ich weiß, was Sie meinen«, sagte die Frau, der die Brille andauernd von der Nase rutschte. »Meine Tochter war die Spitzenspielerin der Basketballmannschaft, aber sowie sie einen Freund hatte, hat sie jegliches Interesse daran verloren und einfach aufgehört. Bei ihr hätte ich es auch nie für möglich gehalten.« Keiner sagte etwas. Schließlich wandte sich die Frau an mich und fragte: »Gibt es irgendeine Möglichkeit, die Sache wieder umzukehren?«

Das – scheinbar – geringe Selbstwertgefühl, der Mangel an Ausdauer, die niedrigeren Erwartungen und die Selbstzweifel, die bei pubertierenden Mädchen plötzlich auftauchen – sogar bei denen, die bislang zu den Erfolgreichsten gehörten, sind der Grund dafür, dass diese Mütter Hilfe suchten. Sie beobachten das veränderte Verhalten ihrer Töchter mit großer Sorge, und die Mütter jüngerer Mädchen hoffen, vorbeugende Maßnahmen ergreifen zu können.

Als Ophra Winfrey in einer ihrer letzten Sendungen die Autoren einiger vor kurzem erschienenen Bücher über weibliche Teenager vorstellte, hat das Publikum im Studio die Diskussion über den Verlust des Selbstbewusstseins, unter dem viele Mädchen in dem Alter leiden, aufmerksam mitverfolgt. Und immer wieder wurde die gleiche verzweifelte Frage gestellt: »Aber was können wir bloß *tun*?« Die Standardantwort lautete jedes Mal: »Sorgen Sie dafür, dass Ihre Tochter ein gesundes Selbstwertgefühl entwickelt.« Aber diese Antwort war zu oberflächlich.

Zum Glück gibt es Hilfe. Untersuchungen über Widerstandsfähigkeit und Ausdauer haben Erkenntnisse zutage gefördert, mit Hilfe derer sich das Selbstbewusstsein von Mädchen und jungen Frauen stärken lässt, obwohl sie in einer Welt leben, die alles andere ist als »mädchenfreundlich«. Das vorliegende Buch nun vermittelt Müttern eine ganz neue Sichtweise auf diesen Problemkreis und liefert provokative neue Erkenntnisse zur Diskussion über Mädchen und Leistung. Die Leserinnen erhalten genaue Anleitungen, die auf dreißigjähriger Erfahrung auf dem Gebiet der Lerntheorie, des geschlechtsspezifischen Verhaltens und des Selbstwertgefühls beruhen. Erkenntnisse, Rat und Techniken sind in altersbezogene Kapitel geordnet. Voranstellen möchte ich das, was über heranwachsende Mädchen allgemein bekannt ist.

Meine Tochter, die Amazonenkriegerin

Zuerst die guten Nachrichten. Mädchen sind in ihrer Entwicklung Jungen voraus: sie sprechen früher, zählen früher, lesen früher und haben in der Grundschule die besseren Noten. Vor dem zwölften Lebensjahr sind die meisten Mädchen mutig, ja sogar waghalsig und jederzeit bereit, es mit Jungen aufzunehmen, ohne auch nur einen Gedanken daran zu verschwenden, was die Jungen von ihnen halten. Kleine Mädchen sind neugierig, wissbegierig und freuen sich, wenn sie Neues ausprobieren können. Voller Entrüstung wehren sie sich gegen ungleiche Behandlung und beschweren sich, wenn »Jungen alles machen dürfen« und sie nicht. Eine Mutter in einem meiner Workshops hat es so formuliert: »Meine Tochter Megan ist in der vierten Klasse. Sie tut so, als wär sie eine Amazone, die in höherer Mission unterwegs ist. Ehrlich gesagt, wünsche ich mir manchmal, sie würde nicht ganz so übertreiben.«

Auch wenn Ihre Tochter keine angehende Amazone ist, werden Sie, sofern sie noch keine zwölf ist, ein paar der oben genannten Eigenschaften an ihr feststellen, die sich wahrscheinlich nur in ihrer Ausgeprägtheit unterscheiden. Anders ausgedrückt heißt das, dass die meisten Mädchen vor dem zwölften Geburtstag ein Verhalten an den Tag legen, das zu einer gesunden Risikobereitschaft und hoher Leistung führt. Fachleute auf diesem Gebiet sprechen hier von *erfolgsorientiertem Verhalten* (mastery behavior) – einer komplexen und ineinander greifenden Reihe von Fertigkeiten, von denen in diesem Buch noch viel die Rede sein wird. *Erfolgsorientiertes Verhalten ist das stete, beharrliche Bemühen – nicht Schicksal, Vererbung oder Glück –, das zu gewünschten Ergebnissen führt.* Auch bekannt unter dem Begriff *Selbsteffizenz* und *an Ergebnissen orientiertes Verhalten* setzt es sich aus einer bestimmten Haltung, Verhaltensmustern und Handlungsweisen zusammen. Die entscheidende Verhaltenskomponente, die sich bei allen erfolgreichen Erwachsenen zeigt, ist, dass sie gerade in schwierigen und turbulenten Zeiten widerstandsfähig sind. Aber viele Mädchen erleben irgendwann einen jähen Verlust an Selbstbewusstsein, Erwartungen und Motivationen, was wiederum ihre Leistung beeinflusst. Dieser Verlust ist nicht nur durch zahlreiche Veröffentlichungen belegt, sondern auch durch die Erfahrungen vieler verzweifelter Eltern.[1] Wir wissen, dass dieses Phänomen zum Teil Ergebnis verfestigter patriarchischer Werte im Schulsystem ist, das sich hauptsächlich männlichen Lernenden und männlichen Lernstilen angepasst und Mädchen eine gleichwertige Erziehung versagt hat.[2] Aber das ist nur die eine Hälfte der Geschichte.

Während ich mein erstes Buch schrieb, das auf der bahnbrechenden Erkenntnis beruhte, dass erfolgreiche Frauen motivierende Väter haben, mit denen sie sich identifizieren können, wurde mir klar, was das Entscheidende am väterlichen Einfluss ist: Väter neigen dazu, das erfolgsorientierte Verhalten ihrer Kinder zu verstärken und zu fördern. Väter, die ihren Töchtern nahe standen und die darüber hinaus keine Söhne hatten, standen ihren Töchtern mit Rat und Tat zur Seite, etwas, was sonst Söhnen vorbehalten bleibt. Es stellte sich heraus, dass diese Mädchen ebenso positiv auf die Verstärkung des erfolgsorientierten Verhaltens reagierten wie Jungen. Die Mädchen von heute brauchen ihre *Mütter* als Vorbilder für erfolgsorientiertes Verhalten und Risikobereitschaft. Sie müssen erfahren, wie erwachsene Frauen – Mütter, Tanten, Nachbarinnen und Lehrerinnen – gesellschaftliche Vorurteile, denen zufolge Frauen schwach und passiv sind, widerlegen. Anders ausgedrückt heißt das, dass Mädchen sowohl Rollenvorbilder als auch erfahrene Anleitung von ihren Müttern und anderen Frauen brauchen, um unerschrocken und widerstandsfähig zu sein und ihre Ansprüche und ihre hohe Motivation, erfolgreich zu sein, nicht zu verlieren.

Infolgedessen hat das vorliegende Buch drei Ziele: 1. Die Verbindung zwischen erfolgsorientiertem Verhalten und positiven Ergebnissen aufzuzeigen, 2. Ihnen zu zeigen, wie Sie richtig auf erfolgsorientiertes Verhalten reagieren, und 3. Ihnen zu zeigen, wie Sie die bereits angelegten Muster des erfolgsorientierten Verhaltens bei Ihrer Tochter verstärken und ihr die noch fehlenden vermitteln können. Ihr Ziel muss sein, die Widerstandsfähigkeit Ihrer Tochter, die sie im Kindesalter an den Tag legt, zu erhalten und zu stärken, damit sie die Gefahren, die in der Pubertät auf sie lauern, bewältigen und zu einer selbständigen Frau werden kann, die ein glückliches, erfülltes, kreatives, produktives Leben führt, wie sich das heutige Mütter für ihre Töchter wünschen.

Diese Aufgabenstellung ist keine einfache und wird zudem noch von zwei Aspekten unseres heutigen Lebens berührt, über die wir uns Klarheit verschaffen müssen, wenn wir die Ratschläge in diesem Buch verstehen wollen. Der erste Aspekt ist *Erfolg*, der zweite *Weiblichkeit*. Da sich soziale Normen schnell wandeln, kann es nur von Vorteil sein, die Definitionen und den Gebrauch dieser wichtigen Begriffe zu klären.

Wer ist erfolgreich?

Jede Diskussion in unserer Gesellschaft über Erfolg muss die Vielschichtigkeit einer multikulturellen, aufgeklärten und freien Gesellschaft berücksichtigen, deren individuelle Ansichten über Erfolg so verschieden sind wie die Menschen, die sie vertreten. Jeder von uns kennt mehrere Individuen und Lebensstile und ist in der Lage, in jedem einzelnen Erfolgsmerkmale zu benennen. Während einige offensichtlich sind und sich beinahe weltweiter Übereinstimmung erfreuen, wie die Erlangung einer Goldmedaille bei den Olympischen Spielen, sind andere sehr viel unklarer definiert.

Kann man von Erfolg sprechen, wenn jemand in gehobener Position in der freien Wirtschaft arbeitet, ein überdurchschnittliches Gehalt bezieht, das einen hohen Lebensstandard garantiert, dafür aber sechzig Stunden im Büro verbringt? Könnte man nicht kündigen und die materiellen Anforderungen der Familie zurückschrauben, um dafür mehr Zeit miteinander zu verbringen? Könnte es nicht sein, dass sich die Kinder in einem solchen Fall wie dem geschilderten vernachlässigt fühlen? Ändert sich dadurch die Definition von Erfolg? Könnte man nicht Aquarelle malen, die sich vielleicht in der Galerie um die Ecke leidlich verkaufen, gleichzeitig aber mit der Rückzahlung der Hypothek in Verzug geraten? Ist Erfolg etwas anderes für einen Mann als für eine Frau? Wenn ja, warum? Einige der Mütter in meinen Workshops befürchten, dass sie nicht »erfolgreich genug« sind. Schätzen sie sich deshalb so ein, weil sie sich, wie einige Teilnehmerinnen meinen, die Definition einer materialistischen Wettbewerbsgesellschaft zu Eigen gemacht haben, oder weil sie ihre eigenen Ziele nicht erreicht haben, wie andere behaupten?

Sich in einem Land wie dem unseren auf eine einzige Definition von »Erfolg« festzulegen, ist fast unmöglich. Das Lexikon löst das Problem durch eine sehr weit gefasste Definition: »Das von Anspruchsniveau und Leistungsmotivation bestimmte Betätigungserlebnis bei der geglückten Verwirklichung selbst gesteckter Ziele, das seinerseits wiederum i. d. R. als Erfolgserwartung oder Erfolgserleben positiv motivierende und anspruchssteigernde Wirkung hat.« Was von einem Außenstehenden als »Erfolg« gesehen wird, muss nicht notwendigerweise von dem Betroffenen als solcher empfunden werden. So kann eine Anwältin, die mit dem eigenen BMW zur Arbeit fährt, an ihrem Schreibtisch in Manhattan aber davon träumt, einen Bauernhof im fernen Oregon zu bewirtschaften, nach außen hin erfolgreich erscheinen, ohne sich wirklich erfolgreich zu fühlen, oder wenn sie es tut, unglücklich sein. Die Mutter von drei aufgeweckten, gesunden Kindern, die nach zwölfjähriger Pause als Bankangestellte mit geringem Gehalt wieder arbeiten geht, kommt sich vielleicht erfolgreich vor, während sich die Mutter von drei aufgeweckten, gesunden Kindern, die ihre Dissertation in Organischer Chemie nie zu Ende schrieb, als Versagerin fühlt.

Die Definition von Erfolg ist deshalb für junge Leute heute eine der herausforderndsten und dringlichsten Aufgaben. Sie müssen nicht nur ihre ganz persönliche Definition von Erfolg herausfinden, sondern sie müssen schon in jungen Jahren danach handeln, wenn sie tatsächlich erfolgreich sein wollen. Für Mädchen stellt sich die Sache noch schwieriger dar.

In unserer modernen Gesellschaft werden Erfolg und Leistung ganz allein dem Individuum zugesprochen. Diese Ansicht ist ein Überbleibsel aus einem Wertsystem, das in der Vergangenheit ausschließlich von Männern geformt wurde. Die Medien vermitteln den Eindruck, dass alle erfolgreichen Menschen viel Geld verdienen und in der Hauptsache Männer sind: Vorstandsvorsitzende, schwerreiche Unternehmer, Erfinder neuer Technologien, Sportler, Berühmtheiten. Obwohl ein hierarchisches und individualistisches Wertsystem an sich nicht falsch ist, habe ich die Erfahrung gemacht, dass diese Definition von Erfolg zu eng gefasst ist, um die breit gefächerte Definition von Erfolg des weiblichen Teils der Bevölkerung zu befriedigen.

Die Mütter in meinen Workshops stehen für ein weibliches Wertsystem, das eine breite Palette von Möglichkeiten in sich vereint. Für einige ist Erfolg gleichbedeutend mit Karriere, die einhergeht mit Macht, Verantwortung, Status, Prestige und Autorität. Für andere mit materiellen Werten, wie finanzielle Unabhängigkeit, Sicherheit und Macht des Verbrauchers. Für viele ist Erfolg mit emotionalen Werten wie Liebe, Vertrautheit, Freundschaft und Familie verbunden. Andere ziehen spirituelle oder metaphysische Definitionen vor: Dienst am Mitmenschen, Weisheit, Bewusstheit und Selbstverwirklichung. Wieder andere bringen Fähigkeiten aus dem künstlerischen Bereich ins Spiel: Originalität, Kreativität und Produktivität. Die ganz Mutigen verwenden Begriffe der Selbsterprobung: Freiheit, Abenteuer, Aufregung und Risiko. Natürlich fällt bei allen auch häufig das Wort »Glück«.

Die Statistiken[3] vermitteln ein interessantes Bild in Bezug auf Frauen und die herkömmlichen Definitionen von »Erfolg« – das heißt die Bereiche der Beschäftigung, die mit hohen Gehältern einhergehen. Im medizinischen Bereich arbeiten Frauen häufiger als Allgemein- und Kinderärztinnen sowie in der Geriatrie als in der Gefäßmedizin und der Chirurgie, wo männliche Dominanz ganz eindeutig ist. Frauen arbeiten als Anwältinnen im Immobilien- und Scheidungsrecht, wohingegen Männer das Unternehmensrecht dominieren. Frauen mit Hochschulbildung sind häufiger vertreten in den weniger angesehenen und schlechter bezahlten Bereichen der Bildungs- und Geisteswissenschaften. Dagegen sind Frauen in allen Berufen, die ein Studium der Naturwissenschaften voraussetzen, weniger präsent. In den technischen Berufen sind Frauen nur selten vertreten. Nach wie vor erwerben deutlich weniger Studentinnen einen Universitätsabschluss in einem technischen Studienfach, und genauso bewerben sich deutlich weniger Frauen für die steigende Zahl von Arbeitsstellen, die technische Grundlagen voraussetzen.

Laut Statistik ist eine große Anzahl von Frauen im Dienstleistungsgewerbe tätig. Hier könnte man einwenden, dass diese Tätigkeiten ihren Interessen und Veranlagungen entgegenkommen. Erwähnt werden muss jedoch, dass Frauen in nichttraditionellen Berufen mehr verdienen als Frauen in traditionellen Berufen. Siebenundsechzig Prozent der amerikanischen Frauen arbeiten, siebzig Prozent aller Mütter mit Kindern im Kindergartenalter gehen einer Vollzeitbeschäftigung nach. (Rund sechzig Prozent der deutschen Frauen arbeiten, davon haben etwa die Hälfte ein oder mehr Kinder.) Viele der arbeitenden Frauen ernähren entweder die Familie oder verdienen dazu, weil der Mann zu wenig verdient. Diese Fakten sind ein zwingendes Argument dafür, dass Frauen in die lukrativeren, von Männern dominierten Berufe vordringen sollten, vor allem da wir uns auf das 21. Jahrhundert und eine immer technisiertere Arbeitswelt zu bewegen, in der unsere Töchter konkurrieren und sich ihren Lebensunterhalt verdienen werden. Obwohl nicht alle Mädchen Computerspezialistinnen werden müssen, lässt sich sagen, dass sie im Berufsleben umso mehr Möglichkeiten haben, je länger sie Mathematik und naturwissenschaftliche Fächer belegen.

Ich habe festgestellt, dass die meisten Mütter nicht gewillt sind, ihre oben aufgezählten Vorstellungen von Erfolg aufzugeben. Nicht dass sie für ihre Töchter nicht das Beste wollten. Dazu sind sie zu realistisch. Sie wollen vielmehr, dass ihre Töchter die sich ihnen bietenden Möglichkeiten erkennen und offen halten. Anders ausgedrückt heißt das, dass die heutigen Mütter die tief greifenden menschlichen Wahrheiten sehr wohl begreifen: Erstens, dass jeder Mensch eine andere Art von Erfüllung anstrebt, und dass ein erfolgreiches Leben ein Gleichgewicht zwischen den verschiedenen Bereichen des Lebens not-

wendig macht; zweitens, dass die Fähigkeiten und die Berufsmöglichkeiten eines Menschen flexibel sein müssen, da die Lebensumstände
einer ständigen Veränderung ausgesetzt sind; und drittens, dass das
Leben sich im Grunde ständig verändert und deshalb das, was heute
als befriedigend empfunden wird, morgen schon nicht mehr befriedigend ist.

Frauen haben darüber hinaus noch die Möglichkeit, Kinder zu gebä-
ren und großzuziehen. Diese Ehrfurcht gebietende Fähigkeit und das
Bewusstsein der damit verbundenen Verantwortung hat Einfluss darauf, wie Mädchen ihre Zukunft sehen. Gewiss haben auch Männer die
Möglichkeit, sich für Kinder zu entscheiden, aber wenn Jungen sich
ihre Zukunft ausmalen, spielt Kinderkriegen dabei in der Regel keine
Rolle. Die meisten männlichen Heranwachsenden sagen: »Mal sehen,
irgendwo müssen auch noch Kinder eingeplant werden.«

Kinder zu haben ist für Männer keine »Wenn-dann«-Entscheidung,
die ihre berufliche Laufbahn unterbrechen würde. Mädchen sind sich
dagegen im Klaren darüber, dass Kinderkriegen und Kindererziehung
etwas ist, das sie durchsetzen müssen.[4]

Was ist Weiblichkeit?

Wenn wir der vielschichtigen Definition von Erfolg die noch weniger
greifbare und weniger klar umrissene Definition von »Weiblichkeit«
zugesellen, ergibt sich ein noch sehr viel komplexeres Bild, das im 21.
Jahrhundert in keiner Weise einfacher wird.

Als Erstes müssen wir in Betracht ziehen, dass sich die traditionellen
Auffassungen von Weiblichkeit in den letzten fünfundzwanzig Jahren deutlich gewandelt haben. Heutige Mütter sind Geschäftsinhabe-
rinnen, Vorgesetzte, Gewichtheberinnen, bekleiden politische Ämter,
nehmen an Marathonläufen teil, schwitzen echten Schweiß, gehen
weitreichende Risiken ein, treffen richtige Entscheidungen und verdienen hartes Geld. Heutige Töchter können sich mit ihren Müttern
identifizieren, um die ergebnisorientierten Fertigkeiten, die für das
Leben notwendig sind, zu erlernen, die in früheren Zeiten den Männern vorbehalten waren.

Andererseits ist der Wandel der traditionellen Weiblichkeit nicht vollständig. Unter der Oberfläche der toleranten gesellschaftlichen Akzeptanz lauert eine tiefe Ambivalenz gegenüber weiblicher Macht und Leistung, die einerseits belohnt, andererseits ignoriert und gelegentlich sogar herabgesetzt werden. Das beste Beispiel dafür ist Hillary Rodham Clinton. Während von vielen behauptet wird, Mrs. Clintons Schwierigkeiten seien gänzlich ihr selbst zuzuschreiben, sind ebenso viele der Meinung, sie sei Opfer einer Schmähkampagne geworden, weil sie der Rolle der First Lady nicht entsprochen hat.

Hillary Clinton, die eine der Eliteuniversitäten des Landes besucht hat und eine ehrgeizige und eigenwillige Frau ist, stand nie im Schatten ihres Mannes. Bevor Bill Clinton Präsident wurde, hat sie mehr Geld verdient als er. Während der Wahlkampagne ihres Mannes für das Amt des Gouverneurs erhitzten sich die Gemüter, weil sie den Mut besaß, ihren Mädchennamen zu benutzen. Um ihre Gegner zu beschwichtigen, fügte sie sich und nahm den Namen ihres Mannes an. Als sie während der Präsidentschaftskampagne mit ihrem Ausspruch »Na ja, ich hätte auch zu Hause bleiben und Plätzchen backen können« wieder in das berühmte Fettnäpfchen trat, hatte dies spürbar unangenehme Folgen für sie. Als sie während der ersten Amtsperiode ihres Mannes gar das Gesundheitssystem reformieren wollte, wurde dieser Versuch, obwohl sie auf sein Geheiß handelte, zu Fall gebracht, weil sie damit zu viel Einfluss genommen hätte – dabei sollte man nicht vergessen, dass dies vor der Whitewater-Affäre geschah. Ab da richtete sie ihr Augenmerk auf das Wohl von Kindern, eine für eine First Lady »akzeptable« Aufgabe, und die bösen Zungen verstummten.

Trotzdem scheint es in unserer Zeit unpassend, die Ehefrau des Präsidenten lediglich als schmückendes Beiwerk zu sehen, vor allem, wenn diese Frau die Intelligenz und Leistungen einer Hillary Clinton vorzuweisen hat. Trotzdem gibt es diese Tendenzen auch heute noch, und Frauen wie Hillary Clinton gehen immer noch ein großes Risiko ein, wenn sie nach Macht und Autorität greifen.

Eine der größten Herausforderungen für Mädchen in der heutigen Zeit besteht deshalb darin, die widersprüchlichen Definitionen unserer Gesellschaft von »Leistung« und »Weiblichkeit« aufzubrechen. Warum? Weil die Eigenschaften, mit denen wir in unserer Gesellschaft einen erfolgreichen Menschen beschreiben – oder eine, wie Sie sehen werden, erfolgsorientierte Person –, die gleichen sind, die wir per se Männern zuschreiben.[5]

Die nachfolgenden Listen dienen zur Verdeutlichung dieses Punktes. Sie setzen sich zusammen aus Aussagen, die im Laufe von über zehn Jahren in meinen Workshops zu den Themen »Väter und Töchter« und »Mütter und Töchter« gemacht wurden. Die jeweiligen Teilnehmerinnen und Teilnehmer wurden gebeten, die für Erfolg und Leistung notwendigen Eigenschaften zu Papier zu bringen. Dann wurden die schriftlichen Aufzeichnungen eingesammelt und für alle sichtbar an die Tafel geschrieben. Als Nächstes wurden die Teilnehmer gebeten, die Eigenschaften für Männlichkeit und Weiblichkeit zu nennen. Um politisch korrekte Antworten zu vermeiden, bat ich die Teilnehmer, an eine bestimmte Person zu denken, die sie für weiblich bzw. männlich hielten. (Sie können an dieser Stelle einen Moment lang innehalten und sich selbst eine solche Person vorstellen.) Dann wurden auch diese Eigenschaften für alle sichtbar an die Tafel geschrieben.

Die Erkenntnis, die sich im Laufe der letzten zwölf Jahre aus diesen Listen herausgebildet hat, ist in zweierlei Hinsicht interessant: erstens, weil die Eigenschaften ortsübergreifend gleich sind, und zweitens, weil sie sich im Laufe der letzten zwölf Jahre so gut wie nicht verändert haben.

Männlich		Weiblich	
positiv	negativ	positiv	negativ
abenteuerlustig zuversichtlich	gewalttätig	fürsorglich	schwach
aggressiv	aggressiv	sorgend	hilflos
unabhängig	inflexibel	gefühlsbetont	gefühlsbetont
selbstbewusst	starr	sensibel	sensibel
intelligent	hart	süß	schwatzhaft
logisch	grob	neugierig	kraftlos
objektiv	unnachgiebig	häuslich	unfähig, sich zu verteidigen

Männlich		Weiblich	
positiv	**negativ**	**positiv**	**negativ**
vernünftig		intelligent	kraftlos
sportlich		verständnisvoll	schwankend
aktiv		flexibel	duldsam
energisch		intuitiv	launisch
stark		mitfühlend	inkonsequent
kraftvoll		spielerisch	
machtvoll		zärtlich	
standhaft		sinnlich	
männlich		sexy	
sinnlich		attraktiv	
entscheidungsfreudig		aufopfernd	
derb		passiv	
robust		weich	
mutig		hübsch	
waghalsig		gepflegt	
gelassen		schwach	
tapfer		zierlich	
zäh		zerbrechlich	
muskulös		zart	
stark		unterwürfig	
aufrichtig		kindlich	
beschützend		schutzbedürftig	

Nach: *Gute Väter – selbstbewußte Töchter* von Nicky Marone, S. Fischer Verlag, 1992

Erfolg und Leistung

Äußerlich	Innerlich
Macht und Autorität	Selbstvertrauen
Geld	Risikobereitschaft
Verantwortung	Unabhängigkeit und Selbst-bestimmung
Status und Rang	Bereitschaft zur Veränderung
Kleidung, Auto, Haus	Bereitschaft zum Misserfolg
Spesenkonto	Bereitschaft zum Erfolg
Sich seine Zeit selbst einteilen	Zuversicht
Reisen nach eigenen Wünschen	Intelligenz
Stabilität	Humor
psychische Gesundheit (Glück)	Kreativität

Wenn man die Listen vergleicht und dabei besonders auf die inneren Eigenschaften unter dem Oberbegriff Erfolg und Leistung achtet, sieht man, dass die Begriffe, mit denen ein erfolgreicher Mensch beschrieben wird, zum größten Teil mit den typisch männlichen Eigenschaften identisch sind. Anders ausgedrückt heißt das, dass unsere Gesellschaft einen »erfolgreichen Menschen« mit männlichen Begriffen beschreibt. Darüber hinaus sind die Eigenschaften, die auf der männlichen Seite der Gleichung auftauchen, die gleichen wie die eines erfolgsorientierten, risikobereiten Menschen. Diese Eigenschaften werden in der immer mehr auf Wettbewerb eingestellten Gesellschaft der Zukunft gefragt sein – einer Gesellschaft, in der es, wie uns Fachleute bestätigen, immer weniger feste Arbeitsverhältnisse geben wird und Arbeitnehmer sich tagtäglich neu beweisen müssen. Im Gegensatz dazu enthält die Liste der so genannten weiblichen Eigenschaften Begriffe, die mit Schüchternheit, Hilflosigkeit, Passivität und einem Mangel an Risikobereitschaft in Verbindung gebracht werden.

So basieren zum Beispiel die drei inneren Eigenschaften, die zum Erfolg führen – Selbstvertrauen, Risikobereitschaft sowie Unabhängigkeit und Selbstbestimmung –, allesamt auf den selbstbehauptenden, zuversichtlichen und handlungsorientierten Eigenschaften der männlichen Liste, ganz im Gegensatz zu den eher emotionalen, passiven und schmückenden Eigenschaften der weiblichen Seite. Obwohl sich die Listen in einigen Punkten überlappen, so erscheint »intelligent« auf beiden Seiten, tauchen auf der männlichen Liste sehr viel häufiger die handlungsorientierten Eigenschaften auf, die unsere Gesellschaft mit einem erfolgreichen Menschen assoziiert. Die auf der weiblichen Seite aufgelisteten Eigenschaften beschreiben mit einigen Ausnahmen eher Passivität, einen Mangel an Risikobereitschaft, einen Bedarf an Schutz oder die Bereitschaft zur schmückenden Funktion, selbst wenn sich die Eigenschaft »flexibel« auf der Seite der positiven weiblichen Eigenschaften findet.

Auch andere unausgesprochene Botschaften und Annahmen werden auf Dauer von Erwachsenen im Umgang mit Kindern weitergegeben und verstärkt. Lehrer bitten Jungen, Tische zu rücken und Bücher zu schleppen, während Mädchen die Tafel wischen oder Eintragungen ins Klassenbuch machen dürfen.[6] Eltern eilen Mädchen in Situationen zu Hilfe, in denen sie Jungen nicht helfen würden.[7] Von Jungen erwartet man, dass sie Dinge reparieren, von Mädchen nicht.[8] Wenn Jungen schlecht in Mathe sind, werden sie von ihren Eltern ermahnt, sich mehr anzustrengen, während man es Mädchen nachsieht, weil sie in Fächern wie diesem nicht so gut sein können.[9] Eltern besprechen traurige Ereignisse aus der Vergangenheit eher mit Mädchen als mit Jungen und gebrauchen bei Mädchen eine mehr gefühlsbetonte Sprache.[10] Eltern kaufen ihren Söhnen Sportausrüstungen, Bastelsachen und Baukästen, ihren Töchtern dagegen Puppen, Möbel und Küchenutensilien.[11] Die Liste ließe sich beliebig fortsetzen.

Dies stellt Mädchen vor ein Rätsel und fordert seinen Preis. Mit Sicherheit werden Jungen und Mädchen versuchen, sich von den Eigenschaften zu distanzieren, die dem anderen Geschlecht zugeschrieben werden, wenn sie in die Pubertät kommen. Sie wollen herausfinden, was es bedeutet, ein Mann bzw. eine Frau zu sein. Da wir als Erwachsene über mehr Lebenserfahrung verfügen, wissen wir, dass die Eigenschaften auf beiden Listen sowohl von Männern wie von Frauen an den Tag gelegt werden, aber Heranwachsende neigen dazu, zu vereinfachen und sich aufgrund mangelnder Erfahrung auf Klischees zu verlassen und sich abzugrenzen.

Da die Beliebtheit beim anderen Geschlecht im Laufe der Pubertät eine immer größere Rolle spielt, will ein Mädchen unter keinen Umständen für männlich gehalten werden. Stattdessen wird die Anziehungskraft auf Jungen für viele junge Mädchen zur Daseinsberechtigung, und sie glauben, ihre Weiblichkeit sei ihre wirksamste Waffe. Wenn das Verständnis von Weiblichkeit von Hilflosigkeit und Passivität geprägt ist, wird ein Mädchen sich gezwungen fühlen, seine Leistungen abzuwerten, um in den Augen der Jungen weiblich zu wirken. Jungen, die Angst haben, weibisch zu erscheinen, müssen dagegen erfolgsorientiert sein, um als männlich zu gelten. An dieser Stelle möchte ich einfügen, dass sich manche Dinge niemals ändern. Sogar nach zehnjähriger Workshoparbeit gibt es immer wieder Frauen, die den Finger heben und sagen: »Wieso ist das nur ein Problem für Heranwachsende? Ich bin fünfunddreißig und weiß immer noch nicht, wie ich gleichzeitig meine Frau stehen und erfolgreich sein kann und trotzdem anziehend auf Männer wirke!«

Diese Verbindung zwischen Männlichkeit und Leistung wird deutlich in Untersuchungen, die zeigen, dass im Alter von zwölf bis vierzehn die Noten von Mädchen in standardisierten Schularbeiten, vor allem in Mathe und anderen naturwissenschaftlichen Fächern, immer schlechter werden.[12] Jungen wählen in den höheren Klassen häufiger als Mädchen Mathe und Physik, weil sie mehr Selbstvertrauen besitzen.[13] Mehr als vierzig Prozent der Mädchen wissen nicht, welche Fächer sie in der Oberstufe wählen wollen.[14] Mädchen im Teenageralter sind eher als Jungen geneigt zu sagen, sie seien »nicht klug« genug oder »nicht gut genug«, um hoch gesteckte Ziele zu erreichen.[15] Selbst wenn der Notendurchschnitt angehoben wird, ist es erschreckend, wie schlecht Mädchen abschneiden. In ihrem Buch *Failing at Fairness* haben die Erziehungswissenschaftler David und Myra Sadker es prägnant formuliert: »Man musste Mädchen einen großen Vorsprung geben, damit sie so abschneiden wie Jungen.« Und später: »Bei standardisierten Tests sind die Jungen den Mädchen haushoch überlegen.«[16] (In Kapitel 2 gehe ich noch näher auf Noten und schulische Leistung ein.)

Sobald Ihre Tochter versucht, Weiblichkeit in ihr Selbstbild mit einzubinden, wird sie höchstwahrscheinlich mit vielen verschiedenen Facetten einer weiblichen Persönlichkeit experimentieren: sie wird lieb und süß sein, passiv, verzagt, ruhig, freundlich, auf die Bedürfnisse anderer Rücksicht nehmen und vor allem darauf achten, dass sie keine Bedrohung darstellt. Ein solches Verhalten wird von der Gesellschaft ermutigt. »Jedes Mal, wenn ich schlechte Laune habe, sagt meine Mutter: ›Jennifer, mach bitte ein freundlicheres Gesicht!‹«, erzählte ein junges Mädchen in einem meiner Workshops für Mädchen. »Aber zu meinem Bruder sagt sie das nie, obwohl er ein richtiger Miesepeter ist.« Wie Sie als Frau in unserer Gesellschaft nur zu gut wissen, kann das Bedürfnis danach, freundlich und fügsam (weiblich) zu sein, die Wurzel vieler Übel sein, vor allem wenn Frauen mit der harten Realität des Ehrgeizes, der Leistung und der Arbeitswelt konfrontiert werden, ganz zu schweigen von Technologie, Wissenschaft und Mathematik – oder anders gesagt mit den risikobehafteten Konkurrenzbereichen, die die Männer längst festgelegt haben.

Die meisten von Ihnen werden wahrscheinlich entrüstet sein, wenn ich vorschlage, unseren Töchtern die Weiblichkeit abzugewöhnen, um sie auf die Konkurrenz mit den Männern am Arbeitsplatz vorzubereiten. Immer wieder drücken Mütter in meinen Workshops ihre Sorge darüber aus, dass die traditionellen weiblichen Eigenschaften wie Übereinstimmungsbedürfnis, Rücksichtnahme und Einfühlungsvermögen in unserer Gesellschaft abgewertet werden, obwohl sie andererseits der letzte Hoffnungsschimmer für eine Gesellschaft sind, in der Mitmenschlichkeit die Norm ist.

Ich schließe mich dieser Meinung rundherum an. Diese weiblichen Eigenschaften sind das, was Beziehungen zusammenhält, was sich und anderen hilft und zur Harmonie führt. Außerdem kann Weiblichkeit sehr lustig sein. Es ist aufregend, seine verführerischen und attraktiven Seiten zu entdecken. Auch das gehört zu den Erfahrungen, die man in der Pubertät macht, aber Mädchen müssen lernen, mit diesen starken Kräften ihrer erwachenden Weiblichkeit umzugehen.

Weil sich auf kultureller Ebene in Bezug auf Geschlechterrollen immer noch viel verändert, spuken auch immer noch genügend Klischeevorstellungen in den Köpfen der Menschen herum und stiften Verwirrung. Wenn Unterwürfigkeit nicht für alle Mitglieder der Gesellschaft einen Wert darstellt, bietet sie Gelegenheit zur Ausbeutung. Indem Sie also die erfolgsorientierten Verhaltensweisen und die Widerstandsfähigkeit Ihrer Tochter stärken, machen Sie aus ihr eine starke, selbstbewusste, entschlossene junge Frau, deren Wünsche und Bedürfnisse respektiert und erfüllt werden.

Eine Gruppe von Mädchen in einem meiner Workshops hat es am besten formuliert.

»Mein Freund mag es, wenn ich lieb und fürsorglich bin«, erklärte eine junge Afro-Amerikanerin, »und weil er mich so mag, bin ich es auch. Aber natürlich bin ich nicht immer so.«

»Wann nicht?«, fragte eine andere.

»Na ja, wenn ich beispielsweise um eine Gehaltserhöhung bitte«, antwortete die erste. »Meinem Chef ist es doch ziemlich egal, wie lieb und fürsorglich ich bin.«

Ein anderes Mädchen, das kurz vor dem Abschluss der High School stand, berichtete von seiner diesbezüglichen Erfahrung im Zusammenhang mit einem Vorspiel für eine Theaterrolle. »Ich ging noch einmal hinein, um herauszufinden, ob ich es geschafft hatte«, fing sie an. »Ich erfuhr, dass ich es nicht geschafft hatte.«

»Ahhh«, murmelten die anderen voller Mitgefühl.

»Danke«, sagte sie, »aber was ich sagen will, ist, dass ich mich total *kindisch* aufgeführt hab. Ich habe mich auf die Treppe gesetzt und geheult. Um mich herum standen ein paar Jungen, die's auch nicht geschafft hatten. Die waren bestimmt genauso enttäuscht wie ich, aber die haben nicht geweint.«

»Also, ich finde das in Ordnung«, sagte ich in meinem mitfühlendsten Ton. »Deine Reaktion war wahrscheinlich die gesündere. Die anderen haben ihre Gefühle einfach unterdrückt.«

»Schon, aber manchmal kann es ganz gut sein, wenn man so was kann«, gab sie zurück.

Ihr Standpunkt war nicht von der Hand zu weisen. Wenn traditionelle weibliche Reaktionen unangebracht sind – wenn es gilt, in Physik eine gute Arbeit zu schreiben, sich als Klassensprecherin aufstellen zu lassen oder gegen die gegnerische Basketballmannschaft zu gewinnen –, sind traditionelle weibliche Verhaltensweisen wirkungslos. In Situationen, in denen ein noch entschiedeneres Auftreten vonnöten ist, wenn es beispielsweise darum geht, sich gegen körperlichen Missbrauch, einen Überfall oder eine feindselige Umwelt zur Wehr zu setzen, sind sie sogar gefährlich.

Erfolg und Weiblichkeit in Einklang bringen

Sollen unsere Töchter Erfolg in seiner ganzen Bandbreite erfahren, das heißt, das scheinbar Unvereinbare erreichen, nämlich gleichzeitig unabhängig sein *und* einen Partner finden, müssen sie die sich wandelnden, zweideutigen und sich oftmals widersprechenden Entwürfe von Weiblichkeit und Leistung in Einklang bringen. Der einzig sinnvolle Weg, der Mädchen die ihnen zustehenden Chancen gibt, besteht darin, ihnen zu zeigen, wie und wann sie ihr Verhalten anpassen müssen, damit sie tun, was notwendig ist, um das zu bekommen, was sie wollen. Das scheint mir der einzige Weg, sie auf etwas noch viel Wichtigeres vorzubereiten als Erfolg – auf das *Leben*.

Dem Leben, diesem strengsten aller Zucht- und Lehrmeister, ist das Geschlecht eines Menschen völlig gleichgültig. Das Leben stellt uns in Situationen, die großes Mitgefühl, Empfindsamkeit und noch andere fürsorgliche, so genannte weibliche Eigenschaften erfordern. Der erfolgreiche Mensch, ganz gleich ob männlich oder weiblich, wird entsprechend reagieren. Gleichzeitig hält das Leben für jeden Menschen, männlich und weiblich, Situationen bereit, in denen Bestimmtheit und mitunter sogar Aggression und Einschüchterung gefordert sind – wenn man beispielsweise mitten in der Nacht auf einem dunklen Parkplatz überfallen wird. Und wieder reagiert der erfolgreiche Mensch der Situation angemessen. Für unsere Zwecke definieren wir einen erfolgreichen Menschen, männlich und weiblich, deshalb als einen, der sich einer Situation entsprechend verhält. Ein solcher Mensch lässt sich weder durch kulturelle Definitionen von Weiblichkeit (oftmals gefärbt von Hilflosigkeit und Passivität) noch von Männlichkeit (rivalisierend und oft mit einem Mangel an Mitgefühl behaftet) beirren.

Erfolgreiche Menschen sind in der Lage, ihr Verhalten zu modifizieren und im Laufe eines Lebens eine ganze Reihe von Verhaltensweisen anzuwenden, mit Hilfe derer sie gewünschte Ergebnisse erzielen – eine Definition, die gleichbedeutend ist mit Überzeugung von der eigenen Wirksamkeit, Leistung und erfolgsorientiertem Verhalten. Ob sich diese Menschen nun entschließen, gegen den Strom zu schwimmen oder mit der Herde zu laufen, für ein großes Unternehmen zu arbeiten oder in der Garage Aquarelle zu malen, in einer hektischen Großstadt zu leben oder in einer beschaulichen Gemeinde auf dem Land, eine Familie zu gründen, einem Beruf nachzugehen oder nichts von alledem, der rote Faden ist, dass jedes erfolgreiche Verhalten, und im Grunde das Leben an sich, eine Reihe von gleich bleibenden Fähigkeiten erfordert. Dazu gehört positive Risiken einzugehen, Schwierigkeiten, Hindernisse und Rückschläge widerstandsfähig und beharrlich zu bewältigen, Probleme kreativ und klug zu lösen und Veränderungen positiv zu verarbeiten.

Die Kraft der tiefen Überzeugung

Auf einer noch tieferen Ebene muss jedoch eine Grundlage für die Verhaltensweisen eines Menschen vorhanden sein. Es ist dies das Vertrauen darauf, dass man seine Ziele erreicht. Auch wenn manche sagen werden, dass Vertrauen einfach zu wenig ist, um etwas zu bewirken, ist es in Wahrheit so, dass ausdauernde und hartnäckige Menschen deshalb ausdauernd und hartnäckig sind, weil sie im Grunde daran glauben und darauf vertrauen, dass sie das erreichen werden, was sie sich vorstellen, ganz gleich, wie lange es dauert oder wie schwierig die Verwirklichung ist.

Die Frauen der Vergangenheit, die wir heute würdigen, besaßen diese Selbsteffizienz und ließen es auch alle Welt wissen. Sie überwanden große Hindernisse, erlitten Rückschläge, litten Not und erfuhren Spott und Zorn. Aber sie ließen sich dadurch von ihrem Vertrauen in sich selbst und ihre Aufgabe nicht abbringen. Die Suffragetten, die Gegnerinnen der Sklaverei, die Befürworterinnen der Prohibition, die frühen Kämpferinnen für Kinderschutzgesetze, die Frauen, die sich für Geburtenkontrolle und das Selbstbestimmungsrecht der Frau einsetzten, die Frauen, die in den Wilden Westen gingen und sich dort unter schwierigsten Bedingungen eine Existenz aufbauten, die Näherinnen in den Ausbeuterbetrieben der Jahrhundertwende, sogar die Schönen mit Wespentaille, die scharenweise in Ohnmacht fielen, aber nicht weil sie schwache weibliche Wesen waren, sondern weil man sie so fest einschnürte, dass ihnen die Luft wegblieb – alle mussten Vertrauen in die eigenen Fähigkeiten haben und von der eigenen Wirksamkeit überzeugt sein, um unter schwierigsten Bedingungen zu überleben. Gerade in den entscheidenden Jahren dürfen Mädchen nichts unversucht lassen, um diese Überzeugung vom eigenen Ich aufzubauen. Wir gehen in diesem Buch von der Annahme aus, dass wir unsere Töchter nur dann zu erfolgreichen Frauen erziehen können, wenn wir ihre Überzeugung vom eigenen Ich erhalten und stärken. Ich werde Sie Schritt für Schritt durch diese Prozesse führen, aber denken Sie immer daran, dass diese Prozesse *im Leben* mit einem Wandteppich vergleichbar sind, in dem jeder einzelne Faden den ganzen Teppich zusammenhält. Ihre Aufgabe als Mutter besteht darin,

- die Überzeugung vom eigenen Ich Ihrer Tochter zu stärken – mit anderen Worten das Vertrauen in sich selbst, mit dem sie die sich ihr bietenden Möglichkeiten wahrnehmen und zum gewünschten Ergebnis führen kann,
- die Widerstandsfähigkeit zu stärken, damit sie nicht an Kummer und Schwierigkeiten zerbricht,
- Ihre Tochter in ihren Haltungen und Handlungen so zu beeinflussen, dass sie in der Lage ist, ihr Handeln und ihr Verhalten auf die jeweilige Situation einzustellen.

Jede Mutter, die ihre Tochter zu einer erfolgreichen Frau erziehen will, sollte sich folgende Fragen stellen:

- Lernt meine Tochter die lebensnotwendigen Fertigkeiten der positiven Risikobereitschaft, der Widerstandsfähigkeit und Beharrlichkeit? Bin ich ihr in diesen Dingen ein Vorbild?
- Vermittle ich meiner Tochter, dass Erfolg und Leistung Verhaltensweisen sind und nicht Ziele, Prozesse und nicht Ergebnisse, Tun und nicht Sagen?
- Lehre ich sie, stark und tüchtig zu sein und sich sicher und geborgen zu fühlen?
- Bereite ich meine Tochter darauf vor, finanziell unabhängig zu sein?
- Bekommt sie die Ausbildung, die sie braucht, um in einer hoch technisierten Welt mithalten zu können – belegt sie Mathematik, andere Naturwissenschaften und Computerkurse?
- Vermittle ich ihr, wie sie ihr Verhalten gemäß den Anforderungen einer Situation variieren kann?
- Helfe ich ihr zu erkennen, dass sie wichtige Arbeit leistet?
- Helfe ich ihr darauf zu vertrauen, dass die Zukunft Gutes für sie bereithält?

- Helfe ich ihr, eine gute Problemlöserin zu werden?
- Bereite ich sie darauf vor, mit Veränderungen fertig zu werden?
- Helfe ich ihr, Zweifel, Angst, Frustration und Enttäuschung positiv zu bewältigen?
- Zeige ich ihr, dass man hart und trotzdem fair sein kann?
- Helfe ich ihr, ihre eigenen einzigartigen Fähigkeiten und Begabungen zu entdecken und zu schätzen, ganz gleich was die anderen darüber denken?
- Helfe ich ihr, eine Welt zu schaffen, die den wie immer gearteten Beitrag meiner Tochter annimmt?

Wir nehmen unseren Töchtern damit nichts weg, ganz im Gegenteil. Wir erweitern das ihnen zur Verfügung stehende Repertoire an Verhaltensweisen, statten sie mit mehr Werkzeugen aus. Sie erfahren ihr ganzes menschliches Potenzial, weil ihnen das ganze Spektrum der möglichen Verhaltensweisen zur Verfügung steht, vom ungehinderten Ausdruck der mitfühlenden, intuitiven, fürsorglichen Weiblichkeit bis hin zur knallharten und mutigen Anwendung des beharrlichen erfolgsorientierten Verhaltens.

Zuletzt soll gesagt sein, dass es auf keinen Fall darum geht, unsere Töchter nach unseren Vorstellungen zu formen. Es kommt vielmehr darauf an, ihnen die Fertigkeiten des erfolgsorientierten Verhaltens zu vermitteln, mit Hilfe derer sie ihre eigenen Entscheidungen treffen und ihre Pläne erfolgreich verwirklichen können. Nur so können wir sicher sein, dass sie ausreichend auf das nächste Jahrhundert vorbereitet sind.

Kapitel 2

Das Lernparadox: Kompetenz oder Hilflosigkeit

> Frei zu sein, bedeutet, sich selbst
> unablässig zu testen, zu spielen. Es hat
> nichts mit Sicherheit zu tun.
> *Robyn Davidson, Autorin von* Tracks,
> *der autobiographischen Schilderung*
> *ihres 1700-Meilen-Marsches durch den*
> *australischen Busch, allein mit Hund*
> *und vier Kamelen*

In Kapitel 1 haben wir festgestellt, dass sich Mädchen in frühester Kindheit genauso verhalten wie Jungen; sie sind neugierig, widerstandsfähig, voller Tatendrang, wenn es darum geht, die Welt zu erkunden und Neues auszuprobieren. In der Pubertät allerdings lässt dieses Selbstvertrauen stark nach, was dazu führt, dass Selbstwertgefühl, Ehrgeiz, Ambitionen und Widerstandsfähigkeit der Mädchen leiden.[1] Trotz dreißig Jahre Feminismus der zweiten Generation hat sich unsere Gesellschaft nur wenig verändert. Immer noch müssen wir hilflos zusehen, wie zu viele begabte Mädchen sang- und klanglos von der Bildfläche verschwinden.

Das Wichtigste, was eine Mutter tun kann, um aus ihrer Tochter eine erfolgreiche Frau zu machen, ist, der Tochter möglichst viel Information an die Hand zu geben, wie sie sich ihr natürliches Können und ihre natürliche Widerstandsfähigkeit erhält und fördert. Mütter müssen dafür sorgen, dass ihren Töchtern die erfolgsorientierte Einstellung nicht verloren geht, da es unvermeidlich ist, dass Mädchen mit Rückschlägen und Misserfolgen im Leben fertig werden müssen.

Es wäre ein Irrtum zu glauben, dass erfolgreiche Menschen nie verwirrt sind, Zweifel verspüren, ihr Ziel verfehlen, Misserfolge ernten, durchfallen, sich verzetteln, dass sie vor all dem geschützt sind und Schwierigkeiten, Misserfolg und Kritik an ihnen abprallen würden. Nichts liegt der Wahrheit ferner. Was erfolgreiche Menschen von anderen unterscheidet, ist, dass sie gewillt sind, Schwierigkeiten auf sich zu nehmen, um ihre Ziele zu erreichen. Wie sie das machen? Nicht indem sie Fehler und Rückschläge vermeiden, sondern indem sie eine

Reihe von Verhaltensweisen und Reaktionen parat haben, mit denen sie sich ihr Selbstvertrauen auch in schwierigen Zeiten erhalten und die sie in die Lage versetzen, an Plänen festzuhalten, auch wenn auf dem Weg zum Ziel manches schief läuft.

Man könnte meinen, dass der Frohsinn bei Kindern, sei es Mädchen oder Junge, ein Produkt ihrer Naivität ist. Da sie weder Schwierigkeiten noch Scheitern erfahren haben, haben sie noch keinen Schaden genommen. Das ist jedoch nicht unbedingt eine logische Schlussfolgerung, denn Untersuchungen haben gezeigt, dass Kinder im Laufe des Lernprozesses sehr wohl auf Hindernisse stoßen. An vielen Hindernissen scheitern sie sogar, vor allem beim ersten Versuch: die Klugen, die weniger Klugen, die Älteren, die Jüngeren, Jungen, Mädchen, alle. Man muss sogar sagen, dass Lernen ohne Versuche und Irrtümer einfach nicht möglich ist. Die entscheidende Frage ist: Warum machen manche Kinder auch bei Schwierigkeiten und Unannehmlichkeiten beharrlich und unbeirrt weiter, um etwas zu einem positiven Abschluss zu bringen, während andere einfach aufgeben?

Um Licht in diese faszinierende Frage zu bringen, wurden Untersuchungsmethoden zur Wechselwirkung von Beharrlichkeit und Versagen entwickelt. Zutage kam, dass es nicht nur einen merklichen Unterschied zwischen den Beharrlichen und den Nichtbeharrlichen gibt, sondern auch zwischen Jungen und Mädchen.

Die für diese Untersuchung ausgewählten Jungen und Mädchen hatten in etwa den gleichen Intelligenz- und Bildungsstand. Sie bekamen die Aufgabe, Probleme und Puzzles zu lösen, die geringfügig über den Fähigkeiten ihrer Altersgruppe lagen, um auf Versuchsbasis Verwirrung, Hindernisse und Scheitern herbeizuführen. Um die Aufgaben zu meistern, mussten die Kinder beharrlich und widerstandsfähig sein.[2]

Da die Kinder nach Fähigkeiten und Intelligenz gruppiert wurden, würde man annehmen, dass ihre Reaktionen auf Schwierigkeiten und Verwirrung ähnlich ausgefallen wären. Die Untersuchenden stellten jedoch überraschend fest, dass einige Kinder auf Schwierigkeiten mit erhöhter Anstrengung reagierten, wohingegen andere vom Schwierigkeitsgrad der Aufgabe so verunsichert wurden, dass sie nicht einmal mehr in der Lage waren, Aufgaben zu lösen, die sie bereits früher gelöst hatten!

Danach wurde versucht, die Unterschiede zwischen den beiden Reaktionen noch deutlicher zu machen. Es wurden Tests entwickelt, im Laufe derer die Kinder zuerst Erfolg, dann Misserfolg erfuhren. Die Ergebnisse waren verblüffend.

Wie erwartet waren einige Kinder in der Lage, ihre Leistung nach vorangegangenen Misserfolgen zu verbessern. Andere gaben einfach auf, und ihre Leistungen verschlechterten sich nach vorangegangenen Misserfolgen. Was an den Ergebnissen am meisten verblüffte, war, dass der Hauptunterschied zwischen Kindern, deren Leistung anstieg, und denen, die einfach aufgaben, darin lag, wie sie ihren Erfolg und Misserfolg beurteilten, und die Art und Weise, wie sie ihre Situation *auslegten*, sowie die Selbstgespräche, die sie führten, während sie an der Lösung der Aufgabe arbeiteten. Die folgenden Aufstellungen geben diese beiden Sichtweisen wider:

Kinder, die ihre Leistung verbesserten	Kinder, die sich durch ihr Versagen verunsichern ließen
1. Gestanden sich den Fehler ein, bezeichneten ihn jedoch nicht als Versagen, sondern als etwas Vorübergehendes, das sich korrigieren ließ.	1. Bewerteten einen Fehler als Versagen.
2. Lieferten keine Erklärung dafür, warum sie einen Fehler gemacht hatten.	2. Versuchten ihre Fehler zu erklären bzw. zu rechtfertigen, indem sie sie dem eigenen Unvermögen zuschrieben: »Ich kann das einfach nicht.«
3. Nutzten die Zeit, um die Aufgabe zu lösen und ihre Fehler zu korrigieren anstatt ihre Fehler zu erklären.	3. Brachten mehr Zeit damit zu, Fehler zu erklären bzw. zu rechtfertigen als die Aufgabe zu lösen und den Fehler zu korrigieren.
4. Prophezeiten zukünftige Erfolge.	4. Bauschten gegenwärtiges Versagen auf und prophezeiten zukünftige Misserfolge.

Kinder, die ihre Leistung verbesserten	Kinder, die sich durch ihr Versagen verunsichern ließen
5. Ermutigten sich durch positive Selbstgespräche.	5. Entwickelten negative Selbstgespräche, die zu negativen Gefühlen in Bezug auf die Aufgabe führten.
6. Wurden der Aufgabe gegenüber immer positiver.	6. Äußerten den Wunsch, die Aufgabe abzubrechen.

Kinder, die aufgaben, sagten: »Ich kann das nicht«, während die anderen, die nicht aufgaben, sagten: »Das versuch ich!« Die einen sahen ihr Versagen (oder Fehler und Verwirrung) als persönliches Versagen, wohingegen die anderen es als ein *strategisches* Versagen ansahen. Kinder, die aufgaben, werteten einen Fehler als nicht vorhandenes Können und waren überzeugt, das Versagen käme von innen, wohingegen die anderen in der Lage waren, Verwirrung, Fehler und Versagen in einen längeren Lösungsprozess einzubauen, der letztendlich zum Erfolg führen würde. Die Kinder, die aufgaben, hatten die »erlernte Hilflosigkeit« verinnerlicht, während sich die anderen Kinder ihr Können erhalten hatten.

Besonders beunruhigend ist, dass Untersuchung um Untersuchung zeigt, dass Mädchen die Verhaltensmuster der erlernten Hilflosigkeit sehr viel häufiger aufweisen als Jungen. Spätestens in der Pubertät zeigt sich, dass Jungen sich ihr erfolgsorientiertes Verhalten erhalten haben, während es bei Mädchen entweder ganz verschwunden oder zumindest nur noch in geringem Maße vorhanden ist. Mädchen artikulieren Angst vor Misserfolgen häufiger als Jungen.[3] Sie haben mehr Mühe, Misserfolg zu verkraften, und sie prophezeien zukünftiges Versagen in neuen Leistungssituationen, während Jungen nach einem Misserfolg bessere Leistungen prophezeien.[4] Mädchen äußerten weniger Stolz auf ihre Erfolge als Jungen und einen stärkeren Wunsch, die Arbeiten nach einem Misserfolg zu verstecken.[5] Das Erstaunlichste überhaupt war jedoch das Ergebnis einer Untersuchung, die gezeigt hat, dass die durch Misserfolg und Verwirrung entmutigten Mädchen gleichzeitig die intelligentesten waren.[6]

In Untersuchungen zum männlichen und weiblichen Rollenverhalten bezüglich Mathematik reagierten Mädchen und Jungen nicht nur unterschiedlich auf Versagen, sondern auch auf Erfolg. Bittet man Jungs in der Grundschule zu erklären, warum sie in einer schwierigen Mathearbeit gut abgeschnitten haben, schreiben sie ihre guten Noten ihrer Intelligenz und ihrem Fleiß zu. Fragt man Mädchen, warum sie in der gleichen Arbeit gut abgeschnitten haben, erklären sie, sie hätten gut abgeschnitten, weil die Aufgabe »leicht« gewesen sei, obwohl man ihnen, genau wie den Jungen, gesagt hatte, dass es eine schwierige Aufgabe werden würde. Vor allem ältere Mädchen lassen sich von Erfolgserlebnissen weniger motivieren. Sie sagen selbst dann schlechte zukünftige Leistungen voraus, wenn sie die gleichen Leistungen erbracht haben wie Jungen, auf Grundlage derer diese künftigen Erfolg voraussagen.[7] Wenn Jungen Erfolg haben, sind sie geneigt, ihr Selbstbild danach zu richten – das heißt, sie verinnerlichen den Erfolg. Wenn Mädchen die gleiche Aufgabe erfolgreich abschließen, schreiben sie ihre guten Leistungen den äußeren Umständen zu – das heißt, sie ändern ihre Meinung über die Aufgabe. Wir sehen also, dass Mädchen, selbst wenn ihr Fleiß zu einem positiven Ergebnis führt, keine erfolgsorientierte Verhaltensweise entwickeln.

Da alle Kinder Fehler machen, müssen die Erwachsenen eine Art der Schadensbegrenzung durchführen, damit die Kinder das erfolgsorientierte Verhalten beibehalten, das sie in jüngeren Jahren auf natürliche Weise an den Tag legen. Bedauerlicherweise erhalten Jungen und Mädchen nicht die gleiche Erziehung. Wenn die Widerstandsfähigkeit eines Jungen durch schwierige Situationen geschwächt wird, fordert man ihn auf, »sich zusammenzureißen«, »es abzuschütteln« oder »so zu tun als ob« und Selbstbewusstsein an den Tag zu legen. Diese Einstellungen und Reaktionen werden von Vätern und anderen erwachsenen Männern vorgelebt und verstärkt. Wenn Mädchen nicht widerstandsfähig sind, wird ihr Verhalten bedauerlicherweise entweder gar nicht wahrgenommen oder aber als »weiblich« und »normal für Mädchen« eingestuft. Schlimmer noch, man eilt Mädchen in Situationen zu Hilfe, in denen man Jungen beibringt, sich durchzuboxen. Die Gefahr dabei ist, dass unsere Töchter, wenn sie lernen, sich »weiblich« zu verhalten, durch verschiedene Faktoren zur erlernten Hilflosigkeit erzogen werden. (Mehr dazu in Kapitel 3.)

Eine Musiklehrerin, die einen meiner Workshops besuchte, erzählte eine Begebenheit, die genau diesen Punkt verdeutlicht. »Ich gebe privaten Geigenunterricht«, fing sie an. »Zwei meiner Schüler sind Bruder und Schwester. Ihre Eltern bringen sie nacheinander zum Unterricht zu mir. Wenn sie den Jungen bringen, empfehlen sie mir, ihn richtig heranzunehmen und nicht zu nachsichtig zu sein. Sein Vater sagt: ›Sie sind nichts anderes als ein Trainer, der ihm sagt, was er zu tun hat. Wenn Sie's von ihm verlangen, tut er's auch.‹ Was das Mädchen anbetrifft, soll ich dagegen verständnisvoll und mitfühlend sein. Die Mutter sagt: ›Sie muss das Gefühl haben, dass sie Ihnen am Herzen liegt. Man muss ihr Mut zusprechen.‹«

Vielleicht resultieren diese Empfehlungen aus dem Wissen der Eltern um die verschiedenen Veranlagungen der beiden Kinder. Vielleicht aber auch nicht. Ich stelle anheim, dass die verschiedenen Vorgehensweisen unterschiedliche Verhaltensweisen beim Jungen und beim Mädchen hervorrufen. Es ist, als würden die Eltern die Lehrerin bitten, den Jungen und das Mädchen auf zwei vollkommen verschiedene Welten vorzubereiten. Ich möchte die verschiedenen Vorgehensweisen hier nicht werten, da ich die beiden Kinder nicht persönlich kenne, aber ich wage zu behaupten, dass bei dem einen Kind die Widerstandsfähigkeit nicht gefördert wird, und dass das andere die nötige Fürsorge nicht erhält.

Auf diese Weise werden Jungen und Mädchen unterschiedlich erzogen. Mädchen erwerben die erlernte Hilflosigkeit zusammen mit der »Weiblichkeit«, weil unsere Gesellschaft nach wie vor in alten Klischeevorstellungen verharrt, wenngleich auf subtilere Art und Weise als noch vor dreißig Jahren. Alle Mädchen laufen deshalb Gefahr, die Risikofreude und Widerstandsfähigkeit zu verlieren, die natürlicher Bestandteil ihrer Persönlichkeit war, bevor ihnen die gesellschaftlichen Vorstellungen von Frauen als hilflosen, schüchternen und schmückenden Wesen in die Quere kommen konnten.

Muster, Merkmale und Faktoren

Wenn wir unseren Mädchen helfen wollen, ihre angeborene Kompetenz zu erhalten, müssen wir als Erstes den Unterschied zwischen Kompetenz und Hilflosigkeit verstehen.

Erfolgsorientiertes Verhalten und erlernte Hilflosigkeit weisen drei grundlegende Merkmale auf:

1. Eine innere Überzeugung
2. Eine Methode, negative Ereignisse zu erklären, d. h. eine Erklärungsmethode
3. Verhaltensmuster.

Die innere Überzeugung

Die innere Überzeugung ist die Grundlage, auf der zukünftige Entscheidungen getroffen werden. Die innere Überzeugung eines Mädchens bezüglich ihrer Fähigkeiten sowie die Überzeugung bezüglich der Art des Lernens an sich bestimmen ihre zukünftigen Entscheidungen und ihr Handeln.

Solange sich das Mädchen noch in der Entwicklungsphase befindet, haben sich ihre inneren Überzeugungen noch nicht gefestigt, wenngleich sie in der Pubertät bereits in die Richtung des »Weiblichen« manipuliert werden. Aber auch noch in der Pubertät werden innere Überzeugungen geformt. Noch immer entscheidet das Mädchen, in gewisser Weise unbewusst, wie seine inneren Überzeugungen aussehen werden. Die Aufgabe an diesem Punkt der Entwicklung besteht darin, verschiedene Rollen und verschiedene Verhaltensmuster auszuprobieren. Das Verhaltensmuster, das von unserer Gesellschaft als »weiblich« bezeichnet wird, wird für die meisten Mädchen im Laufe der Zeit immer wichtiger.

Die Erfolgsorientierten sind der Überzeugung, dass Fleiß und Zeit – nicht Schicksal, Vererbung und Glück – die Kräfte sind, die zum Erfolg führen. Erfolgsorientierte Menschen wissen auch, dass Fleiß über einen bestimmten Zeitraum entscheidend ist. Diese Überzeugung versetzt sie in die Lage, über längere Strecken durchzuhalten. So sind sie willens und fähig, sich trotz Hindernissen, Verwirrung und Rückschlägen anzustrengen.

Natürlich darf bei dieser inneren Überzeugung auch die Realitätsbezogenheit nicht fehlen, wenngleich sie nur eine untergeordnete Rolle spielt. Genauso sind bestimmte Ergebnisse und Ziele von Begabung, Fähigkeit und Glück abhängig. Deshalb wird ein durchschnittlicher Mensch, ganz gleich wie viel er übt, niemals so singen wie ein Opernsopran. Auch werden Mädchen mit einem bestimmten Körperbau niemals erfolgreiche Hochspringerinnen werden. Andere werden nie bahnbrechende technische Erfindungen machen. Gewisse Leistungen und Erfolge erfordern eine angeborene Begabung, auf der aufgebaut werden kann, und jeder Mensch muss innerhalb der Begrenzungen seiner ihm zugeteilten genetischen, historischen und kulturellen Bedingungen agieren.

Aber die so genannte Realitätsbezogenheit kann, vor allem bei Kindern, zu einem gefährlichem Vorurteil führen. Auch wenn ein Mädchen nicht die angeborene musikalische Begabung besitzt, eine Solistin zu werden, die in der Carnegie Hall auftritt, kann es, wenn es sich über einen *bestimmten Zeitraum anstrengt*, sehr wohl Geigerin im Schulorchester oder Organistin in der Kirche werden. Es kann kleine Konzerte geben, im Freundeskreis auftreten oder zum eigenen Vergnügen spielen. Angesichts individueller Unterschiede bedeutet dies, dass das ursprünglich angestrebte Ergebnis an die Gegebenheiten angepasst werden muss. Aber darauf zu bestehen, dass ein Mädchen »realistisch« denkt, solange sich seine Überzeugungen bezüglich seiner Fähigkeiten noch bilden, könnte dazu führen, dass das Mädchen daran gehindert wird, bestimmte Ziele zu erreichen.

Im Gegensatz dazu liegt der erlernten Hilflosigkeit die innere Überzeugung zugrunde, dass zwischen dem eigenen Handeln und dem Ausgang von Ereignissen keinerlei Verbindung besteht. Letztendlich besagt diese Überzeugung: »Ich glaube nicht, dass ich mein Ziel erreichen werde, ganz gleich, was ich tue oder wie lange ich es tue.« Wenn jemand angesichts von Schwierigkeiten nicht gelernt hat, Widerstandskraft aufzubauen, wird er in der Folge zögerlich, schüchtern und geht schließlich jedem Risiko aus dem Weg, ein Syndrom, das den Namen »Ganz-egal-was-ich-tue« tragen könnte. Die erwachsene Version davon würde lauten: »Ganz egal, was ich tue, werde ich es nie schaffen, einen besseren Job zu bekommen« oder »Ganz egal, was ich tue, werde ich es nie schaffen, Geld zu sparen« oder »Ganz egal, was ich tue, ich komme nie aus dieser beschissenen Beziehung raus« oder »Ganz egal, was ich tue, ich werd die zehn Pfund einfach nicht los«. Eine Heranwachsende würde vielleicht sagen: »Ganz egal, was ich mache, ich verstehe Mathe nie« oder »Ganz egal, was ich tue, ich werde nie so hübsch (oder beliebt oder cool) sein wie Tiffany, Heather und Jennifer« oder »Ganz egal, was ich tue, ich krieg nie einen Freund« oder »Ganz egal, was ich tue, ich krieg nie eine gute Note in Chemie«.

In dieser Überzeugungskette schwingt unterschwellig die Botschaft von Schicksalsmächten mit. In anderen Worten heißt das, dass denen, die einen Freund haben, Mathe begreifen, gute Noten schreiben, in ein Amt berufen werden, Computer programmieren, Geige spielen oder herausragende Sportler sind, all dies auf wundersame Weise irgendwie vorbestimmt ist. Für diejenigen, die an erlernter Hilflosigkeit leiden, scheint der Erfolg der anderen eher wie eine göttliche Fügung als das Resultat harter Arbeit und Anstrengung, die zweifellos in diese Bemühungen mit eingegangen sind.

Erklärungsmethode:
Wie wir uns die Realität zurechtzimmern

Jeder Mensch hat eine Erklärungsmethode, mit deren Hilfe er oder sie negative Ereignisse erklärt, das heißt, sich die Wirklichkeit zurechtlegt. Da es im Leben eines jeden Menschen negative Ereignisse gibt, ist die Erklärungsmethode entscheidend. Im Folgenden mache ich deutlich, wie er funktioniert.

Es scheint ein menschliches Bedürfnis zu sein, den häufig seltsamen, scheinbar zufälligen und oftmals verwirrenden Ereignisse im Leben einen Sinn abzugewinnen. Um dieses Bedürfnis zu befriedigen, weben wir aus den Ereignissen in unserem Leben ganze Geschichten: wir zapfen unsere Erinnerung an, stellen Bezüge her, erkennen Verbindungen, legen uns Konzepte zurecht und ziehen Rückschlüsse – etwas, was Geist und Verstand automatisch tun. Der Geist geht so vor, auch wenn seine Schlussfolgerungen nicht immer unbestreitbar sind.

Die Wahrheit ist unstrukturierter. Die »Realität« lässt sich verschiedentlich interpretieren. Viele von uns haben die Realität irgendwann als etwas klar Definiertes angesehen, aber mit zunehmender Reife und mehr Wissen und Erfahrung haben wir eingesehen, dass die Erklärungen, an denen wir so zäh festgehalten haben, entweder schlichtweg falsch waren oder zumindest sehr beschränkt. Wenn wir diese Einsicht zugrunde legen, wird klar, dass Realität etwas Diffuses und zudem noch interpretierbarer ist, als wir dachten.

Ihre Tochter wird versuchen, sich ihr Leben zusammenzureimen und sich Geschichten ausdenken, die die Ereignisse in ihrem Leben erklären. Solange in ihrem Leben alles glatt läuft, wird es keine Probleme geben, aber sobald Schwierigkeiten auftreten, was unweigerlich der Fall sein wird, wird die Erklärungsmethode Ihrer Tochter (die Art, wie sie sich die Realität zurechtlegt und erklärt) darüber entscheiden, ob sie bis zum Ende durchhält oder aufgibt. Wenn ihre Erklärungsmethode positiv ist, wird sie sie tragen, unterstützen und motivieren. Wenn sie dagegen negativ ist, wird sie sie aushöhlen, aufzehren und zerstören.

Sowohl die innere Überzeugung als auch die Erklärungsmethode sind im Innern ablaufende Prozesse. Sie finden im Innern Ihrer Tochter statt, unsichtbar, ein endloser Dialog des Unterbewusstseins, der ihre Handlungen begleiten und sie dahin führen, Rückschlüsse über ihr Leben zu ziehen. Als Mutter haben Sie keine Möglichkeit zu erkennen, ob die innere Überzeugung und die Erklärungsmethode Ihrer Tochter erfolgsorientiert oder hilflos sind, außer sie spricht darüber. Und genau an diesem Punkt verlagert sich der Prozess von innen nach außen.

Wie schon gesagt, sind erfolgsorientierte Menschen in der Lage, sich ihre Widerstandsfähigkeit und Robustheit zu erhalten, aber nicht weil sie Verwirrung, Fehler und Scheitern vermeiden, sondern weil sie sich die Realität positiv zurechtlegen, Schwierigkeiten positiv bewerten und negative Ereignisse positiv erklären.

Die Art und Weise, wie Ihre Tochter ein Ereignis in ihrem Leben erklärt, kann unter Umständen wichtiger sein als das Ereignis selbst – vorausgesetzt, sie weiß, was sich zugetragen hat. Nur wenn Ihre Tochter begreift, dass man die Realität verschiedentlich deuten kann, wird sie geneigt sein, Schwierigkeiten anders zu erklären und die ganze Sache anders zu bewerten. Diese Einsicht ist in der Tat eine wichtige Erkenntnis im Leben. Für manche Menschen ist diese diffuse Eigenschaft der Realität äußerst beunruhigend. Für andere dagegen befreiend.

Auf keinen Fall dürfen Sie eine positive Erklärungsmethode als oberflächlich abtun. Vergleichen sie deshalb die verschiedenen, im Anschluss aufgeführten Aspekte einer positiven, erfolgsorientierten Erklärungsmethode und der negativen, hilflosen Methode.

Erfolgsorientierte Erklärungsmethode	Hilflose Erklärungsmethode
Dynamisch: Alles verändert sich	*Starr:* Nichts verändert sich
Spezifisch: Das Problem ist begrenzt	*Übergreifend:* Das wird sich auf alles auswirken
Äußerlich: Das ist nicht unbedingt meine Schuld	*Innerlich:* Es ist meine Schuld

Ein erfolgsorientiertes Mädchen verfügt über eine Erklärungsmethode, die dynamisch, spezifisch und äußerlich ist. Ihre Denkweise ermöglicht es ihr, negative emotionale Reaktionen auf Ereignisse zu überprüfen und zu kontrollieren.

Da sie weiß, dass das Leben ein dynamischer Prozess ist, begreift sie erstens, dass nichts so bleibt, wie es ist. Wenn sich scheinbar nichts verändert, ist dies einfach menschlichem Unvermögen und begrenzter menschlicher Wahrnehmung zuzuschreiben. Sobald Ihre Tochter sich mit vergangenen Ereignissen beschäftigt, wird sie einsehen, dass jedes Ereignis ein sich verändernder Prozess war.

Zweitens wird sie in ihrem Tun bestärkt, weil sie nicht zulässt, dass ein begrenztes Problem sich auf alle anderen Bereiche ihres Lebens auswirkt. Obwohl manche Situationen zweifellos sehr viel schwieriger zu handhaben sind als andere, gilt genauso, dass sie andere Bereiche ihres Lebens ständig unter Kontrolle hat, selbst unter schwierigsten Umständen. Sie hat ihre Reaktionen auf das Leben selbst in der Hand.

Schließlich und endlich weiß sie, dass der Ausgang einer jeden Situation von vielen verschiedenen Faktoren abhängt. Dieser äußerliche Aspekt entbindet sie davon, übertriebene Verantwortung für Menschen und Ereignisse zu übernehmen, die sie nicht beeinflussen kann. Deswegen wird sie nicht die Schuld auf sich nehmen, wenn etwas schief geht.

Die Erklärungsmethode eines Mädchens mit erlernter Hilflosigkeit ist dagegen starr, übergreifend und innerlich. Diese Denkweise ist nicht dazu angetan, jemanden durch Schwierigkeiten zu tragen, zu unterstützen und zu motivieren.

Ein Mädchen mit erlernter Hilflosigkeit wird sich erstens immer einreden, dass eine negative Situation nie besser wird. Gemäß seiner Denkweise haben Zeit und Entscheidungen des Einzelnen kaum oder gar keinen Einfluss. Man spricht in diesem Fall von starrer Erklärungsmethode.

Zweitens ist es überzeugt davon, dass Schwierigkeiten in einem Bereich unweigerlich zu Schwierigkeiten in anderen Lebensbereichen führen. Es glaubt nicht, dass sich ein Problem begrenzen lässt. So dehnt sich das Problem immer weiter aus.

Die negativste Erklärung ist jedoch, dass es sich an allem, was schief läuft, die Schuld gibt. Es ist davon überzeugt, dass jedes Unglück, jedes Missgeschick und jedes Missverständnis durch sein persönliches Unvermögen hervorgerufen wird. Es verinnerlicht das Problem und übersieht dabei, dass Faktoren, die außerhalb seiner Kontrolle liegen, überall und immer am Werk sind.

Ich möchte die beiden Erklärungsmethoden anhand der Handlungsweise von zwei heranwachsenden Mädchen deutlich machen. Ich nenne sie Zoe und Jessica. Zoe hat eine erfolgsorientierte Einstellung, Jessica eine hilflose. Beide hatten letztes Jahr schlechte Noten in Mathe. Jetzt sind sie dabei zu entscheiden, ob sie Mathe noch einmal wählen oder abwählen sollen. Die beiden Mädchen haben eine unterschiedliche Erklärung für ihre Noten. In Zoes erfolgsorientierter Handlungsweise zeigt sich eine dynamische, spezifische und äußerliche Methode, während Jessicas hilflose Handlungsweise Ausdruck ihrer starren, globalen, inneren Einstellung ist.

Zu bedenken ist, dass beide Mädchen letztes Jahr schlecht in Mathe waren. Der Unterschied liegt also nicht in ihrer äußeren, nachvollziehbaren Situation, sondern in der inneren, unsichtbaren. Ich möchte deshalb die individuellen Handlungsweisen von Zoe und Jessica beleuchten, um die zugrunde liegenden Voraussetzungen zu bestimmen, die Jessica aus der Bahn werfen, Zoe aber ihren Weg unbeirrt weiterverfolgen lassen.

Die dynamische Handlungsweise

»Im neuen Schuljahr habe ich einen anderen Lehrer in Algebra«, könnte Zoe sagen, oder »Ich bin jetzt motivierter, außerdem gibt's nicht mehr so viel Ablenkung, weil meine Freunde dieses Jahr in einer anderen Klasse sind.«

Zoe reagiert deshalb so, weil sie um die dynamischen Kräfte der Veränderung weiß. Sie weiß, dass nichts so bleibt, wie es ist. In diesem Schuljahr ist sie vielleicht reifer aufgrund der wachstumsbedingten Vergrößerung des Gehirns. Auch das Klassenzimmer ist ein anderes. Der Lehrer ist ein anderer, die Mitschüler sind andere, und deshalb ist auch das Beziehungsgeflecht innerhalb des Klassenzimmers ein anderes. Zoe begreift, dass die Probleme der Vergangenheit – Lernfaulheit, Mangel an Reife, schlechter Lehrer und Mitschüler, die ablenken – nicht mehr existieren. Eine »Was-war-war«-Denkweise lässt Raum für Veränderungen.

Die starre Handlungsweise

Jessica könnte dagegen sagen: »Ich kann Mathe nicht mehr wählen. Ich war letztes Schuljahr so schlecht in Mathe, und wahrscheinlich wär ich nächstes Jahr auch nicht besser.«

Obwohl manch einer Jessica Recht geben würde, weist ihr Denken einige Irrtümer auf. Zum einen schließt sie jegliche Möglichkeit einer positiven Veränderung bei sich selbst oder den Umständen aus. Sie begreift nicht, dass sich sowohl Menschen wie auch Gegebenheiten ändern können und dies auch tun. Menschen bewältigen eine Situation oftmals gerade dann erfolgreich, wenn sie vorher versagt haben. Sie treffen neue Entscheidungen und handeln danach, was wiederum das Endresultat beeinflusst.

Aber Jessicas Überzeugung hindert sie daran, zu verstehen und zu begreifen, dass Lernen in sich Veränderung beinhaltet, dass Wachstum Veränderung ist und dass Veränderungen auch in ihr stattfinden, ohne dass sie darum weiß. Ihr Wissensstand verändert sich, genauso wie sich die Welt um sie herum verändert.

Letztendlich setzt ihre Handlungsweise voraus, dass sie in die Zukunft sehen kann. Sie geht davon aus, dass die Zukunft genauso sein wird wie die Vergangenheit, dass das Ergebnis exakt das Gleiche sein wird. Sie zieht nicht in Betracht, dass Umstände, die sich ändern, andere Ergebnisse in der Zukunft möglich machen.

Die spezifische Handlungsweise

»Es ist nur ein Schuljahr«, sagt Zoe vielleicht. »Außerdem gleiche ich die schlechte Note in Mathe mit einem anderen Fach aus.« In diesem Denken zeigt sich, dass Zoe davon überzeugt ist, dass sie in der Lage ist, eine schlechte Note in einem Fach mit einer guten Note in einem anderen auszugleichen. Sie hat weniger Angst, weil sie begreift, dass sie einen *anderen* Bereich unter Kontrolle hat, der aber dennoch in ausreichend engem Zusammenhang steht, um das Gesamtergebnis zu beeinflussen. Infolgedessen ist sie in der Lage, die Mathenote in der richtigen Relation zu sehen. Die Ereignisse geraten für sie nicht außer Kontrolle. Sie ist bereit, ein Risiko einzugehen, indem sie auf anderem Gebiet Kontrolle ausübt.

Die übergreifende Handlungsweise

Jessica dagegen sagt: »Wenn ich dieses Jahr in Mathe eine schlechte Note kriege, wirkt sich das auf meinen gesamten Notendurchschnitt aus.«

Dieses Denken zeigt, dass sich Jessica die Gelegenheit entgehen lässt, etwas Neues zu lernen, das zu größerem Lernerfolg in der Zukunft führen könnte – Programmieren beispielsweise –, nur um den Status quo zu erhalten. Man sieht daran deutlich, dass sie nur ungern Risiken eingeht, weil sie Angst hat, den gegenwärtigen Zustand zu gefährden. Im Grund sagt sie zu sich selbst: »Ich bin bereit, Risiken einzugehen, aber nur, wenn sich das, was dabei herauskommt, nicht negativ auf andere Bereiche meines Lebens auswirkt.«

Natürlich ist das keine echte Risikobereitschaft. Ihre Handlungsweise zeigt vielmehr, dass Jessica darauf bedacht ist, Unannehmlichkeiten, Komplikationen und Schwierigkeiten zu vermeiden. Dabei geht sie davon aus, dass Unannehmlichkeiten und Schwierigkeiten etwas *Schlechtes* sind, das es in jedem Fall zu vermeiden gilt. Das steht jedoch im Widerspruch zum Leben, das uns lehrt, dass gerade in schwierigen Zeiten Wachstum und Entwicklung stattfinden. Keine Schwierigkeiten, kein Wachstum. Die Entscheidung, Unannehmlichkeiten aus dem Weg zu gehen, ist das Grabgeläut für zukünftige Leistungen. Tragisch ist es, wenn diese Entscheidung in jungen Jahren getroffen wird.

An Jessicas Verhalten zeigt sich, dass sie nach Gewissheit strebt. In Verbindung mit ihrem gesamten Verhalten heißt das, dass sie Chancen um der Sicherheit willen ausschlägt. Sie folgert im Voraus, dass sich das Risiko negativ auf ihr gesamtes Leben auswirken wird, dass sie keine Kontrolle hat und dass alles andere ebenfalls schief laufen wird.

Die äußerliche Handlungsweise

»Ich bin nicht dumm, die Sachen waren einfach neu«, sagt sich vielleicht Zoe.

Manchen fehlt in dieser Aussage vielleicht das richtige Verantwortungsbewusstsein, vor allem wenn dazu noch Aussagen fallen, die für Pubertierende so typisch sind: »Der Lehrer mochte mich nicht« oder »Der Lehrer war unfair.« Wenn jedoch diese äußerliche Erklärung einhergeht mit einer Bereitschaft zu lernen und dem Willen, trotz auftauchender Hindernisse bessere Noten zu schreiben, dann ist sie nicht verantwortungslos und macht echte Veränderungen möglich. Die Wahrheit ist, dass jeder Mensch Fehler macht, wenn er etwas Neues lernt, und oftmals lernt der Einzelne gerade wegen dieser Fehler noch mehr.

Die innerliche Handlungsweise

»Ich bin nicht intelligent genug, um Mathe zu begreifen. Mathe ist verwirrend. Ich bin einfach dumm«, könnte Jessica sagen.

Dieses Denken ist vielleicht das selbstvernichtendste von allen. Es verinnerlicht einen Fehler, indem man sich als Person ins Unrecht setzt und sich selbst die Schuld zuschreibt. Jessica hat nicht gelernt, dass es andere, gleichermaßen stichhaltige Gründe für ihr Problem gibt – fehlendes mathematisches Verständnis beispielsweise, Lernschwierigkeiten oder schlechter Unterricht, Ablenkungen im Klassenzimmer oder Unreife, die nichts mit Intelligenz zu tun hat. Sie ist nur in der Lage, einen einzigen Grund für ihr Versagen zu sehen – ihren scheinbaren Mangel an Intelligenz.

In Wahrheit kann ein Mensch bei jeder Aufgabe aus vielerlei Gründen scheitern. Vielleicht waren der Unterricht und die Unterweisung, die Jessica erhalten hat, nicht ausreichend. Vielleicht war sie in ihrer Entwicklung noch nicht so weit, dass sie die Aufgabe bewältigen konnte. Vielleicht hat sie in der Nacht vor der letzten Schulaufgabe nicht genügend geschlafen. Vielleicht hat es ihr an der emotionalen oder finanziellen Zuwendung gemangelt. Möglicherweise hat sie nie gelernt, wie man richtig lernt – das heißt, wie man Fragen stellt, wie man Ereignisse positiv erklärt und wie man Strategien entwickelt, um ein Projekt weiterzuverfolgen, auch wenn nicht alles nach Plan läuft. Wenn sie nun also glaubt, dass ihr Versagen in Mathematik nur der Beweis für ihre Unfähigkeit und ihren Mangel an Intelligenz ist, wenn sie glaubt, dass *sie* eine Versagerin ist, weil sie eine Aufgabe nicht bewältigt hat, und wenn sie glaubt, dass alle zukünftigen Versuche ebenfalls scheitern, dann zeigt sich daran deutlich ihre erlernte Hilflosigkeit. In diesem Fall ist es wahrscheinlich, dass sie aufgeben und wieder scheitern wird. Nur wenn sie lernt, dass Erfolg ein Prozess ist, der *Versagen* mit einschließt, wird sie höchstwahrscheinlich widerstandsfähiger reagieren, weil sie ein realistischeres Bild von sich selbst und ihrer Leistung hat.

Verhaltensmuster

Letztendlich lässt sich die innere Dynamik einer jeden Methode in verschiedene Verhaltensmuster übersetzen, die wiederum in der ganzen Welt anzutreffen sind. In dieser Kategorie wollen wir die erlernte Hilflosigkeit als Erstes unter die Lupe nehmen, weil sich erst in der Gegenüberstellung zeigt, welche wünschenswerten Entscheidungen ein erfolgsorientierter Mensch unter den gleichen Umständen trifft.

Erfolgsorientiertes Verhalten	Hilfloses Verhalten
1. Lernziele wählen	1. Leistungsziele wählen
2. Keine Vergleiche anstellen	2. Unpassende Vergleiche anstellen
3. Strategisch und kreativ denken	3. Mangel an alternativen Strategien
4. Angst bewältigen und (be)nutzen	5. Angst fürchten und vermeiden

Lernziele versus Leistungsziele

Kennen Sie Menschen, die nur das tun, was sie gut können? Menschen, die nur das machen, was sie schon immer gut gemacht haben? Diese Menschen sind möglicherweise in einem hilflosen Verhalten gefangen.

Dieses Verhalten funktioniert folgendermaßen. Menschen mit erlernter Hilflosigkeit neigen dazu, Ziele zu wählen, deren Erreichen ihnen Anerkennung einbringt und ihnen hilft, Kritik zu vermeiden. Sie wählen nur solche Aktivitäten, in denen sie sich bereits bewährt und ihr Können bewiesen haben. Man spricht in diesem Fall von *Leistungszielen.*

Erfolgsorientierte Menschen wählen dagegen Ziele, mit Hilfe derer sie neue Wege beschreiten, neue Aufgaben meistern und neue Fähigkeiten erwerben können. In diesem Fall spricht man von *Lernzielen.* Die Entscheidung für Lernziele zeigt, dass der Mensch bereit ist, Kritik einzustecken, auf Anerkennung zu verzichten und Ungemach und Kritik auf sich zu nehmen, um sich neue Fähigkeiten und neue Informationen anzueignen.

Es überrascht nicht, dass ein Mensch mit erlernter Hilflosigkeit eher Leistungsziele als Lernziele wählt, wenn man in Betracht zieht, dass die Erklärungsmethode dieses Menschen von erlernter Hilflosigkeit geprägt ist. Da jeder, der etwas Neues lernt, fast automatisch mit Unsicherheit rechnen muss und Fehler unvermeidlich sind, vor allem, wenn das Neue eine Herausforderung darstellt, werden diejenigen mit erlernter Hilflosigkeit aufgrund ihrer Neigung, jeden Fehler als Versagen zu werten, bei jedem Fehler unweigerlich am Boden zerstört sein. Sie personalisieren den unpersönlichen Lernprozess, was dazu führt, dass sie sich noch unsicherer fühlen. Irgendwann können sie dem Angriff auf ihr Selbstwertgefühl nicht mehr standhalten. Um diesen schmerzhaften Zustand des Selbstzweifels zu vermeiden – der, Ironie des Schicksals, das Resultat ihrer eigenen negativen Erklärungsmethode ist –, entscheiden sie sich für Leistungsziele und nicht für Lernziele. Wenn erfolgsorientierte Menschen in ähnlich frustrierende Situationen geraten, bleibt ihnen die gefühlsmäßige Belastung erspart. Außerdem sehen sie keinen Grund, sich für ihre Fehler zu rechtfertigen; stattdessen nutzen sie ihre Zeit, um die Probleme anzugehen und sie zu lösen.

Es dürfte klar sein, dass Lernziele, vor allem für junge Menschen, von entscheidender Bedeutung sind. Da sie sich in einer Erkundungsphase ihres Lebens befinden und sie noch nicht wissen, welchen Beruf sie ergreifen werden, müssen sie sich jeden Weg so lange wie möglich offen halten. Ich würde einem Kind nur dann zu Leistungszielen raten, wenn es sich um ein Wunderkind handelt – ein Kind mit einer musikalischen oder sportlichen Begabung beispielsweise. Bedauerlicherweise gehen im Bereich Mathematik zu viele Mädchen schon in der achten Klasse Leistungszielen aus dem Weg, indem sie das Fach abwählen.[8] Dieser Schritt erfolgt mit Sicherheit viel zu früh, denn dadurch schränken sie die ihnen später zur Verfügung stehenden Möglichkeiten ganz erheblich ein.

Da die Beschäftigung mit Mathematik und Naturwissenschaft fast immer mit Verunsicherung und Irrtümern verbunden ist, muss man bereit sein, die frustrierenden chaotischen und verwirrenden Zustände zu ertragen. Man muss begreifen lernen, dass es in Ordnung ist, Fehler zu machen, weil *alle* Menschen Fehler machen, auch kluge, fähige und erfolgreiche Menschen. Sogar Einstein war verunsichert. Eines seiner berühmten Zitate, das Ihrer Tochter helfen könnte, sich weniger unfähig zu fühlen, lautet: »Auch wenn Sie noch so große Probleme mit Mathematik haben, habe ich mit Sicherheit noch größere.« Ein Mathematikprofessor hat es etwas anders ausgedrückt: »Wenn man gut in Mathe sein will, muss man bereit sein, mit dem Kopf gegen die Wand zu laufen.« Eine Frau, die im Bereich Mathematik und Informatik sehr erfolgreich war, behauptete, sie sei nicht klüger als jede durchschnittliche Frau auch. Als ich darauf hinwies, dass es einen Unterschied geben müsse, weil sie in diesem Bereich sehr viel mehr erreicht habe als die Durchschnittsfrau, meinte sie: »Ich kann höchstens besser mit Verunsicherung umgehen.« Damals lachten wir über ihre Antwort, aber heute weiß ich sie zu würdigen und möchte sie deshalb gerne an Sie weitergeben.

Keine Vergleiche versus unpassende Vergleiche

Dieses spezielle Problem lässt sich am besten anhand einer Geschichte aus meiner Kindheit verdeutlichen.

Zehn Jahre lang war mir das Tanzen wichtiger als alles andere. Ich war eine talentierte Ballettschülerin und brachte es deshalb relativ weit – Spitzentanz und so weiter. Als ich zwölf war, beschloss ich, dass ich später nach New York gehen würde, um eine berühmte Ballerina zu werden, sehr zur Freude meiner Ballettlehrerin, die mich daraufhin noch mehr förderte und mich hin und wieder zu Ballettaufführungen mitnahm. Ihr habe ich es zu verdanken, dass ich Rudolf Nurejew und Margot Fonteyn in *Romeo und Julia* gesehen habe. Noch heute denke ich mit Dankbarkeit an Shirlee Carlisle.

Während ich damals von Ehrfurcht ergriffen im Publikum saß und wie gebannt auf Margot Fonteyn blickte, für die scheinbar die Gesetze der Schwerkraft nicht galten, sagte ich im Stillen: »Egal wie lange ich übe, egal wie viel Mühe ich mir gebe, ich werde nie so gut sein wie sie.« Sie können sich wahrscheinlich denken, was dann folgte. Ich habe aufgehört zu tanzen.

Vergessen waren jahrelange Arbeit, Mühe, Zeit und Geld; meine Eltern, die mich bei Wind und Wetter zum Ballettunterricht gefahren und wieder abgeholt hatten; die grenzenlose Freude, sich im Takt der Musik zu bewegen; die harte Disziplin, die nötig war, um meinen Körper dazu zu bringen, das ihm Abverlangte zu leisten – all das ging in einem spektakulären Ausbruch von erlernter Hilflosigkeit in die Brüche – und nur deshalb, weil ich mich mit meinen dreizehn Jahren mit der besten lebenden Tänzerin verglich. Ich verglich mich mit der falschen Person, zog deshalb einen falschen Schluss bezüglich meiner Fähigkeiten und letztendlich bezüglich meiner Zukunft.

Eine Freundin, die ebenfalls Ballettunterricht nahm, dachte nicht im Traum daran, sich mit Margot Fonteyn zu vergleichen. Mit achtzehn tanzte sie vor und bekam auch ein professionelles Engagement. Sie ging auf Tournee nach Spanien, Japan und Australien – nicht als Primaballerina, sondern als Chorusgirl. Heute ist sie Inhaberin eines Tanzstudios, Choreographin für örtliche Ballettaufführungen und aktives Mitglied im städtischen Kunstverein.

Es fällt mir schwer zu sagen, wer von uns beiden die bessere Entscheidung getroffen hat oder erfolgreicher ist. Ich bin gern Autorin und Seminarleiterin und würde mit niemandem tauschen wollen. Ich weiß nicht, ob ich überhaupt angefangen hätte zu schreiben, wenn ich beim Tanz geblieben wäre. Mit Sicherheit weiß ich jedoch, dass mich nicht einmal meine große Liebe zum Tanz vor den vernichtenden Auswirkungen der erlernten Hilflosigkeit bewahren oder das angeschlagene Selbstwertgefühl wieder herstellen konnte. Es dauerte weitere siebzehn Jahre, und ich musste erst ungelenkig und steif werden, bis mir endlich dämmerte, dass ich mit dem Verzicht auf eine Profilaufbahn auch die zuverlässigste Quelle der Freude in meinem Leben aufgegeben hatte. Und erst da fing ich wieder an zu tanzen, nur dass ich es diesmal zu meinem ganz privaten Vergnügen tat. Inzwischen habe ich das Gefühl, eine erfolgreiche Tänzerin zu sein, auch wenn sich meine Zukunft auf Tanzstudios beschränkt.

Erfolgsorientierte Menschen vergleichen sich nicht mit anderen. Sie stellen zwar Fragen und befragen gern erfolgreiche Leute, um möglichst viel zu lernen, sie scheuen sich auch nicht, um Hilfe zu bitten – es ist kein Zeichen von Hilflosigkeit, um Hilfe zu bitten –, aber sie vergleichen weder sich noch ihre Leistungen mit anderen.

Kreativ sein versus Mangel an Strategien

Wer würde, wenn er sich selbst die Schuld gibt an Verwirrung und Versagen und das negative Urteil von anderen fürchtet (das Versagen internalisieren), dazu überzeugt ist, dass ein spezifisches Problem sich unweigerlich auf alle Bereiche des Lebens auswirkt (das Versagen globalisieren), der Meinung ist, dass das Problem ohnehin nie gelöst werden kann (das Versagen festigen), überhaupt daran denken, über alternative Strategien nachzudenken und welche zu entwickeln? Anders ausgedrückt heißt das, wenn das enge Zusammenspiel von Erklärungsmethode und Verhalten erst einmal bewusst geworden ist, wird sehr bald klar, warum die Erklärungsmethode von erlernter Hilflosigkeit nicht zu Ausdauer führt, und was noch wichtiger ist, zu keiner kreativen Problemlösung, die sich ihrerseits wiederum positiv auf die Ausdauer auswirkt.

Begreift man andererseits, dass das Versagen einer Strategie genau das und nichts anderes ist, nämlich das Versagen einer *einzelnen* Strategie, dass der richtige Zeitpunkt bei jeder Unternehmung von entscheidender Bedeutung ist und dass Erfolg auch immer Fehlschläge mit einschließt, dann ist man motiviert, sich Alternativen durch den Kopf gehen zu lassen, um sein Ziel zu erreichen. Überdies ist man in der Lage, sich diese Motivation über einen langen Zeitraum zu erhalten.

Wer eine Reihe von Alternativen entwickeln – also kreativ sein – will, muss Mühe und Zeit aufwenden. Da über längere Zeit aufgewandte Mühe nichts anderes als »Ausdauer« ist, ergibt sich, dass Mühe in direktem Zusammenhang mit dem eigenen Können steht. Um Ausdauer zu lernen, wird kreatives Denken benötigt. Man muss lernen zu planen, zu analysieren, zusammenzufassen, umzuorganisieren, Fehler zu machen, zu üben, hinzufallen, noch einen Versuch zu wagen, noch einmal zusammenzufassen, umzuorganisieren, zu analysieren, noch einen Fehler zu machen und so weiter.

Als Lehrerin habe ich gelernt, dass Kreativität ein kognitiver Prozess ist, der bei allen Kindern gleichermaßen stattfindet und verstärkt werden kann. Obwohl sich Kinder unter manchen eben angeführten Wörtern nichts vorstellen können, gilt, dass sie sehr wohl komplizierte Zusammenhänge begreifen, wenn sie in einfachen Wörtern erklärt werden. Und was noch wichtiger ist, selbst wenn sie sie nicht verstehen, können sie sie ausführen.

Deshalb kann ein Mädchen, das an seinen Fähigkeiten in Mathe oder Sport zweifelt, trotzdem planen, Strategien entwickeln und sich so viele Alternativen wie nur möglich ausdenken, um sein Ziel zu erreichen, und um eine neue Strategie zu entwickeln, sollte die erste fehlschlagen. Ob es Nachhilfe nimmt, neue Freunde findet, ein ganzes Jahr lang übt, bevor es sich als Spielerin in einer Mannschaft aufstellen läßt – es kann die erfolgsorientierten Strategien erlernen, die nötig sind, um Probleme kreativ zu lösen, *sofern man sie ihm beibringt*.

Angst nutzen anstatt Angst vermeiden

An dieser Stelle sollten Sie sich die Frage stellen: Was ist Sinn und Zweck der Angst? Die Natur muss Angst ganz bewusst hervorgebracht haben, denn alle Säugetiere haben Angst. Angst muss sich im Laufe der menschlichen Entwicklung als sinnvoll erwiesen haben, denn sonst wäre sie mit Sicherheit längst ausgestorben.

Was ist Sinn und Zweck der körperlichen Reaktion auf Angst – des flauen Magens, der feuchten Hände, des stockenden Atems, des Zitterns und Bebens? *Energie*. Kampf oder Flucht. Egal, ob man beschließt, sich zu verteidigen oder die Flucht zu ergreifen, man muss in jedem Fall flink und stark sein – oder anders gesagt, handlungsorientiert.

Es gibt Menschen, die diesen Adrenalinschub als beängstigend und unangenehm empfinden. Diese Menschen tun alles, um ihn zu vermeiden. Andere empfinden ihn als stimulierend, anregend, aufregend, berauschend und sogar als lustig. Diese Menschen sind die, die den Nervenkitzel suchen und Risiken eingehen. Gelingt es einem Menschen, Angst nicht zu bewerten, sondern sie einfach zuzulassen, so wie sie ist, wird er feststellen, dass die Natur die notwendige Energie zur Überwindung der Angst bereitstellt. Was notwendig ist, *ist in der Angst selbst enthalten*. Wenn es darum geht, Angst zu erklären, kommen mir immer die Worte eines weisen Mannes in den Sinn, die ich hier weitergeben möchte.

»Obwohl ich seit Jahren Vorträge vor großen Gruppen halte«, jammerte ich, »habe ich immer noch Lampenfieber. Das ist das einzige Negative an meiner Arbeit. Ich wünschte, ich könnte es loswerden.«

Zu meiner größten Verblüffung gab er zurück: »Aber warum wollen Sie es loswerden?«

Ich war sprachlos. Ich hatte erwartet, dass er mir sein Mitgefühl aussprechen und vielleicht sagen würde: »Ja, ja, das muss wirklich unangenehm sein.« Da ich einfach immer davon ausgegangen war, dass Angst etwas Schlechtes ist, konnte ich mir nicht vorstellen, dass er das nicht verstehen würde. Während ich ihm mit offenem Mund gegenüberstand und nach einer Erklärung suchte, sagte er: »Sie sollten es nicht Lampenfieber nennen.«

»Ich verstehe nicht ganz. Wie soll ich es sonst nennen?«, erwiderte ich.

»Warum müssen Sie überhaupt einen Namen dafür haben?« Er hielt inne. »Ich will Ihnen etwas sagen«, fuhr er schließlich fort, »wenn Sie in einem großen Saal vor großem Publikum sprechen, müssen Sie ziemlich viel Energie aufwenden, um durch den Raum und in die Herzen und Köpfe Ihrer Zuhörer zu dringen. Was Sie als Lampenfieber bezeichnen, ist nichts anderes als die von Ihrem Körper produzierte Energie, die notwendig ist, damit Sie das, was Sie sich vorgenommen haben, auch ausführen können.«

Mir läuft es immer noch kalt über den Rücken, wenn ich an dieses Gespräch denke, denn es hat meine Einstellung zur Angst grundsätzlich verändert. Ich übertreibe nicht, wenn ich sage, dass mir damals ein ganzer Kronleuchter aufging. Eine bis dahin total negative Erfahrung wurde in eine rundherum positive umgewandelt.

Seit damals freue ich mich auf jedes Lampenfieber. Wenn ich es spüre, sage ich mir im Stillen: »Sehr gut, mein Geist und mein Körper bereiten sich vor, damit ich tun kann, was ich mir vorgenommen habe. Ich weiß, dass ich meine Sache gut machen werde«, und dann bin ich dankbar, anstatt mich dagegen zu wehren und zu sträuben.

Die Lektion, die ich damals gelernt habe, ist das Geheimnis eines jeden erfolgsorientierten Menschen: es ist die Erkenntnis, dass Angst ein natürlicher Bestandteil größerer und wichtigerer Prozesse wie Lernen, Problemlösen, Kreativität, Wachstum, Veränderung, Risiko und Widerstandsfähigkeit ist. Erfolgsorientierte Menschen begreifen, dass Angst im Grunde ein Geschenk ist, nämlich die Energie, um ihre Aufgaben erfolgreich zu Ende zu bringen.

In diesem Bereich liegt wahrscheinlich der größte Unterschied in der Erziehung von Mädchen und Jungen. Jungen lernen, dass Angst, Furcht und Bangigkeit sie nicht davon abhalten können, ihre Ziele zu erreichen. Man bringt Jungen bei, diese Gefühle zu tolerieren, wohingegen man Mädchen nicht beibringt, dass Angst etwas ganz Natürliches ist, mit dem man leben muss und das nur so viel Macht über einen ausübt, wie man ihm zugesteht. Man bringt ihnen nicht bei, dass Angst unvermeidbar ist, dass sie erfahren und ausgehalten werden kann, ohne dass das Ziel aufgegeben werden muss, das diese Angst überhaupt ausgelöst hat. Stattdessen wird Mädchen, sobald Angst auftaucht, gesagt: »Also gut, du musst es nicht machen.« Und wenn sie nicht müssen, machen sie's auch nicht, wodurch ihnen wichtige Aspekte des Lernens verloren gehen.

In Kapitel 3 werde ich aufzeigen, dass Gesellschaft und Eltern eigene Bedürfnisse befriedigen, indem sie Angst in Mädchen schüren; und ich werde auf die Auswirkungen dieses gesellschaftlichen und elterlichen Verhaltens eingehen.

Des Weiteren werde ich mich mit den Ursachen der erlernten Hilflosigkeit befassen und sie den Ursachen des erfolgsorientierten Verhaltens gegenüberstellen.

Die zehn Grundsteine des erfolgreichen Verhaltens

10. Fehler, Verunsicherung, Zweideutigkeit, Rückschläge, Hindernisse und sogar Versagen und Misserfolg erwarten

9. Auf dem Weg zum Erfolg Misserfolge mit einbeziehen

8. Misserfolg ist ein Zustand und keine persönliche Eigenschaft

7. Sich den Unterschied deutlich machen zwischen »Verantwortung«, die handlungs- und zukunftsorientiert ist, und Schuldzuweisung, die passiv und vergangenheitsorientiert ist (»Zu spät, es lässt sich nicht mehr ändern.«)

6. Ereignisse so erklären, dass das Selbstwertgefühl gestärkt wird (eine positive Erklärungsmethode anwenden)

5. Probleme anpacken anstatt erklären, warum Fehler gemacht wurden

4. Sich nicht mit anderen vergleichen
3. Sich vor Augen führen, dass ein Versagen in der Regel ein Versagen der Strategie ist und kein persönliches Versagen
2. Sich für eine gelungene Arbeit loben (Erfolg verinnerlichen)

Und der letzte und wichtigste Grund, nicht aufzugeben ...

1. Es ist in Ordnung, dass etwas misslingt, dass man verunsichert ist und Fehler macht. Allen anderen ergeht es ganz genauso.

Kapitel 3
Ursachen und Wirkungen

> Die Erleuchtung liegt nicht in der
> Antwort, sondern in der Frage.
> *Eugene Ionesco*

Danielle ist acht Monate alt. Sie lernt sprechen. Sie spricht Wörter falsch aus. Sie deutet auf das Gerät, aus dem die Musik kommt und sagt: »Radido.« Alle lachen. Danielle lacht mit.

Melissa ist ein Jahr alt. Sie lernt laufen. Sie fällt. Sie steht auf. Sie fällt wieder. Sie steht auf. Sie fällt. Sie steht auf.

Amy ist zwei. Sie weiß genau, was sie will und was sie nicht will, und sie gibt es ihren Eltern klar zu verstehen, indem sie, wenn etwas nicht nach ihrem Kopf geht, schreit: »Nein!«

Rachel ist fünf. Ihre Eltern müssen immer ein Auge auf sie haben, denn sie geht gern spazieren und unterhält sich bei jeder sich bietenden Gelegenheit mit den Nachbarn.

Michelle und Chelsea sind Zwillinge mit Sommersprossen. Sie gehen in die zweite Klasse. Sie lernen Rad fahren. Sie stürzen und scheuern sich die Knie auf. Sie steigen sofort wieder auf ihre Räder.

Joni, Hannah, Piper und Sara sind dicke Freundinnen. Sie sind immer zusammen. Sie gehen in die dritte Klasse. Wenn die Jungen in der Klasse während der Pause die Schaukel mit Beschlag belegen, gehen die Mädchen zur Lehrerin und beschweren sich. Wenn die Lehrerin ihnen sagt, damit müssten sie selber fertig werden, trommeln sie die anderen Mädchen in ihrer Klasse zusammen. Wenn sie fast zwanzig zusammen haben, marschieren sie gemeinsam zum Pausenspielplatz und verlangen, dass die Jungen die Schaukel frei machen und zur Abwechslung die Mädchen schaukeln lassen. Weil die Mädchen in der Überzahl sind, räumen die Jungen das Feld.

Lisa geht in die vierte Klasse. In jeder Rechenstunde meldet sie sich zu Wort, um die von der Lehrerin gestellten Fragen zu beantworten. Sie sitzt ruhig auf ihrem Stuhl, die Hand in die Höhe gestreckt. Eines Tages geht sie nach der Stunde zur Lehrerin und bittet höflich, aber nachdrücklich darum, genau wie alle anderen aufgerufen zu werden. Die Lehrerin ist peinlich berührt, entschuldigt sich und verspricht, sie fortan aufzurufen.

Mary geht in die fünfte Klasse. Der Klassenrüpel wirft ihr ständig die Bücher von der Schulbank. Eines Tages erhebt sie sich ruhig von ihrem Stuhl, geht zu ihm hinüber, packt ihn am Kragen und zerrt ihn aus seinem Stuhl hoch. Sie beugt sich ganz nahe an sein Gesicht und sagt: »Hör auf damit!« Die Klasse bricht in schallendes Gelächter aus. Der Rüpel lässt sie fortan in Ruhe.

Naomi und Shelley gehen in die gleiche Klasse wie Mary. Sie sind außer sich vor Freude, weil sie in der Mathestunde im Wettstreit Mädchen gegen Jungen gewonnen haben. »Wir haben gewonnen!«, jubeln die Mädchen, und Shelley fügt hinzu: »Morgen frag ich, ob wir das Gleiche in Naturkunde machen können.«

Toby und Jessica gehen in die sechste Klasse. Sie würden gern am Computer arbeiten, aber die Jungen sind immer die Ersten und lassen die Mädchen nicht ran. Die Mädchen murren, sagen jedoch nichts. Sie stellen sich hinter die Jungen und sehen zu, wie diese Videospiele spielen und arbeiten.

Mrs. Brainard unterrichtet in der siebten Klasse. Jedes Mal, wenn sie die Klasse mit einer Spielstunde belohnt, rasen die Jungen zum Spieleschrank und sichern sich Schachbrett, Monopoly und Mühle. Die Mädchen schreiben einander Briefe und malen.

Mrs. Reed ist Schulberaterin in der achten Klasse. Sie hat eine Nachmittagssprechstunde für Mädchen. Die dreizehn- bis fünfzehnjährigen Mädchen beschweren sich, dass die Jungen eine neue Umkleidekabine mitsamt Duschen bekommen haben. Als Mrs. Reed vorschlägt, dass die Mädchen sich auf offiziellem Weg beschweren, antworten die Mädchen: »Klar doch, aber was soll das schon nützen! Jeder weiß, dass Jungensport wichtiger ist als Mädchensport.«

Ginny geht in die zehnte Klasse. Weil sie eine ausgezeichnete Geigerin ist, wurde sie ins Städtische Jugendorchester ihrer Heimatstadt aufgenommen. Sie musste viel und ausdauernd üben, um bei den Proben mithalten zu können, aber Ginny hat die Herausforderung mit Bravour gemeistert. Kurz nachdem sie ihr erstes großes Ziel erreicht hatte, lernte sie einen Jungen kennen. Nach sechs Wochen erklärte sie ihren Eltern, sie wolle nicht mehr im Orchester mitspielen, weil es sie zu viel Zeit koste. Ihre Eltern waren verzweifelt und versuchten alles, um sie umzustimmen. Ihr Vater redete ihr ins Gewissen, ihre Mutter versuchte es mit Bestechung. Nichts half. Ginny schied aus dem Orchester aus.

Trish geht in die elfte Klasse. Mathe ist ihr Lieblingsfach, aber obwohl sie nur Einser schreibt, hat sie beschlossen, das Fach in der nächsten Klasse abzuwählen. Als ihre Eltern sie entsetzt nach dem Grund dafür fragen, antwortet sie: »Weil ich von den Jungen die Nase voll habe.« Als ihr Vater diesen Grund nicht akzeptieren will, erklärt sie ausführlicher: »Das sind doch solche Idioten, die machen nur Faxen und Unsinn, und ich hab keine Lust, auch so zu werden.« Ihr Vater versucht weiter ihr gut zuzureden, aber ihre Mutter, die Verständnis für ihre Tochter hat, ist still; sie weiß nicht, wie sie sich verhalten soll.

Carla ist in der zwölften Klasse und Spitzenspielerin in der Basketballmannschaft der Mädchen. Sie leidet darunter, dass zu den Spielen der Mädchen fast keine Zuschauer kommen, während bei den Spielen der Jungen sämtliche Plätze restlos ausverkauft sind. Als ihr Freund ihr und den anderen Mädchen der Mannschaft vorschlägt, es mit besonderen Attraktionen zu versuchen, tun die Mädchen seinen Vorschlag mit der Begründung ab, dies sei nur Zeitverschwendung.

Die kleinen Geschichten, die Sie eben gelesen haben, sind alle wahr. Ich habe lediglich die Namen geändert. Die jüngeren Mädchen haben sich angesichts von Problemen und der mit dem Lernen verbundenen Herausforderungen ähnlich verhalten wie die Jungen, indem sie Ausdauer, Selbstbehauptung, Widerstandsfähigkeit, Mut, Lebensfreude, Neugierde und Widerspruchsgeist gezeigt haben und bereit waren, das andere Geschlecht herauszufordern. Aber dann tritt, wie die Geschichten anschaulich schildern, das ein, was unsere Mädchen schwächt, was sie schweigsam, scheu und ängstlich macht. Man fragt sich, ob alle Mädchen das gleiche Schicksal haben.

»Ich glaube nicht, dass alle Mädchen sich vor dem Konkurrenzkampf fürchten und chronisch depressiv sind«, sagte eine Mutter in einem unserer Workshops. Aber dann fügte sie etwas weniger überzeugt hinzu: »Oder doch?«

»Also, meine Tochter hat nicht aufgegeben, hat auch Mathe nicht abgewählt und hat sich auch nicht in einen üblen Burschen verliebt«, antwortete eine andere. »Sie ist sich selbst treu geblieben, sie ist intelligent, hat Humor, ihr Studium mit Auszeichnung abgeschlossen und ist mit netten jungen Männern ausgegangen. Ich war rundherum stolz auf sie.«

»Meine Tochter war immer für ihre Freunde da und hat sie aufgebaut, wenn sie unten waren«, sagte eine Dritte.

»Das stimmt«, warf ich ein. »Nicht alle Mädchen fallen in das Muster der erlernten Hilflosigkeit, obwohl sogar die selbstbewusstesten Mädchen Phasen mit großen Selbstzweifeln durchmachen. Und ganz gleich, ob diese Phasen lang oder kurz sind, besteht die Gefahr, dass sie dadurch für längere Zeit aus der Bahn geworfen werden.«

Auch wenn die jeweilige Krise vom Individuum, vom Temperament und den Lebensumständen abhängt, bleibt die Frage: wie und warum aus so vielen lebhaften und selbstsicheren Mädchen unsichere und sich selbst abwertende Geschöpfe werden. Und daran schließt sich die Frage an, wie wir diese Möglichkeit im Leben eines Mädchens minimalisieren können.

Heutige Mütter tun am besten daran, sich mit möglichst viel Information zu versorgen, um erstens zu begreifen, welche unterschiedlichen Einflüsse für das erfolgsorientierte Verhalten und die erlernte Hilflosigkeit verantwortlich sind, zweitens warum diese Einflüsse existieren, und drittens wie diese Einflüsse aufeinander wirken und sich gegenseitig verstärken. Mütter müssen außerdem wissen, wie diese Einflüsse im persönlichen, kulturellen und familiären Bereich wirken.

Was ist Selbstwertgefühl?

Bevor wie näher auf die Einflüsse und Ursachen von erlernter Hilflosigkeit und Kompetenz eingehen, ist es notwendig, einen möglicherweise verwirrenden Begriff zu klären, nämlich den des Selbstwertgefühls. Es wird irrtümlicherweise oft mit erfolgsorientiertem Verhalten gleichgesetzt. Dabei gibt es sehr wohl Unterschiede zwischen Kompetenz und Selbstwertgefühl, auch wenn beide zusammenkommen müssen, damit Mädchen widerstandsfähig bleiben.

Im Laufe der letzten zehn Jahre ist das Wort Selbstwertgefühl in der

Literatur über Kinder, vor allem über Mädchen, immer häufiger verwendet worden, doch durch die allzu häufige Benutzung ist es fast bedeutungslos geworden. Es wurde von Lehrern, Therapeuten und Erziehungswissenschaftlern, ja sogar von Martin Seligman unter Beschuss genommen, dem Mann, der die erlernte Hilflosigkeit erforscht hat.

Kompetenz und Selbstwertgefühl sind eng miteinander verbunden, da die Bestandteile des erfolgsorientierten Verhaltens zu Selbstvertrauen und zur Selbsteffizienz führen; sie sind jedoch keineswegs identisch, und das eine führt auch nicht automatisch zum anderen. Kompetenz führt zu Einstellungen, Verhaltensmustern und Handlungsweisen, die die Wahrscheinlichkeit erhöhen, dass ein Mensch widerstandsfähig bleibt und sich beharrlich durch Schwierigkeiten arbeitet. Dr. Nathaniel Branden definiert in seinem Buch *Die sechs Säulen des Selbstwertgefühls* Selbstwertgefühl als das Gefühl, »die eigenen Wünsche und Bedürfnisse geltend machen und die Früchte der eigenen Bemühungen genießen zu können« und »die Zuversicht in die Fähigkeit zu denken und mit den Herausforderungen des Lebens fertig zu werden«.[1] Der Unterschied der beiden Begriffe liegt darin, dass Kompetenz auf Leistung und Selbstwertgefühl auf Gefühlen basiert. Ein Problem taucht dann auf, wenn die Definition von Selbstwertgefühl, so wie es von den meisten Menschen benutzt und verstanden wird, sich nicht von der des Erfolgs unterscheidet, oder anders ausgedrückt, wenn der Unterschied zwischen dem Gefühl und der Fähigkeit, in herausfordernden Situationen das Richtige zu tun, verwischt wird.

Einerseits wünschen wir uns, dass unsere Kinder unter allen Umständen in sich selbst ruhen. Auf diese Weise bleiben sie auch in schwierigen Zeiten und auch wenn sie verletzlich sind widerstandsfähig und beharrlich. Andererseits wollen wir keine Kinder großziehen, die sich zwar wohl fühlen, aber keine Kenntnisse und Fertigkeiten besitzen, keine Leistungen erbringen, leicht aufgeben und sich höchstens als prahlerisch aufspielen. Wenn erfolgsorientierte Menschen scheitern, können sie trotzdem mit sich zufrieden sein, weil sie ihr Bestes versucht haben und ihre Ziele auch weiterhin verfolgen werden. Sie werden sich jedoch nicht wohl fühlen, wenn sie ihre Ziele aufgeben.

Die Wahrheit ist, dass das Selbstwertgefühl – das heißt das Vertrauen in die eigenen Fähigkeiten – und das Gefühl, wertvoll und einer

Sache wert zu sein, nicht notwendigerweise auf der tatsächlichen Fähigkeit beruhen, hohe Ziele (Kompetenz) zu erreichen. Etwas zu leisten (Kompetenz zu erlangen) führt oftmals zu Wohlgefühl (Selbstwertgefühl), aber nicht immer und nicht notwendigerweise mit dauerhaftem Ergebnis. So kann das Vertrauen oder das Selbstwertgefühl in einem bestimmten Bereich fehlen, aber mit der *Bereitschaft*, sich über einen bestimmten Zeitraum zu bemühen (die auf ein leistungsorientiertes Verhalten gegenüber Schwierigkeiten aufbaut), kann Zuversicht gewonnen werden. Während es also nicht schwer fällt zu verstehen, dass Selbstwertgefühl und Kompetenz miteinander in Verbindung stehen, wäre es falsch anzunehmen, sie gingen Hand in Hand.

Bezeichnet man Selbstwertgefühl lediglich als ein »Gefühl«, stiftet man Verwirrung bei Menschen, die meinen, sich immer wohl fühlen zu müssen. Ununterbrochenes Wohlgefühl steht aber im Widerspruch zum Leben an sich. In Wirklichkeit fühlen wir uns manchmal wohl und manchmal auch nicht. Gefühle sind unstet und launisch. Der Mythos, sich immer wohl fühlen zu müssen, gewinnt besondere Bedeutung in der Pubertät, wenn sich die Gefühle ihrer Tochter nicht nur in Sekundenschnelle ändern, sondern mitunter auch furchtbar negativ sind. (Mehr darüber in Kapitel 10.) Im Grunde ist die Erwartung, sich immer und ständig wohl zu fühlen, ziemlich unreif.

Außerdem wird in unserer Gesellschaft oftmals die Illusion genährt, dass Erfolg und Selbstwertgefühl untrennbar miteinander verbunden sind und dass Erfolg Selbstwertgefühl hervorruft – in anderen Worten, ein gutes Gefühl. Das Problem bei dieser Denkweise ist, dass Erfolg ebenso wie Gefühle kommt und geht. Wenn der Erfolg nachlässt oder sich verändert, leidet oftmals auch das Selbstwertgefühl. Außerdem fühlen sich auch erfolgreiche Menschen nicht immer wohl. Sie haben gute Tage und schlechte Tage, genau wie alle anderen. Wenn sich das Selbstwertgefühl einzig auf den Erfolg oder den Grad der Leistung stützt, ruht es auf Treibsand und ist daher großen Aufs und Abs unterworfen.

Wenn wir das Selbstwertgefühl eines Kindes aufbauen wollen, müssen wir daher auf etwas sehr viel Stabileres, Grundlegenderes und Zuverlässigeres bauen. Echtes Selbstwertgefühl ist die Erkenntnis und Wertschätzung des eigenen persönlichen Selbstwerts, das unabhängig davon ist, wie man sich fühlt oder was man zu einem bestimmten Zeitpunkt leistet. Wenn unsere Töchter deshalb echtes Selbstwertgefühl entwickeln sollen, müssen wir ihnen den eigenen Wert, die eigene Würde, die eigene Vortrefflichkeit glaubhaft vermitteln, und zwar ungeachtet ihrer Leistung, ihres Aussehens, ihrer Noten, ihrer Intelligenz, ihrer Persönlichkeit, ihrer Beliebtheit und jeder anderen möglichen Kategorie. Echtes Selbstwertgefühl bewegt sich jenseits der Maßstäbe und Bewertungen einer sich verändernden Gesellschaft. Es bewegt sich auf einer tieferen, vielleicht sogar spirituellen Ebene. Weil echtes Selbstwertgefühl die innere Gewissheit des eigenen Wertes ist und nicht von Launen, fliehenden Gedanken, veränderlichen gesellschaftlichen Werten und unzuverlässigem Erfolg abhängt, ist es etwas Echtes und Grundlegendes, auf das man bauen kann.

Natürlich ist ein bestimmter Teil dessen, was bei Heranwachsenden beiderlei Geschlechts gemeinhin als Selbstwertgefühl gilt, weder Selbstwertgefühl noch Kompetenz. Es ist Prahlen und Angeben, und der Grad hängt oftmals von äußeren Umständen ab. In Gegenden, in denen Banden die Straßen unsicher machen, tritt die Zurschaustellung des falschen Selbstwertgefühls, d. h. trotziges und großspuriges Verhalten, häufig auf, um aggressive Typen abzuschrecken, die auf der Suche nach Verletzlichkeit sind. Auch wenn sich Mädchen mit gefährlichen Typen einlassen, ist dies oftmals nur gespielte Tapferkeit. Obwohl außer Frage steht, dass das Selbstwertgefühl gepflegt werden muss, damit Mädchen mit sich zufrieden sind, werden kluge Mütter verstehen, dass es in Verbindung mit dem erfolgsorientierten Verhalten geschehen muss. Nur zusammen bilden sie eine solide Grundlage, auf der eigene Ziele erreicht werden können.

Die Bereiche, unter denen Mädchen Hilflosigkeit erlernen

1. Im *persönlichen* Kontext: Persönliche Erfahrungen mit Verunsicherungen, Rück- und Fehlschlägen können dazu führen, dass Mädchen die falschen Schlüsse über sich selbst ziehen, wenn sie nicht lernen, Einstellungen und Handlungsweisen zu pflegen, um mit schwierigen Situationen fertig zu werden.
2. Im *kulturellen* Kontext: Kollektive kulturelle Einstellungen über die »Natur« von Frauen und Weiblichkeit sind dafür verantwortlich, wie Mädchen erzogen werden. Auch eine gewalttätige Gesell-

schaft, die Frauen, bis zu einem bestimmten Grad, als Freiwild betrachtet, trägt zu Angst und erlernter Hilflosigkeit bei.

3. Im *familiären* Kontext: Jede Handlung der Eltern, ob durchgeführt oder unterlassen, hat Auswirkungen zur einen oder anderen Seite hin, zum Können oder zur Hilflosigkeit.

Der persönliche Kontext

Untersuchungen zur erlernten Hilflosigkeit haben gezeigt, dass die tiefgreifendste Ursache der erlernten Hilflosigkeit im persönlichen Bereich die direkte Erfahrung des Einzelnen mit einer unkontrollierbaren Situation ist, mit einer Situation also, in der die Bemühungen des Einzelnen, ein Problem zu lösen, zu keinem befriedigenden Ergebnis führen. Dies ist dann der Fall, wenn das Ergebnis unstet, willkürlich oder bedeutungslos ist, d. h., wenn das Ergebnis nicht mit den Handlungen und Bemühungen des Einzelnen übereinstimmt. Wenn ein Kind nicht das Gefühl hat, dass es durch das eigene Tun die Unsicherheit mindern kann, verfällt es der Hilflosigkeit.

Wenn sich das Kind dagegen in einer kontrollierbaren Situation befindet – in der das Ergebnis bedeutsam und stetig ist und in gewisser Weise mit seinen Handlungen und Bemühungen einhergeht – verspürt es den Wunsch, auch dann weiterzumachen, wenn die Situation schwierig und herausfordernd ist. Auf der kognitiven Ebene wird seine Denkweise und seine Erklärungsmethode es in die Lage versetzen, an der Lösung des Problems weiterzuarbeiten.

Wenn seine Bemühungen zur Lösung des Problems aber zu keinen konsequenten Ergebnissen führen, erfährt das Kind das, was man unter dem Begriff erkenntnismäßige Erschöpfung zusammenfassen könnte. Es verliert seine Bereitschaft, weitere geistige Energie für einen Vorgang aufzuwenden, der weder zu Resultaten noch zur Verringerung der Unsicherheit beiträgt. Seine Motivation und Leistung werden nachlassen, und die negative Erklärungsmethode und die Gefühle der erlernten Hilflosigkeit verstärkt.[2]

Ein Kind erbringt in einem Fach aufgrund falschen Lernverhaltens keine gute Leistung. Wenn es sein Lernverhalten ändert und infolgedessen bessere Leistungen erzielt, wird es weitermachen wollen, weil sein Verhalten das gewünschte Resultat hervorgebracht hat, das Resultat also im Einklang mit seinen Handlungen stand.

Wenn ein Kind dagegen eine Lernschwäche hat und diese, und nicht falsches Lernverhalten, für seine Schwierigkeiten verantwortlich ist, wird es nicht damit getan sein, mehr und länger zu lernen, um ein Resultat zu erzielen, das mit seinen Bemühungen im Einklang steht. Ausdauerndes und längeres Lernen werden höchstens zu Ermüdung führen, und in dem Kind zeigen sich die ersten Anzeichen erkenntnismäßiger Erschöpfung.

Die erlernte Hilflosigkeit tritt auch dann auf, wenn die Eltern eines Kindes nicht verhaltensgemäß reagieren. Nehmen wir an, ein Elternteil macht eine Krise durch oder ist einfach erschöpft von zu viel Arbeit. Das Kind hat sich auf einem bestimmten Gebiet ganz besonders bemüht und bringt eine gute Note nach Hause. Die Mutter oder der Vater ignoriert nun das Kind oder äußert sich sogar abfällig. Das Kind hat fleißig gelernt und seine Note verbessert, aber die elterliche Reaktion war unangebracht und stand nicht im Einklang mit dem Verhalten des Kindes.*

Und in Bezug auf unkontrollierbare Situationen auf körperlicher Ebene schließlich müssen außerdem noch die sozialen und politischen Faktoren erwähnt werden, die erlernte Hilflosigkeit in Kindern verfestigen. Dazu gehören Armut, Vernachlässigung, Missbrauch, Analphabetentum sowie Einordnung nach Hautfarbe und Geschlecht. Wenn wir der erlernten Hilflosigkeit bei Kindern entgegenwirken wollen, müssen wir diese Zustände beseitigen, vor allem da diese unkontrollierbaren Umstände im Leben eines Kindes die erlernte Hilflosigkeit fast ohne Ausnahme verfestigen.

Daran lassen sich einige Punkte deutlich machen, die unsere Mädchen betreffen. In erster Linie ist es unabdingbar, dass die Ursache des Problems identifiziert wird, um auf diese Weise zu verhindern, dass das

---

* Es ist interessant zu beobachten, dass viele Kinder von Alkoholikern nicht der erlernten Hilflosigkeit verfallen, sondern sich im Gegenteil noch mehr bemühen, die elterliche Anerkennung zu gewinnen. Dies ließe sich auf einen weiteren psychologischen Motivationsfaktor zurückführten, die partielle Verstärkung. Studien haben gezeigt, dass jedes Verhalten, das nicht dauerhaft verstärkt wird – sondern nur zwei- oder dreimal von vier oder fünf Versuchen –, zunimmt. Ist die Verstärkung wahllos, nimmt das Verhalten noch mehr zu. Das Verhalten des Kindes eines Alkoholikers wird oftmals partiell und wahllos verstärkt, da die Reaktion auf dem elterlichen Grad der Nüchternheit basiert und weniger auf dem Verhalten des Kindes.

Kind das Problem automatisch als eigenes Versagen einstuft. Ein Kind mit einer Lernschwäche beispielsweise, das sich nach Kräften bemüht, aber keine Anleitung erfährt, wird höchstwahrscheinlich den Schluss ziehen, dass es dumm ist. Wenn sich diese Einstellung erst einmal verfestigt, lässt sie sich nur schwer wieder ändern. Es ist deshalb in jedem Fall besser, die Ursache des Problems so früh wie möglich zu identifizieren.

Zum anderen müssen wir wissen, wann angemessene Schritte eingeleitet wurden und es an der Zeit ist, ein neues Ziel zu setzen. Das Mädchen mit einer Lernschwäche muss im Lichte der neuen Information über seine Lernschwäche vielleicht seine Ziele modifizieren. Es muss sich vielleicht damit zufrieden geben, anfänglich langsamer vorzugehen, zumindest bis es neue Fertigkeiten erlernt hat. Dies wäre ein realistischer Ansatz.

Die Vorstellung von einer unkontrollierbaren Situation hat subtile Auswirkungen auch auf den Matheunterricht, in dem von Jungen bevorzugte Lernstile zur Norm geworden sind. Die Atmosphäre ist auf Wettbewerb ausgerichtet, im Mittelpunkt steht die abstrakte Denkweise. Jungen springen von ihren Stühlen auf und wedeln mit den Händen in der Luft, um einander zu übertrumpfen. Auch Lehrer, die sich nur auf abstrakte Begriffe konzentrieren, ohne auf deren Anwendung einzugehen, tragen dazu bei, dass sich Mädchen dem Fach entfremdet fühlen.[3] Bedenkt man dazu noch die Einstellungen, werden die typischen Mathematikstunden für Mädchen zu einer unkontrollierbaren Situation.[4] Selbst wenn sich Mädchen mehr bemühen, werden sie nicht unbedingt Erfolg haben, und Lehrer müssen sie nicht unbedingt aufrufen. Das Ergebnis ist, dass sich Mädchen diesem Fach entfremdet fühlen. Ausgehend davon hat sich in vielen Köpfen festgesetzt, dass Mädchen einfach »schlecht in Mathe« sind, anstatt das Problem richtigerweise dem Umstand zuzuordnen, dass der Mathematikunterricht Hilflosigkeit bei Mädchen erzeugt.

Dagegen bessert sich das Verständnis und die Leistung von Mädchen, wenn im Klassenzimmer dem von ihnen bevorzugten Lernstil gleichviel Zeit gewidmet wird. In »mädchenfreundlichen« Klassenzimmern arbeiten die Schüler gemeinsam in Gruppen, sitzen im Kreis und lernen, wie sich die abstrakte Mathematik im täglichen Leben anwenden lässt. Mädchen zeigen unter solchen Bedingungen weit bessere Leistungen.[5] Sie wählen Mathematik nicht ab und haben eine insgesamt positivere Einstellung zu diesem Fach. Am wichtigsten ist jedoch, dass sie nicht glauben, sie seien zu dumm, um Mathematik zu begreifen.

Manche werden hier einwerfen, es sei unerlässlich, dass wir unseren Töchtern beibringen, wie sie in männlichen Wettbewerbssituationen agieren müssen, um sie zu erfolgreichen Frauen zu erziehen. Ich stimme dem zu. Schließlich werden viele ihrer Kollegen Männer sein, deren Denken auf Wettbewerb ausgerichtet ist. Mädchen müssen die gleichen Einstellungen erlernen wie Jungen (»Es ist in Ordnung, Fehler zu machen, weil alle Fehler machen«), ebenso die Fertigkeiten (mit den Händen zu wedeln und wenn notwendig ihre Meinung ungefragt zum Besten geben), wenn sie sich erfolgreich mit anderen messen wollen.

Wenn wir jedoch darauf bestehen, dass Mädchen auf eine ihnen wesensfremde Art lernen, verfehlen wir unser Ziel, das darin bestehen muss, ihnen die Erziehung angedeihen zu lassen, die sie brauchen. Um Mädchen eine gerechte Behandlung zukommen zu lassen, müssen wir eine Atmosphäre und einen Unterrichtsstil schaffen, die sie in die Lage versetzen, effektiv zu lernen und Vertrauen in die eigenen Fähigkeiten zu entwickeln. Natürlich wird eine Atmosphäre, die weniger auf Wettbewerb ausgerichtet ist, auch einigen Jungen entgegenkommen. Letztendlich müssen wir begreifen, dass Lernstile vom individuellen Temperament abhängen und nicht vom Geschlecht des Einzelnen, und Lehrer müssen mehrere Stile anwenden, um allen Schülern gleichermaßen gerecht zu werden.

Wenn wir in meinen Workshops auf das Thema zu sprechen kommen, wie Mädchen auf den Wettbewerb mit Jungen vorbereitet werden können, vergleiche ich Mädchen oftmals mit den Zitterpappeln meiner Heimat Colorado. Warum mit Zitterpappeln? Weil sich die Bedingungen für ihr Wachstum vergleichen lassen.

Zitterpappeln sind, wenn sie ausgewachsen sind, ziemlich robust und widerstandsfähig. Weil sie außerdem schön sind, werden sie häufig in privaten Gärten angepflanzt, in der Regel mit mäßigem Erfolg. Die meisten Wohngebiete Colorados liegen nämlich im Flachland, und die Heimat der Zitterpappeln sind die Berge, wo andere Bedingungen herrschen. Wenn nun ein Hausbesitzer die besonderen Bedürfnissen der Zitterpappel, die aus ihrer heimatlichen Umgebung entfernt wurde, außer Acht lässt, wird der Baum nur schwer überleben. Wenn aber der, der den Baum pflanzt, begreift, dass der Baum in einer feindlichen Umgebung steht und sich die Mühe macht, dem Baum das zu geben, was er braucht, wird er eines Tages mit einem unglaublich robusten und starken Baum belohnt werden.

Der Vergleich mit Mädchen ist zutreffend. Wenn den Bedürfnissen von Mädchen in frühen Jahren keine Rechnung getragen wird, wenn sie sich in unkontrollierbaren Situationen einer feindlichen Umgebung befinden (was die Autorin Mary Pipher eine für Mädchen giftige Kultur genannt hat), schaffen sie es möglicherweise nicht. Wenn aber Mädchen die Unterstützung zuteil wird, die sie in einer feindlichen Umgebung brauchen, werden sie im Erwachsenenleben robust und widerstandsfähig sein.

Eltern müssen an zwei Fronten gleichzeitig kämpfen. Zum einen müssen sie Mädchen helfen, eine innere Widerstandsfähigkeit zu entwickeln, mit Hilfe derer sie Situationen meistern. Gleichzeitig müssen Mütter alles daransetzen, diese unkontrollierbaren Situationen und feindlichen Umgebungen aus der Welt zu schaffen. Es ist einerseits wichtig, dass Mädchen sich die für den Wettbewerb notwendigen Einstellungen und Fähigkeiten aneignen, aber es ist genauso wichtig, dass die Menschen, die sich für Mädchen einsetzen, zur Entstehung einer Gesellschaft beitragen, die das Wachstum von Mädchen begünstigen, in der nämlich Zusammenarbeit ein geachteter Wert und die Norm ist.

In späteren Kapiteln werde ich darauf eingehen, was Eltern tun können, um einer hilflosen Reaktion eines Mädchens vorzubeugen, das sich in einer unkontrollierbaren Situation befindet – in einem für Mädchen giftigen Umfeld also. Im Moment möchte ich jedoch weiter den Gründen für die erlernte Hilflosigkeit nachgehen.

Der kulturelle Kontext

Soziologen haben herausgefunden, dass es nach sozialen Umwälzungen – wie es sie zum Beispiel nach der zweiten Welle der Frauenbewegung in den sechziger Jahren gegeben hat – bis zu zweihundertfünfzig Jahre dauert, bis Verhaltensänderungen alle Bereiche der Gesellschaft durchdringen. Dies gilt im Besonderen für Haltungen und Ansichten zu Geschlecht, Hautfarbe und Alter. Man kann natürlich Gesetze erlassen, aber bis auf Einstellungen und Verhalten echte Veränderungen im menschlichen und kulturellen Bereich folgen, vergeht viel Zeit.*

Was die Sache noch schlimmer macht, ist die Tatsache, dass die soziologischen, kulturellen und geschichtlichen Einflüsse der Benachteiligung aufgrund des Geschlechts in unserer Gesellschaft zur erlernten Hilflosigkeit bei Frauen beigetragen hat. Ein solcher Einfluss beruht auf den gesellschaftlichen Ansichten zu Weiblichkeit und Männlichkeit. Geht man von der Entwertung der weiblichen Eigenschaften in unserer Gesellschaft aus, ganz besonders, wenn sie mit erlernter Hilflosigkeit gleichgesetzt werden, ist es für ein Mädchen nicht einfach, sich sein Selbstwertgefühl und seine Kompetenz zu erhalten.

In den von jeher von Männern dominierten Bereichen wie Finanzen, Wirtschaft, Politik, Technik und Wissenschaft werden weibliche Eigenschaften oftmals so interpretiert, dass Frauen zu weich sind, um mit den raueren Wirklichkeiten in diesen Bereichen fertig zu werden. Wenn ich im Rahmen meiner Arbeit Frauen ausbilde, die wiederum mit Frauen am Arbeitsplatz arbeiten sollen, bekomme ich oft zu hören, dass diese Frauen angehalten werden, hart zu sein und im männlichen Sinne zu handeln, wenn sie erfolgreich sein wollen. Eine Studentin, die kurz vor ihrem Doktorexamen stand und an einem meiner Workshops teilnahm, erzählte, dass einer der Professoren an der Universität ihr ins Gesicht gesagt habe, Frauen seien zu gefühlsbetont, um gute Wissenschaftlerinnen abzugeben!

Mädchen werden in der Schule auch heute noch für traditionelle weibliche Eigenschaften belohnt. Auch wenn Lehrer dieses Verhalten Zusammenarbeit nennen, heißt es in Wirklichkeit Unterwürfigkeit und Passivität. Es funktioniert folgendermaßen: Ein Lehrer kann leicht die Kontrolle über seine Klasse verlieren, wenn zu viele Schüler außer Rand und Band geraten, von ihren Stühlen aufspringen, mit den Händen in der Luft wedeln, Antworten hinausschreien und nach der Aufmerksamkeit des Lehrers verlangen. Eine Gruppe von zuverlässigen, artigen Schülern kann deshalb die Rettung für einen Lehrer

---

* Eine Soziologin, die sich mit den Auswirkungen der Medienwelt auf unsere Gesellschaft beschäftigt, hat vor kurzem darauf hingewiesen, dass dieser Prozess durch die Medien möglicherweise beschleunigt wird. Wenn Sie an dieser Aussage zweifeln, denken Sie an die Leiden der Afroamerikaner, die sich noch 150 Jahre nach Abschaffung der Sklaverei mit deren Folgen auseinandersetzen.

bedeuten, der die Ordnung im Klassenzimmer wiederherstellen muss. Diese zuverlässigen Schüler sind in aller Regel Mädchen. Weil die Lehrer sie so notwendig brauchen, belohnen sie die Mädchen für ihr unterwürfiges Verhalten.

Untersuchungen haben gezeigt, dass Mädchen, die zur Zusammenarbeit bereit sind, von den Lehrern als intelligenter als andere eingestuft werden und bessere Noten bekommen.[6] Eine weitere Studie förderte zutage, dass Lehrer Mädchen sowohl nach Leistung als auch nach Verhalten beurteilen.[7] Aus diesem Grund haben Mädchen, die sich den Klassenzimmerregeln unterordneten, ungeachtet ihrer Leistungen gute Noten im Zeugnis bekommen.

Diese Form der Noteninflation erklärt teilweise einen seit langem bekannten Widerspruch: Obwohl Mädchen bessere Noten bekommen, schneiden Jungen bei standardisierten Tests besser ab. Weil bei Mädchen eher das Leistungsziel des guten Verhaltens positiv verstärkt wird und weniger das Lernziel der Risikobereitschaft, des Wettbewerbs und die Beherrschung eines schwierigen Stoffes, lernen sie letztendlich weniger. Das Ergebnis sind schlechtere Noten in standardisierten Tests.

Und schließlich können die Folgen der gesellschaftlichen Entwertung von Frauen und Weiblichkeit am Verhalten von heranwachsenden Jungen beobachtet werden, die sich Mädchen gegenüber oft feindselig verhalten, vor allem, wenn sie in der Gruppe auftreten. Ein vierzehnjähriges Mädchen erzählte in einem meiner Workshops von ihrem Zwillingsbruder: »Meine Eltern sind ganz stolz darauf, dass sie meinem Bruder angeblich beigebracht haben, Mädchen mit Respekt zu behandeln, aber sie sehen ihn ja nicht in der Schule mit seinen Freunden. Da ist er so von sich eingenommen und tut so, als seien Mädchen dumm, genau wie die anderen Jungen.« Man braucht nur Jungs auf den Gängen einer Grund- oder Hauptschule zuzuhören, die sich, wenn sie einander beschimpfen oder beleidigen wollen, Bezeichnungen wie »Du Mamapüppchen« oder noch Schlimmeres an den Kopf werfen. In weiterführenden Schulen kann und wird aus diesem Gehabe sexuelle Einschüchterung und Missbrauch entstehen.[8] Dazu kommt, dass die Angst vor Homosexualität bei heranwachsenden Jungen in direktem Zusammenhang mit ihrer Angst steht, weibisch zu wirken. Mädchen lernen schon früh, dass die Eigenschaften, die mit ihrem Geschlecht in Verbindung stehen, nicht nur nicht geschätzt werden, sondern trivialisiert, verunglimpft und sogar verdammt werden.

Außerdem erfahren Mädchen in der Pubertät, dass Jungen sie fast ausschließlich nach dem Aussehen und nicht nach den inneren Werten beurteilen. Wissen und Intelligenz können im Gegenteil sogar Hindernis sein, wenn es darum geht, die Anerkennung eines Jungen zu gewinnen. Selbst ein Mädchen, das einen hohen Grad an Kompetenz erreicht hat, lässt sich unter Umständen davon verunsichern, vor allem wenn es nicht dem gängigen weiblichen Schönheitsideal entspricht: schlank, blond, hübsch und wohlgeformt.

Aus der Forschung über erlernte Hilflosigkeit wissen wir, dass Gruppen, die sich abgewertet fühlen, dazu neigen, sich selbst die Schuld dafür zu geben anstatt das zugrunde liegende Problem dafür verantwortlich zu machen: das kulturelle Vorurteil. Sie suchen die Schuld bei sich und nicht bei der Gesellschaft. Wenn sie die Werte der Gesellschaft verinnerlichen und zu der Überzeugung gelangen, dass die Schuld bei ihnen liegt, büßen sie sowohl ihre Motivation als auch ihr Selbstwertgefühl ein. Wenn sie aber die Werte der Gesellschaft zurückweisen, fühlen sie sich der herrschenden Kultur entfremdet. Daher kommt es auch, dass alte Menschen das Gefühl haben, anderen zur Last zu fallen und wertlos zu sein oder auch junge Menschen nicht zu mögen; Minderheiten fühlen sich minderwertig und entwürdigt, oder sie retten ihr Selbstwertgefühl, indem sie alles andere zurückweisen. Frauen fühlen sich geschwächt und erniedrigt, oder sie werden zu Männerhasserinnen.

Die andere kulturelle Ursache der erlernten Hilflosigkeit bei Frauen ist unsere gewalttätige Gesellschaft, in der Frauen bis zu einem gewissen Grad Beute sind. Liedtexte und Plattencovers in der Rockmusik, Horrorfilme, in denen hübsche junge Frauen als Opfer fungieren, clevere Werbekampagnen und Zeitschriftencover, sie alle fördern die Gewalt gegen Frauen auf subtile Art, indem sie die Gewalt mit Sex und Nervenkitzel versehen. Das Urteil in so manchem Rechtsstreit, in dem es um sexuelle Belästigung und Missbrauch geht, impliziert die Botschaft, dass es leicht ist, mit Schikanen gegen Frauen davonzukommen. Ein Großteil des überheblichen Verhaltens heranwachsender junger Männer schließt in sich ein, dass die Beherrschung von Frauen männlich und cool ist und dass Frauen leicht zu Opfern zu machen sind.

Je älter Mädchen werden, desto bewusster werden sie sich dieser Wirklichkeiten. Und irgendwann lassen sich Mädchen davon abschrecken, Risiken einzugehen, und wer könnte ihnen deswegen einen Vorwurf machen? Eltern unterstützen diese Vorsicht. Schließlich wollen sie nicht, dass ihre Töchter irgendwo da draußen Risiken eingehen.

Die traditionelle kulturelle Verhaltensweise, die darin besteht, Mädchen von allem fern zu halten, um ihre Sicherheit zu gewährleisten, funktioniert einfach nicht. Sie werden immer noch ungewollt schwanger, sie werden immer noch vergewaltigt, sie lassen sich immer noch mit Männern ein, die sie missbrauchen. Wer Angst in einem Mädchen erzeugt oder ihm vorzeitig zu Hilfe eilt, muss damit rechnen, dass dieses Mädchen keine Risiken eingeht. Noch wahrscheinlicher ist, dass so ein Mensch heranwächst, der oder die nicht in der Lage ist, sich im Falle echter Gefahr zu wehren. Präziser ausgedrückt heißt das, dass die Ansicht, ein Mädchen müsse beschützt werden, dem Mädchen nicht zu den Fähigkeiten verhilft, die es braucht, um für seine eigene Sicherheit zu sorgen (mehr über diese Fähigkeiten in Kapitel 9).

Egal ob die Gefahr von außen kommt oder innerlich ausgelöst ist, nämlich vom eigenen Verhalten, gefährlich ist und bleibt gefährlich. Die Wahrheit ist, dass Kinder, Jungen wie Mädchen, nicht immer sicher sind. Aber weil die meisten Menschen der Meinung sind, dass Jungen auf ihr zukünftiges Leben als Versorger und Geldverdiener vorbereitet werden müssen, unterdrücken viele Eltern ihre Ängste und lassen zu, dass ihre Söhne sich erproben und ihre Grenzen trotz der möglichen Gefahr ausdehnen.

Auch wenn Sie mir nicht zustimmen, vertrete ich die Meinung, dass wir Mädchen in punkto Risikobereitschaft ganz anders erziehen als Jungen. Bei Söhnen überwinden Eltern ihre Ängste, ihren Söhnen bringen sie bei, für ihre Rechte zu kämpfen, sich zu verteidigen und ihre Grenzen kennen zu lernen, indem sie sich ausprobieren. Aber ihren Töchtern bringen sie bei, vorsichtig zu sein, anderen entgegenzukommen, um Auseinandersetzungen zu vermeiden und das Risiko auf ein Minimum zu beschränken. Auf diese Weise erzeugen sie Ängste bei Mädchen. Wenn aber erlernte Hilflosigkeit (»Ich brauche Hilfe«, »Ich habe Angst«, »Das kann ich nicht«) im Leben eines Jungen auftritt, unternehmen die Erwachsenen alles, um diese Mängel zu korrigieren (»Das schaffst du schon«, »Du kannst das«, »Versuch's noch einmal«). Wenn ein Mädchen das gleiche Verhalten an den Tag legt, werden die Eltern es höchstwahrscheinlich hinnehmen in der Hoffnung, dass ihre Tochter dadurch nicht in gefährliche Situationen gerät. Unbewusst begünstigen sie vielleicht sogar ein Verhalten, das vorzeitiges Zu-Hilfe-Eilen genannt wird.

Der familiäre Kontext

Vorzeitig zu Hilfe eilen

Die dritte Ursache der erlernten Hilflosigkeit tritt auf im Zusammenspiel zwischen Gewalt und der Ansicht, dass Frauen verletzlich und schutzbedürftig sind. Dies begünstigt die auf Angst beruhende Handlungsweise der Eltern, die dann Mädchen in Situationen zu Hilfe eilen, in denen sie Jungen nicht zu Hilfe eilen würden.

Jean Block hat Väter gefilmt, die ihren Söhnen und Töchtern beim Zusammensetzen eines schwierigen Puzzles geholfen haben – das Ergebnis war verblüffend.[9] Sie halfen jedem Kind einzeln. Mit den Söhnen arbeiteten sie als Erstes an der allgemeinen Problemlösung und Aufgabenbewältigung. Wenn die Jungen, weil sie nicht in der Lage waren, das Puzzle schnell zusammenzusetzen, anfingen zu weinen und die Puzzleteile wütend auf den Boden zu werfen, schenkten die Väter diesen Gefühlsausbrüchen überhaupt keine Beachtung, sondern konzentrierten sich weiterhin auf die Problemlösung. Mit ihren Töchtern fingen die Väter genauso an, das heißt, sie arbeiteten an der Problemlösung und Aufgabenbewältigung. Wenn aber die Töchter anfingen zu weinen und zu schluchzen, beruhigten die Väter sie mit der Versicherung: »Das macht doch nichts, meine Kleine. Es ist doch nur ein Spiel.« Manche Väter setzten die Puzzleteile sogar für ihre Töchter zusammen, noch bevor die Mädchen um Hilfe baten. Dieses elterliche Verhalten des vorzeitigen Zu-Hilfe-Eilens zieht fast unweigerlich erlernte Hilflosigkeit nach sich.

Das elterliche Verhalten enthält eine starke Botschaft, die da lautet: »Das kannst du nicht allein. Du brauchst meine Hilfe.« Natürlich verfallen auch Mütter oft in dieses Verhalten und leben ihren Töchtern den Wunsch vor, dass ihnen jemand zu Hilfe eilt. Da man ihnen in jungen Jahren zu Hilfe geeilt war, erwarten sie das Gleiche auch als Erwachsene. Diese Mütter leben die erlernte Hilflosigkeit.

Man sieht daran, wie gefährlich es ist, wenn beide Elternteile in subtilen Klischees verhaftet sind. Eltern wachen nicht eines Morgens auf und sagen: »Heute eile ich meiner Tochter zu Hilfe und mache sie dadurch hilflos.« Es ist vielmehr so, dass beide Elternteile in einer geschlechterspezifischen Gesellschaft aufgewachsen sind, deren Klischeevorstellung besagt, dass ein Mann einer Frau seine Liebe zeigt, indem er sie beschützt und ihr hilft. Wenn der Durchschnittsvater dazu neigt, seiner Tochter immer zu Hilfe zu eilen und die Durchschnittsmutter es zulässt, wird damit eine überzeugende Botschaft vermittelt, selbst wenn sie verbal nie ausgesprochen wird. Auch wenn dann später noch so viele ermutigende Gespräche folgen, kann die ursprüngliche Botschaft »Du brauchst Hilfe« nicht mehr ausgelöscht werden. Wenn Hilfe zu früh erfolgt oder unangebracht ist, bedingt sie genau das hilflose Verhalten, das wir ausmerzen wollen.

Die Hilflosigkeit bei Frauen kann also unter dem unschuldigen, sogar edlen Mantel der Liebe gefördert werden. Durch unsere Bemühungen, einer gewalttätigen Gesellschaft entgegenzuwirken, und durch unser Bestreben, unsere Töchter vor Gefahr zu schützen, handeln wir unabsichtlich so, dass wir die erlernte Hilflosigkeit hervorrufen und fest zementieren.

Natürlich gibt es Situationen, in denen man einem Kind zu Hilfe eilen muss. Kein Mensch würde einem vierjährigen Kind gestatten, eine stark befahrene Straße zu überqueren oder mit einem Fremden mitzugehen, nur damit es seine eigenen Grenzen erfährt. Als Faustregel gilt hier: Wenn man einem Jungen nicht zu Hilfe eilen würde, sollte man auch einem Mädchen nicht zu Hilfe eilen. Mädchen müssen genau wie Jungen die Möglichkeit haben, hinzufallen und sich die Knie aufzuschürfen, sich zu verteidigen und sich Widerstandskraft und Ausdauer anzueignen. Weder Junge noch Mädchen sollte durch die falschen Ansichten der Eltern Schaden erleiden. Indem man Söhne und Töchter unterschiedlich behandelt, wenn es darum geht zu entscheiden, ob sie sich in Gefahr befinden, und indem man ihnen nicht beibringt, mit der Gefahr, wenn sie auftaucht, fertig zu werden, erzieht man keine erfolgsorientierten Töchter.

Zusammenfassend lässt sich Folgendes sagen: Damit aus unseren

Töchtern starke, mutige und widerstandsfähige Menschen werden, müssen wir lernen umzudenken. Anstatt zu fragen: »Wie sorge ich dafür, dass meine Tochter keiner Gefahr ausgesetzt wird?«, sollte es heißen: »Wie mache ich sie stark und helfe ihr, sich *selbst* zu schützen?«

Ein kluger Erziehungswissenschaftler hat es einmal sehr treffend zusammengefasst, indem er die These aufgestellt hat, dass Kinder eine natürliche Wissensbegierde haben, bis wohlmeinende Erwachsene dieser angeborenen Neugierde einen Dämpfer aufsetzen, und gesagt: »Man muss die Kinder einfach in Frieden und in Ruhe lernen lassen.« Auch wenn es den Anschein hat, dass man durch eine vorsichtige Einstellung die Gefahr in gewisser Weise abwenden kann, selbst wenn Sie das Bedürfnis haben, um Ihre Tochter herum zu sein und um sie zu bangen, sollten Sie sich bewusst machen, dass dies *Ihr* Problem ist. Auf keinen Fall dürfen Sie Ihr Bangen auf Ihre Tochter übertragen. Oder anders ausgedrückt, kommen Sie Ihrer Aufsichtspflicht möglichst so nach, dass es keiner merkt. Wenn Sie das Gefühl haben, über Ihre Tochter wachen zu müssen, halten Sie sich im Hintergrund. Es ist entscheidend, dass Ihre Tochter nicht merkt, dass Sie sie nicht aus den Augen lassen.

Überflüssiges Lob und ständige Kritik

Viele von uns, vor allem Lehrer, müssen immer wieder mit ansehen, was verunsicherte Eltern anrichten, die glauben, dass Kompetenz und Selbstwertgefühl nur durch ständiges und überflüssiges Lob aufgebaut werden können. Wenn Eltern dem Kind das Gefühl vermitteln, dass sein Selbstwertgefühl auf einem so schwachen, veränderlichen und unvorhersehbaren Etwas wie Lob von anderen beruht, können mehrere unangenehme Folgen auftreten:

1. Aus dem Kind wird ein totaler Langweiler, den niemand ausstehen kann,
2. das Kind könnte mit der Zeit dazu übergehen, seinen Eltern nicht mehr zu glauben,
3. das Kind wird zu einem Ja-Sager, das immer das tut, was andere von ihm erwarten, oder
4. das Kind wird sein Wohlbefinden ausschließlich von der Außen-

welt abhängig machen und deshalb die Autonomie verlieren, die notwendig ist, um die eigenen inneren Reaktionen unter Kontrolle zu haben.

Überflüssiges Lob mündet nicht in erfolgsorientiertem Verhalten oder hervorragender Leistung und erzeugt wahrscheinlich genauso wenig echtes Selbstwertgefühl. Das Kind, das zum Langweiler wird, hat vielleicht Selbstwertgefühl, aber es mangelt ihm an Fertigkeiten, Widerstandskraft und der Fähigkeit zum logischen Denken. Das Kind, das aufhört, seinen Eltern zu glauben, verliert jegliches Selbstwertgefühl und wird unzugänglich für elterliche Ratschläge. Das Ja-Sager-Kind wird unfähig, erfolgsorientiert zu handeln, wenn sein Verhalten zu Konflikten mit seinen Mitmenschen führt. Das Kind, das von außen motiviert wird, wird die Fähigkeit einbüßen, sich ohne das Lob von außen wohl zu fühlen. Wie gehen Eltern mit solchen Komplikationen um und vermitteln ihrem Kind sowohl Selbstwertgefühl als auch Kompetenz? Ziel ist es, Mädchen mit einem ausgebildeten Selbstwertgefühl, die dazu noch erfolgsorientiert sind, zu erziehen. Das Erreichen dieses Ziels ist nur dann möglich, wenn beides von innen heraus aufgebaut wird.

Alle Kinder, Mädchen und Jungen, können nur dann Selbstwertgefühl entwickeln, wenn sie bedingungslose Liebe spüren und erfahren, eine Liebe, die auf ihrem Wert als Mensch beruht und nicht auf dem Maß ihrer Leistung. Dies erreicht man nicht durch ständiges und überflüssiges Lob, sondern indem man seiner Tochter als Freundin zur Seite steht; indem man ihr hilft zu verstehen, dass sie auch dann Achtung und Mitgefühl verdient, wenn sie nicht geistreich oder schön oder lustig ist. Sie können ihr dazu verhelfen, indem Sie Zeit mit ihr verbringen, indem Sie ihr auch dann Ihre Zuneigung zeigen, wenn sie nicht die Leistung erbringt, die Sie gerne hätten, indem Sie ihr helfen zu begreifen, dass Scheitern und Verwirrung vorübergehend und etwas ganz Natürliches sind und nicht Teil ihrer Persönlichkeit, indem Sie ihr Mitgefühl vorleben, indem Sie ihr vorleben, wie man für seine Rechte eintritt, indem Sie es ihr nicht ankreiden, wenn sie ein paar Pfund zunimmt, indem Sie ihr beibringen, dass nur sie allein das Recht hat, sich selbst zu bewerten, und indem Sie ihr beibringen, dass sie allein durch ihr Menschsein Würde genießt. In anderen Worten heißt das, behandeln Sie sie so, wie sie eine gute und teure Freundin behandeln würden.

Zu einer teuren Freundin würde man doch nie sagen: »Mein Gott, Mildred, du bist zwar ein wunderbarer Mensch und ich bin gern mit dir zusammen, aber du wärst mir noch lieber, wenn du endlich befördert würdest.« Genauso wenig würde man sagen: »Annabelle, ich schätze dich wirklich sehr und du bist ein lustiges Haus, aber du wärst mir noch lieber, wenn du zehn Pfund abnehmen würdest.« Wir lieben unsere Freunde bedingungslos, weil sie sind, wie sie sind, und nicht wegen ihrer Leistungen und ihres Aussehens oder weil sie etwas für uns tun oder weil sie möglicherweise in der Zukunft erfolgreich sind. Wir halten unsere Zuneigung nicht so lange zurück, bis sie unseren Erwartungen gerecht werden.

Während es den meisten Menschen nicht im Traum einfallen würde, über einen Freund oder eine Freundin zu urteilen, haben sie nicht die geringsten Hemmungen, über ihre eigenen Kinder zu urteilen, wenn diese die elterlichen Wünsche nicht erfüllen oder den elterlichen Ansprüchen nicht gerecht werden. Angriffe auf das kindliche Selbstwertgefühl ziehen verheerende und lang anhaltende Schäden nach sich.

Regeln sind jedoch wichtig. Deshalb ist es unabdingbar, dass Sie Ihrer Tochter zu einem echten Selbstwertgefühl verhelfen, das sich nicht von Schwierigkeiten und Lob beeinflussen lässt. Außerdem müssen Sie versuchen, ihr echte und dauerhafte Fertigkeiten des erfolgsorientierten Verhaltens (mastery skills) zu vermitteln. Diese Fertigkeiten können in allen Situationen und unter allen Umständen angewandt werden. Sie müssen ebenso wie das Selbstwertgefühl von innen heraus aufgebaut werden, wenn sie echt und dauerhaft sein sollen.

Deshalb müssen Mädchen in jedem Alter und in allem Tun für jedes Verhalten ermutigt, belohnt, angespornt und gelobt werden, das Kompetenz oder die Weigerung, eine passive Rolle zu akzeptieren, zum Ausdruck bringt. Manche dieser Verhaltensweisen werden sich vielleicht nicht mit der gesellschaftlichen Definition des »weiblichen Verhaltens« decken, aber das Gefühl Ihrer Tochter für Kompetenz und ihr Selbstwertgefühl werden dennoch gestärkt. Sie können Ihre Tochter anleiten, erfolgsorientiert zu denken und zu handeln, indem Sie ihr beibringen, wie man die Ursache eines Problems richtig bestimmt, vor allem wenn es sich um ein äußerliches handelt; indem Sie ihr den Unterschied zwischen Schuld und Verantwortung klarmachen; indem Sie ihr aufzeigen, wie sie mit Hindernissen umgehen kann; indem Sie ihr eine ausgeprägte Arbeitsmoral vermitteln; indem Sie ihr wahrheitsgemäß erklären, was in Zukunft von ihr erwartet wird; indem Sie ihr begreiflich machen, dass das Leben und die Leistungen eines Menschen Prozesse und keine Ergebnisse sind; indem Sie ihr nicht vorzeitig zu Hilfe eilen, wenn sie einen Fehler macht, Unbehagen verspürt oder eine ungute Entscheidung trifft; und indem Sie ihr die immer während Wahrheit des Lebens nahe bringen – dass sich nämlich alles verändert, und dass erfolgsorientiertes Verhalten und Erfolg nur durch lebenslangen Willen und Fleiß zu erreichen sind.

Im Umgang mit Mädchen muss man außerdem den Ereignissen und körperlichen Auswirkungen der Pubertät Rechnung tragen, ganz gleich wie sie von der Generation Ihrer Tochter wahrgenommen wird. Auch in unserer heutigen Gesellschaft unterliegen Mädchen immer noch dem Zwang, attraktiv sein zu müssen, wenn sie ein ausgeprägtes Selbstwertgefühl haben wollen. Wir müssen Verständnis für den dadurch in ihnen ausgelösten Zwiespalt aufbringen und ihren Wunsch nach männlicher Aufmerksamkeit respektieren.

Zusammengefasst lässt sich sagen, dass die Aufgabe, Mädchen zu einem gesunden Selbstwertgefühl und einer erfolgsorientierten Einstellung im Leben zu verhelfen, eine Herausforderung ist, vor allem wenn man bedenkt, welche sozialen und kulturellen Botschaften Mädchen heute erhalten. Ohne Kompetenz und Selbstwertgefühl könnten sie die Orientierung verlieren. Wenn sie sich nur oberflächlich wohl fühlen und von veränderlichen äußeren Umständen abhängig sind, dazu neigen, leicht aufzugeben und unfähig sind, Leistungen zu erbringen, sind sie für das Leben und die wirtschaftliche Unabhängigkeit denkbar schlecht gerüstet. Wenn sie dagegen tüchtig und gescheit sind, sich aber dabei selbst nicht annehmen, können sie zwar sehr erfolgreich werden, aber glücklich müssen sie dabei nicht sein. Nur wenn sie ihr Selbstwertgefühl aus ihrem tiefsten Innern schöpfen und gleichzeitig eine Reihe von Fertigkeiten entwickeln, haben sie die nötigen Voraussetzungen, um sowohl erfolgreich als auch glücklich zu sein.

Teil II
Was Mütter tun können

Kapitel 4
Mütter als Rollenvorbilder

> Zeige mir eine Frau, die sich als Rektorin
> an einer Schule bewirbt, und ich zeige dir
> eine Tochter, die für das Präsidentenamt
> kandidiert.
> *Laura Liswood, Autorin des Buches:*
> Women Leading at the Top

Der Clan

Einmal oder zweimal in der Woche versammelte sich um den Küchentisch meiner Mutter eine Gruppe lebhafter Frauen zu Kaffee, warmen Bagels und süßen Rosinenbrötchen. Sie nannten das Zusammentreffen liebevoll Kaffeeklatsch. Ich erinnere mich, dass die Frauen immer auf denselben Plätzen saßen. Pat, die Nachbarin von gegenüber, hatte rabenschwarzes Haar, das ihr ein exotisches Aussehen verlieh. Sie war kaum einundzwanzig, hatte aber schon drei Kinder. Die Nachbarin auf der linken Seite der Straße, Laura, mit dem Profil eines Habichts hatte eine raue Stimme und immer Nikotinflecken an den Fingerspitzen. Zoe hatte einen großen Busen und große Augen, sie war süß anzusehen, konnte aber fluchen wie ein Pferdekutscher. Und meine Mutter, die regierende Matriarchin in der Runde.

Während die Sonne durch die Fenster strömte und die Gesichter und Hände der Frauen zum Leuchten brachte, die Frauen gestikulierten, die Köpfe lachend nach hinten warfen und sich Kaffee nachgossen, schlich ich in der Küche herum, atmete den Duft der Krapfen ein und lauschte heimlich. Wenn ich zuhörte, wie sie von ihren Familien und Männern erzählten, und sogar intime Details ihres Sexuallebens preisgaben, erhielt ich entscheidende Hinweise darauf, was es bedeutet, eine Frau zu sein: Wie ich mich verhalten sollte, was ich denken sollte, wie ich zurechtkommen sollte. Manchmal (und je älter ich wurde, umso öfter) durfte ich mich sogar zu ihnen setzen, so lange ich mich treu an die Regeln hielt, die von diesen toleranten und liebevollen Frauen vorgegeben wurden. Auch wenn ich es nicht wusste, so wussten doch sie, dass ein Lernprozess stattfand.

Leider sind die Kaffeerunden während der letzten Jahrzehnte ziemlich aus der Mode gekommen. Die Gruppe, die für mich ein echter Ältestinnenrat war, würde man heute verächtlich als Hausfrauenverein abtun, der nicht Besseres zu tun hat, als herumzusitzen und zu tratschen. In Wirklichkeit war es eine Versammlung kollektiven weiblichen Bewusstseins, ein Kongress von Wegweiserinnen (bitte verzeihen Sie mir diese übertriebenen Worte, aber ich glaube dies wirklich). Das war der Clan beziehungsweise eine Gruppe von erwachsenen Frauen, die ihre Weisheit an eine junge Frau weitergaben.

Wenn ich heute zurückblicke, denke ich, dass der bedeutendste Aspekt (jenseits der Vermittlung eines weiblichen Gespürs für Gemeinschaft) dieses Kaffeeklatsches die Tatsache war, dass ich die Möglichkeit hatte, die Meinungen und Sichtweisen von erwachsenen Frauen kennen zu lernen, im Gegensatz zu denen von Teenagern. Oftmals standen diese Sichtweisen in krassem Gegensatz zu den Botschaften der Medien der Zeit. Die Geschichten und persönlichen Erfahrungen, die mir zu Ohren kamen, präsentierten sich wesentlich frecher und besaßen auch erfolgsorientierte Haltungen (mastery attitudes). So fielen beispielsweise Sätze wie:

»Männer müssen lernen, Ehemänner zu werden. Sie werden nicht als Ehemänner geboren.«

»Frauen müssen doppelt so gut sein wie Männer, um im Beruf Beachtung zu finden.«

»Ich sagte zu Steven: ›Wenn du glaubst, du könntest mich einfach so schlagen, dann irrst du dich, und wenn ich bis Mitternacht warten müsste, um dir die gusseiserne Pfanne über den Schädel zu hauen. Wenn du's nicht glaubst, dann versuch's einfach noch mal und hebe die Hand gegen mich.‹«

»Während unserer Trennungszeit traf es mich wie der Schlag, dass ich vollkommen abhängig von Eds Einkommen war. Ohne sein Gehalt war ich arm wie eine Kirchenmaus. Das war der Grund, warum ich wieder auf die Schule ging und mein Abitur nachmachte.«

»Ich würde meiner Tochter sagen, sie soll sich Zeit lassen mit dem Sex, denn durch das Warten habe ich beispielsweise viel mehr über meinen Körper erfahren und über das, was er eigentlich möchte. Man weiß ja, wie Männer sind. Mit Sex haben sie es sehr eilig. Wenn Fred und ich zu schnell miteinander im Bett gewesen wären, hätte ich, glaube ich, nicht so viel über meinen Körper gelernt.«

»Selbst wenn ich fünfzig Pfund zunehmen würde, würde John mich immer noch lieben. Er ist einfach abhängig.«

»Ich wünschte, jemand hätte mir gesagt, ich solle mich lieber nach einer Ausbildung umsehen als nach einer Ehe. Ich habe viel Zeit vertan, weil ich Angst hatte, niemand würde mir einen Antrag machen, und dann habe ich den Ersten geheiratet, der mir einen gemacht hat.«

Das waren eindringliche Botschaften von erwachsenen Mentorinnen und Mitgliedern des Clans, auch wenn sie in der Maske von Hausfrauen der 50er Jahre auftraten. Obwohl ich es damals nicht wusste, haben mich ihre aus unmittelbarer Erfahrung stammenden Worte alle möglichen Kniffe gelehrt. Ihre Lektionen sind mir über viele Jahre in Erinnerung geblieben.

Meine eigene Mutter war ein ungewöhnliches Rollenvorbild, vor allem wenn man die damalige Zeit bedenkt, als das Vorbild schlechthin Donna Reed hieß und mit dem Staubsauger die Perlen aufsaugte. Meine Mutter war Jazzpianistin, die in Nachtclubs auftrat und um vier Uhr morgens nach Hause kam. Am Wochenende lud sie Musiker zur Jamsession zu uns nach Hause ein. Sie arbeitete Verträge aus, engagierte und entließ Musiker. Dass sie in der oft gnadenlosen Welt des Musikgeschäfts, in dem ein dreimonatiges Engagement gerade mal eine Golduhr einbrachte, ihre Selbstachtung nicht verlor, machte meine Mutter stark und widerstandsfähig – sie war eine geschäftstüchtige Frau und eine harte Kämpferin, die man nicht unterschätzen durfte. Da ich sie ja aus nächster Nähe beobachten konnte, weiß ich, dass sie das Geschäftliche an der Musik nicht mochte, es aber trotzdem machte. Sie war diejenige in der Familie, die die Risiken einging. Mein Vater ging stets auf Nummer Sicher. Er war mehr als fünfundzwanzig Jahre bei der gleichen Firma und stritt mit meiner Mutter darüber, ob sie einen Nachtclub eröffnen sollte oder nicht. Die Philosophie meines Vaters lautete: »Wenn du einen Pfennig hast, dann spare ihn«, die meiner Mutter dagegen: »Wenn du einen Pfennig hast, dann mache zwei aus ihm.«

Nachdem meine Mutter ihren Vater im zarten Alter von sechzehn Monaten verloren hatte (er wurde 1911 von Viehkäufern vergiftet), wurde sie von ihrer Großmutter Sarah, ihrer Mutter Rebecca und ihrer Tante Blanche in einem reinen Frauenhaus großgezogen. Während Rebecca und Blanche jeden Tag in einer Textilfabrik Overalls nähten, leistete Großmutter Sarah die Erziehungsarbeit. So hat meine Mutter als Kind nur Frauen erlebt, die sich um alles kümmerten, und ich meine um alles – sie haben das Geld verdient, Dinge repariert, die Familie ernährt und die Kinder großgezogen.*

Ich bringe das Beispiel der Erziehung meiner Mutter deshalb ins Spiel, weil sie mit ihren 80 Jahren immer noch ein unübertroffenes Vorbild für weibliches erfolgsorientiertes Verhalten ist. Mütter können nicht nur lehren, wie man erfolgreich und risikobereit sein kann, sondern sie können es im Gegensatz zu Vätern trotz der gesellschaftlichen und kulturellen Normen, die versuchen, sie lächerlich zu machen, vielleicht sogar gegen sie wirken. So beherrschend das Vorbild einer Mutter der 50er Jahre gewesen sein mag, den Einfluss meiner eigenen Mutter auf mich selbst hat es nicht verändert. Noch hatte das viktorianische Idealbild von Weiblichkeit, mit seiner Vorstellung von Frauen als schmückenden, hilflosen Kreaturen, die zu zerbrechlich waren, um mit der harten Wirklichkeit des Lebens umzugehen, das während der Kindheit meiner Mutter immer noch vorherrschend war, Einfluss auf meine Mutter.

Heute gibt es Mütter in vielen Varianten und in einer Vielzahl von unterschiedlichen Typen. Sie sind Unternehmerinnen, Sportlerinnen, Sekretärinnen, Politikerinnen, Krankenschwestern, Ärztinnen, Einzelhandelskauffrauen, Buchhalterinnen, Sozialpädagoginnen, Programmiererinnen, Kellnerinnen, Tagesmütter und Ingenieurinnen oder sie entscheiden sich vielleicht, zu Hause zu bleiben und die Kindererziehung zu ihrer Vollzeitbeschäftigung zu machen. Töchter können sich mit ihren Müttern identifizieren und sie können die für das Leben wichtige Beherrschung von erfolgsorientiertem Handeln lernen, die früher eine männliche Domäne war. In diesem Kapitel haben Sie die Möglichkeit, den eigenen Grad der Erfolgsorientiertheit (mastery level) auszuwerten sowie das eigene Potenzial, es für die eigene Tochter zu formen. Zuerst aber möchte ich auf zwei Punkte aufmerksam machen, die häufig in meinen Workshops angesprochen werden:

---

* Diese Situation spiegelt die Umstände wider, in denen sich augenblicklich viele afroamerikanische Frauen befinden, in deren Familien keine Männer präsent sind.

Sobald Mütter die subtile Gefahr erlernter Hilflosigkeit begreifen, haben manche ein schlechtes Gefühl. Es wird ihnen bewusst, dass sie sich mit den eigenen Mustern erlernter Hilflosigkeit auseinander setzen müssen, um für ihre Töchter glaubhafte Rollenvorbilder zu sein. Einige zweifeln, ob sie in ihrem eigenen Leben erfolgreich genug sind. Hier sind insbesondere Hausfrauen leicht verletzlich, ungleich mehr als Mütter, die berufstätig sind. Das nun folgende Gespräch aus einem meiner Workshops macht dies deutlich.

Alles fing an mit einer Diskussion zwischen Peg, einer Programmiererin beim National Center for Atmospheric Research, und der Mutter von Caitlin, die Tierärztin werden wollte, über die Probleme ihrer Töchter mit dem Schulfach Chemie.

»Meine Tochter ist am Boden zerstört«, sagte Peg. »Kürzlich kam sie mit dem alten Klischee an, dass Mädchen in Mathematik nicht so gut seien wie Jungen, und ich erinnerte sie schnell daran, dass *ich* gut in Mathematik bin. Ich habe sie darauf aufmerksam gemacht, dass Mathematik für alle, nicht nur für Mädchen, verwirrend sein kann. Ich habe ihr auch von den Problemen erzählt, denen ich in meiner Branche tagaus, tagein begegne.«

»Ich weiß, was Sie meinen«, sagte eine andere Mutter. »Ich habe ein eigenes Geschäft, schlage mich mit finanziellen Problemen rum, stelle Menschen ein und entlasse sie wieder usw. Das alles bedingt Risikobereitschaft und souveränen Umgang mit Kritik. Das lasse ich meine Tochter wissen, damit sie weiß, womit ich mich herumschlage.«

Eine dritte Frau mischte sich ein: »Ich bin Rechtsanwältin und Partnerin in einer großen Anwaltskanzlei. Ich bin dauernd sexistischen Anspielungen seitens meiner Partner in der Sozietät ausgesetzt. Einige zweifeln an meiner Fähigkeit, mich in die Anwaltssozietät einzubringen, und spielen sich mir gegenüber als freche Jungs auf. Was immer ich auch mache …«

»Moment mal, bitte«, fiel ihr eine besorgte Mutter vom hinteren Ende des Raumes ins Wort. »Da bekomme ich ja Komplexe. Was ist mit den Frauen unter uns, die nicht Wissenschaftlerin, Unternehmerin oder Anwältin sind? Ich gehöre zu jener aussterbenden Gattung von Frau, die man früher Hausfrauen nannte. Was geschieht bitte schön mit *unseren* Töchtern? Heißt das, dass sie verdammt sind?«

Verdammt? Natürlich nicht. Vor dem Hintergrund erfolgsorientierter Haltung ist wichtig, dass Sie mit gutem Beispiel vorangehen, wenn es gilt, Risikofreude zu zeigen, neue Dinge auszuprobieren und bei auftretenden Schwierigkeiten konsequent, tapfer und widerstandsfähig zu bleiben. Das ist der Maßstab des Erfolgs als Rollenvorbild für Ihre Tochter, und nicht, ob Sie Partnerin in einer Sozietät sind, ein Vermögen an der Börse verdienen oder die Betten Ihrer Familie machen.

Die Frau, die sich zu der aussterbenden Gattung von Müttern zählte, nämlich der der Hausfrau, steuerte eine interessante Frage zur Diskussion bei. Welchen Status hat eine Hausfrau heutzutage? Spaßeshalber schlug ich das Wort in zwei Lexika nach. Das eine war mein altes Lexikon aus der Universität, 25 Jahre alt; das andere war brandneu. In den beiden Büchern gab es einen kleinen, aber entscheidenden Unterschied. Das ältere Lexikon definierte Hausfrau als »eine Frau, die ihren eigenen Haushalt führt«, das neuere enthielt einen interessanten Zusatz; dort hieß es »eine Frau, die hauptberuflich ihren eigenen Haushalt führt«. In dem neueren Lexikon fand ich außerdem noch einen Eintrag zu »Hausmann«, der im älteren völlig fehlte.

Kurz gesagt, manche Frauen haben das Gefühl, dass »Nurhausfrau« irgendwie der Weg der geringsten Anstrengung ist. (Obwohl ich nicht glaube, dass die ersten Feministinnen mit Absicht diese diffamierende Definition in die Welt setzen wollten, ist sie trotzdem entstanden. Ich glaube allerdings, dass dieser negative Beigeschmack nicht vom Feminismus herrührt, sondern von der alten patriarchalischen Gewohnheit, Frauenarbeit abzuwerten.) Aus meiner eigenen Kindheit weiß ich, dass sogar die so genannten klassischen Hausfrauen der 50er Jahre alles andere als Frauen waren, die den Weg der geringsten Anstrengung wählten. Ich hatte Glück, dass ich mit Frauen aus den 50er Jahren in Berührung kam, die kreativ, intelligent und unternehmungsfreudig waren. Meine eigene Mutter war Musikerin, meine Tante besaß und betrieb zusammen mit ihrem Mann ein Kino mit Bar, und die Mutter meiner besten Freundin war Töpferin, sammelte Radios und reiste gern und viel.

Genauso sind die Mütter und Hausfrauen, die an meinen Workshops teilnehmen, und von denen man meint, sie seien »Nurhausfrauen«, an vielen Aktivitäten beteiligt, tragen Verantwortung für die Gemeinschaft und sind im persönlichen Bereich tätig, sodass die Bezeichnung »Hausfrau« bei weitem nicht ausreicht. Eine Mutter betreibt beispielsweise mit ihrem Ehemann ein Antiquitätengeschäft; viele der Antiquitäten restauriert sie selbst. Außerdem reißt sie Mauern ein, verlegt Parkett und elektrische Leitungen, klebt Kacheln und verhandelt mit Bankleuten und Immobilienmaklern. Eine andere Frau, Mutter von drei Kindern, ist Marathonläuferin, die das ganze Jahr über trainiert. Beim Marathonlauf selbst ist sie in ihrer Altersgruppe immer unter den ersten fünf. Eine andere Mutter wiederum ist ehrenamtliche Leiterin eines gemeinnützigen Vereins. Sie führt die Marketingabteilung, dazu eine Gruppe von ehrenamtlichen Helfern und verwaltet einen sechsstelligen Etat für drei Wohltätigkeitsveranstaltungen pro Jahr.

Alle Mütter, egal ob Karrierefrauen, Mütter, »Nurhausfrauen« und Frauen, die Teilzeit arbeiten, können Vorbilder für erfolgsorientiertes Verhalten sein, um in schwierigen Zeiten die Ziele ihrer Töchter zu fördern und ihr Selbstvertrauen zu stärken. Warum sollten unsere Töchter unsere anfeuernden und lobenden Worte ernst nehmen und danach handeln, wenn wir selbst nicht danach handeln? Außerdem müssen wir uns fragen, ob unser Rat ohne unsere eigene unmittelbare Erfahrung wirklich Gültigkeit besitzt?

Seit ich Workshops leite, die Müttern helfen sollen, erfolgsorientiertes Verhalten und positive Risikobereitschaft zu erlernen, seit ich mit Lehrerinnen in vielen Stunden geübt habe, wie man Erfolgsorientiertheit (mastery) bei Schülerinnen aufbaut und seit ich Untersuchungen mit heranwachsenden Mädchen durchführe, weiß ich, dass Sie als Erstes die Wirkungen erkennen müssen, die Ihre eigenen Einstellungen und Verhaltensmuster auf Ihre Tochter haben. Nachfolgend gebe ich Ihnen dazu einen Fragenkatalog an die Hand:

Machen Sie Inventur: Ihr eigenes Mastery-Inventar

Teil I: Sie als Person

Wählen Sie beim ersten Fragenkomplex die Antworten, die Sie selbst am besten beschreiben. Suchen Sie eine Antwort nicht deshalb aus, weil Sie sie für die richtige Antwort halten. Wählen Sie die ehrlichste und die am ehesten auf Sie zutreffende Antwort aus.

1. Wenn ich eine Niederlage oder einen Rückschlag erleide, neige ich dazu,
   a. einfach weiterzuarbeiten, ohne mich zu fragen, wessen Fehler es war;
   b. etwas bekümmert zu sein, mir jedoch nicht die Schuld zu geben oder schlaflose Nächte darüber zu verbringen;
   c. mich über mich selbst aufzuregen und viel Zeit damit zu vergeuden, mich zu ärgern, bevor ich schließlich wieder anfange zu arbeiten;
   d. mir die Schuld zu geben, wertvolle Zeit zu verlieren, mich zu hassen, hinauszuschieben und meine Motivation zu untergraben;
   e. alles aufzugeben.

2. Wenn etwas kaputtgeht,
   a. bringe ich es gewöhnlich selbst wieder in Ordnung;
   b. bitte ich jemanden, mir zu helfen oder lasse einen Handwerker kommen;
   c. mache ich Andeutungen in der Hoffnung, dass mir jemand hilft;
   d. verschiebe ich die Sache auf später;
   e. lebe ich damit.

3. Wenn etwas für mich eine Herausforderung darstellt,
   a. finde ich das aufregend und versprühe noch mehr Energie;
   b. bin ich noch entschlossener, es zu meistern;
   c. werde ich nervös und möchte die Sache am liebsten aufschieben;
   d. flüchte ich mich in Vermeidungsverhalten, d. h., ich schlafe, esse, organisiere und mache alles andere, nur nicht die Sache, die eine Herausforderung bedeutet;
   e. neige ich dazu, davonzulaufen und nie wieder zu dieser Arbeit zurückzukehren.

4. Wenn ich mit einer neuen Technologie konfrontiert werde, verspüre ich
   a. einen Nervenkitzel und bin ganz heiß darauf, etwas Neues zu lernen;
   b. Neugierde und die Bereitschaft, mich darauf einzulassen;
   c. Zaudern und Hemmungen, es anzupacken;
   d. absolutes Desinteresse und Langeweile;
   e. Widerwille und Angst.

5. Meine Reaktion auf unvorhergesehene Änderung in meinem Tagesablauf ist gewöhnlich
   a. Verwunderung über die Spontaneität des Lebens;
   b. Offenheit und Neugierde;
   c. gezügelte Angst;
   d. Widerstand;
   e. offene Opposition.

6. Der Gedanke, einen Mannschaftssport zu betreiben, erzeugt in mir den Wunsch
   a. mitzumachen;
   b. Trainerin zu werden;
   c. zuzuschauen;
   d. zu schlafen;
   e. davonzulaufen.

7. Meine Art, Entscheidungen zu treffen, ist
   a. ziemlich schnell und entschlossen;
   b. gut durchdacht und gründlich;
   c. zögerlich und unsicher;
   d. ängstlich;
   e. vollkommen passiv – ich überlasse es anderen, Entscheidungen für mich zu treffen.

8. In finanziellen Dingen
   a. bin ich zuversichtlich und bereit, kurzzeitig auch ein Risiko einzugehen;
   b. bin ich kompetent, aber nicht bereit, ein Risiko einzugehen;
   c. bin ich sorgfältig und umsichtig;
   d. bin ich nervös und ängstlich;
   e. treffe ich keine Entscheidungen, außer dass ich mein Scheckheft auf- und zuklappe.

9. Wenn ich mich morgen in einen Mathematikkurs einschreiben müsste, um meine Arbeit nicht zu verlieren oder eine Stelle zu bekommen,
   a. würde mir das nicht die geringsten Probleme bereiten;
   b. würde mich das nicht unbedingt vom Hocker reißen, aber ich würde den Kurs trotzdem machen;
   c. wäre ich nervös, aber ich würde mir einen Nachhilfelehrer suchen oder einen anderen Weg finden, mir helfen zu lassen;

d. würde ich zögern, die Einschreibung verpassen oder mich von anderen Dingen ablenken lassen;

e. würde ich mich weigern.

10. Meine Reaktion auf Kritik ist im Allgemeinen
    a. ruhig und gleichgültig;
    b. entspannt und bereit zuzuhören;
    c. besorgt und leicht verängstigt;
    d. ängstlich, verletzt und weinerlich;
    e. völlige Entkräftung.

Teil II: Sie als Mutter

Wählen Sie bei diesem Fragenkomplex die Antworten aus, die am besten verdeutlichen, wie Sie mit Ihrer Tochter umgehen. Suchen Sie auch hier die Antworten nicht deshalb aus, weil Sie sie für die richtigen halten, sondern wählen Sie die ehrlichste und die am ehesten auf Sie zutreffende Antwort aus.

11. *Für Mütter und Töchter unter acht Jahren:*
    Wenn meine Tochter sich durch eine andere Person eingeschüchtert oder erniedrigt fühlt,
    a. kümmere ich mich sofort darum und stelle die Person zur Rede, die ihr Probleme bereitet;
    b. warte ich, bis ich nachgedacht habe und stelle dann die Person zur Rede;
    c. denke ich darüber nach und schiebe das Handeln auf, sage vielleicht etwas, vielleicht aber auch nicht;
    d. ermutige ich sie, sich mehr anzupassen;
    e. tröste ich sie, sage aber nichts zu den anderen.
    Für Mütter mit Töchtern über acht Jahre:
    Wenn meine Tochter sich durch eine andere Person eingeschüchtert oder erniedrigt fühlt,
    a. bringe ich ihr bei, sich zu behaupten und schnell zu handeln. Ich helfe ihr, sich vorzustellen, was sie sagen möchte, und dann machen wir ein Rollenspiel, damit sie ihre Antwort einüben kann und auf eine Vielzahl verschiedener Antworten vorbereitet ist;
    b. ermutige ich sie, für sich selbst einzutreten;

c. tröste ich sie, bitte ich sie, nochmal nachzudenken, bevor sie etwas unternimmt, und bestärke sie, etwas zu sagen, vielleicht aber auch nicht;

d. tröste ich sie und bestärke sie, sich noch mehr anzupassen;

e. tröste ich sie und versuche ihr zu vermitteln, dass sie an der Situation selbst schuld ist.

12. Dass andere meine Tochter akzeptieren, ist mir
   a. überhaupt nicht wichtig;
   b. nicht besonders wichtig;
   c. mäßig wichtig;
   d. wichtig;
   e. sehr wichtig.

13. Wenn meine Tochter den Wunsch äußern würde, in ein reines Mädchengymnasium zu gehen und eines in der Nähe wäre, wäre ich
   a. sehr angetan und würde sie in ihrem Vorhaben bestärken;
   b. angetan und würde sie ihre Entscheidung alleine treffen lassen;
   c. offen gegenüber ihrem Vorhaben, mir aber Sorgen um ihr Sozialleben machen;
   d. würde ich ihr ein Gymnasium vorschlagen, an dem sie Jungen treffen und sich mit ihnen verabreden kann;
   e. würde ich ihr abraten und sie ermutigen, sich ein gemischtes Gymnasium zu suchen.

14. Wenn meine Tochter vorschlagen würde, dass wir beide gemeinsam einen Selbstverteidigungskurs machen, würde ich
   a. ihr sagen, dass sie uns einschreiben soll. Ich möchte wissen, wie ich schnell, entschieden und effektiv reagieren kann, um mein Leben zu retten, und ich möchte, dass meine Tochter das Gleiche lernt;
   b. ihr sagen, dass ich keine Bedenken hätte. Ich finde Selbstverteidigungskurse gut und ich vertrete die Ansicht, dass ich auch aggressives Verhalten beherrschen muss für den Fall, dass ich in Lebensgefahr bin;
   c. gerne glauben, dass ich mitmachen würde, obwohl ich mir nicht sicher bin, wie ich in Wirklichkeit reagieren würde;
   d. wahrscheinlich ablehnen und eine Entschuldigung murmeln;
   e. ihr sagen, dass ich es toll finde, aber ich würde nicht daran teilnehmen.

15. Wenn meine Tochter mit Depression und Angst auf Kritik reagiert, würde ich

   a. ihr raten zu fragen, ob sie die kritisierende Person respektiert und bewundert, ob ihr diese Person wichtig ist und ob sie sie mag; wenn diese Person in guter Absicht kritisiert, gescheit, intelligent und nett ist, kann sie aus der Kritik vielleicht lernen. Ich würde versuchen ihr zu vermitteln, was sie daraus lernen kann. Die Person hat vielleicht Gründe, die nichts mit ihr zu tun haben, sie ist vielleicht eifersüchtig, nicht informiert oder nur kleinlich. Ich würde ihr raten, es nicht persönlich zu nehmen;

   b. mit ihr fühlen und ihr erklären, dass Kritik zum Leben gehört. Ich würde sie fragen, welche Motive die Person gehabt haben könnte, Kritik zu äußern. Basiert sie auf tatsächlich Stattgefundenem oder hat sie mit der kritisierten Person zu tun? Ich würde ihr sagen, wie ich mit Kritik umgehe. Ich würde ihr sagen, was bei mir funktioniert und was nicht;

   c. mit ihr fühlen und ihr sagen, dass ich weiß, wie sie sich fühlt. Kritik verletzt;

   d. ihr raten zu überlegen, was sie getan haben könnte, um solche Kritik herauszufordern. Dann würde ich Verhaltensveränderungen mit ihr durchgehen, um in Zukunft Kritik zu vermeiden;

   e. sie kritisieren, weil sie deprimiert und voller Angst ist, und sie ermahnen, sich zusammenzureißen.

16. Wenn meine Tochter vorschlagen würde, gemeinsam einen Computergrundkurs zu besuchen, würde ich sagen:

   a. »Super! Ich muss mir sofort die Termine im Kalender notieren.«

   b. »Schön. Ich will es probieren. Klingt nicht schlecht.«

   c. »Klingt gut, aber ich bin so beschäftigt. Vielleicht ein anderes Mal.«

   d. »Ach, ich weiß nicht. Ich bin mir nicht sicher, ob ich das ausprobieren will. Computer machen mich fertig.«

   e. »Auf gar keinen Fall. Ich hasse Computer.«

17. In Bezug auf Beliebtsein erkläre ich meiner Tochter,

   a. dass es schön ist, beliebt zu sein, aber um glücklich zu sein, ist es genauso wichtig, ein anständiger, von anderen geachteter Mensch zu sein;

b. dass es besser ist, gleichgesinnte Menschen um sich zu haben als Menschen, die nicht gleichgesinnt sind;

c. dass es mir nicht egal ist, ob andere sie mögen;

d. dass sie sich anstrengen soll, um bei anderen Leuten einen guten Eindruck zu machen, um beliebt zu sein und von ihnen akzeptiert zu werden;

e. dass es wichtig ist, beliebt zu sein.

18. Der Vorschlag, allein mit meiner Tochter vier Tage im Freien zu campen, klingt

a. wie ein aufregendes Abenteuer;

b. wie eine wunderbare Gelegenheit, alles hinter sich zu lassen und wertvolle Zeit miteinander zu verbringen;

c. interessant, aber ich möchte noch eine Menge Informationen haben, bevor ich ja sage;

d. wie eine Gelegenheit, auf Dreck, Schmutz und wilde Tiere zu stoßen, Dinge, die ich am liebsten vermeiden möchte;

e. dumm und gefährlich.

19. Wenn meine Tochter, die in die vierte Klasse geht, eine Abmagerungskur machen möchte, würde ich

a. mit ihr reden und ihr erklären, dass ich es zwar verstehe, dass ihr ihr Äußeres wichtig ist, dass dies aber nur ein Aspekt im Leben ist und viele andere Aspekte genauso wichtig sind, um glücklich zu sein, sich wohl zu fühlen und sich zu entwickeln. Gleichzeitig würde ich sie anspornen, Sport zu treiben, zu tanzen und überhaupt körperlich aktiv zu sein;

b. ihr erklären, dass Menschen, egal wie viel sie wiegen, wie sie aussehen und wie groß sie sind, wertvoll, schön, intelligent und in der Lage sind, ihre jeweiligen Ziele zu erreichen. Ich würde sie darin bestärken, ihr Äußeres nicht zum Mittelpunkt ihres Lebens zu machen und mit ihr darüber reden, warum gut aussehen allein noch nicht glücklich macht;

c. ihr sagen, dass sie süß ist und ihren Vater dazu bringen, ihr männliche Bestätigung zu geben;

d. wahrscheinlich sagen: »Dafür bist du noch zu jung. Das erlaube ich nicht!«;

e. vorschlagen, dass wir die Diät zusammen machen und uns gegenseitig moralisch unterstützen.

Auswertung und Kommentar

Um die Punktzahl zu ermitteln, gehen Sie nochmals zum Test zurück, teilen sich die Punkte zu und zählen sie zusammen. Ich empfehle, den Test an zwei oder drei verschiedenen Tagen zu machen. Da man sich ja selbst beurteilen soll, können Ihre Antworten durch Ihre Stimmung oder äußere Ereignisse, die sich positiv oder negativ auf Ihr Wohlbefinden auswirken, beeinflusst werden. Meine eigene Erfahrung mit dem Test hat mir gezeigt, dass mein Endergebnis um bis zu fünf Punkte variierte. Wenn Sie sich beim ersten Mal im oberen Bereich einer Kategorie befinden, können Sie beim zweiten Mal in eine andere Kategorie nach oben oder nach unten rutschen. Sollten Sie sich im Mittelfeld einer Kategorie befinden, wird die Wiederholung des Test keine großen Auswirkungen haben.

A-Antworten: 5 Punkte
B-Antworten: 4 Punkte
C-Antworten: 3 Punkte
D-Antworten: 2 Punkte
E-Antworten: 1 Punkt

75–95 Punkte: Die Amazonenkriegerin

Dieses Ergebnis bedeutet, dass die meisten (oder alle!) Ihrer Antworten in den beiden erfolgsorientierten Kategorien lagen. Dies ist eine außerordentlich hohe und sehr ungewöhnliche Punktzahl. Falls jemals ein bewaffneter Aufstand matriarchalischer Streitkraft stattfinden sollte, sollen Sie uns als Generalinnen und Feldmarschallinnen anführen. Ich stelle dies auch nur mit leichter Ironie fest, denn wenn Sie diese hohe Punktzahl erreicht haben, dann sind Sie eine starke und widerstandsfähige Frau, die bereit ist, Risiken einzugehen, um ihre Ziele zu erreichen oder auch nur um der Herausforderung willen. Sie geben nicht sich die Schuld, wenn etwas nicht nach Wunsch läuft, und Sie sind überzeugt davon, dass man Dinge ändern kann. Zweifellos geben Sie jetzt schon ein gutes Beispiel für Selbstvertrauen und positives Risikoverhalten für Ihre Tochter ab. Herzlichen Glückwunsch!

55–74 Punkte

Wenn Sie größtenteils A- und B-Antworten gewählt haben und nur hin und wieder eine C-, D- und E-Antwort, lassen Sie sich weniger leicht einordnen. Manchmal packen Sie den Stier, wenn's nötig ist, bei den Hörnern, manchmal aber auch nicht. Sie können in manchen Bereichen recht erfolgsorientiert handeln, aber in anderen zeigen Sie erlernte Hilflosigkeit.

Das Beste, was Sie tun können, ist, Ihre Antworten nochmals zu überprüfen und zu versuchen, die Bereiche zu identifizieren, in denen Sie Schwäche, fehlendes Selbstvertrauen in sich oder Ihre Tochter oder Angst vor Risikobereitschaft zeigen, und diese Bereiche dann eingehender zu betrachten, um festzustellen, ob es hier ein Muster gibt. Vielleicht entdecken Sie einen Bereich, der besonders angstbesetzt ist, vielleicht bei körperlichem oder bei finanziellem oder emotionalem Risiko. Wenn Sie tatsächlich auf ein Muster stoßen, sollten Sie die in diesem Buch offerierten Techniken anwenden, um die Veränderungen herbeizuführen, die Ihrer Tochter als erfolgsorientiertes Beispiel dienen.

35–54 Punkte

Wenn Sie diese Punktzahl erreicht haben, verfügen Sie möglicherweise immer noch über ein ausreichendes Maß an erfolgsorientiertem Handeln, um Ihr Leben zu meistern. Gleichzeitig sind Sie zögerlich, hegen Zweifel und neigen dazu, sich in Frage zu stellen. Sie zeigen keine Initiative oder Sie werden vielleicht nur dann aktiv, wenn Sie dazu gezwungen sind. Denkbar ist auch, dass Sie in einem bestimmten Bereich sehr erfolgsorientiert sind, aber in allen anderen Bereichen nicht an sich glauben.

Diese Punktzahl kann auch auf eine Frau zutreffen, die erlernte Hilflosigkeit hinter subtilen und verdeckten Ausflüchten wie Langeweile, Verärgerung, Zögerlichkeit, Interesselosigkeit, zu wenig Zeit oder Mangel an Geld versteckt. Sind Sie wirklich an dieser neuen Aktivität interessiert oder wollen Sie nur ein Risiko vermeiden, um nicht als Närrin dazustehen? Haben Sie wirklich keine Zeit, sich mit dieser neuen Materie vertraut zu machen oder wollen Sie nur den Mühen des Lernens aus dem Weg gehen? Können Sie es sich wirklich finanziell nicht leisten, diese Geschäftsidee umzusetzen, oder sind Sie sich Ihrer eigenen Kreativität nicht sicher? Nur Sie selbst können sagen, was die

Antworten bei näherer Betrachtung zu erkennen geben. Ihre heranwachsende Tochter wird Ihre Ausflüchte durchschauen. Und eines Tages wird sie, durch Ihr Vorbild, diese Ausflüchte selbst anwenden.

Und wenn Sie schließlich aktiv werden, weil Sie nicht mehr anders können, ringen Sie vorher lange die Hände und beißen laut die Zähne zusammen. Dies verursacht unnötigen Kummer, da Sie meistens trotzdem nach vorne schauen und Dinge anpacken müssen, auch wenn Sie sie unbedingt vermeiden wollten. Ich kann gut verstehen, dass es schwer und schmerzlich ist, bestimmte Risiken einzugehen. Atmen Sie deshalb tief durch, handeln Sie und verkürzen Sie die Leidenszeit auf ein Minimum.

19–34 Punkte

Die E-Antworten zeigen ernst zu nehmende erlernte Hilflosigkeit. Sie weisen einen nahezu vollständigen Mangel an Glauben in die eigenen Fähigkeiten auf, etwas Neues zu lernen, schlechte Angewohnheiten zu ändern, mit Schwierigkeiten umzugehen und neue und besseres Bedingungen für sich selbst zu schaffen. Dieser mangelnde Glaube an sich selbst kann sich in Passivität, Zaudern oder Trägheit äußern. Das ist vor allem deshalb so bedrückend, weil bestimmte Arten von Passivität als weiblich angesehen werden, insbesondere in Konfliktsituationen oder Augenblicken, in denen körperliche Überlegenheit und feindseliges Auftreten notwendig wären, beispielsweise, um einen Angreifer auf einem dunklen Parkplatz abzuwehren.

An die Stelle subtiler sozialer, kultureller und persönlicher Verstärker erlernter Hilflosigkeit müssen Aktivitäten, Techniken, Einstellungen und Verhaltensweisen treten, die aus Ihrer Tochter eine Frau machen, die erfolgsorientiert und risikofreudig ist. Leider ist der einfachste Weg, nämlich es ihr zu sagen, nicht der Erfolg versprechendste. Ich würde Ihnen gerne vermitteln, dass das ermunternde Gespräch allein genügt. Tatsache ist aber, dass wir das, was wir von ihnen verlangen, vorleben müssen. Die Mädchen müssen miterleben, dass wir auch verwirrt sein und Fehler machen können, aber trotzdem konsequent und widerstandsfähig bleiben. Sie sollen uns weinen sehen, sie sollen mitbekommen, wie wir frustriert sind oder sogar aufgeben wollen, und sie sollen miterleben, dass dieses Verhalten uns nicht auf Dauer von unseren Zielen abbringt. Wir müssen für unsere Töchter tun, was Väter für ihre Söhne tun, nämlich erfolgsorientiertes Handeln vorleben und ihnen dann bei der Einübung zur Seite stehen. Mädchen müssen ebenso wie Jungen von ihren erwachsenen Rollenvorbildern lernen.

Sie und Ihre Tochter müssen positive Erfahrungen im Umgang mit Risiken sammeln, d. h., Sie lernen beispielsweise etwas Neues (der Erfahrungsaspekt) und dann leben Sie das erfolgsorientierte Verhalten vor, damit sie es nachahmen kann (der Modell- und Begleitaspekt). Eine ausgezeichnete Möglichkeit, solche wertvollen Lehr- und Lernerfahrungen zu sammeln, sind Mutter-Tochter-Mastery-Projekte. Betrachten Sie die nachfolgenden Vorschläge als eine Art Anleitung, als Nachschlagewerk, das Sie immer wieder benutzen können, während Sie einige der vorgeschlagenen Projekte erproben.

Da ich aufgrund eigener Erfahrung weiß, dass Mädchen von diesen Aktivitäten profitieren, kann ich versprechen, dass diese Projekte sinnvoll sind. Aus den Berichten von Müttern in meinen Workshops weiß ich, dass es eine Herausforderung ist, festzustellen, wer mehr lernt, Sie oder Ihre Tochter.

Mutter-Töchter-Mastery-Projekte

Wählen Sie ein Lernziel

Ihre erste Aufgabe im Vorleben von erfolgsorientiertem Handeln (mastery) besteht darin, Lernziele über Leistungsziele zu stellen. Die Möglichkeiten sind unbegrenzt. Viel Spaß!

Körperliche Lernziele
1. Machen Sie zusammen mit Ihrer Tochter einen Kletterkurs oder nehmen Sie an einem Überlebenstraining teil.
2. Lernen Sie Rollerblades fahren.
3. Machen Sie einen Tanzkurs.
4. Spielen Sie einen vorher nicht gekannten Mannschaftssport wie Volleyball, Fußball, Handball oder Basketball.
5. Nehmen Sie an einem Federballturnier teil.
6. Lernen Sie eine asiatische Kampfsportart.
7. Machen Sie einen Selbstverteidigungskurs.

8. Machen Sie eine ausgedehnte Rucksackwanderung.
9. Lernen Sie Ski fahren.
10. Lernen Sie Wasserski fahren.
11. Lernen Sie Snowboarden.
12. Machen Sie einen Yoga- oder Tai-Chi-Kurs.
13. Machen Sie den Sporttaucherschein.
14. Fahren Sie mit dem Schneemobil.
15. Lernen Sie Segeln, Surfen oder Fallschirm springen.

Intellektuelle und finanzielle Lernziele

16. Machen Sie zusammen mit Ihrer Tochter einen Computerkurs.
17. Spekulieren Sie an der Börse.
18. Spielen Sie regelmäßig mit Freunden Karten.
19. Machen Sie Reparaturen im Haushalt.
20. Wechseln Sie das Motoröl.
21. Lernen Sie ein Instrument spielen.
22. Lernen Sie eine Fremdsprache oder fahren Sie zusammen in ein fremdes Land.
23. Engagieren Sie sich im Tierschutzverein oder in einer anderen Initiative.
24. Fertigen Sie etwas aus Holz.
25. Lernen Sie ein Strategiespiel wie Schach, Go oder Backgammon.
26. Gründen Sie einen Literaturzirkel.
27. Belegen Sie ein Seminar an der Uni oder an der Volkshochschule.
28. Erstellen Sie eine Homepage.
29. Erstellen Sie einen Finanzierungsplan für ein kleines Unternehmen.
30. Führen Sie ein wissenschaftliches Experiment durch und verwenden Sie dazu einen der Baukästen, die in Museen und bei Umweltorganisationen erhältlich sind.

Vermeiden Sie unpassende Vergleiche

Das zweite erfolgsorientierte Verhalten, das Sie vorleben müssen, ist, unpassende Vergleiche zu vermeiden. Am besten, Sie vergleichen überhaupt nicht, denn Vergleiche eignen sich nicht, erfolgsorientierte Einstellungen und Selbstachtung zu fördern.

Vergleiche rufen oft unabsichtlich einen negativen Aspekt von Weiblichkeit hervor. Das Herabsetzen des eigenen Erfolgs durch Vergleiche mit den Erfolgen anderer kann als Bescheidenheit verstanden werden – ein von der Gesellschaft sanktioniertes weibliches Verhalten. In Wirklichkeit aber grenzt diese Art von Bescheidenheit an Missachtung. Vermeiden Sie sie. Entwerfen Sie für Ihre Tochter andere Modelle von Weiblichkeit.

Sich mit anderen zu vergleichen, bringt die gefährliche Dynamik in Gang, sich allein durch Erreichtes und Erfolg zu definieren. Ich habe schon früher darauf hingewiesen, dass Erfolg kommt und geht. Ihre Selbstachtung wird in harten Zeiten mit Sicherheit ins Schwanken geraten, wenn Sie Ihren Eigenwert allein auf diese unsicheren Faktoren stützen. Wenn Sie also für Ihre Tochter ein gutes Vorbild sein wollen, dürfen Sie keinesfalls Ihre eigene Selbstachtung durch Vergleiche mit anderen untergraben.

Wenn Sie beide nun ein neues Spiel lernen oder einer neuen Sportart nachgehen, ein Instrument spielen lernen oder ein neues Wissensgebiet erforschen, dürfen Sie sich nicht mit den Goldmedaillengewinnerinnen bei der Olympiade, Pulitzerpreis- und Nobelpreisträgerinnen, Topmodellen, Millionärinnen, Politikerinnen und anderen Berühmtheiten vergleichen. Vergleichen Sie sich am besten gar nicht, auch nicht untereinander. Der einzige erlaubte Vergleich ist vielleicht der mit dem eigenen Fortschritt. So ist es beispielsweise in Ordnung festzustellen, dass Sie noch vor zwei Wochen kaum auf den neuen Rollerblades stehen konnten, heute aber schon einige Meter fahren können, auch wenn Sie dabei wild mit den Armen rotieren, laut schreien und nur Schlangenlinien zusammenbringen. Loben Sie sich dafür! Sehen Sie es locker. Versuchen Sie, nicht erfolgsfixiert zu sein. Seien Sie glücklich über Ihre eigenen Fortschritte und die Ihrer Tochter, insbesondere über die ersten kleinen. Betrachten Sie es nicht verkrampft, sondern versuchen Sie, Spaß zu haben.

Denken Sie strategisch und kreativ

Ihrer Tochter als Beispiel für strategisches und kreatives Denken zu dienen, bedeutet, dass Ihre Tochter miterlebt, wie Sie Pläne machen, diese verändern, sie in die Tat umsetzen, sie wieder über den Haufen werfen und schließlich die neuen Pläne in die Tat umsetzen. Binden Sie sie – wo immer möglich – mit ein. Lassen Sie sie beobachten und arbeiten Sie mit ihr wie mit einer Assistentin oder einem Lehrling, wenn Sie beispielsweise eine finanzielle Entscheidung vorbereiten, eine Veranstaltung organisieren, ein Finanzierungsprojekt planen, eine politische Kampagne oder eine kommunale Reform auf den Weg bringen, einen Sponsor auftun, ein Kirchenseminar ausarbeiten, ausrechnen, wie viel der Umbau kostet, einen Streit mit Ihrem Chef austragen, ein Stipendium vergeben oder Ihren eigenen Standpunkt vor einem Gremium oder auch nur vor dem eigenen Ehemann vertreten. Wenn sie Sie bei Ihrer strategischen Vorgehensweise beobachten und vielleicht sogar noch mitmachen darf, wird dies für ihre Zukunft eine ungemein wertvolle Lektion sein, gleich, ob diese Zukunft Aquarellmalerei in der Toskana oder eine politische Karriere bedeutet. Der Fähigkeit, strategisch zu denken, kommt eine Schlüsselrolle bei der Durchsetzung jeglicher Ziele zu.

Versuchen Sie bei der Entwicklung von Alternativen kreativ zu sein. So auch im Umgang mit Geld, denn nichts ist leichter als Geldmangel vorzuschieben, wenn man nichts Neues ausprobieren will. Nehmen wir einmal an, Sie könnten sich keine Tennisstunden von einem professionellen Trainer leisten. Dann tauschen Sie Tennisstunden gegen etwas ein, das Sie beherrschen. Oder nehmen wir an, Sie könnten sich keinen Computer leisten. Dann könnten Sie Ihr Fahrrad, Ihre Gitarre, Ihren Rasenmäher oder irgendetwas anderes, das nutzlos bei Ihnen herumsteht, vermieten oder verkaufen, um sich von dem Geld einen Computer zu kaufen.

Die kreative Entwicklung alternativer Strategien kann manchmal auch einen offenen Richtungswechsel bedeuten. Obwohl Durchhaltevermögen erfolgsorientiertes Verhalten bedeutet, gibt es dafür keine Patentrezepte. Werfen Sie einen ehrlichen Blick auf die Sache, um festzustellen, ob Sie und Ihre Tochter wirklich durchgehalten haben. Wenn ja, dann wäre vielleicht der erfolgsorientierte Ansatz, sich einen anderen Weg zu suchen. Meine Mutter, die Musikerin und Musiklehrerin war, erklärte mir, dass sich Menschen zu einem Instrument hingezogen fühlen, aber nicht zu einem anderen. Deshalb ist manchmal das Erlernen eines anderen Instruments die kreativste Alternativstrategie, um es beim obigen Vergleich zu belassen. Wenn sich Ihre Tochter nicht zur Geige hingezogen fühlt, dann vielleicht zu Klavier, Flöte, Cello oder Gitarre oder vielleicht zu etwas für Mädchen eher Ungewohntes wie Trompete, Schlagzeug oder Saxophon. (Neben Bill Clinton ist Lisa Simpson die berühmteste Amateuersaxophonistin der USA.) Wenn Ihre Tochter Fußball nicht mag, soll sie es mit Volleyball versuchen. Wenn sie Schach nicht liebt, mit Backgammon oder Go.

Da es viele aufregende Möglichkeiten gibt, sich durch ein Problem hindurchzubeißen, und eine Vielzahl von Wegen, um sein Ziel zu erreichen, lassen Sie Ihre Tochter erfahren, wie spannend es sein kann, Strategien zu entwickeln und Probleme zu lösen. So wird sie es erstens lernen. Und zweitens werden Sie beide Spaß daran haben.

Gehen Sie der Angst nicht aus dem Weg, sondern nutzen Sie sie!

Die schwierigste aller Verhaltensweisen, die gelernt und beherrscht werden soll, ist wahrscheinlich, sich seine Angst zunutze zu machen. Es ist in Ordnung, Angst zu erleben und sie auch zuzugeben. Auf keinen Fall aber dürfen Sie zulassen, dass Ihre Tochter miterlebt, dass Angst Sie von Ihren Zielen abbringt. Zeigen Sie ihr, dass Angst nicht nur negativ ist, sondern eine ganz natürliche Begleiterscheinung, wenn man sich auf ein neues Abenteuer oder eine neue Unternehmung einlässt. Lassen Sie sie wissen, dass sie Angst erfahren wird, wenn sie versucht, ihre Grenzen auszudehnen.

Um ein Ziel nicht aus den Augen zu verlieren, müssen Sie daran denken, dass das Leben es einem nicht leicht macht. Das Leben sagt nicht »In Ordnung, du musst nicht«, nur weil wir uns fürchten oder Angst haben. Da wir unsere Töchter auf das Leben vorbereiten wollen, ist der Umgang mit der Angst ein wichtiges Mittel, um eine widerstandsfähige Persönlichkeit zu formen.

In Teil III erfahren Sie, wie Sie Angst zu Ihrem Vorteil nutzen können, anstatt ihr aus dem Weg zu gehen. Im Moment genügt es, Ihrer Tochter zu vermitteln, dass Angst und Furcht nicht etwas Schlechtes ist, das es zu vermeiden gilt. Nutzen Sie einige der Mutter-Tochter-Mastery-Projekte auf Seite 99–100, um aufzuzeigen, dass die der Angst innewohnende Kraft nutzbar gemacht werden kann, um einen Menschen voranzubringen. Dazu muss man kein furchtloser Mensch sein. Man muss es nur versuchen wollen. Wenn Angst als natürlicher Bestandteil des Lebens betrachtet wird, als Energiequelle, dann kann sie sowohl das Leben als auch einzelne Menschen verändern.

Vermitteln Sie Ihrer Tochter, dass Angst ebenso natürlich ist wie Freude, Traurigkeit und Aufregung. In der Tat sind alle Gefühlszustände, auch Angst und Furcht, Teil der Gefühlsvielfalt des Lebens. Erst sie geben dem Leben die Qualität und die Fülle, nach denen wir uns so sehnen. Ohne diese Palette von Gefühlen könnten Eitelkeit und Selbstgefälligkeit, die heimtückischsten und verstecktesten Saboteure unserer Ziele, von unserem Leben Besitz ergreifen.

Machen Sie sich die natürliche Vorliebe Ihrer Tochter für das Schaurige und Prickelnde zunutze. Fahren Sie mit ihr Rollerblades. Schauen Sie sich gemeinsam Horrorfilme an. Fragen Sie sie, was sie gerne tun würde. Nach einem meiner Workshops haben sich Mutter und Tochter sogar Tatoos machen lassen! Seien Sie offen und warten Sie ab, was passiert.

Wenn Sie anhand Ihrer eigenen Aktivitäten, Einstellungen und Entscheidungen die Vorgabe für das erfolgsorientierte Verhalten für Ihre Tochter setzen, denken Sie noch mal an die Erklärungsmethode. Vergessen Sie nicht, dass der Prozess, den Sie Ihrer Tochter vorleben, ein fließender ist und eine erfolgsorientierte Erklärungsmethode beinhaltet, der das Verhalten begleitet, durchdringt und bestimmt. Im Leben bedingen sich Erklärungsmethode und Verhaltensentscheidungen gegenseitig und sind untrennbar miteinander verbunden. Denken Sie deshalb während der Kindheit Ihrer Tochter und der Mastery-Projekte, die Sie mit Ihrer Tochter durchführen, an das Gesamtkonzept, bei dem es darum geht, die Realität in erfolgsorientierter Art zu erschaffen. Die nachfolgende Geschichte dient zur Veranschaulichung des eben Gesagten.

»Soll das heißen, dass es nicht unbedingt meine Schuld ist?«

»Mein ganzes Leben habe ich geglaubt, dass alles Schlimme, was mir widerfuhr, meine Schuld war«, berichtete eine Mutter in einem Workshop. »Als ich im Teenageralter schwanger wurde, war es meine Schuld, dass ich nicht verhütet hatte. Als ich nach der Geburt von Annette Schwierigkeiten hatte, meine Figur wieder zu erlangen, war es meine Schuld, da ich zu wenig Sport trieb. Als mein Mann mich wegen einer anderen verließ, war es meine Schuld, dann ich war nicht attraktiv und charmant genug, um ihn zu halten. Als ich bei einer beruflichen Beförderung übergangen wurde, war es meine Schuld, denn ich habe geglaubt, dass ich nicht klug genug sei und nicht genug gearbeitet hätte. Als ich mich selbständig machte und die Bank mir keinen Kredit gab, war es meine Schuld, dass ich nicht kreditwürdig und gescheit genug war, um zu wissen wie man mit Banken umgeht. Es nahm kein Ende.«

Sie machte eine Pause und klopfte mit ihrem Bleistift auf den Tisch. »Aber eines Tages wurde ich ohne besonderen Grund furchtbar wütend. Es dämmerte mir, dass unmöglich alles meine Schuld sein konnte. Ich war durchaus bereit, wenn es sein musste, die Verantwortung zu übernehmen, aber es wurde langsam lächerlich. Meine Wut wurde so groß, dass ich sie kaum noch bezähmen konnte. Eine ganze Weile ging ich mit dieser Last durchs Leben. Aber es war nicht schön, die ganze Zeit so wütend zu sein. Langsam begriff ich, dass ich gar nicht wütend sein musste, wenn ich es schaffte, die Dinge mit anderen Augen zu sehen. Ich musste die Wut nur als Mittel zur Festigung meiner Selbstachtung nutzen, anstatt sie als Waffe gegen mich selbst einzusetzen.«

Diese ermutigende Geschichte illustriert einen der negativsten Aspekte erlernter Hilflosigkeit: die Neigung, Misserfolg zu verinnerlichen.

Würde man Erfolg und Misserfolg als Entwicklungsprozesse betrachten, erschiene es uns weniger bedrohlich, Rückschläge, Verwirrung und Fehler zu diskutieren. Die Neigung der Erwachsenen, nur über Erfolg offen zu sprechen, während Misserfolge auf unserem täglichen Weg auf unauffällige Weise verschwinden, hinterlässt bei unseren Kinder einen falschen Eindruck, nämlich den, dass erfolgreiche Menschen niemals Fehler machen. Als Erwachsene wissen wir aber, dass Menschen deshalb erfolgreich sind, weil sie es geschafft haben, Verwirrung, Rückschläge und sogar Misserfolg auszuhalten. Leider glauben Kinder – insbesondere Mädchen –, dass sie dumm sind, wenn sie versagen. Es ist an der Zeit, dass sich dies ändert.

Die Mutter fuhr fort: »Ich fing an, Annette zu erklären, dass manches aus den unterschiedlichsten Gründen schief gehen kann. Das

Lustige dabei war, dass es mir selber erst klar wurde, als ich es ihr erklärte.

Ich fing an, genau darauf zu achten, was ich in ihrer Gegenwart sagte. Immer wenn ich mich dabei ertappte, dass ich mich vor ihr klein machte, mir die Schuld gab oder durch einen vorübergehenden Misserfolg das Gefühl bekam, das ist das Ende der Welt, hielt ich inne, dachte noch mal darüber nach und entschied mich, entweder gar nichts zu sagen oder wenigstens Inhalt und Ton dessen zu ändern, was ich gerade sagen wollte.

Als meine Tochter im zweiten Jahr ihres Studiums die Wahl zur Studentinnensprecherin verloren hatte, wusste ich, dass ich gewonnen hatte.« (Die anderen Workshopteilnehmerinnen kommentierten diese Aussage schockiert oder mitfühlend.) »Ich weiß«, fuhr sie fort, »es klingt verrückt, die Niederlage meiner Tochter als Erfolg zu bezeichnen, aber warten Sie ab, bis Sie das Ende der Geschichte gehört haben.

Als Annette mir erzählte, dass sie die Wahl verloren hatte, sagte sie: ›Weißt du, Mami, ich hätte gewinnen können, wenn ich mich süß und dumm gegeben hätte.‹

Ich fragte sie, wie sie das meine, und sie antwortete: ›Na ja, das Mädchen, das als Sprecherin gewählt wurde, machte aus der Wahl einen Beliebtheitswettbewerb, als würde sie zur Königin gewählt und nicht zur Studentinnensprecherin. Aber ich wollte wirklich etwas verändern, etwas Lohnenswertes tun. Ich wollte nicht nur das beliebteste Mädchen sein.‹

Ich sagte ihr, dass ich sehr stolz darauf sei, wie sie sich verhalten hatte. Sie sagte: ›Okay, ich bin traurig, aber lieber bin ich traurig, als dass ich mich verleugne.‹«

Dies ist ein guter Beweis dafür, wie sinnvoll es sein kann, Mädchen beizubringen, dass ein Rückschlag nicht gleichbedeutend mit Misserfolg ist. Die Gründe für Misserfolge sind verschiedenartig und verändern sich mit der Zeit. Lehren Sie Ihre Tochter,

dass Fehler gemacht werden,

dass Verwirrung entstehen kann,

dass Misserfolg in Ordnung, ja sogar zu erwarten ist,

dass alle Menschen, auch erfolgreiche, Zweifel haben.

Wenn Misserfolg seine zerstörerische Macht verliert und das Selbstwertgefühl Ihrer Tochter nicht mehr mindern kann, wird die natürliche Bereitschaft eines sicheren und zuversichtlichen Menschen zu lernen sich ganz natürlich entfalten.

Vergessen Sie nicht, erfolgsorientierte Selbstbehauptungsreden zu entwerfen. Sie zeigen Ihren inneren Dialog. Ist Ihr Gesprächsstil hilflos, d. h. Ihre Erklärungsmethode starr (nichts verändert sich), Ihre Erklärungsmethode übergreifend (das wird sich auf alles andere auswirken) und Ihre Erklärungsmethode innerlich (es ist meine Schuld)? Oder sind Sie in der Lage, Ereignisse in einer gesunden, kühnen und schwungvollen Weise zu analysieren, d. h. dynamisch (alles verändert sich), spezifisch (das Problem ist begrenzt) und an äußere Umstände geknüpft (das ist nicht unbedingt meine Schuld)?

Beobachten Sie sich selbst sorgfältig, um Bemerkungen wie die folgenden zu vermeiden:

Starr

Ich war noch nie gut in …
Meine Mutter war nie gut in …
Frauen sind nicht besonders gut beim …
Ich habe immer Schwierigkeiten mit …
Ich bin so ungeschickt.
Ich bin so schusselig.
Ich kapiere Mathe einfach nicht.
Egal, wie sehr ich mich auch anstrenge, ich kann nicht …
Das kapier ich nie.
Manche Menschen können das von Natur aus besser.

Übergreifend

Ich habe alles probiert, aber nichts klappt.
Alles andere hängt davon ab, ob mir das gelingt.
Nichts funktioniert so, wie ich es geplant hatte.
Es ist wie verhext.

Innerlich

Was ist mit mir los?
Warum kriege ich das nicht hin?
Wie kann ich nur so dumm sein?
Ich habe nicht das Zeug dazu.
Diesen Teil verhaue ich immer.
Ich weiß auch nicht, wie ich denken konnte, dass ich das kann.

Sie müssen sich eine erfolgsorientierte Methode zulegen, um Ihrer Tochter Dinge zu erklären. Immer wieder stellen sich Mütter in meinen Workshops die besorgte Frage, ob wir durch das Nachaußenkehren von Misserfolg und Verwirrung die Mädchen nicht lehren, keine Verantwortung für ihr Handeln zu übernehmen oder andere zu verletzen, indem sie ihnen die Schuld zuschieben. Obwohl ich diese Bedenken verstehe, bin ich anderer Meinung. Erstens neigen Frauen dazu, sich schuldig zu fühlen: deshalb finde ich es wichtig, in die andere Richtung zu lenken und zu bestärken, notfalls nur um ein Gleichgewicht zwischen den Geschlechtern zu erreichen.

Zweitens müssen Mädchen den Unterschied zwischen Verantwortlichkeit und Schuld lernen. Auch wenn Sie es schon oft gehört haben, muss man es ständig wiederholen: Verantwortung ist an Aktivität orientiert und deshalb erfolgsorientiert. Schuld ist dagegen passiv. Das Zurückführen von Problemen auf innere Unzulänglichkeiten kommt der Schuld gefährlich nahe; deshalb ist jede Methode, diese destruktive Bahn zu verlassen, in unserem Fall das Zurückführen von Misserfolgen auf äußere Umstände, nützlich und segensreich für Mädchen.

Wenn Sie Ihren eigenen Sprachstil unter die Lupe nehmen, sollten Sie das Gleiche bei Ihrer Tochter tun. Antworten Sie auf negative Kommentare mit Gegenbeispielen, sodass sie lernt, anders über negative Ereignisse zu denken. Den größtmöglichen Erfolg werden Sie dann haben, wenn Sie die hilflose Antwort erkennen und sie in eine erfolgsorientierte Antwort umwandeln können. Pädagogen nennen dies »Lernimpuls, Lernziel, Knackpunkt«. Ergreifen Sie die Chance! Beispiele dafür finden Sie weiter unten.

Man muss jeweils erkennen, welchen Aspekt der erlernten Hilflosigkeit Ihre Tochter internalisiert hat, um dann die Gegenantwort erfolgsorientiert zu gestalten. So beinhalten Nummer eins und vier nicht nur internalisierte Schuld, sondern auch eine konstante Weltsicht, mit anderen Worten die Überzeugung, dass sich die Situation niemals verändert. Die Gegenantwort in Nummer eins sagt aus, dass die Strategie der Tochter geändert werden müsste; Ähnliches gilt für Nummer vier. Keine gibt dem Individuum die Schuld.

Lassen Sie uns die Antwort Nummer fünf genauer ansehen, die ein philosophisches Thema anschneidet. Als Erstes rückt sie die globale Antwort in den Mittelpunkt, die besagt: Dies wird sich auf alle anderen

Bereiche auswirken. Denn die Art, wie der Zeugnisdurchschnitt errechnet wird, gibt Ihrer Tochter Recht: Eine schlechte Note in ihrem Zeugnis verschlechtert den Durchschnitt. Und weil dies stimmt, müssen Sie als Elternteil eine Entscheidung treffen. Möchten Sie in Ihrer Tochter eher Leistungsziele verstärken und Ihr sagen, dass sie nur die Fächer belegen soll, in denen sie gut ist und die ihr gute Noten sichern und all die Fächer abwählen soll, die vielleicht eine größere Herausforderung darstellen? Oder wollen Sie Ihrer Tochter beibringen, wie man mit neuen Zielen und herausfordernden Fächern umgeht, jenen Lernzielen, die erfolgsorientierte Fähigkeiten erfordern?

Das kann sehr schwierig werden, insbesondere wenn ein Elternteil oder ein Kind seine Hoffnungen auf eine bestimmte Uni setzt und sich deswegen gezwungen sieht, ein gutes Abitur zu machen. Ich kann diesen Konflikt nachvollziehen und ich habe auch keine einfache Antwort darauf. Ich plädiere dafür, das Lernziel über die Note (Leistungsziel) zu stellen, aber dies ist eine philosophische Entscheidung, die Sie und Ihre Tochter für sich treffen müssen. Auf der einen Seite ist es vielleicht die beste Entscheidung, dafür zu sorgen, dass das Zeugnis Ihrer Tochter gut genug ist, um an eine angesehene Uni zu kommen, weil dies der beste Garant ist, um später auf dem Arbeitsmarkt eine gute Stelle zu finden, wirtschaftliche Unabhängigkeit und andere persönliche Ziele zu erreichen. Auf der anderen Seite ist die Entscheidung für Lernziele möglicherweise die bessere Vorbereitung für die Unwägsamkeiten und Überraschungen des Lebens. Wägen Sie also gut ab. Solange beide Entscheidungsmöglichkeiten die Erfüllung bestimmter Standards erfordern, wird sie wichtige erfolgsorientierte Fertigkeiten fürs Leben lernen.

Negative internalisierte Antwort	Ihre Gegenantwort
1. Egal, wie sehr ich mich anstrenge, ich schaffe es nicht.	1. Vielleicht hast du nur noch nicht den richtigen Zugang gefunden. Lass uns zusammen einen Plan machen.
2. Wenn ich den Faden verliere, fühle ich mich dumm oder ich komme so durcheinander, dass mir überhaupt keine Frage einfällt, oder ich bin einfach zu blöd, um Mathematik zu begreifen.	2. Ich weiß, was du meinst. Man kann sich leicht so fühlen, wenn man verwirrt ist. Vergiss nicht, dass jeder mal durcheinander sein kann, sogar der Klügste und Erfolgreichste. Das gehört zum Lernen dazu. Aber es ist in Ordnung, auch wenn du dich nicht wohl dabei fühlst. Du kannst lernen, damit umzugehen, vor allem, wenn du weißt, dass es nicht schlecht ist.
3. Ich bin so durcheinander, weil ich in der vierten Klasse so oft gefehlt habe (oder anderes), oder ich habe immer Schwierigkeiten mit … weil …	3. Du musst nicht erklären, warum du so durcheinander bist. Du lernst was Neues, und da gibt es immer Probleme. Verbring deine Zeit lieber damit, das Problem zu lösen als zu erklären, warum es schwer ist. Es ist in Ordnung, verunsichert zu sein.
4. Ich bin so schusselig.	4. Nur im Moment. Wenn du die Bewegungen übst, werden sie von ganz allein natürlicher. Du wirst dich daran gewöhnen, deinen Körper auf diese Art und Weise zu bewegen. Aber jetzt ist alles neu. Gib dir eine Chance zu lernen. Mach dich nicht dafür verantwortlich, dass du keine Erfahrung hast.

Negative internalisierte Antwort	Ihre Gegenantwort
5. Ich kann Biologie nicht wählen, das ist zu riskant. Wenn ich eine schlechte Note bekomme, wird es mir das Abitur versauen.	5. Lass uns überlegen, ob es Alternativen gibt. Vielleicht kannst du Biologie als AG nehmen oder vielleicht Nachhilfeunterricht. Aber egal, wichtig ist nicht, dass du eine gute Note bekommst, sondern dass du es versuchst.
6. Andere können das viel besser als ich.	6. Das muss nicht stimmen. Vielleicht haben sie einen Vorsprung gehabt und du nicht. Vielleicht hilft ihnen zu Hause jemand oder ihnen fällt das Lernen leichter.

Handeln versus wünschen und hoffen

Aktiv zu werden und zu handeln enthält die meisten erfolgsorientierten Verhaltensweisen. Nutzen Sie jede nur mögliche Gelegenheit, Ihrer Tochter beizubringen, aktiv zu werden. Aktiv zu sein und zu handeln ist erfolgsorientiert, wünschen, hoffen und klagen ist es nicht.
Eine Mutter erzählte, wie ihre Tochter und deren Freundinnen in der vierten Klasse beschlossen, eine eigene Volleyballmannschaft zu gründen. Da die Schule kein Geld dafür zur Verfügung stellte, schlug die Mutter vor, dass die Mädchen sich örtliche Geschäftsleute als Sponsoren suchten. Mit elterlicher Hilfe erstellten die Mädchen ein Konzept, das sie den einheimischen Geschäftsleuten vorlegten; auf diese Weise brachten sie das benötigte Geld zusammen. Ein Mädchen berichtete: »Ich dachte, sie würden uns das Geld einfach geben. Ich hab nicht gewusst, dass wir sie überzeugen müssen!« Selbst wenn solche Aktivitäten nicht immer so erfolgreich sind, sind sie doch unbezahlbar, weil Ihre Tochter dadurch die Erfahrung machen kann, dass Ergebnisse beeinflussbar sind. Ein anderes Mädchen, dessen Versuch,

einen Antrag an der Schule durchzuboxen, scheiterte, meinte: »Na ja, jetzt weiß ich wenigstens, wie Demokratie funktioniert.« Ein anderes Mädchen, das sich nicht für den Leichtathletikwettbewerb qualifizieren konnte, sagte: »Wenigstens bin ich jetzt fit.«

Der Unterschied zwischen Verantwortungsbereitschaft und Schuld entspricht dem zwischen aktiv und passiv, zwischen Vorausschauen und Zurückblicken, zwischen dem Anzünden einer Kerze und dem Verfluchen der Dunkelheit.

Ein gutes Beispiel einer Aktivität, die Veränderung herbeiführt, wird von einigen ehrenamtlich tätigen Vereinen in meiner Gemeinde vorgelebt: Sie arbeiten mit Mädchen und Jungen, um ihnen mögliche Gefahren bewusst zu machen und auf diese Weise Gewalt, Missbrauch und Nötigung vorzubeugen. Die Vereine gehen in Schulen und lehren die Mädchen, sich nicht nur gegenseitig, sondern auch ihren Lehrerinnen bei sexueller Belästigung beispielsweise auf dem Gang, auf dem Pausenhof oder bei schulinternen Veranstaltungen beizustehen. So lernen die Mädchen, Verantwortungsbereitschaft zu übernehmen und die Struktur der Institution zu verändern.

Um das erfolgsorientierte Verhalten des aktiven Tuns zu verstärken, müssen Sie dafür sorgen, dass Ihre Tochter kalkulierbare Risiken eingehen kann, scheitern darf, eine neue Strategie entwickelt und es dann noch einmal versucht. Erlauben Sie ihr, ihre eigenen Entscheidungen zu treffen, selbst wenn sie Ihnen nicht gefallen, und lassen Sie sie die Früchte ihres Erfolgs genießen oder aber die Konsequenzen spüren. Eilen Sie ihr nicht vorzeitig zu Hilfe, wenn sie einen Fehler macht, Unannehmlichkeiten erfährt oder eine falsche Entscheidung trifft. Entlassen Sie sie in die Selbständigkeit und lassen Sie sie allein erfahren, was machbar ist und was nicht. Bringen Sie ihr bei, wie man argumentiert und seinen Standpunkt verteidigt. Bringen Sie ihr bei, sich zu behaupten. Ermutigen Sie sie, für sich selbst einzustehen, sowohl durch Worte wie durch ihr Verhalten. (Wenn Sie eine Tochter im Teenager-Alter haben, glauben Sie vielleicht, sie wisse schon, sich zu behaupten und verbal durchzusetzen. Wie wir in den Kapiteln über die Pubertät jedoch noch sehen werden, heißt, dass sie sich Ihnen gegenüber verteidigen kann, noch lange nicht, dass sie sich auch in anderen Lebenssituationen und gegenüber anderen Menschen zu ihrem Vorteil verhält. Geben Sie ihr die Möglichkeit, an Aktivitäten mit Erwachsenen teilzunehmen, damit sie durch Beobachtung von ihnen lernt. Und schließlich sollten Sie sie darin bestärken, die Institutionen zu verändern, die Einfluss auf ihr Leben haben, indem Sie sie mit den Grundsätzen einer demokratischen Gesellschaft, wie sie hier nachfolgend aufgeführt sind, vertraut machen.)

Bestärken Sie Ihre Tochter, aktiv zu werden, indem Sie ihr die Grundsätze einer demokratischen Gesellschaft vermitteln:
• Organisieren, Gemeinschaft aufbauen,
• Unterschriftenlisten in Umlauf bringen,
• Gelder auftreiben,
• Strategien und Problemlösungen entwickeln,
• Reden schreiben, eine Sache diskutieren,
• Netzwerke aufbauen,
• Gleichgesinnte zur Unterstützung gewinnen,
• in ein Amt gewählt werden.

Fördern Sie ihre Bereitschaft, Führungsqualitäten zu zeigen:
• bahnbrechende und neue Dinge tun,
• sich öffentlich zu einer Sache bekennen,
• eine Sache in die Hand nehmen,
• andere Menschen führen, indem sie organisiert und anleitet,
• in den Vordergrund treten und sich beteiligen,
• sich für andere einsetzen,
• Autorität in Frage stellen,
• bereit sein, Entscheidungen zu treffen,
• bereit sein, Probleme zu lösen.

Unterstützen Sie ihre Bemühungen, sich in allen Situationen zu verteidigen:
• Fragen stellen und ihren Standpunkt verteidigen,
• es ablehnen, die Schuld zu übernehmen für Dinge, die nicht auf ihr Versagen zurückzuführen sind,
• lernen, Grenzen zu setzen und auf ihre Einhaltung zu pochen,
• Interesse an Selbstverteidigungskursen zeigen,
• lernen, nein zu sagen.

Kapitel 5

Mütter als Mentorinnen

> Mütter sind da, um dir zu sagen, wie du
> erfolgreich sein kannst. Das hat meine
> Mutter mir gesagt, ich hab es meiner
> Tochter gesagt, und die sagt es ihrer
> Tochter.
>
> *Lena, fünfundsiebzigjährige Großmutter*
> *und Workshop-Teilnehmerin*

»Allmählich glaube ich, dass dieses ganze ›erfolgsorientierte Zeug‹
wirklich etwas bringt«, sagte eine Mutter von etwa dreißig Jahren mit
Leggins, Ray-Ban-Brille und Reebok-Turnschuhen, »aber ich bin mir
nicht sicher, ob ich das alles vorleben kann. Manches kann ich schon
ganz gut, zum Beispiel, dass ich nicht immer die Schuld auf mich neh-
me für alles. Aber wenn es darum geht, Risiken einzugehen, hapert's
noch gewaltig. Bin ich da ein schlechtes Beispiel für meine Tochter?«
Dies ist ein immer wiederkehrendes Thema in meinen Workshops.
Manche Mütter zweifeln an ihrer Fähigkeit, erfolgsorientiertes Verhalten und Risikobereitschaft vorleben zu können. Ich verstehe ihre
Zweifel. Als Mädchen sind sie in unserer Gesellschaft weniger gut
vorbereitet worden, als gut für sie gewesen wäre. Ich rate ihnen, so
oft sie können, mit gutem Beispiel voranzugehen. Für Mädchen ist es
wichtig, uns in den Rollen zu sehen, die wir uns für sie wünschen.
Mädchen wollen uns dabei zusehen, wie wir Risiken eingehen und sie
meistern.

Andererseits gebe ich Müttern zu verstehen, dass es zwar wichtig ist,
Vorbild zu sein, dass es aber auch noch andere Wege gibt. Selbst wenn
Sie nicht in der Lage sind, ein bestimmtes Verhalten bis zu dem Grad,
wie Sie es sich vorstellen, vorzuleben, haben Sie immer noch eine
wichtige Rolle: die der Mentorin. Ihre umfassende Lebenserfahrung
und Weltkenntnis qualifizieren und befähigen Sie, als weise Ratgebe-
rin für Ihre Tochter zu fungieren.

Selbstverständlich wird es Zeiten geben, insbesondere während der
Pubertät, in denen Ihre Tochter für Ihre Ratschläge und selbst ein-

fachsten Erklärungen nicht zugänglich sein wird. Die Wahrheit ist jedoch, dass Ihre Tochter nicht ganz so unerreichbar ist, wie es scheinen mag. Sie widersetzt sich, aber sie ist nicht unzugänglich. Sie möchte nur, dass Sie glauben, sie sei unzugänglich und unempfindlich. Der Trick ist zu lernen, wie Sie ihr Ratschläge geben können, damit sie Sie hört. (Mehr darüber in Kapitel 10.)

In der Zwischenzeit können Sie sich als ihre Mentorin mit dem Wissen trösten, dass es lange vor der mit Widerstand besetzten Pubertät eine Zeit gibt, in der Ihre Mentorinnenarbeit den Grundstein für die Zukunft legt. Und obwohl die Pubertät und der damit verbundene Widerstand an Ihren Nerven zerrt, ist er doch vorübergehend.

Für Sie ist wichtig zu wissen, wie Ihre Tochter ihr Selbstbild entwickelt, insbesondere ob sie eher dazu neigt, sich als kompetent zu sehen oder als hilflos, denn dann sind Sie in der Lage, das Richtige in verschiedenen Situationen zu sagen und zu tun. Zu diesem Zweck habe ich eine Reihe von Grundsätzen aufgelistet sowie die Psychologie des Selbstbildes dargestellt, die Ihnen in Ihrer Rolle helfen sollen, zu Widerstandsfähigkeit, erfolgsorientiertem Verhalten und Leistung hinzuführen.

Wie Ihre Tochter lernt, wer sie ist

Jeder Mensch hat bestimmte Vorstellungen davon, wer er ist. Ein Mädchen beschreibt sich auf ganz bestimmte Art und Weise und so sieht sie sich auch: entweder als hilflos oder erfolgsorientiert oder ein bisschen von beidem. So funktioniert der Verstand. Er setzt Erfahrungen und Ereignisse in Zusammenhang, macht Teile der Erinnerung zugänglich, kategorisiert sie und webt eine »Geschichte von mir«. Diese Geschichte kann positiv sein, erhebend, erfolgsorientiert oder voller Hilflosigkeit.

Das Selbstbild eines Menschen ist einer steten Veränderung unterworfen, es erneuert sich das ganze Leben hindurch. Vorstellungen vom eigenen Selbst sind nicht in Stein gemeißelt oder von Geburt an mitgegeben. Unsere Vorstellungen davon, wer wir sind, entstehen, vergehen, verändern sich und formen sich wieder neu. Viele Faktoren beeinflussen diese Veränderungen: die Arbeit, die wir machen oder nicht machen; das Lob und die Anerkennung, die wir bekommen oder nicht bekommen; unsere eigenen sich verändernden Werte und Interessen; unsere Gesundheit; äußere Umstände; und entscheidende andere Umstände oder das Fehlen derselben, um nur ein paar zu nennen.[1] Während jedoch das Selbstbild ständiger Veränderung unterworfen ist, bilden unsere frühesten Überzeugungen, Gedanken und Schlussfolgerungen darüber, wer wir sind, die entscheidende Grundlage, auf der sämtliche zukünftigen Selbstbilder entworfen werden. Wenn Sie Ihrer Tochter ein solides Selbstbild vermitteln können, das kräftig, widerstandsfähig und erfolgsorientiert ist, wird es ihr fortan bei sämtlichen Herausforderungen helfen.

Um eine wirklich hilfreiche Mentorin für Ihre Tochter zu sein, brauchen Sie zusätzlich zu Ihrer eigenen Lebenserfahrung ein grundlegendes Wissen darüber, wie sich das Selbstbild (im Unterschied zu Selbstachtung) entwickelt. Man kann das vielleicht so erklären: Jedes Mädchen hat ein Selbstbild, aber nicht jedes Mädchen hat Selbstachtung. Das Selbstbild kann eine positive und erfolgsorientierte oder eine negative und hilflose Perspektive besitzen; es kann sich aus Widerstandsfähigkeit und Durchhaltevermögen, aber auch aus Schwäche und Zerbrechlichkeit zusammensetzen und entweder hohe Selbstachtung oder gar keine Selbstachtung besitzen.

Solange das Selbstvertrauen aufgebaut wird, gibt es laut Experten vier identifizierbare Faktoren, die Einfluss auf das Entstehen von Überzeugungen über das eigene Selbst haben.[2]

1. Menschen sehen sich so, wie sie glauben, dass andere sie sehen.
2. Menschen vergleichen sich mit anderen.
3. Menschen beobachten ihr Handeln und ziehen Erfahrungen aus den Ergebnissen und Konsequenzen.
4. Menschen werten persönliche Vorzüge, sodass einige für ihre Selbstachtung wichtiger sind als andere.

Als Mentorin müssen Sie dafür sorgen, dass Ihre Tochter ein positives Selbstbild entwickelt. Wir werden jeden der vier Faktoren genau ansehen, damit Sie lernen, wie man negative gesellschaftliche Signale und Fehlkonzepte ausschaltet, bevor sie Teil des Selbstbildes Ihrer Tochter werden.

Menschen sehen sich so, wie sie glauben, dass andere sie sehen

Menschen ziehen aus den Reaktionen anderer Menschen Rückschlüsse auf sich selbst. In der Psychologie und Pädagogik werden diese Reaktionen Fremdbewertungen (reflected appraisal) genannt. Die Menschen, die man im täglichen Leben trifft, sind wie ein Spiegel, sie werfen ständig ihre Meinungen und Urteile zurück, sowohl indirekt als auch direkt. Die direkten Reaktionen auf uns, wie zum Beispiel das Verhalten eines anderen, sind am offensichtlichsten. Die subtileren, wie zum Beispiel geschlechtsspezifische Rollenerwartungen oder zu schnelles Zu-Hilfe-Eilen, sind schwerer zu erkennen und deswegen auch gefährlicher. Insgesamt haben Fremdbewertungen einen großen Einfluss zum Guten wie zum Schlechten.

Fremdbewertungen sind tatsächlich von anderen ausgesandte Mitteilungen bezüglich unserer Identität, unseres Selbstwertes und unseres Ichs. Sie treten in einer Vielzahl von Haltungen, Herausforderungen, Masken, Gelegenheiten und Persönlichkeiten auf. Lassen Sie uns einen Blick auf einige gängige Arten von Fremdbewertung werfen, die unseren Kindern im Alltag widerfahren, sowie auf die, die diese Botschaften aussenden. Anschließend möchte ich näher darauf eingehen, welche Auswirkungen sie auf das Bild haben, das ein Mädchen von sich hat. Die häufigsten Formen von Fremdbewertung sind Einordnungen und Erwartungen, Herausforderungen und Gelegenheiten, Disziplin und Zorn, weibliche und männliche Klischees und die Botenträger unserer Gesellschaft: die Medien, die Schule und die Gleichaltrigen.

Einordnungen und Erwartungen

Die Einordnung bzw. Abstempelung ist eine direkte Fremdbewertung, wenn z. B. ein Lehrer/eine Lehrerin ein Kind als »langsam«, als »Klassenkasper« oder als »Erziehungsproblem« bezeichnet. In einem Freizeitpark sah ich einmal einen süßen dreijährigen Jungen. Auf seiner Baseballkappe stand geschrieben: »Ich bin ein Lausebengel«. Während ich zugeben muss, dass die Kappe süß war, provozierte sie geradezu Bemerkungen anderer Erwachsener, die Beispiele für negative Fremdbewertung waren wie »Oh, da kommt ja das Problemkind« oder »Du bist das personifizierte Problem« oder »Ich werde ein Auge auf dich werfen, großer Junge«. Die Eltern des Jungen setzten den Kleinen Bemerkungen aus, die ein potenzielles Problem möglicherweise verstärkten, indem sie eine momentane Eigenschaft des Jungen anderen Leuten, sogar vollkommen Fremden, offenbarten.

Während Menschen, die andere abstempeln, fast immer auch darauf bedacht sind, ihr Verhalten zu rechtfertigen, sollte der Stempel niemals als endgültige Wahrheit angesehen werden. Zum Beispiel bereiten nicht alle »Problemschüler« jedem Lehrer Schwierigkeiten. Ein Kind, das in einer Klasse ein Teufel ist, kann in einer anderen Klasse ein Engel sein. Als ich noch als Lehrerin arbeitete, hatte ich einmal eine Schülerin, die mich zur Weißglut brachte. Wir konnten uns gegenseitig nicht ausstehen. Einmal erwischte ich sie dabei, wie sie Obszönitäten an meine Klassenzimmertür schrieb. Als ich im Lehrerzimmer von meinem Problem sprach und um einen Rat bat, erfuhr ich, dass ich die einzige Lehrerin war, bei der sich das Mädchen so benahm. Dies war eine erniedrigende, aber wichtige Lektion für mich.

Manche Fremdbewertungen sind versteckt und subtil. Wie ich schon vorher erwähnte, signalisiert vorzeitiges Zu-Hilfe-Eilen einem Mädchen, dass Sie glauben, dass es eine Aufgabe nicht allein bewältigen kann, dass Sie meinen, sie brauche Hilfe. Dagegen signalisiert es Vertrauen in ihre Fähigkeit, mit Schwierigkeiten umzugehen oder sich alleine Lösungen auszudenken, wenn Sie ihr die Chance geben, Dinge auszuprobieren, darauf warten, bis sie um Rat fragt und zulassen, dass sie an ihre Grenzen gelangt und mehrere Dinge ausprobiert.

Fremdbewertungen haben sehr viel Einfluss, weil sie oftmals zu selbsterfüllenden Prophezeiungen (selffullfilling prophecies) werden. Studien über Lehrer- und Elternerwartungen haben gezeigt, dass Kinder sich auf der von ihnen erwarteten Ebene entwickeln und dass sie die ihnen von den Erwachsenen fürs Leben zugedachten Rollen annehmen.[3] Die Erwartung, dass Ihre Tochter aufs Gymnasium geht, ist eine Fremdbewertung, die ihr vermittelt, dass Sie Vertrauen in ihre Intelligenz haben. Die Wahrscheinlichkeit, dass Ihre Tochter mit dieser Botschaft eher das Gymnasium besucht, ist größer als ohne diese Botschaft. Schließlich ist es für Sie als Mentorin wichtig, dem Mädchen sowohl direkt als auch indirekt zu zeigen, dass es in Ihren Augen fähig, kompetent und widerstandsfähig ist.

Herausforderungen und Gelegenheiten

Sie können Ihrer Tochter zeigen, dass Sie von ihren Fähigkeiten, von ihrer Kompetenz und Widerstandsfähigkeit überzeugt sind, indem Sie ihr Aufgaben stellen, die sie in angemessenem Maße herausfordern. Ich werde Ihnen ein paar Tipps geben, wie Sie Ihrer Tochter angemessene Aufgaben stellen können, aber zuerst möchte ich kurz auf das Wort »angemessen« eingehen.

Ihre Tochter wird wachsen, wenn sie sich herausgefordert fühlt, aber wenn die Herausforderungen zu groß, zu schwierig und zu häufig werden, wird sie ermüden, oder was noch schlimmer ist, anfangen an sich zu zweifeln. Manche Eltern sind so besessen von dem Gedanken, ihre Kinder herauszufordern, dass sie sie vollkommen erschöpfen. Wird ein Mädchen immer angehalten, noch schneller zu laufen, noch weiter zu werfen, noch höher zu klettern und noch bessere Noten zu bekommen, signalisiert dies indirekt, dass das, was es bis jetzt erreicht hat, noch nicht ausreicht. Es muss sich also bemühen, sich selbst zu übertreffen. Dies kann dazu führen, dass es ermüdet oder das Gefühl hat, es genüge nicht. Ich weiß, es ist eine heikle Gradwanderung. Ich rate Ihnen, auf keinen Fall unnachgiebig auf immer besseren Leistungen zu bestehen. Ungeachtet dieses Einwandes gibt es Wege, Ihrer Tochter Aufgaben zu stellen, die sie herausfordern, ihre erfolgsorientierten Fähigkeiten zu entwickeln, ihr gesundes Selbstbild und ihre Selbstachtung zu stärken.

Ein Hindernis können die eigenen begrenzten und ungeprüften Überzeugungen einer Mutter sein. In meinen Workshops äußern Mütter oftmals Zweifel an weiblichen Fähigkeiten und an den begrenzten Möglichkeiten von Frauen, die Verbote einer patriarchalischen Gesellschaft zu überwinden. (Sie nennen das »realistisch sein«.)

Eine Gruppe von Müttern in einem Workshop schien so inspiriert und revolutionär, dass ich es wagte, den Müttern davon vorzuschwärmen, wie schön es wäre, unsere Töchter zu den Retterinnen der Welt zu machen. Ich hatte das Gefühl, dass ich diese Frauen wirklich so weit gebracht hatte, es mit den Widrigkeiten des Lebens aufzunehmen, als plötzlich ein verwirrter Blick in die Augen einer Teilnehmerin trat, die sonst immer eine der Ersten gewesen war, wenn es um Herausforderung ging. Ich behielt sie im Auge und nahm an, dass sie sich jeden Augenblick zu Wort melden würde. Sie ließ mich nicht im Stich.

»Hui«, sagte sie, als ich sie aufrief, »ich habe soeben etwas festgestellt.

Ich kann mir meine Tochter nicht einmal als Retterin der Welt *vorstellen*. Ist das nicht furchtbar? Ist sogar meine Vorstellung von kulturellen Erwartungen geprägt?« Dann fügte sie nachdenklich hinzu: »Ich weiß es nicht.«

»Was glauben Sie?«, ermunterte ich sie. »Könnten Sie es näher beschreiben? Was meinen Sie genau?«

»Also, wenn ich mir die beste Zukunft für meine Tochter erträume, stellt sich am Schluss heraus, dass meine Ideen durch etwas begrenzt sind, was ich selber nicht benennen kann.«

»Nennen Sie ein Beispiel«, bat ich.

»Okay. Ursprünglich hatte ich mir vorgestellt, dass Heather eine berühmte Journalistin werden sollte. Dann dachte ich: Halt! Warum nur Journalistin? Warum nicht Chefredakteurin oder Herausgeberin der ganzen Zeitung? Da wurde mir klar, dass sogar meine Vorstellung, die frei und ohne Grenzen sein sollte, begrenzt war.«

Würde erfolgsorientierte weibliche Führung tatsächlich eine bessere, humanere Welt zur Folge haben, die sich friedlich entwickelt und die Entwicklung aller seiner Bewohner begünstigt? Würden Technologien eher dazu eingesetzt werden, die Hungernden zu sättigen als ein Zerstörungsinstrument zu sein? Würde das Fernsehen eher Kommunikation, Mitgefühl und Konsens fördern als Gewalt und Tod? Würde sich das Parlament mehr auf die Verantwortlichkeit der Menschen und der Gesellschaft konzentrieren und sich weniger mit den eigenen Rechten befassen?

Stellen Sie sich einmal eine wirklich gleichberechtigte Gesellschaft vor, in der neue Erfindungen von Wissenschaftlerinnen, Erfinderinnen und Ingenieurinnen kommen; in der Frauen teilhaben an der Kreativität, der Entwicklung und der Beherrschung von Technologien; eine Gesellschaft, in der Frauen eine entscheidende Rolle bei der Nutzung der Medien spielen und in der sie die Welt in den Abendnachrichten erklären und uns ihre Kommentare über internationale Ereignisse über den Äther senden; eine Gesellschaft, in der Frauen in hoch angesehenen, hoch bezahlten Berufen selbstverständlich sind. Stellen Sie sich eine Gesellschaft vor, in der Frauen und Mädchen an einem warmen Sommerabend allein spazieren gehen können, wenn sie dazu Lust haben; eine Gesellschaft, in der Ihre Tochter berechtigt davon träumen kann, Staatsoberhaupt ihres Landes zu werden; kurz, eine Gesellschaft, in der die Ziele und Begabungen des weiblichen

Teils der Bevölkerung die Anerkennung der gesamten Öffentlichkeit genießen.

Wer weiß. Aber solange wir es uns nicht vorstellen können, wird es mit Sicherheit nicht eintreten.

Nutzen Sie deshalb Ihre Vorstellungskraft. Machen Sie aus Ihrer Tochter die Person, für die Sie den großen Traum träumen. Vielleicht tun Sie es ja jetzt schon. Denken Sie darüber nach. Was wollten Sie werden, als Sie neun Jahre alt waren? Hat sich Ihr Traum gewandelt, als Sie sechzehn Jahre alt waren? Ich wollte beispielsweise in der vierten Klasse immer Chirurgin werden. Als ich aufs College kam, wollte ich Englisch-Lehrerin werden. Es gibt nichts gegen den Lehrerinnenberuf einzuwenden, aber die Anforderungen an das Medizinstudium und somit an eine Chirurgin sind bedeutend höher und der soziale Status sowie die Bezahlung ebenfalls. Irgendetwas muss zwischen der vierten Klasse und dem College geschehen sein.

Haben Sie sich jemals die folgenden Berufe für Ihre Tochter vorgestellt oder ihr dieselben empfohlen?

- Alarmanlagentechnikerin
- Architektin
- Bauingenieurin
- Biomedizinerin
- Buchhalterin oder Controllerin
- Chemieingenieurin
- Chiropraktikerin
- Computertechnikerin
- Diplomlandwirtin
- Fluglotsin
- Försterin
- Geophysikerin
- Industriedesignerin
- Komponistin
- Kraftwerkspezialistin
- Maschinenbau-Ingenieurin
- Metallurgin
- Molekularbiologin
- Orthopädin
- Physikerin
- Programmiererin
- Raumfahrtingenieurin
- Richterin
- Rundfunktechnikerin
- Städteplanerin
- Statistikerin
- Systemanalytikerin
- Technische Zeichnerin
- Tontechnikerin
- Umweltingenieurin
- Werkzeugmechanikerin
- Wildpflegerin
- Zahnärztin

Selbstverständlich werden nicht alle oben genannten Berufe Ihre Tochter befähigen, den Status einer Weltretterin zu erreichen, aber

Sie verstehen, was ich meine. Solange wir uns nicht vorstellen können, dass unsere Töchter diese traditionell männlich dominierten Berufe erfolgreich ausüben, solange werden unsere Töchter es nicht wagen, sich selber in diesen Rollen zu sehen, geschweige denn als Führerinnen einer freien Welt. Nicht zufällig sind all diese vornehmlich von Männern gewählten Berufe sehr viel besser bezahlt als fast alle weiblich dominierten Berufe.

Ergebnisse einer neueren von Dr. Ann B. Miser durchgeführten Studie belegen, dass Mädchen sich immer noch vorstellen, die traditionell für Frauen bestimmten Berufe zu ergreifen.[4] Mädchen und Jungen wurden gebeten, die fünf Berufe aufzuzählen, in denen sie am liebsten arbeiten würden. Als Zweites sollten sie die fünf Berufe aufzählen, in denen sie sich einen Mitschüler/eine Mitschülerin vorstellen konnten. Dawn hat die typischen Antworten gegeben. Sie stellte sich vor, die gleichen Berufe wie ihre Eltern auszuüben: Lehrer und Tierärztin. Danach aber zählte sie Friseuse, Sozialarbeiterin und Kellnerin auf. Dann zählte sie die Berufe auf, die ihr Klassenkamerad Jason ausüben könnte: Ingenieur, Arzt und Wisssenschaftler.

Nach dem »Nehmen-Sie-Ihre-Töchter-mit-zur-Arbeit«-Tag las ich einen Bericht darüber in unserer Lokalzeitung. Die fünf interviewten Mädchen im Alter von sieben bis zwölf gingen mit ihren Eltern in Computerfirmen, in Banken und in Familienbetriebe. Als sie gefragt wurden, was sie beruflich machen möchten, wenn sie erwachsen sind, antworteten sie: »Filmstar«, »Designerin«, »Eiskunstläuferin«, »Model« und »berühmte Tänzerin«.

Diese Berichte zeigen die dringende Notwendigkeit auf, die Visionen unserer Töchter von sich selber und ihren Möglichkeiten zu erweitern und sie in neue Richtungen zu lenken. Eine ideale Aufgabe für Mentorinnen. Um diese Vorstellungsdefizite in unseren Töchtern zu korrigieren, müssen Mütter als Mentorinnen streng darauf achten, berufsspezifische Geschlechterrollen zu umgehen. Mütter können die Träume ihrer Töchter schöner, größer und intellektuell anspruchsvoller werden lassen, indem sie ihren Töchtern helfen, sich vorzustellen, wie hoch sie ihre Ziele stecken können.

Mütter müssen Erkenntnissen von Wissenschaftlern, die behaupten, dass großartige Veränderungen schon stattgefunden hätten, kritisch gegenüberstehen. Denken wir nur an die kommentierenden Berichte im Nachgang zu einer 1995 von der Zeitschrift *Working Woman* in

Auftrag gegebenen Untersuchung, die nahe legte, dass Frauen in den USA endlich das Gehaltsniveau von Männern erreicht hätten. Dies basierte auf Erhebungen, die besagten, dass sich die Gehaltskluft zwischen Männern und Frauen langsam schloss und dass Frauen 85 bis 95 Prozent der Gehälter von Männern bekämen.[5]

Ermutigt Sie das? Vorsicht, nicht so voreilig. Diese schöne Statistik trifft selbstverständlich zu, wenn Ihre Tochter Dekan einer staatlichen Universität wird oder Vorstandsvorsitzende eines Konzernriesen. Diese Statistik trifft nämlich nur auf berufstätige Frauen in 38 Industriezweigen zu und nicht auf die 367 Industriezweige, die im *Occupational Outlook Handbook* des Arbeitsministeriums aufgelistet sind. Sie verschweigt, dass weibliche Angestellte im Bankwesen, in der Buchhaltung, im Finanzmanagement und im Gesundheitswesen immer noch weniger verdienen als ihre männlichen Kollegen. Sie verschweigt ebenso, dass weiße Hautfarbe ein großer Vorteil ist, da das Einkommen von weißen Frauen etwa 75 Prozent vom Einkommen ihrer männlichen Kollegen beträgt. Farbige Frauen verdienen nur 63 Prozent des Gehalts ihrer männlichen Kollegen. Und die wichtigste statistische Zahl wurde ganz unter den Teppich gekehrt, nämlich die Tatsache, dass sich die Kluft in der Bezahlung schließt und es deswegen so scheint, als machten Frauen finanzielle Fortschritte, wenn in Wirklichkeit die Gehälter der Männer sinken (11 Prozent seit 1974).[6] Sollte Ihre Tochter also einen nichttraditionellen Beruf wählen, wird sie wahrscheinlich ungefähr das Gleiche wie ein Mann in einem ähnlichen Beruf verdienen. Sollte sie jedoch einen eher von Frauen bevorzugten Beruf wählen, so wird ihr Gehalt um circa 20 bis 30 Prozent weniger betragen.[7]

Während für Sie das Verdienstpotenzial und der Sozialstatus des Berufes Ihrer Tochter ausschlaggebend sein mag, sind möglicherweise für Ihre Tochter andere Aspekte eines Berufes motivierender. Da Mädchen im Allgemeinen nicht ermuntert werden, Abenteuer zu suchen, kann das vielleicht eine interessante Art sein, die Aufmerksamkeit Ihrer Tochter zu erringen. Wenn sie den Wunsch äußert, Ärztin zu werden, können Sie ihr sagen: »Ärzte, die mit Fallschirmen über unwegsamem Gelände abgeworfen werden, erleben viele aufregende Abenteuer. Wenn du den Nervenkitzel aushältst, hast du eine echte Chance, Leben zu retten.« Wenn sie zu Ihnen sagt: »Ich möchte Musikerin werden«, können Sie ihr – wie meine Mutter zu mir – sagen:

»Ist dir klar, dass eine Musikerin ein einzelnes Instrument spielt, aber der Dirigent ein ganzes Orchester?« Und so weiter. Hat Ihre Tochter schon außerordentlich hohe Ziele, dann sagen Sie ihr einfach: »Mach weiter so, Mädchen!«

Machen Sie Ihre Tochter auch auf den Fortschritt aufmerksam, den sie im Moment macht. Sagen Sie ihr Dinge wie:»Kannst du dich noch daran erinnern, als du noch nicht lesen konntest? Jetzt bist du ein richtiger Bücherwurm«, oder »Weißt du noch, als du dieses Lied noch nicht spielen konntest? Jetzt klingt es einfach großartig. Wie lange hast du gebraucht, bis du das Lied spielen konntest?« Diese Bemerkungen sind große Hilfen. Auf diese Art helfen Sie ihr, nicht zu vergessen, dass die Herausforderungen des Lebens und Lernens Prozesse sind und keine statischen Ziele, die unabhängig von Zeit und Umständen existieren. Schließlich und endlich wird sie, indem Sie ihr den Weg weisen, lernen, dies selbständig zu tun, wenn sie schwierigen und herausfordernden Situationen begegnet.

Disziplin und Zorn

Unpassendes Disziplinieren und Zorn können ebenfalls sehr schwächende Signale aussenden. Wie oft hat man frustrierte Eltern Folgendes sagen hören:

— Was ist nur los mit dir?
— Wo ist das Problem?
— Kannst du denn nichts richtig machen?
— Warum bringst du das nicht auf die Reihe?
— Was verstehst du an einem »Nein« nicht?
— Bist du taub?

Es ist mir klar, dass diese Äußerungen von Eltern dann gemacht werden, wenn sie mit ihrer Weisheit am Ende sind. Betrachtet man sie aber im Kontext der Fremdbewertung, können sie ein Kind zu bestimmten negativen Schlussfolgerungen führen. Vor diesem Hintergrund muss man sich vor Augen führen, dass ein Kind wahrscheinlich zu den folgenden Schlussfolgerungen gelangt:

— Etwas stimmt mit mir nicht.
— Ich habe ein Problem.
— Ich kann nichts richtig machen.
— Ich kann mich nicht zusammennehmen.
— Ich bin dumm.

Als Mutter, die darauf bedacht ist, dass ihre Tochter widerstandsfähig ist, können Sie es sich nicht leisten, dass Ihre Tochter zu solchen Schlussfolgerungen gelangt, vor allem deshalb nicht, weil sie diese in ihr Erwachsenenleben nimmt. Vermeiden Sie deshalb, selbst in stressigen Situationen, Bemerkungen zu machen, die Negativ-Beurteilungen enthalten. Versuchen Sie stattdessen, Ihre Wünsche möglichst direkt zu formulieren:

- Ich möchte, dass du …
- Du machst nicht, was ich von dir verlange, deshalb werde ich …
- Lass mich das deutlich sagen. Ich möchte, dass du …
- Ich bin wütend, weil du das gemacht hast, und zwar, weil wir vereinbart haben, dass du es nicht tun würdest.
- Soll ich es noch mal wiederholen, damit du es besser verstehst?

Auch wenn diese Erwiderungen Ihre Überlegenheit als Elternteil – der die Verantwortung trägt – deutlich macht, binden Sie das Kind aktiv ein, ohne seinen Wert, seine Unterlegenheit und seine Würde als menschliches Wesen zu beurteilen. Aus diesem Grund ist es am besten, Wörter und Sätze zu vermeiden, die Beurteilungen dessen enthalten, was Ihre Tochter tut oder nicht tut. In der Pubertät könnte dieser Schuss nach hinten losgehen.

Zu sarkastischen Bemerkungen möchte ich nur eins sagen: Vermeiden Sie sie. Wenn Sie selbst jemals Zielscheibe von Sarkasmus waren, wissen Sie, wie erniedrigend dies sein kann. Es ist eine versteckte Art von Bewertung (reflected appraisal), die die Empfängerin entwertet. Sarkasmus entzieht sich jeglicher Notwendigkeit, einen Streit oder eine gefasste Meinung mit Logik zu begründen, da die Empfängerin entweder zu dumm oder zu verstockt ist, das Gesagte zu verstehen. Wenn Sie Sarkasmus anwenden, um Ihrer Tochter etwas zu erklären, wird auch Ihre Tochter diesen anwenden, und zwar auf Sie und andere.

Wenn Sie Ihre Tochter maßregeln, ist es sinnvoll, Fragen zur Klarstellung zu vermeiden – mit anderen Worten, fragen Sie nicht, warum sie die Fensterscheibe eingeworfen hat, ohne Erlaubnis wegging oder gelogen hat, es sei denn, Sie wollen ein echtes Gespräch mit ihr anfangen. Fragen ziehen unweigerlich Begründungen nach sich, die in den Ohren von Eltern wie Entschuldigungen klingen. Eine wirkungsvollere Taktik ist, klar zu sagen, was Sie von ihr erwarten, anstatt nach Gründen zu fragen, die Sie in den meisten Fällen ohnehin nicht hören wollen.

Weibliche und männliche Klischees

Wenn die Fremdbewertungen des alltäglichen Lebens weibliche und männliche Klischees verstärken, können sie die Kompetenz eines Mädchens untergraben. Diese Klischees können ganz besonders verletzend sein, wenn das weibliche Klischee Hilflosigkeit oder den Wunsch nach Schutz umfasst, das männliche Klischee Selbständigkeit und Widerstandsfähigkeit.

Eine Mutter in einem Workshop erzählte die folgende Geschichte: »Mein Mann und ich waren mit unseren Kindern, einem Jungen und einem Mädchen, im Park. Er ist sieben, sie neun. Wir lernten gerade alle Inline-Skates fahren. Jeremy und Alison hielten sich an den Händen und fuhren den Hügel hinunter; sie fuhren etwas zu schnell und stießen mit einem parkenden Auto zusammen.

Mein Mann und ich liefen hin, um zu sehen, ob ihnen etwas passiert war. Da sie Helme und andere Schutzkleidung trugen, war es eigentlich nur der Schock. Mein Mann ermutigte beide, wieder aufzustehen und es noch mal zu versuchen. Ich hingegen fragte meine Tochter immer wieder, ob alles in Ordnung sei und tröstete sie unentwegt. Mein Sohn, der genauso erschrocken war wie meine Tochter, erhielt nicht diese Form der Aufmerksamkeit von mir. Irgendwie überließ ich es meinem Mann, mit unserem Sohn männlich zu handeln.

Am Schluss drehte sich mein Mann zu mir und sagte: ›Hör endlich auf, die Sache so aufzubauschen. Lass sie um Himmels willen aufstehen und weiterfahren.‹ Erst als er es sagte, merkte ich, dass ich die beiden unterschiedlich behandelte. Das Schlimme dabei ist, dass ich mich selber für eine bewusste Mutter halte!«

Die Fremdbewertung, die beide Kinder in diesem Fall von ihrer Mutter erhielten, war die, dass das Mädchen zerbrechlicher war und mehr Schutz und Trost brauchte als der Junge.

Wenn diese Arten von Interaktionen nur selten vorkämen, hätten sie wahrscheinlich wenig Wirkung. Aber Fremdbewertungen, die auf Geschlechtsunterschieden beruhen, werden andauernd millionenfach verstärkt und haben deshalb langfristige Folgen für die Bildung des Selbstbildes eines jeden Kindes. Das Ganze lässt sich mit einer Zahnspange vergleichen: Indem geringer, aber ständiger Druck auf die Zähne ausgeübt wird, in eine bestimmte Richtung zu wachsen, werden die Zähne am Schluss in der richtigen Position sein. Das ist genau die Wirkung, die Fremdbewertungen der Gesellschaft haben, die auf geschlechtsspezifischen Klischees beruhen. Durch diesen subtilen und ständigen Druck lernen Menschen nach diesem starren und systematisierten Muster zu handeln.

Tatsache ist, dass die Geschlechter vom psychologischen Standpunkt mehr Ähnlichkeiten als Unterschiede aufweisen.[8] Selbst in Bereichen, in denen allgemein Verschiedenartigkeit angenommen wird, liegt diese – wenn man es genau betrachtet – mehr in der Interpretation und der Forschungsmethode als in der Realität. Betrachten wir beispielsweise Einfühlungsvermögen und Mitgefühl. In Untersuchungen, bei denen Menschen gebeten werden, sich selber einzustufen, schätzen sich Frauen bezeichnenderweise als einfühlender als Männer ein. Werden dagegen tatsächlich physiologische Reaktionen auf das Leid anderer gemessen oder der Wunsch, das Leiden oder den Schmerz anderer zu beenden, gibt es in der Tat nur wenig Unterschiede. Die Ergebnisse sind bei Erwachsenen und Kindern gleich.[9]

Sogar Aggression, die Bastion männlicher Dominanz, kommt auf den Prüfstand. Obwohl Männer körperlich aggressiver sind, zeigen auch Frauen Aggressivität. Man muss nur kurze Zeit auf dem Pausenhof einer Grundschule verbringen, um festzustellen, dass diese Behauptung wahr ist. Sie werden beobachten, wie die Jungen der vierten Klasse Faustkämpfe austragen und auf den Klettergeräten herumturnen. Und was machen die Mädchen? Sie sind eifrig dabei, ein Mitglied ihrer Clique wegen echtem oder erfundenem Verstoß gegen die sich ewig ändernden Regeln der Gruppe auszustoßen. Als Mutter wissen Sie bereits, dass das sehr boshaft werden kann.

Definiert man Aggression nun ausschließlich körperlich, dann stimmt es, dass Jungen aggressiver erscheinen als Mädchen. Wenn wir die Definition aber auf »Verhalten mit dem Ziel, einander zu dominieren« erweitern, erkennen wir, dass Mädchen genauso aggressiv wie Jungen sind. Der Unterschied tritt weniger im Grad als in der Art zutage. Mädchen verhalten sich nämlich in einer von der Gesellschaft sanktionierten Weise aggressiv.

Die Interpretation aggressiven Verhaltens wird noch komplexer, wenn Mädchen und Jungen miteinander in Beziehung stehen. Studien, die das Verhalten kleiner Kinder erforschen, beweisen, dass Mädchen sich selbstbewusster verhalten, wenn sie unter sich sind, als wenn Jungen dabei sind. Im letzten Fall werden sie passiver. (Dies ist auch in Studien über College-Studenten wieder zu finden.[10]) Demnach wird sogar Aggressivität eine Frage der Interpretation und abhängig von den jeweiligen Umständen.

Seien Sie deshalb vorsichtig mit Bewertungen und Aussagen zur Identität Ihrer Kinder, die auf dem Geschlecht beruhen. Seien Sie so geschlechtsneutral wie möglich in Ihren Bemerkungen, Ihrem Verhalten und Ihren alltäglichen Aktivitäten – insbesondere bei anfallenden Arbeiten im Haus. Vermeiden Sie die Verstärkung von Klischees, die besagen, dass bestimmte Verhaltensweisen für ein Geschlecht zutreffen, aber nicht für das andere. Behandeln Sie Mädchen und Jungen möglichst gleich.

Wenn Sie in diesem kritischen Bereich des Selbstbildes eine gute Mentorin für Ihre Tochter sein wollen, müssen Sie die Botschaften, die Sie bezüglich Weiblichkeit aussenden, sehr genau prüfen:

– Mädchen sind schlecht in Mathematik und in Naturwissenschaft.
– Mädchen sind nicht so selbstsicher wie Jungen.
– Mädchen sind sensibler und mitfühlender als Jungen.
– Mädchen sollten zart und zerbrechlich sein.
– Mädchen sollten immer leise sprechen.
– Mädchen sollten höflicher als Jungen sein.
– Mädchen können Dinge nicht reparieren.
– Mädchen arbeiten im Haus, Jungen im Garten.
– Mädchen sollten nicht prahlen (Jungen auch nicht!).
– Mädchen sollten vor Mühsal und Leid bewahrt werden.
– Mädchen sind in größerer Gefahr als Jungen und brauchen deshalb mehr Schutz.

Die Botschafter unserer Gesellschaft: Medien, Schule und Gleichaltrige

Auch die Gesellschaft bewertet Ihre Tochter auf der Basis ihrer Weiblichkeit. Medien (vor allem das Fernsehen und die Werbung), Schule und Gleichaltrige spiegeln diese Bewertung wider. Das bedeutet, dass sie in einer Vielzahl von Situationen, bestimmten Kreisen und sozialen Milieus das brave, freundliche, süße und lebhafte Mädchen sein muss. Dazu erwartet man heute noch allgemein, dass Mädchen intelligent, gebildet, sportlich und kultiviert sind. Schon allein die Vorstellung, all diese Eigenschaften gleichzeitig für verschiedene Menschen verkörpern zu müssen, ist erschöpfend.

Fangen wir mit der Werbung an. (Das Fernsehen wird ausführlich in Kapitel 7 besprochen.) Obwohl die Erwartungen an Mädchen jetzt höher sind als noch vor kurzem, hat sich eines noch nicht geändert, und zwar, dass Frauen anziehend auf Männer wirken sollen, ja wirken müssen. Die Medien, insbesondere die Werbung, sind der Todfeind eines gesunden weiblichen Selbstbildes, denn hier kommen die destruktivsten Fremdbewertungen zur Wirkung.

Ich verwende die Bezeichnung »Todfeind« ganz absichtlich, und bin mir dabei keiner Übertreibung oder Dramatisierung bewusst, denn ich betrachte die vorsätzlichen und geplanten Versuche der Werbung, Produkte durch die Herabwürdigung und Schmälerung der Selbstachtung von Frauen zu verkaufen, als verachtenswert und frauenfeindlich. Die Propagierung der Illusion, dass eine von beiden Geschlechtern akzeptierte Frau ein langbeiniges, statuenhaftes, superschönes und superschlankes Etwas ist, ist mörderisch, vor allem weil die Protagonistinnen (Überbringerinnen, Trägerinnen) dieser Illusion, die ausgemergelten Models, tatsächlich nicht normal sind. Sie sind nicht nur Abweichungen von der Norm, nein, sie werden sogar noch als nicht schön genug betrachtet. Sie müssen hungern, um den Status »echten Begehrtwerdens« zu erreichen.

Der Schaden, der Frauen und Mädchen zugefügt wird, kümmert die Werbung herzlich wenig. Denn wie jeder Erstsemester-Student für Marketing weiß, ist Wahrnehmung gleich Realität. Wenn die Vorstellung erzeugt wird, dass eine Durchschnittsfrau nicht akzeptabel ist, werden Durchschnittsfrauen und Durchschnittsmädchen anfangen, sich nicht akzeptabel zu finden. Um für Männer, die ebenfalls mit diesen Bildern überflutet werden, begehrenswert zu sein, muss die Durchschnittsfrau schöner werden. Andernfalls hätte sie keinen Grund, die Produkte der Anbieter mit der aufwendigen Werbung zu kaufen. Sauberes Haar würde ausreichen. Seidiges, weiches, glattes, fülliges, glänzendes, wuscheliges, voluminöses und lockiges Haar wäre eine freiwillige Gabe. Ich habe diese Adjektive beim Durchblättern von Haarpflege-Werbung in einer bekannten Modezeitschrift gefunden. Ein kräftiger und gesunder Körper als solcher sollte ein wertvoller Besitz sein. Aber der Aufwand an Zeit und Geld, um schlank, muskulös, durchtrainiert, wohl geformt, großbusig und flachbäuchig – um nicht zu sagen klapperdürr – zu sein, wie es die meisten Teenager bevorzugen, würde »als nationale Stimmung« erkannt werden, um »Frauen zu verunsichern und ihr kritisches Bewusstsein zu unterbinden«, um es mit den Worten von Naomi Wolf zu sagen.[11]

Wenn Ihre Tochter das Glück hat, sich zu einer jungen Frau zu entwickeln, deren Gesicht und Figur im Einklang mit dem gerade vorherrschenden gesellschaftlichen Ideal weiblicher Schönheit ist, wird ihr Selbstbild Schönheit mit einschließen. Sollte es aber umgekehrt sein, dass sich ihre äußere Erscheinung nicht mit dem gerade vorherrschenden Schönheitsideal deckt, wird ihr Selbstbild eine ganze Reihe von extrem negativen und sogar zerstörerischen Selbstbeschreibungen enthalten. In meinen Workshops für Teenager musste ich mir anhören, wie sich gesunde und schöne junge Mädchen dick, hässlich, unansehnlich, übergewichtig, fette Sau und Miss Piggy genannt haben.

Als Mentorinnen unserer Töchter und im Dienste der Formung ihres Selbstbildes müssen wir ihnen beibringen, wie sie sich der Beeinflussung durch die Werbung erwehren können. Weil es ein schwerer Kampf gegen einen mächtigen und finanziell gut ausgestatteten Widersacher ist, liegt unsere einzige Chance darin, sie durch Aufklärung gegen diese Attacken zu wappnen. Ohne die Schärfung des Bewusstseins unserer Töchter, die die subtilen, aber wirksamen Negativbilder wie Schwämme aufsaugen, bleiben sie vollkommen verwundbar. Indem wir sie aber dagegen Widerstand lehren, helfen wir ihnen auch, die Botschaften und Bilder von Schönheit in der uns umgebenden Welt zu interpretieren. Ich gehe später noch näher darauf ein, im Moment genügt es festzustellen, dass wir unseren Töchtern bewusst machen müssen, dass die Werbeindustrie danach trachtet, ihr Selbstbewusstsein zu zerstören, um ihre Produkte an die Frau zu bringen. Sie müssen aber auch Ihre Söhne – diejenigen, denen die Mädchen gefallen wollen – über diese Machenschaften aufklären.

Als Mentorin muss Ihnen auch bewusst sein, dass es Werbebotschaften gibt, die uns täglich begegnen, nicht im Fernsehen, nicht in Anzeigen, sondern an den ungewohntesten Orten. Vor zehn Jahren erwähnte ich in meinem Buch *Gute Väter – selbstbewußte Töcht*er ein »unschuldiges« kleines Plakat auf dem Postamt, das extreme Klischees für Männer und Frauen darstellte. Als ich nun zehn Jahre später im gleichen Postamt stand, merkte ich, wie wenig sich verändert hatte. Auf dem neuen Plakat waren – wie auf dem alten – mehr Männer als Frauen zu sehen, nämlich vier Männer und eine Frau. In den ersten beiden Ausschnitten waren zwei Männer zu sehen – ein Weißer und ein Schwarzer – in Geschäftskleidung, die offensichtlich wichtige Post öffneten. Der dritte Ausschnitt zeigte zwei Jungen, die Briefmarken sammeln. Die einzige Frau auf dem Plakat hielt Briefmarken hoch und lächelte dabei, ähnlich den Assistentinnen in einer Quiz-Sendung, die um zu gewinnende Autos herumtänzeln. Hier wie dort werden Frauen in ein Klischee gepresst, als passiv und schmückend dargestellt.

Ich erzähle das, um zu betonen, dass selbst wenn Ihre Tochter keine stereotypen Fremdbewertungen von zu Hause zu hören bekommt, sie sie ansonsten überall in unserer Gesellschaft hört und spürt. Damit Sie als Mutter und Mentorin für sie agieren können, müssen Sie diese Beeinflussungen kennen, vor allem die scheinbar harmlosen, wie bei diesem Poster. Gerade wenn Ihre Tochter noch klein ist, kann eine angemessene Aktion sein, das Problem bei der Wurzel zu packen: in diesem Fall dem Leiter des Postamtes zu schreiben oder – in ähnlichen Frauen verunglimpfende Situationen – mit der Lehrerin oder einem anderen Elternteil zu reden oder einfach nur den Fernseher auszuschalten. Wenn Ihre Tochter älter ist, kann eine angemessene Aktion bedeuten, sie Widerstand zu lehren. Sie könnten beispielsweise zu ihr sagen: »Schau dir dieses Plakat an. Stell dir vor, die Rollen seien vertauscht. Stell dir vor, es seien vier Frauen auf dem Poster. Stell dir vor, dass es zwei Mädchen sind, die die Briefmarken sammeln. Stell dir vor, der Mann hält eine Briefmarke hoch, lächelt dabei und zeigt sie passiv dem Betrachter.«

Lehrer bilden eine weitere Gruppe, die Wertungen der Gesellschaft übermitteln, indem sie Intelligenz und Fähigkeiten von Mädchen auf subtile Weise werten. Unzählige Studien haben gezeigt, dass Lehrer die Intelligenz von Mädchen unterschätzen und geringere Erwartungen an ihre Leistungen haben.[12] Wenn Jungen schlechte Leistungen erbringen, führen Lehrer dies oft auf mangelnden Einsatz und Faulheit zurück und motivieren sie, sich mehr anzustrengen. Erbringen dagegen Mädchen schlechte Leistungen, so wird dies häufig auf einen Mangel an Intelligenz zurückgeführt. Mädchen werden nicht ermutigt, es noch einmal zu versuchen, man »hilft« ihnen höchstens, indem man ihnen die Lösung vorsagt.[13] Außerdem glauben viele Lehrer, dass wohlerzogene Mädchen intelligenter sind, sodass sie braves, kooperatives Verhalten bei Mädchen verstärken, indem sie ihnen bessere Zeugnisnoten geben.[14] Aus einem Untersuchungsbericht geht sogar hervor, dass Lehrer durch diese Art der Notenvergabe möglicherweise für das schlechtere Abschneiden von Mädchen bei standardisierten Tests verantwortlich sind, denn sie schaffen damit die Illusion, besser zu sein, als es die Mädchen in Wirklichkeit tatsächlich sind.[15]

Schulen signalisieren eine allgemeinere auf dem Geschlecht basierende Bewertung (reflected appraisal). Die grundlegende Botschaft ist hier, dass Jungs wertvoller sind als Mädchen. Beweis dafür ist der schulische Alltag, der die Jungen in der Regel bestärkt, sich hervorzutun, während den Mädchen gestattet wird, hinterherzuhinken.[16] In den meisten Fällen muss das Bewusstseinsdefizit auf Seiten der Schulleitung, der Lehrer, der Eltern und eigentlich der ganzen Schulgemeinschaft korrigiert werden, auch wenn alles ohne Absicht geschieht. (Lesen Sie in Kapitel 8 nach, wie Erfolg von Mädchen in Schulen gefördert werden kann.)

Der letzte, wenn auch nicht minder wichtige Mittler gesellschaftlicher Wertevorstellungen ist die Gruppe der Gleichaltrigen. In Kapitel 10 werden wir dem Einfluss der Mädchen aufeinander nachgehen. Aber Fremdbewertungen, die Mädchen von der anderen wichtigen Gruppe der Gleichaltrigen – den Jungen – erhalten, wird anhand des nachfolgend dargestellten Grundsatzes des Selbstbildes deutlich.

Menschen vergleichen sich mit anderen

»Andere« kann sich sowohl auf einzelne Personen als auch auf Gruppen beziehen. Eine der »anderen« Gruppen, mit denen sich Mädchen am liebsten vergleichen, sind Jungen. Leider scheint die Botschaft in jeder Kategorie zu sein: »Es ist besser, ein Junge zu sein.«

In ihrem Buch *Failing at Fairness: How America's Schools Cheat Girls* bekennen die Autoren Myra und David Sadker mit großer Freimütigkeit:

»Jungen scheinen für alle Welt das bevorzugte Geschlecht, die würdigen Erben der Errungenschaften unserer Gesellschaft. Ihnen wird von Seiten der Lehrerschaft die größte Aufmerksamkeit geschenkt, und sie sind die Hauptfiguren in den Lehrbüchern. Weil sie bei standardisierten Tests am besten abschneiden, erhalten sie den Löwenanteil der Stipendien, besetzen mehr als die Hälfte der renommiertesten Universitäten und marschieren schnurstracks auf hohe Gehälter und angesehene Berufe zu.«[17]

In der Tat haben Mädchen keine Chance, das Rennen zu gewinnen. Wenn Jungen erfolgreich sind, erhalten sie mehr Aufmerksamkeit, und wenn sie versagen auch. Eine Lehrerin der fünften Klasse und Teilnehmerin an einem meiner Workshops sagte: »Die Jungs in meiner Klasse lernen entweder mit ihrer Rolle in unserer Gesellschaft fertig zu werden oder gegen diese Rolle zu rebellieren. Egal wie sie sich entscheiden, sie machen es in vollem Konkurrenzbewusstsein und mit einer Aggressivität, dass sie es schaffen, die ganze Aufmerksamkeit der Lehrerin auf sich zu lenken. Die Mädchen sitzen still da, kooperieren meistens mit der Lehrerin und werden deshalb nicht wahrgenommen.« Nochmals ein Zitat von den Sadkers: »Die Mädchen erleiden stille Niederlagen, aber die Probleme der Jungen sind laut genug, dass sie in der ganzen Schule gehört werden.«[18]

Wenn sich Mädchen mit Jungen vergleichen, kommen sie selber zu dem Schluss, dass es besser ist, männlich zu sein. Besonders bedrückend daran ist, dass sich daran nichts zu ändern scheint. Um das zu verdeutlichen, möchte ich eine faszinierende Studie aus dem Jahre 1982 erwähnen, die inzwischen mit fast den gleichen Ergebnissen wiederholt wurde. Diese Ergebnisse zeigen, dass sowohl Jungen als auch Mädchen das Männliche höher werten und Vorteile in dem Umstand sehen, männlichen Geschlechts zu sein.

Jungen und Mädchen verschiedenen Alters wurde folgende Frage gestellt: »Wenn du morgen aufwachen und merken würdest, dass du ein anderes Geschlecht hättest, wie würde sich dein Leben verändern?« Die Antworten zeigten auf, dass die Jungen eine überraschend niedrige Meinung von Mädchen hatten. Hier folgen einige Kommentare der Untersuchenden:

Das wahrscheinlich beunruhigendste Thema, das sich durch alle Antworten hindurchzog, war die stillschweigende Folgerung, dass Männer von Natur aus wertvoller sind als Frauen. Verunglimpfende Kommentare über das andere Geschlecht stammten sehr viel häufiger von Jungen als von Mädchen. Jungen wählten für ihre Antworten häufig Titel wie »Das Unglück« oder »Der tödliche Traum« oder »Der Jüngste Tag«.[19]

1994, mehr als ein Jahrzehnt nachdem 1100 Studentinnen und Studenten diese Fragen in Michigan beantwortet hatten, erhielten Myra und David Sadker die gleichen Antworten: Mädchen sind fast alle fasziniert von dem Gedanken, ihr Geschlecht tauschen zu können, und sehen Chancen, Sicherheits-, Respekt- und Freiheitsgewinn darin; Jungen hingegen sind entsetzt, fühlen sich angewidert und erniedrigt bei dem Gedanken und sehen sich Restriktionen, Verlusten und Zerstörungen ausgesetzt. So sehen 42 Prozent der Mädchen viele positive Möglichkeiten darin, ein Mann zu sein, während 95 Prozent der Jungen keinerlei Vorteil darin erkennen, ein Mädchen zu sein.[20] Des Weiteren machten Jungen, genau wie in der Studie zehn Jahren zuvor, erschreckende Aussagen, wie:

- »Meine Freunde würden mich wie den letzten Dreck behandeln.«
- »Ich würde schreien, mich um die Ecke schleichen.«
- »Ich würde mich verstecken.«
- »Keine Katze, kein Hund und kein Tier mochte mich leiden. Ich mochte mich selber nicht leiden.«

Für 16 Prozent der Jungen ist die Vorstellung, ein Mädchen zu werden, so inakzeptabel, dass sie sich vorstellen könnten, sich umzubringen:

- »Ich würde mir fünfzigmal ein stumpfes Messer ins Herz jagen.«
- »Ich würde mich selber mit Benzin überschütten und anstecken.«
- »Ich würde ins Bett pinkeln und wahrscheinlich verrückt werden und mich umbringen.«
- »Ich würde sofort zum Friedhof laufen und mir ein Grab schaufeln.«

Auch die Kommentare der Untersuchenden gleichen denen von damals: »Obwohl wir viele hundert Geschichten von Jungen gelesen haben, die beschrieben, wie es wäre, als Mädchen aufzuwachen, sind wir nach wie vor schockiert vom Ausmaß der Verachtung, die so viele Jungen ausdrücken … von dem abgrundtiefen Ekel.«[21]

Diese Untersuchung weist einige beunruhigende Aspekte auf. Der erste ist, dass sich über die Jahre nichts Entscheidendes verändert hat. Der zweite ist die Erkenntnis, dass beide Geschlechter Mädchen abwerten. Die Mädchen tun es, indem sie bereit sind, Jungen zu werden. (Man kann es ihnen kaum verübeln.) Die Jungen tun es, indem sie den Gedanken verunglimpfen, ein Mädchen zu werden, ja sogar Selbstmordgedanken hegen. Drittens – und dies ist der wichtigste Punkt in Bezug auf Widerstandsfähigkeit und Selbstachtung – entwerfen beide Geschlechter ein Szenario, in dem der Status eines Jungen ein wesentlich begehrenswerterer ist als der eines Mädchens. Aus dem Munde der Kinder erfahren wir die Wahrheit, wie Frauen in unserer Gesellschaft gesehen werden.

Dies ist ein zweifaches Problem. Wenn Mädchen sich mit Jungen vergleichen, bemerken sie erstens, dass Jungen mehr Freiheiten und Möglichkeiten haben und größere Erfolge verzeichnen. Im Gegensatz dazu fühlen sich Mädchen entwertet, trivialisiert und nicht beachtet. Und da Jungen so geringschätzig von Mädchen sprechen und solche Verachtung für Mädchen hinsichtlich ihres Wertes empfinden, leidet zweitens das Selbstbild der Mädchen noch einmal. Mädchen bekommen keinen Respekt!

Wenn Sie auch einen Sohn haben, dann bedeutet das für Sie, dass Sie darauf achten müssen, dass Ihr Zuhause für Ihre Tochter genauso gastfreundlich ist wie für Ihren Sohn und der Entwicklung Ihrer Tochter genauso dienlich wie der Ihres Sohnes. Im Anschluss einige Beispiele:

– Stellen Sie sicher, dass alle Haushaltspflichten gleich verteilt sind, was Schwierigkeitsgrad, Zeitaufwand und Spaß betrifft – mit anderen Worten, stellen Sie sicher, dass Ihr Sohn ebenfalls die Toilette putzt. Ihre Tochter sollte auch erleben, dass ihr Vater Hausarbeit macht, insbesondere dann, wenn auch Sie berufstätig sind.

– Achten Sie darauf, dass Ihr Sohn den Computer und die Videospiele nicht häufiger benutzt als Ihre Tochter.

– Sorgen Sie dafür, dass auch die Männer im Haus verantwortlich für das Zubereiten eines Essens und den Abwasch sind.

– Stellen Sie sicher, dass die Jungen nicht mehr Freiheiten erhalten als die Mädchen. Wenn Sie Ihre Töchter beschränken, beschränken Sie auch Ihre Söhne.

– Achten Sie darauf, dass Babysitter-Aufgaben gleichmäßig zwischen älteren Brüdern und Schwestern verteilt sind.

– Erinnern Sie Ihren Mann daran, genauso viel Zeit mit seinen Töchtern wie mit seinen Söhnen zu verbringen.

– Stellen Sie sicher, dass Familienmitglieder die sportlichen Aktivitäten der Mädchen genauso häufig besuchen wie die der Jungen.

- Heben Sie nicht unterschiedliche Dinge für Jungen und Mädchen hervor – Erfolg und Herausforderungen für Jungen und Erscheinungsbild und Benehmen für Mädchen.
- Loben Sie Töchter und Söhne gleichermaßen, wenn sie erfolgreich waren, einen Streit beigelegt haben, für Selbstvertrauen und Freundlichkeit gegenüber Dritten.

Einige der »anderen« mit denen sich Ihre Tochter selbstverständlich vergleichen wird, sind natürlich Models und Schauspielerinnen, die sie im Fernsehen und in Zeitschriften sieht. Auch hier sollten Sie schon früh mit der Bewusstseinsbildung beginnen, indem Sie die Erklärungsmethode anwenden (genaue Anleitung wird im Kapitel 7 gegeben). Diese Vorgehensweise wird die Hauptwaffe im Arsenal des Widerstands sein.

Mütter haben außerdem die Pflicht, das Bewusstsein ihrer Söhne dafür zu schärfen, dass unsere Gesellschaft alles tut, damit junge Männer unzufrieden sind mit einer Durchschnittsfrau. Jungen müssen genauso wie Mädchen begreifen, dass sie um der wirtschaftlichen Gewinne willen manipuliert werden. Indem Sie Ihren Sohn darüber aufklären, schwächen Sie die Wirkung der Werbung und sind gleichzeitig Mentorin für Mädchen *und* Jungen.

Obwohl ich auf Väter noch eingehender zu sprechen komme, möchte ich an dieser Stelle erwähnen, dass ein Vater möglicherweise an seine eigene Einstellung gegenüber Frauen erinnert werden muss und wie sie sich in seinem eigenen und im Verhalten seines Sohnes widerspiegelt, der selbstverständlich in ihm ein Vorbild sieht. Jeden Unterschied, den der Vater gegenüber seinen Töchtern und seinen Söhnen macht, wird von seinen Töchtern bemerkt, wenn sie sich mit ihren Brüdern vergleichen. Deshalb sollten Väter wie alle anderen Familienmitglieder auch die Notwendigkeit gleichberechtigter Behandlung von Frauen in ihrer Familie einsehen. (Wenn Sie wenig Einfluss auf die Männer in Ihrer Familie haben, seien Sie von klein auf die Mentorin Ihrer Tochter. Machen Sie sie auf die Konsequenzen aufmerksam, einen Lebenspartner zu wählen, der sich weigert, Frauen zuzuhören und zu respektieren.)

Menschen beobachten ihr Handeln
und die daraus folgenden Konsequenzen

Im dritten Grundsatz des Selbstbildes, das Taten und deren Ergebnisse mit einbezieht, tritt eine klare Verbindung zwischen der eigenen Erklärungsmethode, die entweder hilflos oder erfolgsorientiert ist, und der Bildung des eigenen Selbstbildes zutage. Nachstehend eine Zusammenfassung, wie diese Verbindung funktioniert.

Da die Erklärungsmethode (wie Ereignisse zurechtgelegt werden) der erlernten Hilflosigkeit nicht einmal die Möglichkeit des Individuums anerkennt, Ergebnisse zu beeinflussen, sabotiert es sowohl erfolgsorientiertes Verhalten als auch das Selbstbild. Dies gilt insofern, als der Aufbau eines positiven Selbstbildes auf der Beobachtung basiert, wie die eigenen Aktivitäten mit deren Ergebnissen bzw. Folgen verbunden sind. Ein negatives Selbstbild entsteht dann, wenn der Mensch nicht erkennt oder sich nicht vorstellen kann, dass Aktivität und Ergebnis miteinander verbunden sind. In der Bildung des eigenen Selbstbildes wird daraus eine »Wenn...dann-Gleichung«.

Wenn das Selbstbild dadurch entsteht, dass man seine Handlungen und deren Ergebnisse bzw. Folgen betrachtet,

- dann führt die Erklärungsmethode erlernter Hilflosigkeit, bei der *Anstrengung ≠ Ergebnis* ist, zu einem *negativen* Selbstbild.
- dann führt die Erklärungsmethode von Erfolgsorientiertheit, bei der *Anstrengung über einen längeren Zeitraum = Ergebnis* ist, zu einem *positiven* Selbstbild.

Hier eine gute Mentorin zu sein, bedeutet, Ihrer Tochter beizubringen, Anerkennung für ihre Erfolge zu akzeptieren und diese Erfolge als ihr zustehend zu betrachten. Lehren Sie sie, Anerkennung und Lob anzunehmen, ohne sich klein zu machen. Die erfolgsorientierte und doch wunderbare Antwort wäre, ein einfaches Danke zu sagen oder: »Ja, ich habe hart gearbeitet. Danke, dass du es bemerkt hast.« (Es würde nicht schaden, Jungen die gleiche selbstbewusste und doch höfliche Antwort beizubringen.)

Sollten Sie hören, dass Ihre Tochter Lob für einen Erfolg ablehnt, wenn sie beispielsweise von einem guten Ergebnis in einer Mathearbeit ablenkt, indem sie behauptet, es sei eine leichte Schulaufgabe gewesen, antworten Sie sofort mit: »Unsinn. Du hast bis spät in die Nacht hinein gelernt. Lass dich doch dafür loben. Es hat sich doch gelohnt.« Oder sagen Sie doch: »Käse. Du bist ein kluges und gescheites Mädchen. Deshalb warst du so gut in der Schulaufgabe und nicht weil die Aufgabe so leicht war.« Oder sagen Sie: »Unsinn. Glaubst du, dein Vater oder dein Bruder würden so reagieren? Natürlich nicht. Sie würden die Anerkennung für eine gut gemachte Sache annehmen. Und du solltest das auch tun!«

Indem wir Mädchen beibringen, Selbstvertrauen mit Bescheidenheit zu zeigen, Komplimente ohne Arroganz anzunehmen und Anerkennung zu akzeptieren ohne ihre Leistungen zu negieren, erzeugen wir in den Mädchen ein Selbstbild, das Kompetenz, Weiblichkeit und echte Selbstachtung beinhaltet. Dieses Selbstbild wird ihnen ihr Leben lang von Nutzen sein.

Menschen werten ihre persönlichen Eigenschaften zugunsten ihrer Selbstachtung

Während der Pubertät Ihrer Tochter werden die Merkmale, die mit Weiblichkeit in Verbindung gebracht werden, sowohl sichtbarer als auch wichtiger. Die Merkmale, die die Gesellschaft, die Familie und die Gruppe der Gleichaltrigen als weiblich festgelegt haben und die Ihre Tochter internalisiert hat, werden an der Spitze der Prioritätenliste für ihre gesamte Selbstachtung stehen. Wie ich schon mehrmals betont habe, wird Ihre Tochter dann Schwierigkeiten im Hinblick auf ihre Ziele, Wünsche und ihre Leistungen haben, wenn ihre Vorstellung von »Weiblichkeit« mit Hilflosigkeit und Passivität behaftet ist. Wie ich noch deutlicher in den Kapiteln über Pubertät ausführen werde, kann man, wenngleich bedauerlicherweise, davon ausgehen, dass sich alle Grundsätze des Selbstbildes diesem einen Prinzip unterwerfen, wenn die Mädchen in der Pubertät offiziell ihren Platz im Patriarchat einnehmen, d. h., wenn sie potenzielle Sexualpartnerinnen werden. Nun sind zwei Kräfte am Werk. Die erste Kraft ist eine natürliche: es ist der biologisch ausgelöste, hormonell bedingte Wunsch, dem anderen Geschlecht zu gefallen. Die zweite Kraft ist gesellschaftlicher Natur: sie zwingt Mädchen in die unglückliche und potenziell servile Haltung, genau der Gruppe gefallen zu wollen, die sie in der Kindheit so verunglimpft hat. (Erinnern Sie sich noch an die Studie: Aufwachen und ein anderes Geschlecht haben?) Viele Jungen ändern ihre Meinung gegenüber dem anderen Geschlecht auch dann nicht, wenn sie sich sexuell für Mädchen interessieren.[22]

Diese Kräfte sind gerade in ihrer Verbindung wirksam. Die körperliche Veränderung, die der menschlichen Spezies innewohnt, müssen wir als Naturkraft akzeptieren.

In Teil III werden wir uns Techniken und Strategien ansehen, die unseren Töchtern helfen können, den schwächenden Aspekten der kulturellen Kraft (des kulturellen Einflusses) zu widerstehen. Für den Augenblick genügt es jedoch festzustellen, dass Sie als Mentorin Ihrer Tochter ihr Können hervorheben und sie dahin führen müssen, dass sie ihr Verhalten den jeweiligen Umständen anpasst. Erfolgsorientiertes Verhalten in diesem Bereich beinhaltet zu lernen, das Verhalten bewusst zu verändern. Sie muss lernen, dass es Zeiten für Weiblichkeit gibt und Zeiten, wo Weiblichkeit unangebracht ist. Zeiten, in denen es angebracht ist, süß, sensibel, sexy zu sein, und Zeiten, in denen es angebracht ist, konkurrierend, ehrgeizig, selbstsicher und ernsthaft zu sein; Zeiten, in denen man mütterlich und leidenschaftlich sein kann, und Zeiten, in denen man feindlich und aggressiv sein muss. Wenn Sie diese Verhaltensmuster ihre ganze Kindheit hindurch verstärken, wird sie später eher in der Lage sein, diese Anpassungsfähigkeit, wenn sie sie braucht, abzurufen. Dies ist insbesondere in der Pubertät schwierig, wenn sie als potenzielle Gleichberechtigte und zum ersten Mal ernsthaft das patriarchalische Umfeld betritt, indem sie Schulter an Schulter mit Männern als Kameraden, Freunden oder Lebenspartnern arbeitet.

Mentorin für den Vater Ihrer Tochter

Der Vater ist der wichtigste Mann im Leben Ihrer Tochter. Durch ihn begegnet sie zum ersten Mal dem Männlichen, und er wird bestimmte Eindrücke über Männer bei ihr hinterlassen und Meinungen über sie als Mädchen. Diese Eindrücke und Ansichten nimmt sie mit ins Erwachsenenleben. Einigen von Ihnen wird die Aufgabe zufallen, auch den Vater Ihrer Tochter zu beraten, zu ermuntern und zu führen. Da ja auch er als Mann in dieser Gesellschaft aufgewachsen ist, wird es Dinge bezüglich der Erziehung von Mädchen geben, die er nicht kennt und die ihm vielleicht sogar Unbehagen bereiten.

Ein Papa ist ein Mensch, der wie jeder andere lustig oder aber auch streng und ernst sein kann. Er kann aufmerksam und liebevoll sein, immer zu einem Scherz aufgelegt oder aber gleichgültig, emotional abwesend oder kalt. Ganz gleich, was für ein Papa er ist, hat seine Beteiligung oder Nichtbeteiligung einen nachhaltigen Einfluss auf die Bildung des Selbstbildes Ihrer Tochter.

»Als kleines Mädchen war der Höhepunkt der Woche, am Samstagmorgen mit meinem Vater zur Müllkippe zu gehen«, sagte eine Frau im blauen Seidenkostüm gegenüber am Tisch, eine Frau, die eine Führungsposition in einem Unternehmen einnahm. »Immer gingen wir zu zweit. Zuerst kehrten wir in der Krapfenstube ein. Ich bekam einen Krapfen und ein Glas Milch. Er trank einen Kaffee. Währenddessen sprachen wir wie Freunde miteinander, nicht wie Vater und Tochter.«

»Worüber haben Sie gesprochen?«, fragte ich.

»Ach, über alles und nichts. Ich erzählte von der Schule, er von seiner Arbeit.«

»Ihr Vater sprach mit Ihnen über seine Arbeit?«, fragte ich ungläubig.

»Ja, ist das nicht toll? Als ich älter wurde, fragte er mich sogar nach meiner Meinung über bestimmte Dinge. Ich glaube, es war seine Art, mir beizubringen, wie man Dinge durchdenkt, und gleichzeitig herauszufinden, wie ich Probleme lösen würde. Aber ich glaube auch, dass er ein echtes Interesse an meinem Standpunkt hatte.«

Die Frau, die das sagte, ist die stellvertretende Vorstandsvorsitzende eines großen Optik- und Pharmakonzerns. Sie verkörpert genau die Erfolgreiche in unserer Gesellschaft, die wir so bewundern. Gelassen, geschäftstüchtig, selbstbewusst strahlt sie Können, Selbstvertrauen, Widerstandsfähigkeit und freudige Risikobereitschaft aus.

»Es war unsere gemeinsam verbrachte Zeit«, fuhr sie fort, »zwei Menschen, die gern zusammen waren und die Interesse aneinander hatten. Es war keine Eltern-Kind-Geschichte mit all dem Ballast, der damit einhergeht.

Inzwischen bin ich vierzig Jahre alt, aber wenn ich nach Hause fahre, um meine Eltern zu besuchen, gehen mein Vater und ich am Samstagmorgen immer noch zur Müllkippe«, berichtet sie mit leuchtenden Augen. »Es ist so was wie ein Ritual geworden. Das ist der Moment, in dem ich das werde, was ich bin. Nicht nur als seine Tochter oder irgendein Anhängsel. Ich kann ich selber sein, und er respektiert das.«

Wenn ich jetzt schreibe, fühle ich eine große Sehnsucht nach meinem eigenen Vater, der starb, als ich dreißig war. Der Mann, den ich Vater nenne, war nicht mein leiblicher Vater – der starb nämlich, als ich erst acht Monate alt war –, sondern meinen Stiefvater, den meine Mutter heiratete, als ich zweieinhalb war. Da er der einzige Vater war, den ich kenne, erscheint es mir falsch, ihn Stiefvater zu nennen. Was mich betrifft, so verdient er die Bezeichnung Vater, da er bereit war, all die Mühen, Probleme, Schmerzen und den Kampf des täglichen Elternseins auf sich zu nehmen. Ich liebte ihn und ich vermisse ihn.

Ich erwähne das, um zu betonen, dass die Biologie eine Sache ist und Elternsein eine andere. Bei den heutigen komplizierten Elternschaftsbeziehungen mit geschiedenen Familien, Stieffamilien und Fortsetzungsfamilien kann es für manche Mütter eine komplizierte Geschichte werden zu entscheiden, wer der Vater ihrer Tochter ist. Ich werde es Ihnen überlassen zu entscheiden, wer sich als Vater für Ihre Tochter eignet. Nach meiner Auffassung kann jeder Mann, der regelmäßig Kontakt zu Ihrer Tochter hat, ob das der echte Vater, der Stiefvater, der Großvater, ein Onkel oder sogar ein männlicher Lehrer oder gar ein Nachbar ist, die Funktion eines Vaters übernehmen.

Ich sage dies alles, um Ihnen die Bedeutung eines Vaters für Ihre Tochter deutlich zu machen. Sie wissen es, weil Sie Tochter sind und das Gefühl kennen, das ein Vater bei einer Tochter hervorruft. Ich weiß es, weil ich ebenfalls Tochter bin. Aber weiß es der Vater Ihrer Tochter? Das ist die Schlüsselfrage. Wenn er es weiß, dann ist er wahrscheinlich bereits aktiv beteiligt, und das ist gut so. Und außerdem wird Ihre Arbeit als Mentorin leichter vonstatten gehen. Wenn er nicht aktiv mit seiner Tochter arbeitet, dann müssen Sie ein bisschen nachhelfen und Teamaufbau betreiben.

Machen Sie ihm zuallererst seine Bedeutung für das Leben Ihrer Tochter klar. Dies wird ein motivierender Faktor sein. Nutzen Sie dies aus. Machen Sie ihm klar, dass er, wenn er möchte, dass seine Tochter ebenso respektvoll von ihm redet wie die Vorstandsvorsitzende von vorhin, er sich noch heute aktiv beteiligen muss.

Ich wähle die Worte »aktiv beteiligen« sehr bewusst, denn einige Väter, die in dem alten, längst überholten Rollenmuster des Versorgers und Beschützers verhaftet geblieben sind, schaffen es nicht, sich mit ihren Töchtern aktiv zu beschäftigen. Einige von ihnen beschäftigen sich sehr viel mit ihren Söhnen, sie gehen mit ihnen campen, bergsteigen, Fahrrad fahren, angeln, jagen; sie basteln mit ihnen an Autos herum, besuchen Sportveranstaltungen und reparieren Dinge im Haus. Viele dieser Väter, die übrigens ihre kleinen Mädchen wirklich lieben, verbringen mit ihnen viel weniger Zeit als mit ihren Söhnen. Die Gründe dafür sind zahlreich, und im Laufe der Jahre habe ich jeden einzelnen von den Vätern in meinen Workshops gehört. Der Hauptgrund für ihr Zögern ist in der Regel Unwissen. Obwohl es viele Abwandlungen gibt, scheint das Thema immer das Gleiche: weil sie als Männer groß geworden sind, wissen sie anscheinend nicht, was sie mit ihren Töchtern machen sollen. Sie können mit ihren Söhnen umgehen, weil sie selber Söhne waren. Mit ihren Töchtern fühlen sie sich unsicher. Ein armer Vater, der mir in Erinnerung blieb, sagte doch tatsächlich einmal: »Ich dachte immer, ich könnte mit ihr nur einkaufen gehen.«

Bei einigen Vätern kommt natürlich auch eine Vorliebe für Jungen zum Tragen. Ein Vater beichtete mir einmal die folgende Geschichte.

»Als mein zweites Kind geboren wurde, noch ein Mädchen, war mein erster Gedanke, ich müsse es noch einmal probieren, um einen Jungen zu bekommen. Dann dachte ich, jetzt warte aber mal. Was ist denn mit meinen Mädchen nicht in Ordnung? Sie sind doch nicht schlecht, nur weil sie keine Buben sind. In der darauf folgenden Woche ging ich zum Arzt und habe mir die Samenleiter durchtrennen lassen.«

Als Antwort auf meine hochgezogenen Augenbrauen wiederholte er seine Behauptung: »Das ist wahr!«

Indem Sie dem Vater helfen, zu seiner Tochter eine Beziehung aufzubauen, sind Sie seine Mentorin. Dies ist eine wichtige Rolle. Es hilft nicht nur dem Vater, sondern es hilft auch Ihrer Tochter. Sie können daran mitwirken, die beiden zusammenzubringen.

Vermitteln Sie ihm die Perspektive einer Tochter: Ihre eigene!

Der effektivste Weg, ihm klarzumachen, wie wichtig er im Leben Ihrer Tochter ist, ist der, dass Sie ihm von Ihrer Beziehung zu Ihrem Vater erzählen. Es wird ihn beeindrucken, ganz gleich, wie gut oder schlecht diese Beziehung war. Sie vermitteln dabei Glaubwürdigkeit und Autorität als Tochter – etwas, was er niemals haben wird. So sind Sie eine wertvolle Mentorin für ihn, eine Quelle der Information und Inspiration.

Wie die Frau, die vom samstäglichen Spaziergang mit ihrem Vater zur Müllkippe erzählte, werden auch Sie aus unmittelbarer Erfahrung sprechen. Ihre Erzählungen über das, was Papa richtig gemacht hat und was nicht, werden eine Herausforderung sein. Wenn Sie Ihre Geschichten hin und wieder mit Forschungsergebnissen auflockern oder mit Expertenmeinungen erhärten wollen, tun Sie das, aber sie werden Ihre persönliche Erfahrung als Tochter eines Vaters nicht aufwiegen.

»Meine Frau erzählte mir eine wunderbare Geschichte über ihren Vater«, berichtete ein Vater mit feuchten Augen. »Als sie ein kleines Mädchen von vier, fünf Jahren war, gingen sie und ihr Vater im Sommer jeden Sonntagabend, kurz bevor Walt Disney im Fernsehen kam, die Straße hinunter zu einem Milchladen, um Schokoladeneisbonbons zu kaufen. Sie haben sie immer mit nach Hause genommen, aber bis sie zu Hause waren, waren sie natürlich geschmolzen und weich. Trotzdem setzten sie sich an den Terrassentisch unter eine Trauerweide und aßen die Bonbons zusammen auf.

Manchmal durfte sie ihn füttern, und sie erinnerte sich, dass er manchmal voller Schokolade war, genau wie sie. Dann sind sie hineingegangen, haben sich gewaschen und das Fernsehen eingeschaltet. Sie setzte sich auf seinen Schoß, und so haben sie gemeinsam Walt Disney angeschaut. Dies wurde zu ihrem Bonbon-Ritual.

Als sie mir diese Geschichte erzählte, füllten sich ihre Augen mit Tränen der Liebe für ihren Vater«, fuhr er fort. »Es war eine ganz einfache Geschichte, aber meine Frau denkt immer noch mit so viel Stolz daran, dass sie manchmal vor lauter Rührung weinen muss. Als sie mir das erzählte, wurde mir klar, dass ich es gern hätte, wenn mich meine Tochter auch so in Erinnerung behält.

Wenn ich mich nicht bemühe und mehr Zeit mit ihr verbringe, wird sie keine Geschichten zu erzählen haben. Erst da habe ich begriffen, wie wertvoll und wie kurz diese Jahre der Kindheit meiner Tochter sind. Ich weiß jetzt, wenn ich mich nicht spute, wird es für gute Erinnerungen zu spät sein.«

Wenn Ihr eigenes Leben mit Ihrem Vater ein negatives Erlebnis für Sie war, werden Sie einen reichen Schatz an Erfahrung anzubieten haben bezüglich der Dinge, die man nicht tun sollte. Sie werden die Folgen bestimmter negativer Erziehungsstile von Vätern aufzeigen können. Ihre Haltung und die Beurteilung der Unzulänglichkeiten Ihres Vaters und sein Erziehungsstil werden eine Lektion sein. Der Vater Ihrer Tochter wird nicht in einem negativen Licht dastehen wollen, wenn sie erwachsen ist, und Sie werden ihn ständig daran erinnern, dass kleine Mädchen irgendwann erwachsen werden. Viele erwachsene Frauen geben harte Urteile über strenge und herrschsüchtige, autoritäre und emotional zurückgezogene Väter ab. Schlimmstenfalls haben viele Töchter überhaupt keine Beziehung zu ihren Vätern, die sie misshandelt haben, sowohl verbal als auch emotional.

Wenn die Beziehung zu Ihrem Vater jedoch eine positive war, kann sie als Vorbild für die Beziehung zwischen Ihrer Tochter und ihrem Vater dienen, der seine Rolle als fürsorglicher männlicher Erwachsener und liebevoller Ratgeber sieht. Sie können ihn darauf hinweisen, wie wichtig die Zeit ist, die er mit Ihrer Tochter verbringt, genauso wie seine Gesten der Zuneigung, indem Sie ihn daran erinnern, dass es nicht nur um den Augenblick geht, sondern ganz besonders um die Zukunft. Natürlich wird die Liebe seines kleinen Mädchens der Hauptanziehungspunkt und der am meisten motivierende Faktor für ihn sein, aber Ihre Beteiligung als Mentorin und erwachsene Tochter wird ihm die Konsequenzen seines Tuns – oder Nichtstuns – verstehen helfen.

Zögern Sie deshalb nicht, Ihre guten oder schlechten Erinnerungen mitzuteilen. Sie können den weisen Rat, den er braucht, durch Geschichten, die von Herzen kommen, geben – Geschichten, die auch das Band zwischen Ehemann und Ehefrau festigen können. Eine Frau erzählte einmal: »Nachdem ich meinem Mann einige Male erzählt hatte, wie sehr die Kritik meines Vaters meine Gefühle als kleines Mädchen verletzt hatte, stellte ich fest, dass er nicht nur aufhörte, meine Tochter zu kritisieren, sondern sogar aufhörte, mich zu kritisieren! Das war ein zusätzlicher Gewinn, den ich nicht erwartet hatte.«

Sollte der Vater Ihrer Tochter unbewusst, emotional abwesend oder sehr beschäftigt sein, kann das Sprechen mit anderen Vätern sein Interesse erwecken. Wenn er die Geschichten hören könnte, die ich in den Workshops höre, meistens erzählt von Männern mittleren Alters, geschieden und wieder verheiratet, Männer, die jetzt mit der zweiten Familie zu Gange sind, würde er vielleicht seine Haltung ändern.

»Ich bin hier, um es jetzt beim zweiten Mal, richtig zu machen«, sagte ein Vater Ende vierzig, und er drückte aus, was inzwischen ein gesellschaftlicher Standard geworden ist. »In meiner ersten Familie«, fuhr er fort, »war ich als Senkrechtstarter im Beruf so beschäftigt, dass ich gar nicht mitbekommen habe, wie meine Kinder großgeworden sind. Heute sprechen sie kaum noch mit mir.«

Später sagte er mir unter vier Augen: »Meine Kinder sind nicht bösartig. Aber da ich nie Teil ihres Lebens war, vermissen sie mich jetzt auch nicht. Sie denken nicht an mich. Das tut weh. Diesmal möchte ich es besser machen. Ich möchte eines Tages vermisst werden.«

Ein anderer Trick ist das Einbeziehen der Hilfe seines Vaters, also Ihres Schwiegervaters. Ein junger Vater in einem Workshop hob zögernd die Hand und sagte leise: »Mein eigener Vater nahm mich eines Tages beiseite und sagte: ›Ich glaube, du verbringst nicht genug Zeit mit Tiffany. Eines Tages wirst du's bereuen. Ich weiß, dass du für deine Familie sorgen musst, aber glaub mir, ich weiß, wovon ich spreche – die Kindheit ist kurz. Sei nicht dumm. Die Zeit kehrt nie wieder zurück.‹«

Wenn Ihr Schwiegervater aus welchem Grund auch immer kein potenzieller Verbündeter ist, sehen Sie sich um. Vielleicht ist Ihr Vater, ein Nachbar oder ein anderer guter (männlicher) Freund des Vaters Ihrer Tochter, der auch Vater ist und den er respektiert, ein möglicher Verbündeter. Manchmal kann ein Mann leichter den Rat eines anderen Mannes annehmen als den der Frau, die er liebt und deren Kommentare er möglicherweise als Kritik auslegt.

Die Doppelrolle des Vaters

Der Einfluss eines Vaters auf seine Tochter entspringt seiner Doppelrolle. Erstens lehren Väter positive Risikobereitschaft und erfolgsorientiertes Verhalten. Untersuchungen haben gezeigt, dass Väter folgende Schwerpunkte bei der Erziehung betonen: 1. wie man hart, aber fair untereinander konkurrieren kann, 2. wie man mit Niederlagen und Frustration umgeht, und 3. wie man Macht und Aggression handhabt.[23] Teil der Rolle des Vaters ist also, der Tochter die gleichen Dinge beizubringen wie dem Sohn – die Fertigkeiten des erfolgsorientierten Verhaltens, also positive Risikobereitschaft und Widerstandsfähigkeit. Dazu muss er ihr noch ganz spezifische Dinge beibringen, wie man beispielsweise das Motoröl im Auto wechselt, eine neue Platine in den Computer einbaut, einen Kompass liest, einen Softball wirft, eine Spüle in der Küche ausbaut, ein Seil hochklettert, im Internet surft, ein Computerprogramm herunterlädt. (Selbstverständlich können auch Mütter dies lehren.)

Die zweite Rolle des Vaters ist zwar nicht so offenkundig, aber trotzdem gleich bedeutsam. Außerdem kann sie von Müttern, auch wenn sie wollten, unmöglich ausgeführt werden. Die zweite Rolle des Vaters beinhaltet die freiwillige männliche Anerkennung, sowohl ihrer Weiblichkeit als auch ihrer Person. Dies erfordert ein gewisses Maß an Bewusstheit und Feingespür auf seiner Seite, denn etwas gutheißen ist mehr als nur loben.

Zeit spielt dabei eine entscheidende Rolle. Er muss viel Zeit mit ihr verbringen, denn Kinder merken ziemlich früh, dass dies das wertvollste Gut ist, das Eltern haben. Ein Vater, der bereit ist, mit seiner Tochter Zeit zu verbringen, sendet die klare Botschaft aus, dass er sie schätzt, sie mag, gerne mit ihr zusammen ist und ihre Gesellschaft angenehm findet. Das allein ist ein Ausdruck bedingungsloser Liebe, eine Fremdbewertung, dass sie die Zeit wert ist.

In der Zeit, in der er mit ihr zusammen ist, hat der Vater Gelegenheit zu zeigen, was ein fürsorglicher erwachsener Mann sein kann. Seine Tochter kann diese Art männlichen Verhaltens kennen lernen, sich in seiner Aufmerksamkeit sonnen und die Vorteile genießen. Auf diese Weise wird sie erkennen, dass auch sie einen fürsorglichen Mann als Lebenspartner wählen kann, und wahrscheinlich wird sie nach diesen Eigenschaften in einem zukünftigen Partner suchen. Sie sehen und hoffentlich auch der Vater Ihrer Tochter, dass dies eine ernste Angelegenheit ist. Er wird das Maß dafür sein, wie Männer sein müssen, und mehr noch, wie insbesondere Ehemänner sein müssen. Wenn sie Zeit mit einem liebevollen und besorgten Vater verbringt, ist sie weniger gefährdet, sich in persönliche Beziehungen mit Männern zu verstricken, die misshandeln und emotional distanziert sind.

Eine der in meinen Workshops am häufigsten gestellten Fragen ist: »Wie kann ich meinen Mann dazu bringen, mehr Zeit mit meiner Tochter zu verbringen?« Ich rate den Fragenden, ihren Töchtern beizubringen, um das, was sie brauchen, ernsthaft zu bitten und genauso um die Aufmerksamkeit des Vaters. Anstatt mit saurer Miene herumzuhängen und darauf zu warten, dass ihr Vater ihr Aufmerksamkeit schenkt, helfen sie ihr zu erkennen, was sie braucht und unterstützen sie sie, darum zu bitten. Die Bitte wird alle Mal eine wesentlich größere Wirkung haben, wenn sie von ihr kommt als von Ihnen. Ein Vater kann doch einem kleinen Mädchen nicht widerstehen, wenn es fragt: »Papa, kann ich mit dir zum Angeln gehen?« oder »Papa, wollen wir zusammen Rad fahren« oder ihn bittet, einen Spaziergang im Park zu machen, Basketballspiel zu spielen oder sagt »Papa, ich möchte schreinern lernen« oder ihm vorschlägt, eine Homepage zu gestalten, einen Kompass zu studieren oder Schach zu spielen. Das Wichtigste aber ist, dass sie lernt zu sagen: »Ich möchte einfach mit dir zusammen sein, ich mag dich.«

Welcher Vater kann einer solchen Aussage widerstehen? Er müsste schon sehr hartherzig sein, und ich kann mir tatsächlich keinen Vater vorstellen, der hier ablehnen würde. Vielleicht aber vertröstet er sie mit Bemerkungen wie »Später vielleicht« oder »Ich möchte auch gerne mit dir zusammen sein, Liebling, aber nicht jetzt. Ich habe zu tun.« Vielleicht ist er in diesem Moment auch anderweitig eingebunden und bemerkt nicht, wie wichtig es für sie ist, oder er ist zu beschäftigt, um ihrer Bitte zu entsprechen.

Das ist kein Problem. Hier bedeutet Mentorin für sie zu sein, ihr die Fertigkeit des erfolgsorientierten Verhaltens der Standhaftigkeit beizubringen. Geben Sie ihr den Rat zu fragen: »Okay, wann dann? Lass uns einen Termin machen.« Als Mentorinnen in der Frage, wie sich Mädchen Männern gegenüber verhalten sollen, müssen wir ihnen frühzeitig beibringen, dass herumsitzen und darauf warten, dass Männer bemerken, dass frau traurig oder allein ist, sehr häufig ein

Rezept für Frustration ist. Ihr beizubringen, wie sie um das, was sie möchte, bittet, wird ihr viel Schmerz und Frustration in der Zukunft ersparen.

Natürlich kann es auch sein, dass Ihre Tochter zu jung ist, um ihren Vater um etwas zu bitten. Kleine Mädchen sind so charmant und lieb mit ihren Vätern, dass sie sie in der Regel um den kleinen Finger wickeln. Gewöhnlich fängt es erst später an, dass Väter nichts mehr mit ihren Töchtern anzufangen wissen. Wenn das der Fall sein sollte, dann ist es für Sie an der Zeit, es ihnen bewusst zu machen.

Wir werden später noch mehr von Vätern und ihrem Einfluss auf Töchter erfahren, aber für den Augenblick ist Ihre Aufgabe als seine Mentorin, ihm seine einmalige und wichtige Stellung im Leben Ihrer Tochter klarzumachen. Lassen Sie ihn wissen, dass, obwohl seine Doppelrolle schwierig ist, er sich dennoch entspannen und seine Tochter als Kind genießen kann. Er muss nicht immer lehren, beschützen, führen, dirigieren und beherrschen. Er muss nicht alle Fragen beantworten. In Wirklichkeit ist das Wichtigste einfach zusammen zu sein, Spaß miteinander zu haben, Blödsinn miteinander zu machen, zu trödeln, sich Schokolade ins Gesicht zu schmieren, Zeit zu vertun. Mehr muss nicht gesagt werden. Am Samstag miteinander auf die Müllkippe zu gehen und miteinander Eiskonfekt zu essen, sagt alles.

Eine letzte Bemerkung über Väter

Meine langjährige Zusammenarbeit mit Vätern hat mich gelehrt, dass die große Mehrheit ihre kleinen Mädchen sehr lieben und als wunderbare Väter in deren Erinnerung eingehen wollen. Wenn der Papa in Ihrem Haushalt scheinbar nicht weiß, wie er einen Draht zu seiner Tochter aufbaut, dann nutzen Sie Ihre einmalige Stellung als seine Mentorin, um ihm seine Bedeutung im Leben seiner kleinen Tochter klarzumachen. Er und Ihre Tochter werden es Ihnen bis an ihr Lebensende danken.

Teil III
Altersspezifische Strategien für die Entwicklung von Erfolgsorientiertheit und Selbstachtung

Kapitel 6
Aber ich hab mich so weibisch benommen
Sechs Strategien zur Bekämpfung von Klischees

> Ich möchte Krankenschwester werden,
> aber wenn ich ein Junge wäre, würde ich
> Architekt werden.
>
> *Aussage einer Viertklässlerin,*
> *zitiert in einer Forschungsstudie*

Schon in der frühen Kindheit fangen wir an, die Geschlechterrollen der Gesellschaft, in die wir hineingeboren werden, zu absorbieren. Im Alter von drei Jahren wissen Kinder bereits, ob sie männlich oder weiblich sind, und sie können bereits Verhaltensmuster identifizieren, die dem jeweiligen Geschlecht zugeordnet werden.[1] Bis Kinder in ihre Rolle in der Gesellschaft hineinwachsen, vergeht viel Zeit. Wie wir bereits gesehen haben, fällt uns das Verständnis dafür leichter, wenn wir das Ganze mit der Wirkung einer Zahnspange auf die Zahnstellung vergleichen. Es würde niemandem einfallen, die Zähne eines Kindes mit dem Hammer in die richtige Stellung zu bringen. Es muss vielmehr ein sanfter und ständiger Druck auf die Zähne ausgeübt werden, bis die Zähne in der gewünschten Stellung sind. So ähnlich wirken die Kräfte der Gesellschaft und deren Botschaften auf die Mitglieder einer Gesellschaft.

Blättern Sie noch einmal zurück zu Kapitel 1 zu den Listen mit den männlichen und weiblichen Eigenschaften. Sie werden feststellen, dass viele der so genannten weiblichen Eigenschaften entweder eine Spur von Hilflosigkeit enthalten oder der Bildung von erfolgsorientiertem Verhalten abträglich sind. Deshalb muss dafür gesorgt werden, dass sich die negativen Auswirkungen weiblicher Identifikation nicht als Instrument für den Fortbestand erlernter Hilflosigkeit bei Ihrer Tochter erweisen.

Glücklicherweise leben wir in einer Zeit sich verändernder Geschlechterrollen. Es besteht die Chance, frischen Wind in verstaubte Vorstellungen zu bringen. Als Mutter, die sich für ihre Tochter eine widerstandsfähige Einstellung und das entsprechende Verhalten wünscht, müssen Sie in der Lage sein, die vielen direkten und indirekten geschlechtsspezifischen Signale, die Ihre Tochter erhält, zu erkennen. Sie müssen sich auch darüber bewusst sein, dass die Botschaften, die Sie als Kind erhalten haben, sowohl Ihren Erziehungsstil beeinflussen als auch die nonverbalen Botschaften, die Sie aussenden.

Babyalter

Lassen Sie uns gleich zu Anfang und ein für alle Mal das Ammenmärchen über Bord werfen, dass weibliche Säuglinge schwächer seien als männliche. Die Wahrheit ist, dass neugeborene Mädchen kräftiger, gesünder und vollständiger entwickelt sind als neugeborene Jungen. Trotz eines kürzeren Reifeprozesses kann man sagen, dass Mädchen bei der Geburt

– ein besser entwickeltes Skelett und Zentralnervensystem haben
– eine niedrigere Säuglingssterblichkeitsrate aufweisen
– weniger Geburtsfehler als Jungen haben
– seltener von Fehlgeburt und Totgeburt betroffen sind
– im Brutkasten besser gedeihen und diesen eher verlassen
– seltener geschlechtsspezifische Krankheiten wie Bluterkrankheit und Farbenblindheit aufweisen.

Viele Fachleute sind der Ansicht, dass Frauen in Wirklichkeit genetische Vorteile haben (darf ich es wagen zu sagen Überlegenheit?), weil sie bei der Zeugung zwei X-Chromosomen erhalten. Dies ist von entscheidender Bedeutung, denn das X-Chromosom ist länger als das Y-Chromosom und transportiert mehr Gene. Auch geschlechtsspezifische Krankheiten werden mittels des X-Chromosoms transportiert. Weist nun ein X-Chromosom eine Anomalie auf, hat der weibliche Fötus ein zweites Partner-Chromosom, um die Abweichung zu korrigieren oder gar auszugleichen. Der männliche Teil der Bevölkerung hat durch den anderen Chromosomensatz weniger Möglichkeiten, eine genetische Schädigung zu korrigieren.

Ungeachtet dieser Tatsachen behandeln viele Eltern ihre Mädchen auch heute noch so, als seien sie zerbrechlicher und benötigten mehr

Schutz als Jungen. Diese Botschaften werden von Geburt an vermittelt. So werden Jungen öfter hochgehoben und in die Luft geworfen – was jedoch für beide Geschlechter ungünstig ist, denn durch zu wildes Spiel kann eine Gehirnschädigung auftreten – während man Mädchen an sich drückt oder schaukelt.[2] Sind Jungs älter, toben und rennen Väter mit ihnen herum, oder sie turnen mit ihnen auf Spielplatzgeräten, während sie ihre Töchter nur in den Arm nehmen. Mütter verändern ihr Verhalten gegenüber Söhnen und Töchtern zwar nur geringfügig, sie neigen allerdings dazu, Vätern gegenüber toleranter zu sein, wenn diese aktiv und ausgelassen mit ihren Söhnen spielen, als wenn sie dies mit ihren Töchtern tun. Die Haltung, die dieses Verhaltensmuster widerspiegelt, beruht auf einem Irrtum.

Außer der wichtigen Warnung, Babys nicht zu schütteln (schütteln Sie ein Kleinkind schon gar nicht im Zorn, denn dies kann zum Tod führen), gibt es keinen Grund, mit Mädchen zimperlicher umzugehen als mit Jungen. Und natürlich mögen es Jungen genauso sehr wie Mädchen, wenn man sie auf den Arm nimmt und liebkost.

Des Weiteren hat Ihre Tochter ab dem Augenblick, wo sie zu krabbeln anfängt, das Ziel, die Welt zu sehen, sie zu erkunden und Erfahrungen zu sammeln. Die Tatsache, dass Kinder beiden Geschlechts von frühester Kindheit an eine unstillbare Neugierde an den Tag legen und den Wunsch haben, ihre Umwelt zu entdecken, erzeugt bei Eltern große Angst. Leider sagen Eltern – in der besten Absicht, ein Kind vor Unfällen zu bewahren – immer wieder schreckliche Dinge: »Sei vorsichtig, sonst wirst du noch überfahren« oder »Du wirst verloren gehen, die Treppe hinunterfallen, dir ins Auge stechen, dich schneiden, dir den Fuß brechen, dich verbrennen, ertrinken, entführt werden«. Und natürlich stimmt das – all diese schrecklichen Dinge passieren tatsächlich.

Aber stellen Sie sich vor, wir würden das zu einem Erwachsenen sagen. Angenommen, Ihr Mann geht morgens zur Arbeit, Sie geben ihm einen Abschiedskuss und warnen ihn, weil sie ihn vor Unheil bewahren wollen, mit den Worten: »Ciao, mein Schatz. Sei vorsichtig, sonst baust du noch einen Unfall – oder verlierst deinen Arbeitsplatz, kommst unter die Räder, wirst als Geisel genommen, erleidest einen Herzanfall oder wirst Opfer eines Terroranschlags. Und hab noch einen schönen Tag.«

1. Strategie: Erlauben Sie Ihrer Tochter, die Welt zu erforschen

Wenn Ihre Tochter anfängt zu krabbeln, zu laufen und das nötige Risiko eingeht, um ihre Umwelt zu entdecken, geben Sie ihr die Freiheit, sich zu bewegen – um in ihr die Vorstellung von Unabhängigkeit und Autonomie zu fördern. Natürlich müssen Sie dafür sorgen, dass ihr kein Unglück zustößt, denn ihre Unerschrockenheit beruht auf Unwissenheit, aber bitte so unaufdringlich wie möglich. Im Moment genügt es zu sagen, dass Sie in dem Versuch, Ihre Tochter vor Unfällen zu bewahren, eine Botschaft aussenden können, die ihr letztendlich schadet.

2. Strategie: Binden Sie den Vater mit ein

Der Vater Ihrer Tochter sollte von Geburt an in die Fürsorge um das Mädchen einbezogen sein. Untersuchungen haben gezeigt, dass Mädchen, deren Väter in den ersten sechs Monaten an der Pflege und Fürsorge beteiligt sind, auf allen drei Gebieten der Entwicklung bessere Ergebnisse erzielen: auf der intellektuellen, der körperlichen und der sozialen. Außerdem fühlen sich Väter, die aktiv beteiligt sind, verantwortlicher und lieben ihre Töchter mehr und bringen das auch zum Ausdruck. Und zu guter Letzt erlauben Väter ihren Töchtern eher, die Welt zu erforschen.[3]

Es kann jedoch ein Problem geben, auf das ich Sie noch hinweisen sollte, weil es möglicherweise zu Spannungen zwischen Vater und Mutter führen kann. Manche Mütter sind eifersüchtig, wenn ihre Männer sich sehr viel mit ihren Kindern beschäftigen, und einige fühlen sogar ihr Selbstwertgefühl schwinden. Wenn das auch für Sie gilt, empfehle ich zweierlei. Machen Sie sich erstens klar, dass für die Entwicklung eines Kindes beide Elternteile von äußerster Wichtigkeit sind und dass Sie Ihrer Tochter sicherlich nicht die Liebe ihres Vaters vorenthalten wollen. Zweitens sollten Sie ihr eigenes Selbstbild unter die Lupe nehmen, um zu entscheiden, ob es ausschließlich auf Ihre Rolle als Mutter gegründet ist. Wenn ja, dann sollten Sie sich in Zukunft auch außerhalb des häuslichen Herdes betätigen und Dinge unternehmen, die absolut nichts mit Ihrer Rolle als Mutter zu tun haben. Versuchen Sie regelmäßig etwas zu tun, ohne jemandem zu sagen, dass Sie Mutter sind. Wenn sich Ihr Selbstbild dann allmählich auch auf andere Aspekte Ihrer Persönlichkeit ausdehnt, können Sie sich über das Zusammensein von Vater und Tochter ohne Eifersucht freuen.

Frühe Kindheit

Wenn Ihre Tochter im frühen Kindesalter ist, wird die Geschlechterrollenerziehung, die mit der Geburt begann, zunehmend komplexer, subtiler und intensiver. Einige Aspekte der Identifikation werden mit der Zeit immer wichtiger und als Teil ihrer gesellschaftlichen Erziehung weiterbestehen – ob wir nun mit ihnen einverstanden sind oder nicht. Diese Veränderung wird durch eine Vielzahl von Möglichkeiten erreicht, durch Spielsachen, Bücher, Sport, Medien, Großeltern, Tanten, Onkel, Geschwister, Lehrer, Gleichaltrige und, und das ist das Entscheidende, durch elterliches Lob und elterlichen Tadel.

Das ist die Zeit, in der Sie darauf achten müssen, ob Sie nicht etwa Botschaften aussenden, die jene Aspekte von Weiblichkeit verstärken, die mit erlernter Hilflosigkeit assoziiert werden: Machtlosigkeit, Unterwürfigkeit, Zerbrechlichkeit, Passivität, überhöhte Sensibilität, übertriebene Selbstaufopferung und das Bedürfnis, gerettet, beschützt und verteidigt zu werden. Mütter können diese Botschaften auf vielfältige Weise außer Kraft setzen.

Als Mutter müssen Sie sich der Signale bewusst sein, die Sie im Alltagsleben aussenden. Ich denke dabei an eine wunderbare Geschichte, die eine Mutter in einem meiner Workshops erzählte. Ihre fünf Jahre alte Tochter Courtney und ihr kleiner Freund kamen eines Morgens in die Küche; sie trugen Cowboystiefel, Cowboyhüte, Pistolenhalfter und Gewehre und schoben Courtneys kleinen Einkaufswagen vor sich her. Der Vater fragte ganz verdutzt, was sie denn spielten. »Wir sind Cowboys und gehen einkaufen!«, lautete ihre unschuldige und glückliche Antwort.

Eltern, die sich bewusst verhalten, würden entweder neutral oder positiv antworten: »Schön, viel Spaß!« oder »Kauft mir auch ein paar Sporen, wenn ihr zufällig welche seht.« Unaufgeklärte Eltern würden dagegen zur Antwort geben: »Was soll denn das? Cowboys gehen doch nicht einkaufen. Cowboys reiten auf Pferden. Cowboys sind hart!« oder »Frauen gehen einkaufen, Cowboys nicht!« oder eine von den vielen anderen Antworten, die man sich vorstellen kann und die die beiden Kinder davon abhalten würden, ihr geschlechtsneutrales Spiel fortzusetzen.

Welches Verhalten loben Sie und welches Verhalten wollen Sie nicht verstärken

Machen Sie sich bewusst, welche Verhaltensweisen Sie durch Lob verstärken und welche Sie durch Missbilligung unterbinden wollen. Denken Sie an die Mutter, die ihre Tochter nach dem Zusammenstoß mit den Inline-Skates tröstete und gleichzeitig zuließ, dass ihr Sohn aufgefordert wurde, aufzustehen und es ein zweites Mal zu versuchen. Achten Sie darauf, dass Sie nicht unabsichtlich das Bild von weiblicher Zerbrechlichkeit verstärken und es damit weiter zementieren. Handeln und sprechen Sie bewusst, damit Sie Ihrer Tochter keine Botschaften senden, die ihre Chancen eingrenzen, sie in eine unterwürfige Rolle drängen und ihr erfolgsorientiertes Verhalten untergraben.

Dazu noch ein Beispiel: »Ich habe soeben etwas festgestellt«, sagte eine Mutter, die nicht älter als achtzehn wirkte. »Wenn mein Sohn in eine Konfliktsituation gerät, ermutige ich ihn, sich durchzusetzen und sich zu behaupten. Meiner Tochter sage ich in ähnlichen Situationen, sie müsse lernen, wie man mit anderen Menschen auskommt und dass sie möglicherweise den Konflikt selber heraufbeschworen hat. Ich bestärke sie, mit anderen auszukommen.« Sie machte eine Pause. »Mir kommt es einfach unweiblich vor, sie zum Kämpfen zu ermutigen.«

Dies ist eine Ermessensfrage. Obwohl es unweiblich scheint, ein Mädchen zur Konfliktbereitschaft zu ermutigen, ist es trotzdem möglich, dass sie eines Tags doch gezwungen ist, sich durchzusetzen und sich zu verteidigen. Auch auf die Gefahr hin, als streitbar zu gelten, plädiere ich dafür, Ihre Tochter zu ermutigen, wenn nötig auch aggressiv zu sein, ja sogar zu kämpfen, aber eben nur in besonderen Situationen. Und zum Schluss möchte ich Sie bitten, dass Sie nicht vergessen, auch Ihrem Sohn beizubringen, wie man mit anderen auskommt.

Spielzeug

Kinder erfahren ihre Geschlechterrollen auch durch Spielzeug. In früher Kindheit, das heißt bis zum Alter von zwei Jahren sind Spielsachen für Jungen und Mädchen ziemlich gleich: kuschelig, warm und weich. Aber selbst in den ersten beiden Lebensjahren neigen Erwachsene dazu, geschlechtsspezifische Spielsachen zu kaufen, ebenso wie sie Jungen blau und Mädchen rosafarben anziehen.[4]

Viele Mädchen (nicht alle) zeigen eine Vorliebe für Puppen, viele Buben (nicht alle) lieben Waffen und Autos. Leider verführen diese individuellen Vorlieben manche Eltern dazu, dies als Beweis für angeborene Geschlechtsunterschiede anzusehen. Immer wieder erzählen Eltern in meinen Workshops Geschichten, die sehr viel mehr mit individuellem Temperament zu tun haben.

»Ich habe zwei Mädchen«, berichtete eine Mutter. »Das eine wetteifert und ist sehr sportlich. Als sie klein war, liebte sie ihr Plastikspielzeug über alles und balgte sich am liebsten mit den Buben. Ihre Schwester ist das krasse Gegenteil, eine kleine Prinzessin auf der Erbse. Sie macht sich nicht gerne schmutzig und zieht am liebsten Kleider an. Ich gebe zu, dass mich ihre Zimperlichkeit manchmal ganz schön nervt.«

Ein Mädchen, das eine Vorliebe für Puppen und Stofftiere zeigt, ist vollkommen in Ordnung. Mädchen schmusen gern mit Puppen und es macht ihnen Spaß, sie an- und auszuziehen, darüber hinaus sind Puppen oft auch eine Quelle des Trostes. Als ich als Erwachsene die Garage meiner Mutter aufräumte, stolperte ich über eine Kiste mit alten Puppen und Stofftieren, die irgendwann mir gehört hatten. Zu meiner großen Überraschung kamen mir die Tränen, als ich auf einen kleinen gefleckten Stoffhund stieß, den ich oft als Kissen benutzt hatte, wenn ich traurig war und weinen musste. Ich muss etwa drei oder vier gewesen sein. Es war meine Art, mich zu trösten, wenn meine Eltern mit mir böse waren oder Streit miteinander hatten. Der Hund hatte noch Tränenflecken auf dem Fell. Ich war wirklich gerührt. Wenn Ihre Tochter Puppen liebt, gibt es daran nichts auszusetzen. Die Fürsorge im Umgang mit Puppen und Stofftieren ist eine wichtige Erfahrung für Mädchen, aber genauso für Jungen.

Da jedes Spielzeug eine lehrende Funktion hat, ist es wichtig, dass ein Mädchen die Möglichkeit hat und darin bestärkt wird, mit möglichst vielen Arten von Spielsachen zu spielen. Das Wichtigste für diese Altersgruppe ist deshalb, die Auswahl der Spielsachen nicht auf Puppen, Küchenutensilien und Kleider zu beschränken, nach einer Studie die beliebtesten Spielzeuggeschenke für Mädchen. Es steht eine Vielzahl von Spielen zur Verfügung, die bei der Förderung von erfolgsorientiertem Verhalten hilfreich sind. Ich plädiere für Spielsachen, die kognitive Fähigkeiten und Fertigkeiten unterstützen im Gegensatz zu Spielsachen wie Gewehre, die kein erfolgsorientiertes Verhalten aufbauen. Meine Empfehlung sind Puzzles, Labyrinthe, Bücher, Bauklötze und Bastelmaterial. Empfehlenswert für Ihre kleine Tochter ist auch ein Spielzeug-Mikroskop oder -Teleskop, ein Spiel-Computer, Kinderwerkzeug oder ein erster Baukasten.

Was machen wir mit Barbie?

Barbie ist mehr als nur eine Puppe: sie ist die Ikone moderner Weiblichkeit, ein Heiligenbild der wild gewordenen Phantasie der Männer, und sie untergräbt das Selbstbewusstsein vieler junger Mädchen. Über Barbie müssten wir eigentlich eine gesonderte Diskussion führen. Mütter benötigen alle nur erdenkliche Hilfe, um ihre Töchter dabei zu unterstützen, die Folgen der Identifikation mit Barbie als dem Höchsten an Weiblichkeit zu überwinden.

Im Laufe der Jahre habe ich in meinen Workshops immer wieder erfahren, dass Barbie für viele moderne Mütter eine Quelle enormer Frustration darstellt, egal, ob sie zu den Babyboomers oder zur Null-Bock-Generation gehören. Ich übertreibe nicht, wenn ich sage, dass manche Mütter sehr beunruhigt sind, wenn ihre Töchter sich eine Barbiepuppe wünschen, weil sie glauben, dass dies der Beginn eines lebenslangen Anschlags auf das Selbstwertgefühl ihrer Töchter ist. Sie machen sich Sorgen wegen der ausschließlichen Beschäftigung mit Schönheit und der nicht zu bewerkstelligenden Aufgabe, dieses verfälschte und anormale Ideal zu erreichen, das so früh im Leben ihrer Töchter eine Rolle spielt. Dieses Schönheitsideal hat noch keinerlei Folgen für ein kleines unschuldiges Mädchen, das nur seine erste wunderschöne Barbiepuppe haben möchte.

Ich fühle mit diesen Müttern, aber wir müssen den Tatsachen ins Auge blicken. Barbie, die millionenfach verkaufte und seit vierzig Jahren heiß geliebte Puppe, wird überdauern, zumindest bis nach der feministischen Revolution. In der Zwischenzeit müssen wir den Einfluss auf unsere Töchter und ihre Macht als Symbol für weibliche Schönheit so weit wie möglich eindämmen.

Das ist leicht. Ein Teil des Problems ist unsere eigene widersprüchliche Einstellung zu Schönheit. Die meisten von uns würden, wenn sie die Möglichkeit hätten, aussehen wollen wie Claudia Schiffer oder Cindy Crawford. Es ist also nicht so, dass wir nicht gerne wie Barbie aussehen möchten; wir wehren uns nur gegen den Druck, so schön aussehen zu müssen.

Eine bewährte Strategie ist deshalb, die eigenen Einstellungen zum Aussehen einer Prüfung zu unterziehen, um sich der nonverbalen Botschaften, die Sie möglicherweise aussenden, bewusst zu werden. Obwohl viele erwachsene Frauen behaupten, sie lehnten all das ab, wofür Barbie steht, muss *irgendjemand* ja die teuren Haar- und Hautpflegeprodukte kaufen, kostspieligen Fitnessstudios beitreten, sich Schönheitsoperationen unterziehen, Gymnastik machen und Diät halten. Schließlich existiert eine millionenschwere Branche, um bei der Umsetzung des Schönheitsideals von – Sie haben es erraten – Barbie behilflich zu sein.

Ich höre förmlich die Ausrufe der Empörung als Antwort auf diese Feststellung:

Ich treibe Gymnastik, weil ich gesund bleiben will und nicht, weil ich wie Barbie aussehen will.

Wie können Sie es wagen zu behaupten, ich wolle wie eine Barbiepuppe aussehen? Ich bin eine berufstätige Frau.

Ich hasse Barbiepuppen und die damit verbundene Eitelkeit.

Obwohl ich gerne zugebe, dass moderne Frauen den Druck, gut auszusehen, hassen, ist dieser Druck doch so groß, dass sie sich ihm letztendlich unterwerfen. Oft jagen sie diesem Ideal – wenn nicht für sich, dann für ihre Töchter nach. (Mehr über die Signale, die wir bezüglich des Äußeren an unsere Töchter senden, in den Kapiteln 10 und 11.) Frauen werden durch die Medien angehalten, dünn, fit und jung auszusehen, große Brüste und lange Beine zu haben, um attraktiv auf Männer zu wirken. Bis zu einem gewissen Punkt geben wir diese Beschäftigung mit Schönheit an unsere Töchter weiter, die uns dabei erleben, wie wir Diät halten, poformende Schlüpfer (ein neuer Name für ein altes Produkt – den Hüfthalter – und ein Verkaufstrick, der nicht von schlechten Eltern ist) tragen, Wonderbras kaufen, uns trotz

Warnungen Brustimplantate einsetzen lassen und uns Schönheitsoperationen unterziehen, um die Auswirkungen des Alters zu verringern.

Eine gute Anfangsstrategie ist, den eigenen Überzeugungen und dem eigenen Verhalten gegenüber Weiblichkeit, Aussehen, Gewicht und Schönheit auf den Grund zu gehen. Müssen Sie täglich darum kämpfen? Hängt Ihr Selbstbewusstsein von Ihrem Gewicht und Ihrem Aussehen ab? Ist Ihre Selbstachtung abhängig vom Grad männlicher Aufmerksamkeit? Hungern Sie manchmal?

Machen Sie sich klar, dass ganz früh in diesem Spiel, wahrscheinlich bevor Sie es vermuten und ohne dass Sie es wissen, Ihr kleines Mädchen von Barbie weiß.

»Als meine Tochter kaum zweieinhalb war, war ich mit ihr einkaufen«, erzählte eine Mutter, Vorsitzende einer nationalen Stiftung. »Wir gingen an einem Schaufenster vorbei, in dem mehrere Barbies ausgestellt waren, und meine Tochter rief: ›Barbie! Barbie!‹ Ich hatte keine Ahnung, dass sie Barbie überhaupt kennt.«

Die Mutter fuhr fort: »Inzwischen ist meine Tochter fünf, und natürlich will sie noch immer eine Barbie, und natürlich weigere ich mich nach wie vor, ihr eine zu kaufen. Ich weiß, dass es unumgänglich ist, aber jemand anderes wird sie für meine Tochter kaufen müssen. Ich weigere mich.«

Genauso gut könnten jedoch Sie ihr die Barbie kaufen. Das wäre kein Weltuntergang. Oftmals ist es ohnehin nur eine Frage der Zeit, bis sie Sie überredet hat. Außerdem wird sie zu den Nachbarskindern gehen und mit deren Barbiepuppen spielen. Wenn die Mehrzahl der anderen Mädchen Barbies hat, werden sich Ihre Ideale in Nichts auflösen, auch wenn sie noch so begründet sind und Sie die Selbstachtung Ihrer Tochter im Auge haben. Ihre Tochter wird sich einfach benachteiligt fühlen. Und wenn Sie Barbie verbieten, steigern Sie möglicherweise noch ihre Anziehungskraft. Wenn Sie Barbie aber bei sich zu Hause haben, können Sie mehr Gelegenheiten schaffen, Ihren Standpunkt zu vertreten und subtile Therapiearbeit am Selbstbewusstsein Ihrer Tochter leisten.

3. Strategie: Spielen Sie mit Ihrer Tochter Barbie

Fangen Sie in früher Kindheit an, die zukünftigen Auswirkungen von Barbie auf Ihre Tochter abzuschwächen. Machen Sie sich lustig über die lächerlichsten Aspekte der Barbie-Weiblichkeit. Machen Sie eine Liste mit all den Dingen, die man mit hohen Absätzen nicht machen kann. Zeigen Sie beispielsweise auf Barbies Füße und sagen Sie: »Schau mal, arme Barbie! Ihre Füße sind verkrüppelt! Wäre es nicht schlimm, wenn du Füße hättest, die nur in Schuhe mit hohen Absätzen passen? Du könntest so viele Dinge nicht machen. Du könntest nicht Ski fahren, nicht snowboarden, nicht Fahrrad fahren und nicht surfen. Du könntest auch nicht reiten und nicht schwimmen. Du könntest keine Sandalen, keine Bergstiefel, keine Ballettschuhe und keine Inline-Skates anziehen.« Machen Sie Ihrer Tochter klar, dass Barbies Garderobe zwar von beachtlichem Reichtum zeugt, Barbie aber kein Einkommen hat. Listen Sie mit Ihrer Tochter all die Berufe auf, die Barbie ausüben müsste, um sich solch einen luxuriösen Lebensstil leisten zu können.

Das Wichtigste dabei ist, im Auge zu behalten, dass für Jungen erfundene Puppen immer Actionhelden sind, also eine Persönlichkeit haben, mit der man sich identifizieren kann. Mädchen brauchen diese Identifikationsmodelle genauso, zusätzlich zu ihren kuscheligen Babypuppen, die sie hegen und pflegen können. Tatsache ist, dass wenn Mädchen mit Puppen spielen, sie entweder die Rolle der Mutti oder die eines Sexobjektes einnehmen. Sorgen Sie deshalb dafür, dass Sie Barbie in Szenen setzen, die Aktivität und Entscheidungsfreudigkeit von ihr verlangen, dass sie also nicht in passiven und schmückenden Rollen agiert, in denen sie nichts tun muss, außer schön zu sein. Lukrative, aber passive Rollen wie beispielsweise als Model zu arbeiten, ein Filmstar zu sein oder hinter einem Schreibtisch zu sitzen (es gibt bereits Outfits für Barbie, die zeigen, dass es auch für Barbie möglich ist, als Führungskraft zu arbeiten), sind nicht genug aktivitätsorientiert, um Barbies Rolle als Schönheitsobjekt zu überwinden.

Barbie, die Actionheldin

Verwandeln Sie Barbie in eine Actionheldin, indem Sie neue Aktivitäten für sie erfinden. Lassen Sie sie in neue Rollen schlüpfen, die mutiges und abenteuerliches Vorgehen erfordern und in denen sie Unannehmlichkeiten mit Selbstbehauptung, Stärke und Selbstvertrauen handhabt. Lassen Sie sie Risiken eingehen. Lassen Sie sie Männer aus misslichen Situationen befreien. Auf diese Weise können Sie die Sichtweise Ihrer Tochter von Frauen und deren Rolle in unserer Gesellschaft beeinflussen.

Anstatt Barbie in einem Landhaus mit Swimmingpool wohnen und einen BMW fahren zu lassen, denken Sie sich Rollen für sie aus, in denen sie aktiv und entscheidungsfreudig ist, und die harte Arbeit und Durchhaltevermögen erfordern. Sorgen Sie dafür, dass diese Beschäftigungen nicht traditionell, sondern ungewöhnlich für eine Frau sind, das heißt Direktorin einer Plattenfirma oder Chefredakteurin beim Fernsehen, Chefin einer Softwarefirma, Erfinderin, Wissenschaftlerin und Astronautin. Wenn sie am Abend mit erfolgreichen und liebevollen Männern oder mit ihren Freundinnen ausgeht, die genauso erfolgreich und einflussreich sind wie sie, kann sie immer noch schöne Kleider anziehen.

Noch besser wäre es, Barbie in gewagte, abenteuerliche oder sogar gefährliche Situationen zu stellen, die nichts mit ihrem Äußeren zu tun haben, in Situationen also, die Mut und Entscheidungsfreudigkeit von ihr verlangen. Lassen Sie Barbie im Amazonas-Delta einen Rettungstrupp anführen, der eine Gruppe verletzter und vermisster Forscher retten muss. Lassen Sie sie Expeditionsleiterin einer Gruppe von Frauen sein, die den Mount Everest besteigt oder Kapitän der nur aus Frauen bestehenden Mannschaft, die sich auf den America's Cup, das berühmteste Segelrennen der Welt, vorbereitet und auch gewinnt. Lassen Sie sie zur Vorhut einer revolutionären Frauengruppe gehören, die ein Terrorregime stürzt. Lassen Sie sie ein Flugzeug nur mit Hilfe des Fluglotsen landen oder schreiben Sie zusammen mit Ihrer Tochter für Barbie die Antrittsrede der Präsidentin Ihres Landes. Die Möglichkeiten sind unbegrenzt, lassen Sie Ihrer Phantasie freien Lauf und haben Sie Spaß dabei!

4. Strategie: Das Spiel mit Barbies Anrufbeantworter

Ein Versuch Matells, Barbie mit einem professionellen Image auszustatten, war der Anrufbeantworter für Barbie. Leider sind die meisten Nachrichten auf ihrem Anrufbeantworter entweder von Ken oder über Ken. Ein Spiel für Ihre Tochter und deren Freundinnen könnte sein, sich neue Nachrichten für Barbies Anrufbeantworter auszudenken, und zwar solche, die die herkömmliche Rolle von Frauen in Frage stellen. Nachfolgend einige Beispiele:

1. Hallo Barb, hier ist Melissa. Ich hab ein paar Fragen zu diesem Kanutrip durch die Wildwasserschlucht, den du im Sommer leitest. Was brauche ich an Ausrüstung? Brauche ich einen eigenen Helm und eine Rettungsweste? Und was sonst noch?

2. Hallo Barb, hier ist Ken. Wann hast du gesagt, muss heute Abend das Essen fertig sein? Wann kommt dieser Mandant von dir? Gib mir bitte Bescheid. Ich muss noch einkaufen. Ach, noch was. Soll ich dir das Seidenkleid für heute Abend bügeln? Ruf bitte bald zurück?

3. Hallo Barbie. Sie kennen mich nicht. Ich bin Dr. Carol McIntyre, Professorin für Umweltforschung an der Stanford Universität. Vor kurzem habe ich von einer Kollegin erfahren, dass Sie einen neuen Typ von Solarzellen erfunden haben. Übrigens eine ganz entscheidende Erfindung. Mein Ausschuss möchte sich den Prototyp gerne ansehen, um mehr über Ihre Methode zu erfahren. Rufen Sie mich bitte an.

4. Hallo Barb. Ich heiße Bill Gates. Es geht das Gerücht um, dass Sie eine revolutionäre neue Software erfunden haben. Ich hätte gern über eine mögliche Partnerschaft mit Ihnen gesprochen. Es geht um viel Geld, Barb, rufen Sie mich deshalb so bald wie möglich an.

5. Strategie: Gutenachtgeschichten zum Erfolg

Wenn Sie Ihrer Tochter Gutenachtgeschichten erzählen, beschwören Sie großartige Bilder von ihr herauf: Große Dinge harren ihrer und sie wird in der Lage sein, sie zu beeinflussen. Nutzen Sie die Gutenachtgeschichten als Mittel, Ihrer Tochter zu ermöglichen, sich in eine Vielzahl von Rollen hineinzuversetzen. Visualisierungen erscheinen vielen Kindern normal, insbesondere der Generation, die mit dem Fernsehen groß geworden ist.

Visualisierungen funktionieren. Viele Sportler benutzen sie, um Höchstleistungen zu erzielen.[5] Untersuchungen im Bereich der Erziehungswissenschaften haben gezeigt, dass Schüler besser lernen, wenn beide Gehirnhälften benutzt werden.[6] Die rechte Hälfte ist die Visualisierungsseite und spielt eine entscheidende Rolle bei jeder Art von Lernen – sei es, dass wir lernen, unsere Meinung zu ändern, uns Dinge vorstellen oder Probleme lösen. Denken Sie sich als Ersatz für die traditionelle Gutenachtgeschichte aufregende Abenteuer aus, bei denen Ihre Tochter eine aktive und kompetente Teilnehmerin ist.

Das macht Spaß, insbesondere dann, wenn Sie ein Faible fürs Theatralische haben oder gerne Geschichten erfinden. Selbst wenn nicht, ist es überraschend einfach. Ich habe hier einige Geschichten erfunden, aber genauso gut können Sie Ihre eigenen erfinden. Erfinden Sie große Abenteuer, von denen Sie immer geträumt haben und lassen Sie dann Ihre Tochter in der Rolle der Heldin agieren. Sie müssen lediglich dafür sorgen, dass Sie sie in dieser Rolle nicht einengen. Beschränken Sie die Aktivitäten keinesfalls auf typisch weibliche, denn der Sinn der ganzen Sache ist der, den Horizont und die Einstellungen Ihrer Tochter zu erweitern, damit sie eine Vorstellung dafür bekommt, welche Möglichkeiten sie hat.

Fangen Sie mit einer Entspannungsübung an und sorgen Sie dafür, dass Ihre Tochter es schön warm hat. Bitten Sie sie, die Augenlider wie einen Bildschirm oder eine Kinoleinwand zu nutzen. Sagen Sie ihr, dass sie beim Hören der Geschichte in der Lage sein wird, die Bilder auf ihren geschlossenen Augenlidern zu sehen.[7]

1. Visualisierung
Alter: vier bis sechs
Zielverhalten: Wettbewerbsfähigkeit und Selbstachtung

Heute Abend werden wir viel Spaß haben! Mach die Augen zu und tu so, als ob du auf eine große Kinoleinwand schauen würdest. Auf dieser Kinoleinwand bist du! Du siehst so glücklich aus. Schau, wie du lachst. Du läufst und spielst gerade mit deinen Freunden. (Pause.) Siehst du sie? Da ist … und da … (Verwenden Sie die Namen von Spielgefährten Ihrer Tochter.) Ihr beschließt, ein Wettrennen zu machen. Du kannst es kaum erwarten. Du rennst so gern. Du fühlst dich wohl. Du bist startklar. (Pause.) Du weißt, du kannst gewinnen. (Pause.) Siehst du, wie du mit deinen Freunden an der Startlinie stehst? Jetzt ruft jemand: »Auf die Plätze!« Du bist glücklich und aufgeregt. Dann hörst du: »Fertig!« Dein Körper kann es kaum noch erwarten, die Startlinie zu überfliegen und so schnell wie der Wind zu laufen. Endlich hörst du: »Los!«, und weg bist du. Du läufst neben deinen Freunden her. Ihr lacht und habt viel Spaß. (Pause.) Die Sonne scheint warm und der Himmel ist blau. (Pause.) Jetzt gibst du Gas. Dein Körper macht, was du ihm sagst, er ist schnell und leicht. (Pause.) Ehe du's weißt, bist du über der Ziellinie! Du bist die Erste! Du hast gewonnen! Du bist so glücklich. Es ist ein tolles Gefühl, so schnell zu laufen. Du lachst. (Pause.) Deine Freunde kommen zu dir und schütteln dir die Hand und sagen dir, wie toll du gelaufen bist. Du bedankst dich bei ihnen. (Pause.) Du bist stolz und glücklich. Schnell laufen macht Spaß. Du magst deinen Körper. (Pause.) Wettrennen gewinnen magst du auch.

2. Visualisierung
Alter: vier bis sechs
Zielverhalten: Sicherheit

Heute Abend lernst du, was du tun musst, wenn dich jemand anspricht, den du nicht kennst. Jemand, den du nicht kennst, ist ein Fremder. Du hast keine Angst, denn du bist klug und weißt, was du tun musst.

Stell dir vor, du spielst mit deinen Freunden oder bist mit ihnen auf dem Weg in die Schule. (Nennen Sie ein paar Namen von Kindern, mit denen Ihr Kind spielt.) Ihr seid lustig. Ihr lacht und schwatzt miteinander. Da kommt ein Auto. Im Auto sitzt ein Fremder – ein Fremder ist ein Mensch, den du vorher noch nie gesehen hast. (Pause. Wiederholen.) Der Fremde bittet euch, in sein Auto einzusteigen. Aber du steigst *nicht* in das Auto ein. Egal, ob der Fremde ein Mann oder eine Frau ist. (Pause. Wiederholen.) Sag deinen Freunden, dass es am besten wäre, wenn ihr alle weggehen würdet. (Pause.) Der Fremde sagt, wir, Mama und Papa, hätten einen Unfall gehabt und seien verletzt und hätten gesagt, dass es in Ordnung ist, wenn ihr in sein Auto einsteigt. Aber du steigst immer noch nicht in das Auto ein. (Pause. Wiederholen.) Du weißt, wir würden niemals einen Fremden schicken, um dich abzuholen. (Pause.) Stell dir vor, dass du schnell wegläufst.

Du weißt, dass der Fremde nicht die Wahrheit sagt. Du bist klug und lässt dich nicht hinters Licht führen. Du gehst oder läufst zum nächsten sicheren Ort. Du sagst deinen Freunden, sie sollen mit dir kommen. Wenn sie nicht wollen, gehst du trotzdem. Stell dir vor, dass du weggehst. Egal was der Fremde sagt, du hörst nicht auf ihn. (Pause.) Wenn Mama und Papa nicht zu Hause sind, gehst du zu … (nennen Sie den Namen eines vertrauenswürdigen Nachbarn). Dann erzählst du uns oder (Name des Nachbarn) genau, wie der Fremde ausgesehen hat und was er gesagt hat. Du musst keine Angst haben, denn du bist in Sicherheit. (Pause.) Du bist deshalb in Sicherheit, weil du klug und tapfer warst. (Pause.) Klug und tapfer. (Pause.) Du bist glücklich, weil du jetzt in Sicherheit bist. Du bist froh, weil du klug bist. Tapfer sein ist ein gutes Gefühl.*

3. Visualisierung
Alter: sieben bis neun
Zielverhalten: Kompetenz und Selbstachtung

Du bist in einem großen Sportstadion. Im Sportstadion gibt es ein Schwimmbad mit einem großen Schwimmbecken. Die Luft ist feucht und heiß, denn das ganze Schwimmbecken wird von Scheinwerfern angestrahlt. Du trägst den vorgeschriebenen Badeanzug und eine Badekappe. Du steigst die Leiter zum Sprungbrett hoch. Wenn du das Sprungbrett erreicht hast, hältst du für einen Augenblick inne, um Mut und Kraft zu sammeln. (Pause.) Das Publikum unter dir ist ganz still. Das Publikum weiß, dass du dich konzentrieren musst. Du fühlst dich stark und hast volles Vertrauen in deine Fähigkeiten als durchtrainierte Sportlerin. (Pause.) Du bist so weit. (Pause.) Jetzt kommt der Augenblick, auf den du gewartet hast, für den du trainiert hast, auf den du schon seit Jahren hinarbeitest.

Du gehst bis zur Spitze des Sprungbretts vor. Du schaust auf das sich hin und her bewegende Wasser unter dir. Du gehst in die Knie und drückst dich ab. Deine Füße spannen sich an, wenn du auf den Fußspitzen stehst. Du schwingst die Arme über den Kopf und steigst gerade und weich in die Luft über dem Sprungbrett auf. (Pause.)

Das ist dein Lieblingsmoment – der Augenblick zwischen Sprungbrett

---

* Ein älteres Kind kann man eventuell bitten, dass es sich das Autokennzeichen und die Autofarbe sowie das Aussehen des Fremden merkt.

und Wasser. (Pause.) Jeder Muskel in deinem Körper weiß genau, was er zu tun hat. Jeder Muskel hat sein eigenes Gedächtnis, das in Hunderten, vielleicht sogar tausend Übungsstunden trainiert worden ist. Du kannst dich darauf verlassen, dass dich dieses Muskelgedächtnis und das ständige Training zu einer Medaille führen wird.

Dein Körper wird rund wie ein Ball, du drehst dich zweimal um die eigene Achse, dann hebst du bogenförmig den Rücken, wirfst die Beine nach außen und drückst die Zehen durch, bis du wieder ausgestreckt bist. Zusammenrollen, drehen, ausstrecken, und jede Bewegung mit vollkommener Präzision und Anmut. Dein ganzes Sein ist von heiterer Leichtigkeit. So muss Fliegen sein. (Pause.) Die Luft auf deiner Haut, die Leere um dich herum und die Zuschauer, alles trägt zu der Freude bei, die du jetzt fühlst. (Pause.)

Du gleitest so gerade wie ein Pfeil ins Wasser. Zuerst tauchen deine Fingerspitzen in das kühle Wasser, dann Hände, Arme, Schultern, Leib, Oberschenkel, Waden und am Schluss die Spitzen deiner Zehen. Du hörst gedämpften Applaus, während du aus dem Wasser auftauchst.

Wenn du an der Oberfläche bist, ist das Publikum schon in wilden Applaus und laute Rufe ausgebrochen. Du lächelst und genießt das Gefühl der Befriedigung, (Pause) der Macht, (Pause) der Anmut (Pause) und das Hochgefühl, einen sportlichen Körper zu haben, der einen perfekten Sprung ins Wasser vollbracht hat.

4. Visualisierung
Alter: sieben bis neun
Zielverhalten: Risikobereitschaft und Selbstachtung

Du bist im Dschungel. Es ist brütend heiß. Du trägst eine kurze Hose mit vielen Taschen und ein kurzärmliges T-Shirt, das ebenfalls viele Taschen hat, Socken, Wanderstiefel und einen Hut mit Netz, das die Insekten vom Gesicht fern hält. Du hast einen Rucksack auf dem Rücken und ein Buschmesser in der Hand, mit dem du den Weg frei machst. Deine Kleider kleben am Körper, weil die Luft im Dschungel so heiß und stickig ist.

Du bist in Peru und führst gerade eine Gruppe von Archäologen zu einer uralten Inkastätte. Du bist ihre Führerin. Männer und Frauen verlassen sich darauf, dass du sie sicher hinbringst.

Ihr bewegt euch auf einem schmalen Pfad über einem steilen Abgrund. Der Dschungel ist hier so dicht, dass man sich Schritt für Schritt vorkämpfen muss. Hier war einmal ein Pfad, aber jetzt ist er so zugewachsen, dass man ihn nicht mehr sieht. Du bittest die Gruppe, stehen zu bleiben, bis du mit Hilfe von Landkarte und Kompass die Orientierung wieder gefunden hast.

Du stellst fest, dass ihr etwas vom Weg abgekommen seid, und um dich noch besser zu orientieren, näherst du dich dem Abgrund, weil du von dort aus das umliegende Gebiet besser siehst. Plötzlich hörst du einen Schrei.

Du rennst zurück zur Gruppe und erfährst, dass ein Mann den steilen Abgrund hinuntergefallen ist. Er liegt auf einem Felsvorsprung. Du rufst zu ihm hinunter, und er ruft zurück, dass er sein Bein nicht mehr bewegen kann.

Alle sehen dich erwartungsvoll an, weil sie hoffen, dass du ihnen sagst, was sie machen sollen. An einem Seil kletterst du nach unten. Als Erstes siehst du dir sein Bein an. Es ist gebrochen, aber wenigstens ist es kein komplizierter Bruch, denkst du erleichtert. Du schienst das Bein und bindest ihn ans Seil, an dem die Gruppe ihn hochziehen wird. Oberstes Ziel ist es, ihn hinauf zur Gruppe zu schaffen, denn in der Gruppe ist eine Ärztin, die sein Bein richtig versorgen kann. Und du kannst oben mit deinem Funkgerät Rettung herbeirufen.

Alles läuft wie am Schnürchen, außer dass er ziemliche Schmerzen hat. Du redest beruhigend auf ihn ein. Du kletterst nach ihm nach oben.

Nun ist deine Aufgabe erledigt, und die Ärztin übernimmt. Alle sind dir für seine Rettung dankbar. Du sagst danke, aber im Stillen denkst du: Ein ganz normaler Arbeitstag!

5. Visualisierung
Alter: sieben bis neun
Zielverhalten: Selbsteffizienz und Selbstachtung

Es ist ein wunderbarer Wintertag. Der Neuschnee glitzert in der Sonne. Der eisige Wind dringt durch deine vielen Kleiderschichten aus Wolle. Du hältst die flache Hand wie einen Schirm vor die Augen, um das gleißende Sonnenlicht abzuwehren, und blickst auf die offene Landschaft. Du siehst keine Gebäude, keine Autobahnen, keine Häuser. Nur den strahlend blauen Himmel, das unberührte Land und die

Felder, die mit glitzerndem Schnee bedeckt sind. Die Sonne scheint auf dich und deine Hunde.

Ja, dir gehören acht Schlittenhunde, die in Erwartung deiner Befehle aufgeregt bellen. Das ist der erste von vielen solchen Tagen, denn du machst dich gerade fertig für die erste Etappe des Iditarod. Das Iditarod ist das bekannteste und wichtigste Schlittenhunderennen in Alaska.

Du prüfst noch einmal die Ausrüstung: Lebensmittel, Wasser, Vorräte, Sicherheits- und Notfallausrüstung. Und dann der letzte und wichtigste Check – die Hunde. Du untersuchst ihre Pfoten noch einmal sorgfältig auf Verletzungen, Abschürfungen und aufgeschürfte Stellen. Sie lecken dir die Hände und wedeln mit den Schwänzen. Du bist zufrieden, weil alle gesund sind. Jetzt stachelst du sie an, lockst sie mit deiner Stimme, streichst ihnen übers Fell, lachst und scherzt, um die Anspannung zu verringern.

Alles ist in Ordnung. Du bist fertig. Die Hunde, die ebenfalls gut trainiert sind, wissen genau, was von ihnen erwartet wird, und sie können deine Befehle kaum erwarten. Du springst auf den hinteren Teil des Schlittens, schiebst mit den Füßen an, rufst »Los!«, und schon bist du weg. Wie der Weihnachtsmann fliegt ihr über den gefrorenen Schnee.

6. Visualisierung
Alter: neun bis elf
Zielverhalten: Risikoverhalten, Mut und strategisches Denken

Ein Herbstabend Ende November in einer verlassenen Vorortstraße. In der Dunkelheit sehen die kahlen Bäume gespenstisch aus. Der Wind treibt welke Blätter vor sich her.

Du sitzt allein in einem Auto und hast die Türen verriegelt. Dir ist kalt und du fühlst dich einsam. Du weißt, dass du hier nicht allein unterwegs sein solltest, aber dein Kollege hat die Grippe und du hattest das Gefühl, dass heute *die* Nacht ist. Du drehst den Schlüssel in der Zündung, um die Heizung anzumachen, du wärmst dir die Hände an einer warmen Tasse und gießt dir noch mehr Kaffee aus der Thermoskanne ein. Du musst unter allen Umständen wach bleiben. Eine Polizistin im Außendienst ist nicht immer das Gelbe vom Ei, denkst du still bei dir. Wenn frau ehrlich ist, dann ist es manchmal sogar stinklangweilig. Du bist deinem süßen Ehemann zu Hause dankbar dafür, dass er dir die Thermoskanne mit Kaffee gefüllt hat.

Na ja, so ist halt nun mal die Arbeit. Dieses Schlitzohr, auf das du wartest, muss ja mal nach Hause kommen. Und wenn er kommt, wirst du hier sein, um ihn einzulochen. Du weißt, dass der sich seinen luxuriösen Lebensstil in dieser teuren Gegend dadurch finanziert, dass er alte Leute um ihr Geld betrügt. Du kannst es kaum noch erwarten, ihn zu schnappen und festzunehmen. Du schaust dir noch mal den auf dem Beifahrersitz liegenden Haftbefehl an und nimmst noch einen Schluck aus deiner Tasse.

Jetzt kommt ein teures Auto um die Ecke gebogen und will in die Einfahrt vorstoßen. Du bist hellwach, legst den ersten Gang ein und fährst gleich hinter ihm hinein, sodass er nicht mehr herausfahren kann. Er sitzt in der Falle. Als er aus dem Wagen aussteigt, merkst du, dass er nicht allein ist. Du rufst sofort Verstärkung. Du weißt aber, dass du bis zum Eintreffen der anderen auf dich allein gestellt bist. Du entscheidest, dass es eine schlechte Strategie wäre, ihm den Haftbefehl sofort unter die Nase zu halten, denn wenn er Widerstand leistet, musst du es allein mit ihm und seinen Freunden aufnehmen. Deshalb beschließt du, Zeit zu schinden.

Gott sei Dank bist du in einem Zivilfahrzeug unterwegs. Da sie nicht wissen, dass du Polizistin bist, sind sie auch nicht misstrauisch, obwohl der Fahrer etwas überrascht aussieht, vielleicht auch ein bisschen neugierig.

»Hallo«, sagst du freundlich.

»Hallo«, antwortet er zögernd. »Kann ich irgendwie behilflich sein?«

»Ja. Ich glaube, ich habe mich verfahren.« Es entsteht eine Pause, während du nach einer Frage suchst und dir wünschst, du hättest vorher überlegt, anstatt von deinem Ehemann zu träumen. Schließlich fragst du: »Wie heißen die Querstraßen da vorne?« Du findest die Frage etwas einfallslos, aber schließlich sprichst du ja aus dem Stegreif.

»Warum fahren Sie nicht einfach hin und schauen nach?«, gibt sein Mitfahrer zurück, der jetzt argwöhnisch und entschieden unfreundlich zu dir herüberschaut.

»Ich bin schon mehrmals auf und ab gefahren, aber Sie wissen ja, dass man sich hier leicht verfährt.« Das sollte sie überzeugt haben, denkst du im Stillen.

Wieder antwortet sein Mitfahrer: »Es tut mir Leid, wir können Ihnen nicht helfen. Komm, Bill, lass uns reingehen.«

Jetzt zückst du deinen Ausweis. »Okay. Jetzt wissen Sie's. Ich hoffe, Sie haben nichts dagegen, mir ein paar Fragen zu beantworten, Mr. Anderson.«

»Schon wieder die Polizei«, meint er zornig. »Ich habe Ihre blödsinnigen Fragen schon dreimal beantwortet. Wenn Sie mich nicht in Ruhe lassen, rufe ich meinen Anwalt an, und außerdem werde ich Anzeige wegen Nötigung erstatten.«

»Sie weigern sich also, der Polizei Fragen zu beantworten?« Du schaust unauffällig die Straße hinunter in der Hoffnung, die anderen zu sehen. Nichts.

»Ich habe Ihnen gesagt, dass ich schon alles beantwortet habe. Es wird langsam lächerlich.« Er steckt den Schlüssel in das Haustürschloss.

»Mr. Anderson, ich habe einen Haftbefehl für Sie.«

Genau wie du es vermutet hast, versucht er zu entkommen. Ein Schlag von dir trifft ihn in der Leistengegend, du wirfst dich auf ihn, ohne zu wissen, was sein Mitfahrer macht, und versetzt ihm einen kräftigen Schlag, wie du es im Judokurs für den Schwarzen Gürtel gelernt hast. Er kann sich gerade so lange nicht bewegen, bis du deine Waffe gezogen hast. »Ich möchte Sie nicht erschießen, Mr. Anderson. Ich schlage vor, Sie rühren sich nicht von der Stelle.«*

7. Visualisierung
Alter: neun bis elf
Zielverhalten: Disziplin, Ausdauer und Verinnerlichung von Erfolg

Eine laue, mondlose Nacht im Juli. Es ist 22.30 Uhr. Der Himmel ist kohlrabenschwarz. Du sitzt auf deiner Veranda. Dein Teleskop ist auf die Stelle am Himmel gerichtet, die du schon seit geraumer Zeit stu-

---

* Ich würde diese Geschichte nicht als Gutenachtgeschichte erzählen, da sie Gewalt beinhaltet und Auslöser für einen Albtraum sein könnte. Besser wäre es, sie im Laufe des Tages zu erzählen. Ich verspürte etwas Unbehagen, als ich sie schrieb, vor allem an den Stellen, wo es um körperliche Gewalt und den Gebrauch von Waffen geht. Aber mir ist klar geworden, dass ich dieses Unbehagen nicht verspürt hätte, wenn ich sie für Jungen geschrieben hätte. Ich bin überzeugt, dass die Geschichte für die Entwicklung des Selbstbildes als überzeugtes und erfolgsorientiertes Mädchen von Nutzen ist. Ich überlasse es Ihnen zu entscheiden, ob Sie Ihre Tochter diese Visualisierung machen lassen oder nicht.

dierst, weil sie dich ganz besonders interessiert. Dass das Beobachten des Himmels manchmal langweilig ist, macht dir nichts aus. Als Amateurastronomin verstehst du nicht nur, dass man bei dieser Arbeit einsam ist, sondern du genießt die Einsamkeit geradezu, wenn du durch dein Teleskop die Sterne beobachtest und dir nebenbei Notizen machst. Außerdem ist es nur sinnvoll, wenn du dich gleich daran gewöhnst, denn schließlich willst du die Astronomie zu deinem Beruf machen.

Ganz plötzlich bemerkst du am Rand deiner Linse einen Fleck, der gestern Nacht nicht da war. Du hältst ihn zunächst für einen Satellit oder irgendeinen Schmutzpartikel im All. Du stellst das Teleskop schärfer ein, um genauer hinzusehen und die Koordinaten des Lichtflecks auszumachen. Während du das Teleskop einstellst, dämmert dir, dass laut neuester Himmelskarten dieser Fleck gar nicht dort sein dürfte. Schnell bringst du einen Kreis zu Papier und trägst den Fleck genau an der Stelle ein, wo du ihn am Firmament siehst.

Du weißt, dass der Fleck kein Stern sein kann, denn alle Sterne, die durch ein Amateurteleskop zu sehen sind, sind längst auf den Karten eingetragen. Aber vielleicht, so denkst du dir im Stillen, vielleicht handelt es sich um einen neuen Komet. Aufregung packt dich, aber du reißt dich zusammen, weil du weißt, dass du Geduld haben musst, wenn du beweisen willst, dass es ein Komet ist, denn ein Komet bewegt sich.

An den folgenden drei Tagen kannst du es kaum erwarten, bis es Nacht wird. Sobald es dunkel genug ist, setzt du dich an dein Teleskop, um die Bahn dieses Lichtflecks zu verfolgen. Es ist, wie du gedacht hast, er bewegt sich.

Am frühen Morgen des vierten Tages rufst du im Fachbereich Astrophysik an der Universität deiner Heimatstadt an. Du weißt, dass du dich kurz fassen musst, denn du bist nicht die einzige Amateurastronomin, die den Himmel studiert, und vielleicht hat schon ein anderer vor dir seine Entdeckung gemeldet.

Als du der Professorin für Astrophysik von deiner Entdeckung erzählst, ermutigt sie dich fortzufahren. Du gibst ihr die Koordinaten des Lichtflecks durch. Aufgrund deiner genauen Beobachtungen, für die dich die Professorin lobt, geht sie davon aus, dass du auf eine interessante Sache gestoßen bist. Sie rät dir, wieder anzurufen, wenn sich etwas Neues ergibt.

Deine Mutter erlaubt dir, von der Schule zu Hause zu bleiben, um deine Beobachtungen noch einmal fein säuberlich zu Papier zu bringen. Nach ein paar Tagen ruft die Professorin an, um dir zu sagen, dass die Sache offiziell ist. Du hast einen neuen Komet entdeckt. Du bist mächtig stolz. Damit bist du auf gewisse Weise unsterblich, was nur wenige Menschen von sich sagen können, denn der neue Komet wird nach dir benannt!

8. Visualisierung
Alter: neun bis elf
Zielverhalten: Ausdauer, Disziplin und Verinnerlichung von Erfolg

Du bist in einer dunklen, feuchten Kammer des Ägyptischen Nationalmuseums. Es riecht nach alten Büchern, modrigen Manuskripten und zerfledderten Schriftrollen. Du bist eine weltberühmte Fachfrau für die Entschlüsselung von Geheimschriften, außerdem Anthropologin und Sprachforscherin; du spricht neun Sprachen, darunter Sanskrit und Aramäisch. Obwohl du bei deiner Arbeit fast immer allein bist und du lieber an der Ausgrabungsstätte wärst, hast du dich daran gewöhnt, die alten Schriften in Bibliothek, Museum oder Universität zu studieren.

Du hast es diesmal kaum erwarten können, mit deiner Arbeit zu beginnen. Du hast so eine Ahnung, dass heute ein ganz besonderer Tag ist. Die ganze Nacht musstest du an die Schriftrolle denken, die du gestern Abend in einem alten Schrank aufgestöbert hast, kurz bevor die Sicherheitsbeamtin dich gebeten hat zu gehen, weil sie abschließen wollte.

Mit deinem Spezialschlüssel schließt du die Tür zu dem Raum auf, in dem sich die alten Manuskripte und seltenen Bücher befinden. Du gehst hinein, stellst deinen Laptop ab, breitest deine Notizen aus und gehst mit schnellen Schritten zu dem gewissen Schrank. Aufgrund früherer Forschungen bist du zu dem Schluss gekommen, dass es sich bei der Schriftrolle um eine der vor mehreren Jahrzehnten verschwundenen Schriftrollen aus dem Toten Meer handeln könnte.

Vorsichtig wickelst du sie aus dem Tuch, in das sie eingeschlagen ist, und wirst vor lauter Aufregung fast ohnmächtig, als du siehst, dass es sich tatsächlich um die lange verschollene Schriftrolle handelt. Es heißt, dass diese Schriftrolle genügend Material enthält, um alle bisher da gewesenen anthropologischen Erkenntnisse im Nahen Osten vor der Zeit Christi auf den Kopf zu stellen und außerdem Licht in die weltweiten religiösen Meinungsstreitigkeiten zu bringen.

Langsam und mit äußerster Vorsicht nimmst du die Schriftrolle in die Hand. Du setzt dich und beginnst mit der Arbeit, die mindestens ein Jahrzehnt in Anspruch nehmen und dich berühmt machen wird.

9. Visualisierung
Alter: neun bis elf
Zielverhalten: Verantwortung

Stell dir einen Regisseursstuhl vor, der auf einem Fels über einer tiefen Schlucht thront. Dein Name steht in großen Buchstaben auf dem Stuhlrücken und darunter »Regisseurin«. Du hältst ein Megaphon in der Hand und lässt den Blick über die Szene gleiten. Du trägst Jeans, Sonnenbrille und Schirmmütze, um die Augen vor der Sonne zu schützen, in der Hand hältst du ein Funkgerät. Hunderte von Statisten harren unten in der Schlucht auf deine Anweisung. Kameramänner und Stab schauen in deine Richtung und warten, dass du ihnen sagst, was sie tun sollen.

Als alles an Ort und Stelle ist, sprichst du in dein Funkgerät. »Sind alle so weit?«, fragst du deinen Assistenten, der unten in der Schlucht ist.

»Alle bereit«, antwortet er.

»Schauspieler, Statisten, Ausstattung, Sicherheitsleute?«, fragst du.

»Alle«, antwortet er noch einmal.

Du hebst das Megaphon und rufst: »Okay, alle herhören. Wir können diese Einstellung nur einmal drehen. Wie ihr wisst, ist diese Szene gefährlich und teuer. Sie kostet Hunderttausende, und jeder, der patzt, wird mir nachher Rede und Antwort stehen müssen. Verstanden?«

Alle Augen sind auf dich gerichtet. Manche nicken. Jemand ruft: »Alles klar, Boss!«

»Also dann. Zum Schluss möchte ich noch sagen, dass ihr die großartigste Truppe von Stuntmännern und -frauen, Reitern und Schauspielern seid, die mir je untergekommen ist. Ich habe vollstes Vertrauen in euch und eure Fähigkeiten. Ihr seid die Besten, die's gibt. Wir haben alles geprobt, und jeder weiß, was er zu tun hat. Und jetzt kommt der Augenblick, wo ihr euch beweisen müsst. Ihr müsst die Angst der Menschen und ihre Anspannung spüren, in der sie sich befinden. Und ihre Entschlossenheit. Und die Gefahr und die Aufregung. Okay, es geht los.«

Du hebst den Arm. »Wenn ich jetzt den Arm senke, fangen wir an. Der Zug setzt sich in Bewegung. Wenn er die verabredete Stelle erreicht, seid ihr dran.«

»Ist der Zug bereit?«, fragst du ein letztes Mal.

Eine Stimme ertönt: »Zug ist bereit!«

Du senkst den Arm und brüllst: »Action!«, und das wunderschön einstudierte Drama nimmt vor deinen Augen seinen Lauf.

Der Vielfalt der Visualisierungen sind keine Grenzen gesetzt. Nachfolgend noch ein paar Stichwörter für weitere Visualisierungen:

Fallschirmspringerin, Bergsteigerin, Rettungssanitäterin, Astronautin, Pilotin oder Testpilotin, Astronomin, Rock- oder Jazzmusikerin, Bühnentechnikerin, Rennfahrerin, Universitätsprofessorin, Forscherin, Ärztin, Zahnärztin, Chirurgin, Kriminalpolizistin, Starköchin, Zirkusartistin, Admiralin, Generalin, Nachrichtenmoderatorin, Talkshowgastgeberin, Privatdetektivin, Drachenbezwingerin, Berufsreiterin, Orchesterdirigentin, Richterin, Bankpräsidentin, Sportkommentatorin, Archäologin, Taucherin, Geologin, Architektin, Chemikerin, Strafverteidigerin, Präsidentin, Rabbinerin, Pfarrerin, Fernsehdirektorin, Wildwasserführerin.

Vorpubertät

Spiele und Spielsachen

Stellen Sie Ihrer Tochter möglichst viele nichttraditionelle Spielsachen, technische Spielereien und Geräte zur Verfügung. Darunter verstehe ich Mikroskop, Teleskop, Chemiebaukasten, Werkzeugkasten, Sportausrüstung, Funkgerät, Modellmotoren und so weiter. Einige Mädchen werden sich über die Vielfalt freuen, andere nicht. Wichtig ist nur, dass Sie nicht glauben, dass sie Chemiebaukasten und Sportausrüstung und Werkzeugkasten nur deshalb nicht mag, weil sie ein Mädchen ist.

Denken Sie an Judith Resnik, die Astronautin, die bei der Shuttle-Explosion im Jahr 1986 ums Leben kam. Als ich ihren Vater interviewte, erzählte er mir, wie gerne Judith ihm in ihrer Kindheit beim Reparieren zusah und dass sie unbedingt wollte, dass er es ihr beibrachte. »›Papa, zeig mir, wie's geht‹, hatte sie immer gesagt. Deshalb hab ich ihr eben gezeigt, wie man Steckdosen an die Wand schraubt, elektrische Leitungen verlegt und Glühbirnen auswechselt«, erzählte er. »Als sie alt genug war und den Führerschein hatte, interessierte sie sich für Autos und wie man sie repariert«, fuhr er fort, »und da hab ich ihr wieder geholfen.«

Und vergessen Sie auch nicht, mit Ihrer Tochter Brettspiele zu spielen, die strategische Problemlösungen erfordern, zum Beispiel Schach, Backgammon und Go sowie einige der etwas anspruchsvolleren Computerspiele. Weiterhin empfehle ich Kartenspiele, die strategisches Planen und die Kunst zu bluffen erfordern. Probieren Sie doch einmal Poker, Bridge, Rommé oder Binokel aus.

Bringen Sie ihr Poolbillard bei. Billard erfordert nicht nur strategisches Geschick, sondern fördert dazu die Koordination von Augen und Händen und, was noch wichtiger ist, Billard vermittelt die Grundregeln der Geometrie.

6. Strategie: Fördern Sie die Teilnahme an Mannschafts-sportarten

Individualsportarten wie Gymnastik, Eiskunstlaufen, Tennis, Schwimmen und Ballett (eine Kunstform, die sportliche Fähigkeiten erfordert) sind exzellente Möglichkeiten, Mädchen Disziplin und Körperbeherrschung beizubringen. Jedoch wird es ihnen bei diesen Sportarten sehr leicht gemacht auszusteigen. Wenn es ihnen zu schwer wird und sie aufgeben, haben sie allein unter den Konsequenzen ihrer eigenen Entscheidung zu leiden.

In einer Mannschaft besteht jedoch der Zwang durchzuhalten. Jeder Spieler und jede Spielerin besitzt eine Position und nimmt innerhalb der Mannschaft eine bestimmte Aufgabe wahr, sodass ein Ausfall Konsequenzen für das ganze Team hat. Weil die Mannschaft eine Identität als Gruppe hat, hat ein Ausfall auch Auswirkungen auf die emotionalen Bindungen der übrigen Gruppenmitglieder. Die Gruppendynamik übt Druck aus durchzuhalten, auch wenn die Dinge schwierig werden, man sich seiner nicht sicher ist, glaubt, es ändere sich nie etwas und versucht ist, das Handtuch zu werfen!

Diese Art von Durchhaltevermögen im Angesicht von Schwierigkeiten, die es zu überwinden gilt, um ein Ziel zu erreichen, ist das Eigentliche, was wir unter erfolgsorientiertem Verhalten verstehen. Jungen haben diese Fähigkeiten beim Mannschaftssport über Jahrzehnte hinweg voneinander gelernt. Jetzt können Mädchen das Gleiche lernen.

Außerdem kann Mannschaftssport auf spielerische Weise wissenschaftliche und mathematische Grundsätze lehren, wie Raumverhältnisse, Flugbahnen, Geschwindigkeit und deren jeweilige Auswirkungen.

Kapitel 7

Der richtige Umgang mit den Medien
Zehn Strategien, um den Medien zu widerstehen

> Ich weiß, dass es unsinnig und oberfläch-
> lich ist, wie ein Model aussehen zu
> wollen, aber alles wär so viel einfacher.
> *Brie, vierzehnjährige*
> *Workshopteilnehmerin*

Die unablässige Bombardierung mit Bildern von Seiten der Medien
hat einen nachhaltigen psychologischen Einfluss auf Kinder. Diese Bilder stehen in direktem Zusammenhang zu Themen der Geschlechtsidentität und des Selbstwertgefühls. Ich möchte hier noch einmal darauf hinweisen, dass »Medien« alles beinhaltet, Fernsehen und
Werbung, Zeitschriften und Zeitungen mit ihren Anzeigen, Titelbil-
dern und Artikeln, Bücher und Buchumschläge, CD-Texte und Covers
und natürlich Filme.

Trotz ihrer unterschiedlichen Erscheinungsformen haben sie Gemein-
samkeiten. Alle Medien

- wollen eine Botschaft vermitteln,
- neigen dazu, die Kunst der Überredung anzuwenden,
- sind in der Regel visuell,
- zielen auf die Massen und auf Konsum ab,
- dienen den Bedürfnissen ihrer Sponsoren und Anzeigenkunden.

Das letztgenannte Ziel gibt am meisten Anlass zur Sorge. Die ersten
vier können mehr oder weniger neutral bleiben. Medienbotschaften,
die visuelle Überredungskunst benutzen und möglichst viele Menschen erreichen sollen, sind an sich noch nicht negativ. Anders sieht
es jedoch aus, wenn die Medienbotschaften aus Profitgründen vermittelt werden – gesteuert von den besonderen Bedürfnissen eines Spon-
sors, der nur darauf bedacht ist, dass sich sein Produkt immer schneller verkauft –, müssen die Techniken, die dazu benutzt werden, um
uns zu überzeugen, ernsthaft in Frage gestellt werden. Sponsoren

wollen nicht bilden und erleuchten. Sponsoren wollen Kunden gewinnen und verkaufen.

Wie wir bereits gesagt haben, haben Sponsoren herausgefunden, dass die wirksamste Methode, Frauen zu Käuferinnen, vor allem von kosmetischen Produkten, zu machen, die ist, ihr Selbstwertgefühl zu untergraben, eine Methode, derer sich die Kosmetikindustrie mit Vorliebe bedient. Naomi Wolf führt in ihrem Buch *Der Mythos Schönheit* aus, dass die von den Medien kreierten Schönheitsideale nichts anderes sind als soziale Kontrollmechanismen. Oder anders ausgedrückt: Wenn Frauen sich zu stark fühlen und handeln, ihr Leben zu sehr selbst bestimmen, muss etwas unternommen werden, um ihre Stärke zu untergraben. Wolf führt weiter aus, dass die Schönheitsideale dieser Funktion ausgezeichnet nachkommen, indem sie Frauen veranlassen, nach körperlicher Perfektion zu streben. Dies lenkt sie von sinnvolleren Zielen ab und bringt sie dazu, ihre Zeit, ihr Geld und ihre Energie darauf zu verwenden, ein oberflächliches und unerreichbares Ziel anzustreben.

Gleichzeitig spiegeln die Medien unsere kulturellen Werte bezüglich Weiblichkeit und Männlichkeit wider. In anderen Worten heißt das, dass die Medien uns allen, Erwachsenen wie Kindern, Bewertungen vor Augen halten. Als das Fernsehen noch in den Kinderschuhen steckte, haben die Bilder, die es ausstrahlte, unbewusst traditionelle Klischeevorstellungen vermittelt. Heute ist das Fernsehen gereift, und es geschieht nichts mehr unbewusst oder absichtslos. Die Mächte, die heute am Werk sind, sind sich der psychologischen Wirkung ihrer Bilder und ihrer Programme sehr wohl bewusst. Durch unglaublich kostspielige Werbekampagnen, die sich Zielgruppen und Untersuchungen zunutze machen, messen sie jede physiologische Reaktion in den Angesprochenen, einschließlich der galvanischen Hautreaktion, Bewegung und Veränderung der Pupillen sowie Gehirnstimulation, um bei den Angesprochenen die gewünschten Reaktionen auf die von ihnen geschaffenen Bilder hervorzurufen. Diese Meister der Manipulation beobachten und dokumentieren jede kleinste Reaktion auf ihre Erfindungen.

Ich sage das als Warnung und als Einleitung. Als Eltern dürfen Sie nicht naiv sein. Sie müssen wissen, mit wem und mit was Sie es zu tun haben. Der folgenden Dinge sollten Sie sich bewusst sein:

1. Ein enormer Aufwand an Forschung, Kreativität, Zeit, Geld und Beweggründen fließt in brillante Medienproduktionen.

2. Die Menschen, die für Medienpräsenz bezahlen, geben diese Summen an Geld nicht umsonst aus. Sie haben Ziele und Vorgaben.

3. Kinder besitzen keinen Mechanismus, mit dem sie die Botschaften der übermächtigen Fernsehbilder herausfiltern könnten, also sind sie doppelt gefährdet. Sie nehmen sie unbewusst auf, wie Schwämme.

Unsere wirksamste Waffe gegen den negativen Einfluss von geschlechtsspezifischen Klischeevorstellungen, die uns durch das Fernsehen vermittelt werden, ist *Bewusstsein*. In gewisser Weise ist ein intelligenter und bewusster Zuschauer, der die subtilen Botschaften herausfiltern kann, das Letzte, was ein Sponsor will! Aber natürlich ist das der beste Grund, Ihre Tochter bereits in jungen Jahren zu einer kritischen Zuschauerin zu machen, vor allem, da eines der Ziele des erfolgsorientierten Handelns darin besteht, im Angesicht von Hindernissen den eigenen Verstand zu gebrauchen. Welch besseres Betätigungsfeld für die Anwendung von Fertigkeiten des erfolgsorientierten Verhaltens und Handelns gäbe es als den positiven Umgang mit Medien? Deshalb sind die meisten Strategien, die in diesem Kapitel vorgestellt werden, Anleitungen, um Ihrem Kind bewusst zu machen, welcher Methoden sich die Mediensponsoren bedienen, um auch aus dem letzten Erdenbewohner einen Käufer/eine Käuferin zu machen.

Die frühen Jahre: Widerstand gegen die Medien im Alter von vier bis zehn

1. Strategie: Schlachten Sie das elektronische Biest

Meine erste Empfehlung ist zugleich die radikalste: Schaffen Sie den Fernseher ab. Weil die meisten Menschen jedoch dazu nicht bereit sind, mache ich einen zweiten Vorschlag, der möglicherweise genauso schwierig in die Tat umzusetzen ist wie der erste: Sorgen Sie dafür, dass Ihre Tochter möglichst spät mit dem Fernsehen in Berührung kommt, und begrenzen Sie dann die Zeit, die sie vor dem Bildschirm verbringt. Ich weiß, wie schwierig das ist, und möchte kein Schuldgefühl in Ihnen hervorrufen, sollten Sie es nicht schaffen. Es gibt Zeiten, in denen der Fernseher der einzige Babysitter ist, weil Sie die Zeit brauchen, aber bis Ihre Kinder alt genug sind, um sich dem Fernsehen gegenüber kritisch zu verhalten, was überraschenderweise jedoch schon mit sieben geschehen kann, ist es das Beste, wenn sie möglichst wenig fernsehen. Eine Strategie, die viele moderne Mütter nutzen, ist, dass sie ihre Kinder nur sorgfältig ausgesuchte Videos schauen lassen. Halten Sie nach Videos Ausschau, die weder Werbung enthalten noch mit kommerziellen Mitteln produziert wurden.

Vor allem am Samstagvormittag sollten Sie das Fernsehprogramm gründlich unter die Lupe nehmen. Zumindest in Amerika heißt dann die Zielgruppe Jungen. Fernsehbosse wissen ebenso wie ihre Sponsoren, dass Mädchen sich Sendungen ansehen, die auf Jungen abzielen, dass Jungen sich aber keine Sendungen anschauen, die auf Mädchen ausgerichtet sind. Jungen halten Mädchensendungen für »dumm« und »weibisch«. Vergessen Sie nicht, dass das Ziel einer jeden Kindersendung, mit Ausnahme vielleicht, wenn sie in einem öffentlich-rechtlichen Sender ausgestrahlt wird, das Gleiche ist wie das einer Sendung für Erwachsene – die Bedürfnisse des Werbekunden zu befriedigen und die Zuschauer dahin zu bringen, ihr Produkt zu kaufen – und nicht, wie wir vielleicht glauben wollen, die Kleinen zu bilden.

Es gibt im Fernsehen eine Reihe von Sendungen für Jungs, die voll von negativen Botschaften über Frauen und Weiblichkeit sind. Die Mehrzahl der Handelnden sind männlich, und schlimmer noch, diese männlichen Darsteller sind abenteuerlustig, findig, unternehmungsfreudig, waghalsig und heldenhaft, während die wenigen weiblichen Darstellerinnen in der Regel ängstlich und vorsichtig sind und darauf warten, dass ihnen jemand zu Hilfe eilt, vor allem aber sind sie wohl gebaut und hübsch. Die Frauen und Mädchen sind passiv und dekorativ und nicht aktiv und entscheidungsfreudig. Kein Wunder, dass die Jungen Mädchen als dumm und weibisch ansehen! Während ich dieses Buch schreibe, gibt es wenige Abenteuerserien oder wöchentlich ausgestrahlte Zeichentrickfilme für Mädchen, in denen weibliche Darstellerinnen die Rolle des Retters, des Risikofreudigen, des Abenteurers und des Helden spielen.

Anstatt zuzulassen, dass sich Ihre Kinder am Samstagvormittag die Zeichentrickfilme anschauen, sollten Sie ein Alternativprogramm bieten. Sie könnten beispielsweise zusammen ein Frühstück vorbereiten und dann lange und ausgiebig und vor allem ohne Fernseher frühstücken. Auch das Aufräumen hinterher sollte gemeinsam geschehen. Daraus ließe sich sogar ein Spaß machen, wenn man dazu Musik hört und in der Küche herumtanzt. Bei schönem Wetter können Sie in den Park oder in den Zoo gehen, ebenso gut Fahrrad fahren oder wandern. Laden Sie andere Kinder zum Spielen ein, und lassen Sie sie gewähren, mit der einen Ausnahme: *kein Fernsehen*. Bitten (oder bestechen?) Sie ältere Geschwister, ein, zwei oder drei Wochen nicht fernzusehen. Ermutigen Sie sie, stattdessen Brettspiele, Kartenspiele und Rätselspiele zu spielen. Tun Sie alles, was möglich ist, um kleine Kinder vom Fernsehen abzuhalten.

Trotzdem können Sie Ihre Tochter nicht für immer von Fernsehen fern halten. Selbst wenn Sie keinen Fernseher im Haus haben, kann sie mitunter bei Freunden schauen. An diesem Punkt müssen Sie ihr beibringen, ihren Verstand zu benutzen, um die negativen Botschaften auszusortieren, und Sie müssen dafür sorgen, dass sie sich der offensichtlichen und der versteckten Botschaften, die über den Bildschirm flimmern, bewusst wird.

»Ich habe einen Sohn und eine Tochter«, sagte eine Mutter in einem meiner Workshops. »Wir hatten bis die Kinder fünf waren keinen Fernseher. Es war herrlich. Aber irgendwann ist das Unvermeidliche geschehen. Sie fingen an, immer mehr Zeit bei Freunden zu verbringen oder wollten sogar über Nacht dort bleiben, und natürlich gab es dort Fernsehen. Mein Mann meinte, wenn wir das Fernsehen gänzlich verbieten, wird es nur noch attraktiver. Also haben wir einen gekauft.«

»Und was ist dann passiert?«, fragte die Mutter neben ihr.

»Na ja, zuerst einmal haben wir den Fernseher in ein Zimmer gestellt, das wir so gut wie nie benutzen, und deswegen haben sie ihn kaum bemerkt«, antwortete sie. »Aber das Interessante war das kleine Spiel, das wir immer spielten.«

2. Strategie: Fernsehspiele für die Aufgeklärten

Welche Lüge wird uns jetzt aufgetischt?

»Immer wenn wir Werbung schauten, spielten wir das Spiel ›Welche Lüge wird uns jetzt aufgetischt?‹. Obwohl die Kinder noch klein waren, haben sie schnell begriffen. Wie das eine Mal, als mein Fünfjähriger während einer Hamburger-Werbung sagte: ›Die erzählen uns, dass das Essen bei ihnen besser schmeckt als bei uns zu Hause!‹ Wir brachen alle in Lachen aus, als hätten wir noch nie etwas so Dummes gehört.

Natürlich waren sie damals noch klein, aber auch jetzt, wo sie älter sind, spielt das Fernsehen kaum eine Rolle. Und sie wollen nicht jedes Spielzeug haben, das sie sehen.«

Ich halte das für ein wunderbares subversives Spiel, und deshalb habe ich es Ihnen hier vorgestellt. Wenn Sie »Welche Lüge wird uns jetzt aufgetischt?« – vor allem während der Werbung – mit Ihren Kindern spielen, werden Ihre Tochter (und Ihr Sohn) im Laufe der Zeit kritisch und urteilsfähig werden. Und irgendwann werden sie gar nicht mehr anders können, als die Bilder, Motive und Botschaften der Werbenden in Frage zu stellen.

Würde auch *er* das machen?

Ich übernehme dieses Spiel von meinem ersten Buch *Gute Väter – Selbstbewußte Töchter*, weil viele Eltern es nützlich und lustig fanden. Außerdem haben Kinder viel Spaß daran.

Gespielt wird es so: Man stelle sich vor, dass die handelnde Person in einem Werbespot dem anderen Geschlecht angehört. Wenn sich also eine Frau auf der Haube eines Autos räkelt und ihren Text über ihre »Beziehung« zu dem Auto in die Kamera schnurrt, stelle man sich vor, es sei ein Mann, der sich räkelt und schnurrt. Dabei wird augenblicklich klar, dass die Frau erstens benutzt wird, um das Auto zu verkaufen und nicht die Vorteile des Autos, und dass Frauen zweitens in lächerlichen Situationen gezeigt werden, um Produkte an den Käufer zu bringen.

Dies geschieht in jeder Form von Werbung, nicht nur im Fernsehen. Eines Tages habe ich beispielsweise im Postamt ein Poster bemerkt, auf dem vier Karikaturen zu sehen waren, drei Männer und eine Frau. Über dem ersten Mann, der zornig zu sein schien und die Faust erhoben hatte, stand das Wort »Beschwerden?«. Über dem zweiten Mann, über dessen Kopf eine Glühbirne leuchtete, stand »Vorschläge?«. Über dem dritten Mann, der eine nachdenkliche Miene zur Schau trug, stand »Fragen?«. Über der Frau, die den Betrachter anstrahlte, stand das Wort »Komplimente?«. Wenn man sich Frauen in den ersten drei Rollen vorstellt, in der mit den Beschwerden, den klugen

Ideen und den Fragen und einen Mann in der Rolle der strahlenden Komplimente, wird schnell deutlich, dass Frauen in sehr begrenzte und enge Rollen gezwängt werden.

Natürlich bekommen durch den fiktiven Austausch der Geschlechter nicht alle Themen und Botschaften von Werbespots eine andere Aussage, aber doch in den meisten. Wichtig ist jedoch, dass Kinder durch dieses Spiel begreifen lernen, in welch begrenzten und oftmals herabwürdigenden Rollen Frauen und Mädchen gezeigt werden, nur weil Werbewirtschaft und Sexismus es so wollen.

Nur in seltenen Fällen wird dieser Tausch der Geschlechterrollen von den Werbenden selbst vorgenommen.

3. Strategie: Disney vom Sockel stoßen?

Es gibt außer den Zeichentrickfilmen im Fernsehen noch andere Trickfilme, die negative Botschaften vermitteln. Die Originalzeichentrickfilme von Disney, die jetzt zur Freude eines neuen Publikums wiederholt werden, sind für mich als Kulturkritikerin eine echte Herausforderung, weil sie so beliebt sind. Ich gebe zu, dass niemand so bezaubern kann wie Disney. Aber genau wie die alten Filme, die im Fernsehen wiederholt und die wir anschließend unter die Lupe nehmen werden, sind die alten Disney-Klassiker mit altmodischen, herkömmlichen Geschlechterrollen behaftet, die vor Jahren annehmbar waren. Und selbst moderne Disney-Filme können nicht ungefragt hingenommen werden.

Während *Schneewittchen* und *Aschenputtel*, die auf den edlen Prinzen warten, eindeutig sind, gibt es viele Disney-Filme, die subtiler, aber deswegen nicht weniger bedrückend wirken. Nehmen wir beispielsweise *Susi und Strolch*, eine zu Herzen gehende Liebesgeschichte, die leider vor lauter Klischees nur so strotzt. Strolch ist ein ungebundener, charmanter Draufgänger und Lebenskünstler. Susi ist eine ruhige, hübsche, attraktive, liebevolle und gehorsame Katze aus gutem Haus, die sich rührend um ihre Menschen kümmert. Er ist sorglos, spontan und verantwortungslos. Sie ist zuverlässig, fürsorglich und bereit, Verantwortung zu übernehmen. Susi »zähmt« den zögerlichen Strolch, indem sie einen Familienvater aus ihm macht.

Selbst neuere Filme wie *Die Schöne und das Biest* vermitteln das Klischee, dass eine Frau hinter der äußeren Hülle und dem groben Benehmen eines Mannes den wahren, liebenswerten Menschen finden kann, denn die Liebe und Hingabe der Schönen verändern das Biest. Wie oft gibt es einen männlichen Darsteller, der hinter dem hässlichen Äußeren einer Frau nach der inneren Schönheit sucht? Wichtiger ist jedoch die Frage: Sollte man überhaupt einem Menschen zumuten, hinter die äußere Hülle zu schauen oder grobes Benehmen hinzunehmen? Ist das nicht Schiebung? Obwohl zugegebenermaßen in vielen Menschen ein guter Kern schlummert, haben viele Frauen immer wieder Missbrauch hinnehmen müssen, weil sie an den Mythos geglaubt haben, dass sie ihre Männer durch Liebe und Hingabe verändern können. Als ich in der Schule unterrichtete, habe ich beobachtet, dass manche Mädchen sich mit gefährlichen Jungs einlassen, weil sie das Abenteuer suchen. Bedauerlicherweise glauben auch sie, dass sie mit Liebe aus ihrem gewalttätigen Burschen einen liebevollen Begleiter machen können.

In *Aladin*, einem unterhaltsamen und reich ausgestatteten Zeichentrickfilm, sehen wir eine einzige Szene, in der Prinzessin Jasmin als unabhängige junge Frau dargestellt wird, die sich nach eigenen Abenteuern sehnt. Aber der Rest des Films zeigt sie als passives Anhängsel von Aladin, das mit ihm auf dem fliegenden Teppich sitzt und ihn anhimmelt. Es besteht kein Zweifel, dass er derjenige ist, auf den die Abenteuer warten. Sie darf bei ihm sein, weil sie schön genug ist, um seine Liebe errungen zu haben, weshalb er sie zu seiner Auserwählten gemacht hat. Der Zuschauer hat am Schluss das Gefühl, dass sie ohne ihn immer noch am Brunnen sitzen, ihre traurigen Lieder singen und sich nach Abenteuern sehnen würde.

Die Zeichentrickfilme werden die Einstellungen und Haltungen Ihrer Tochter (und Ihres Sohnes) unweigerlich beeinflussen. Sie werden zu dem Schluss kommen, dass Frauen fürsorglich, liebevoll, passiv und bereit sind, grobes Verhalten in Kauf zu nehmen, und dass Männer verantwortungslos, grob und risikofreudig sind.

Lassen Sie nicht zu, dass Ihre Tochter schon in jungen Jahren Zeichentrickfilme dieser Art sieht. Erst mit circa sieben kann sie mit Fragen und anderen Sichtweisen besser umgehen. »Wär's nicht schön, wenn Prinzessin Jasmin auch einen fliegenden Teppich hätte?« beispielsweise, oder »Was würdest du machen und wohin würdest du fliegen, wenn du einen fliegenden Teppich hättest?« Sobald Ihre Tochter alt genug ist, um die versteckten Botschaften in Filmen und Zeichentrickfilmen herauszufiltern, können Sie mit folgenden Fragen eine Diskussion in Gang bringen.

Susi und Strolch

1. Welche Abenteuer könntest du dir für Susi vorstellen?
2. Warum ist Strolch ein guter Vater? Lieben ihn die Kleinen? Liebt Strolch die Kleinen?
3. Wenn Susi die Kleinen ein paar Wochen lang bei ihrem Vater lassen würde, wohin würde sie gehen und was würde sie machen?
4. Was sind Susis Stärken?
5. Wärst du lieber Susi oder Strolch, und warum?

Die Schöne und das Biest

1. Wie wäre die Geschichte, wenn die Schöne männlich und das Biest weiblich wäre?
2. Glaubst du, dass eine äußerlich hässliche Frau im Innern schön sein kann? Fallen dir schöne innere Eigenschaften ein? Wenn sie diese Eigenschaften besäße, würde sie dann auch äußerlich schön werden, so wie sich das Biest in einen schönen Prinzen verwandelt hat?
3. Was ist wichtiger, äußere Schönheit oder innere Schönheit? Gilt das gleichermaßen für Jungen und Mädchen?
4. Was macht einen Menschen schön? Ist Schönheit für Mädchen und Jungen gleich?

Aladin

1. Wohin würdest du fliegen, wenn du einen fliegenden Teppich hättest?
2. Was würdest du dir von einem Flaschengeist wünschen, wenn du drei Wünsche frei hättest?
3. Kannst du dir einen weiblichen Flaschengeist vorstellen? Zähle auf, was sie alles kann. Glaubst du, sie kann das Gleiche wie ein männlicher Flaschengeist oder etwas anderes?
4. Wie wäre die Geschichte, wenn Prinzessin Jasmin anstatt Aladin den Flaschengeist gefunden hätte?
5. Wohin würde Prinzessin Jasmin mit Aladin fliegen? Könnte sie auch allein dorthin fliegen?

Ein ganz besonderer Zeichentrickfilm

Jetzt habe ich die Gelegenheit, Reklame zu machen für meine Lieblingssendung im Fernsehen, die außerdem auch noch eine Zeichentricksendung ist. Ich meine die satirische, subversive, herrliche Serie *Die Simpsons*. Ich weiß, dass viele Eltern, die keine einzige Folge gesehen haben, die Sendung niedermachen, dabei entgeht ihnen eine großartige Gelegenheit, ihren Töchtern ein ausgezeichnetes Rollenvorbild zu zeigen, die Figur der achtjährigen Lisa Simpson nämlich.

Ich weiß, dass einigen Eltern die Figur des Bart Simpson missfällt, und ich gebe ihnen Recht. Obwohl der zehnjährige Rabauke auf seine Art liebenswert ist, kann ich gut verstehen, dass Eltern nicht möchten, dass sich ihre eigenen Söhne an ihm ein Beispiel nehmen.

Andererseits dauert es nicht lange, bis man als Zuschauer begriffen hat, dass es die Frauen sind, die in dieser Sendung die Gescheiteren sind. Marge Simpson ist eine gute Mutter, die sich alle Mühe gibt, ein gutes Rollenvorbild zu sein und ihre beiden Kinder ermutigt. Selbst Marges zwei »altjüngferliche Schwestern« erlauben keine männliche Dummheit und Bevormundung, außerdem sind sie sehr lustig. Aber Lisa Simpson ist das klügste, aufmerksamste, am besten informierte und geistreichste Familienmitglied.

Lisa Simpson schreibt gute Noten, spielt Saxophon, versucht ihren unwissenden Vater aufzuklären, ist Vegetarierin und Mitglied im Tierschutzverein, kämpft gegen jedes Unrecht, das sich ihr in den Weg stellt, behauptet sich gegen ihren frechen und nach Aufmerksamkeit heischenden älteren Bruder und seine egoistischen Freunde. Sie ist rundherum ein kluges, ehrgeiziges, heiteres, abenteuerlustiges, warmherziges, lustiges, höfliches, intelligentes und mitfühlendes kleines Mädchen. Ja, ja, ich geb's zu. Lisa Simpson ist mein Rollenvorbild!

In einer Folge, einer Parodie der Diskussion um die sprechende Barbie, die vor ein paar Jahren sagte: »Mathe ist schwer«, wird Lisa fuchsteufelswild, als ihre sprechende Puppe namens Malibu Stacey frauenfeindliche Dinge sagt wie zum Beispiel: »Frag mich nicht, ich bin nur ein Mädchen (kicher, kicher)!« Lisa, von ihrer Mutter Marge ermutigt, marschiert zum Hersteller und beschwert sich und verlangt, dass die Puppe zukünftig andere Dinge sagt. Da sie von den Bossen in der Firma gar nicht beachtet wird, sucht Lisa die Frau auf, die die Puppe entworfen hat, und es stellt sich heraus, dass sie ebenfalls unzufrieden ist mit dem, was man aus ihrer Puppe gemacht hat. Gemeinsam entwerfen sie eine neue Puppe und nennen sie Lisa Löwenherz. Die Herstellerfirma beschließt, Lisas Stimme für die neue sprechende Puppe zu nehmen. Für die Aufnahme gibt man Lisa ein Drehbuch in die Hand, und sie soll sagen: »Wenn ich heirate, will ich meinen Namen behalten.« Lisa hält nachdenklich inne und schlägt eine Änderung vor: »Eigentlich sollte es heißen: ›Wenn ich beschließen sollte zu heiraten, will ich meinen Namen behalten.‹«

Genau wie in vielen anderen Folgen, ist Lisa auch in dieser ein Mädchen, das klug und risikofreudig und davon überzeugt ist, dass sie durch ihr Handeln etwas bewirken kann. Sie deckt jeden Schwindel auf und hält nie mit der Wahrheit hinter dem Berg. Sie ist ein Mädchen mit Herz und Verstand.

Aus diesem Grund empfehle ich *Die Simpsons* wegen der positiven Vorbilder für Frauen und Mädchen ab sieben oder acht. Auch ältere Jungen – zwölf oder älter – wird die Sendung gefallen, denn sie haben in der Regel einen Reifegrad erreicht, der es ihnen ermöglicht, Bart zu durchschauen. Entscheiden Sie selbst.

4. Strategie: Serienwiederholung – mehr als nur Nostalgie

Seien Sie auf der Hut vor den Botschaften der alten Serien, die heute wieder ausgestrahlt werden, darunter *Verliebt in eine Hexe, Bezaubernde Jeannie, Dick von Dyke Show* und *Lassie*. Diese ehemals beliebten Serien aus den fünfziger, sechziger und siebziger Jahren spiegeln traditionelle Geschlechterrollen wider, durch die sich viele negative Vorstellungen von Weiblichkeit fortsetzen. Das Fernsehen gehört zu den Medien, das am langsamsten auf den Wandel der Geschlechterrollen reagiert. Das könnte daran liegen, dass die Programme in der Hauptsache von Männern gemacht werden und dass 80 Prozent der Drehbuchautoren männlich sind.[1]

Die heutigen Serien sind um Klassen besser. (Danke, Roseanne – eine echte Vorreiterin.) Drehbuchautoren für Serien haben entdeckt, dass einer, der sich über traditionelle Rollenklischees lustig macht, eine fast unerschöpfliche Quelle für Witze und Späße angezapft hat. Natürlich gibt es bessere und schlechtere, aber größtenteils werden in diesen Serien Klischees und sich verändernde Geschlechterrollen entlarvt und das Wissen darum als Quelle der Inspiration genutzt.

Wenn Sie mitbekommen, dass sich Ihre Tochter eine alte Serie anschaut, in der traditionelle oder gar negative Botschaften über Weiblichkeit übermittelt werden, müssen Sie schnell handeln. Machen Sie Ihrem Herzen Luft. Weisen Sie Ihre Tochter darauf hin. Helfen Sie ihr, Personen und Handlung zu hinterfragen. Wenn Ihre Tochter alt genug ist, stellen Sie ganz nebenbei die unten aufgeführten Fragen. Es ist nicht nötig, dass Sie sich die Zeit nehmen und alle Fragen auf einmal durchgehen oder ein Fragespiel daraus machen. Es genügt, wenn Sie hin und wieder darauf zurückkommen.

- Womit beschäftigen sich Frauen? Arbeiten sie? Im Haus oder außer Haus?
- Ist ihre Meinung gefragt? Suchen andere Personen ihren Rat?
- Nehmen die Frauen ihr Leben selbst in die Hand, oder sind sie von anderen abhängig?
- Sind sie selbstbewusst oder unterwürfig?
- Werden Situationen geschaffen, in denen sie Mut und Stärke beweisen können?
- Erleben Frauen und Mädchen Abenteuer? Wenn ja, was für Abenteuer?
- Sorgen andere für sie, oder sorgen sie für sich selbst?
- Sind Frauen attraktiv? Wenn nicht, welche Rollen spielen sie?
- Sind Frauen und Mädchen komisch, weil sie unzulänglich und doof sind und weil sie die falschen Entscheidungen treffen?

Obwohl ich mit ziemlicher Sicherheit sagen kann, dass die Gespräche, die sich aus den Fragen ergeben, nicht immer Ihren Erwartungen entsprechen oder zu den Antworten führen werden, die Sie gerne hören würden, werden Sie Ihre Tochter zum Denken anregen – und nicht nur Ihre Tochter, sondern auch Ihre Söhne. Fragen dieser Art stimulieren die intellektuelle Neugierde eines Mädchens und bestärken sie in ihrer Neigung zu anspruchsvoller Kritik – Fertigkeiten des rationalen Denkens und der Problemlösung. Auch wenn Ihre Tochter nicht immer das von Ihnen Gewünschte äußert, wird sie wenigstens über diese Themen nachdenken, was wiederum dazu beiträgt, dass die Wucht der negativen Botschaften gemindert wird. Außerdem bieten diese Diskussionen Gelegenheit herauszufinden, welche Vorstellungen bezüglich Geschlechterrollen und Geschlechtsidentität im Kopf Ihrer Tochter herumspuken.

Sollte Ihre Tochter Ansichten zum Besten geben, die Sie zurechtrücken möchten (bitte vorsichtig), sollten Sie dies in Form von weiteren Fragen tun, wie beispielsweise »Was wäre, wenn …?« oder »Wie könnte man …?« oder »Angenommen …«, und nicht, indem Sie Ihre Tochter in ein Streitgespräch verwickeln. Damit würden Sie nur ihren Trotz herausfordern, und sie würde ihre Position nur noch nachdrücklicher behaupten. Fragen haben den Vorteil, vor allem wenn die Tochter älter wird, dass sie dadurch offen und wissbegierig bleibt. Mit ein wenig Mühe werden Sie schon bald die richtigen Fragen parat haben, die Ihre Tochter und Ihren Sohn veranlassen, über die Bilder nachzudenken und die Motive und Werte derer zu hinterfragen, die die Bilder produzieren.

Der Druck lässt nicht nach: Widerstand gegen die Medien zwischen elf und achtzehn

Auch wenn Ihre Tochter älter wird, werden die absurden Botschaften und der konstante Druck nicht nachlassen, ganz im Gegenteil. Ihre Tochter wird ständiger Hilfe bedürfen, um widerstandsfähig zu bleiben und sich den Einflüssen negativer Rollenvorbilder in Liebesromanen, Seifenopern, Rock- und Raptexten und natürlich in der endlosen Zahl ausgemergelter Models, die über die Bildschirme der kollektiven weiblichen Psyche flimmern, zu widersetzen.

Wir wollen mit den Supermodels anfangen, diesen superschlanken, superfitten, superschönen Abnormalen, die wir erstmals im Zusammenhang mit Fremdbewertung erwähnten.

Ich wünschte, es wäre anders, aber die Wahrheit ist, dass zweifellos nur durch eine weibliche Revolution die tödlichen Folgen dieses endlosen Aufmarsches von schönen, dürren, vollbusigen, schlanken, langbeinigen, schmalnasigen, großäugigen, langmähnigen, schmollmündigen und in der Regel blonden Ikonen der Perfektion ausgemerzt werden können. Können wir die Auswirkungen lindern? Natürlich. Können wir die Auswirkungen ausmerzen? Das bezweifle ich. Wahrscheinlich wäre es effektiver, stattdessen die Revolution anzuzetteln. Aber dagegen wehre ich mich.

Unser erstes Problem besteht darin, dass diese Bilder überall auftauchen – im Fernsehen, in Filmen, in Anzeigen, in Zeitschriften, auf Plakatwänden, in jedem Medium, das durch bildliche Darstellung Aufmerksamkeit auf sich lenkt. In einer zunehmend visuellen Gesellschaft wird dieses Problem noch lange fortbestehen. Aber diese Bilder werden nicht nur gezeigt, sondern die Medien – und vor allem die Werbetreibenden – bombardieren ihre Zuschauer mit dem scheinbaren Lohn des guten Aussehens: glamouröser Lebensstil, sonnige Strände, tropische Sonne, Schwärme von bewundernden Männern, »Liebe« und das, was als scheinbares Glück angepriesen wird.

Erwachsenen, denen Mädchen am Herzen liegen, kommt deshalb die Aufgabe zu, alles in ihrer Macht Stehende zu tun, um diese Bilder zu entkräften. Dazu gibt es eine Reihe von Möglichkeiten. Eine Methode sollte unablässig angewandt werden: Weisen Sie Ihre Tochter immer wieder auf die Techniken hin, derer sich die Werbung bedient, um weibliches Selbstbewusstsein zu zerstören, damit sie ihr Geld bekommt. So einfach und so krass ist die Wirklichkeit.

Wenn Sie mit Ihrer Tochter fernsehen oder eine Zeitschrift durchblättern, stellen Sie ihr die folgenden Fragen:

5. Strategie: Was sagen uns Supermodels?

- Was wollen uns die Werbetreibenden durch die Frau in dieser Werbung glauben machen?
- Welche Lügen tischt uns der Werbende in diesem Werbespot auf?
- Welcher teuflische Plan steckt hinter dieser Werbung?
- Mit welchen Mitteln versuchen Werbetreibende einen glauben zu machen, dass man mehr braucht als nur sein natürliches Selbst, um attraktiv auf Jungen zu wirken?
- Wen benutzen sie, damit man sich selbst in seiner eigenen Haut nicht mehr wohl fühlt?
- Welche lächerliche Phantasie über Frauen wird hier in den Raum gestellt?
- Welche symbolische Bedeutung hat dieser Werbespot?
- Auf welche Weise versucht der Werbetreibende das eigene Selbstwertgefühl zu mindern?
- Welche Lüge soll hier gefressen werden, damit man sein Geld für das beworbene Produkt ausgibt?

Wenn Sie in einer Zeitschriftenanzeige oder in einem Fernsehwerbespot ein ausgemergeltes Model sehen, sagen Sie: »Schau dir dieses arme Mädchen an. Sie muss ständig hungern, um viel Geld zu verdienen. Das lohnt sich nicht. Man kann auch auf andere Art viel Geld verdienen.« Daran könnte sich ein Gespräch anschließen, in dem Sie erörtern, auf wie viel verschiedene Arten Ihre Tochter viel Geld verdienen kann. Oder Sie sagen: »Die wollen einen glauben machen, dass man Jungen nur auf sich aufmerksam machen kann, indem man sich zu Tode hungert. Man kann doch gesund, aktiv, interessant, lustig und charmant sein. Das mögen Jungen genauso.«

Eine weitere wirksame Methode besteht darin, Ihrer Tochter von den wirklichen Geheimnissen der Modebranche zu erzählen – von der körperlichen Mühsal und der verzweifelten Langeweile, der Models ausgesetzt sind. Eine meiner Interviewpartnerinnen, die in der Modebranche gearbeitet hatte, erzählte mir die folgenden Geschichten: Ich gebe sie hier wieder, damit Sie sie Ihrer Tochter erzählen können. Die erste handelte von einer Fotosession für Winterkleidung. Fotografiert wurde im August, damit die Fotos rechtzeitig zum Redaktionsschluss der Zeitschriften fertig waren. Das zweite Mal wurde im November die Sommerkleidung fotografiert.

»Fotografiert wurde neben Grants Mausoleum, und zwar im August. Nichts als Mauern und Stein. Das Thermometer zeigte über 30 Grad, und die Luftfeuchtigkeit war unerträglich. Die armen Models trugen Leggins aus Kaschmir, Wollmäntel, Strickmützen und Stiefel. Sie mussten ein paar Treppen hochlaufen, Luftsprünge machen und wieder zurücklaufen und das alles in dieser unerträglichen Hitze. Natürlich sollten sie dabei auch noch fröhlich aussehen.

Wir hatten Eisbeutel dabei für die, die ihn Ohnmacht fielen! Wer auch nur das kleinste Anzeichen von Unbehagen zeigte, war weg vom Fenster. Klagen wurden nicht geduldet.

Das Gleiche passierte, als wir die Sommerkollektion fotografierten. Wir waren draußen auf Coney Island an einem nasskalten Tag im November. Die Models hatten nichts weiter an als diese Flatterfähnchen und froren erbärmlich, aber sie mussten stundenlang rumstehen, bis die Fotografen so weit waren.

Models werden behandelt wie Tiere oder ein Stück Möbel. Die, die etwas respektvoller behandelt werden, sind die Supermodels, aber die haben schon eine ganz andere Stufe erreicht und werden trotzdem nicht so behandelt, wie man sich das als Außenstehender vorstellt. Am schlimmsten ist, dass es oftmals Frauen sind, die diese Mädchen so behandeln. Schrumplige alte magersüchtige Frauenzimmer in Chanelkostümen behandeln diese Mädchen wie ein Stück Ware.« Indem Sie Ihre Tochter mit diesen Information über das wirkliche Leben in der Modebranche konfrontieren, tun Sie Ihr Bestes, um dieser Welt den Glorienschein zu nehmen. Vergessen Sie auch nicht, ihr zu sagen, wie kurz eine Karriere als Model ist. Genau wie Tänzer gehören Models mit dreißig zum alten Eisen. Sorgen Sie dafür, dass Ihre Tochter begreift, dass der Beruf des Models eine sehr kurzlebige Angelegenheit ist.

Auf keinen Fall dürfen Sie vergessen, Ihre Tochter auf Gesundheit und Vitalität hinzuweisen, die sich in jedem Alter und in jedem Frauenkörper zeigen kann, sei er schwerknochig und muskulös, schlank und rank, rundlich und kräftig. Lenken Sie ihre Aufmerksamkeit auch auf ältere Frauenkörper, die gesund, kräftig und vital sind, damit sie begreift, dass Schönheit das Ergebnis von Gesundheit und Vitalität ist und nicht von Jugend und Dürrsein.

6. Strategie: Beziehen Sie Papas Hilfe mit ein

Sorgen Sie dafür, dass der Vater Ihrer Tochter in das Bemühen mit einbezogen wird, das Selbstwertgefühl Ihrer Tochter zu sichern. Denn angesichts der Pubertät und der Anfälligkeit für Werbebotschaften hinsichtlich des eigenen Aussehens ist die Meinung des Vaters als Mann nicht unwesentlich. Da sie jetzt, wo sie zu einer jungen Frau heranreift, mit Sicherheit Zuspruch und Bestärkung braucht, vor allem von männlicher Seite, sollte er seine Anerkennung auf angemessene Weise ausdrücken. So könnte er beispielsweise sagen: »Du siehst heute so hübsch aus, dass ich die Jungen über kurz oder lang mit dem Wasserschlauch von dir fern halten muss!« oder »Schön siehst du aus, mein Liebling«, wenn sie sich für ein besonderes Ereignis hübsch macht.

Obwohl es vielleicht den Anschein hat, als würde damit den Kräften Vorschub geleistet, die mehr Wert auf das Aussehen eines Mädchens legen als auf das, was es im Kopf hat, muss dem nicht so sein. Natürlich sollte der Vater die Leistungen seiner Tochter kontinuierlich loben, aber er darf dabei nicht außer Acht lassen, dass ihre Umgebung ganz massiven Druck bezüglich ihres Aussehens auf sie ausübt, und dass er den damit verbundenen Stress minimieren kann, indem er großzügig mit seiner Anerkennung ist. Will er ihr Selbstwertgefühl stärken, muss er sie wissen lassen, dass die junge Frau, zu der sie sich entwickelt, attraktiv ist.

Strengstens hüten sollte sich der Vater davor, seine Tochter bezüglich ihres Körpers aufzuziehen, auch wenn es nur spaßeshalber ist. Wie Sie sich gewiss noch aus Ihrer eigenen Teenagerzeit erinnern, wird sie dies keinesfalls lustig finden. Noch wichtiger ist, dass er niemals auch nur subtile Anspielungen macht, sie müsse abnehmen, denn das könnte Panik in Ihrer Tochter auslösen. Solche Anspielungen könnten sogar Auslöser für spätere Essstörungen sein.

Er sollte sich stets anerkennend über weibliche Formen äußern, die kräftig, gesund und vital sind und von Aktivität zeugen. Des Weiteren kann er Kritik an den Models im Fernsehen üben: »Sie ist zu dünn«, »Sie sieht aus wie ein Skelett«, »Sie sieht überhaupt nicht gesund aus«, oder »Kräftige, gesunde Frauen sind viel hübscher als die verhungert aussehenden Models.« Sie können ihm dabei mit Rat zur Seite stehen.

In Kapitel 10, in dem es hauptsächlich um Pubertät geht, erfahren Sie noch mehr über Väter und deren Einfluss auf das körperliche Wohlbefinden Ihrer Töchter. Im Moment genügt es, wenn Sie dem Vater Ihrer Tochter klarmachen, dass seiner positiven Bewertung kräftiger, gesunder, aktiver Frauen sehr viel Gewicht beikommt, und sie dazu beitragen wird, dass seine Tochter ein gesundes Körperbewusstsein entwickelt.

Liedtexte

Die Rock-and-Roll- und Raptexte sowie die Musikvideos, die von Männern geschrieben und komponiert werden, trachten danach, männliche Dominanz zu schaffen und zu festigen. Eine für sie bewundernswerte männliche Dominanz. Ob es denen, die Texte schreiben und Musikvideos produzieren, bewusst sein sollte oder nicht, das Ergebnis ist das Gleiche. In vielen von männlichen Gruppen vorgetragenen Texten wird Gewalt gegen Frauen entschuldigt und teilweise sogar befürwortet. Zahlreiche Musikvideos beschreiben Frauen als Objekte für Männer, mit denen diese nach Belieben verfahren können. Dies sind die dunklen Kräfte, denen Ihre Tochter mit zunehmendem Alter ausgesetzt sein wird.

Zum Glück wird die Popmusikszene nicht mehr allein von Männern bestimmt. Viele, wenngleich nicht alle, neue weibliche Popsängerinnen tragen provokative und sogar aggressive Antworten vor. Eine Sängerin, die in ihren Texten der männlichen Dominanz widerspricht oder den Sinn und Zweck des Schönheitskults hinterfragt, kann für Ihre Tochter ein wichtiges Vorbild sein und für Sie eine wichtige Verbündete im Bemühen, Ihrer Tochter eine erfolgsorientierte Einstellung zu erhalten. Diese Sängerinnen können eine bedeutende Rolle spielen, denn viele junge Mädchen identifizieren sich mit ihnen und versuchen sie nachzuahmen.

Hören Sie sich die Texte der Bands und Stars Ihrer Tochter an. Wenn Sie sich MTV im Fernsehen anschaut, setzen Sie sich neben sie und stellen Sie einige der Fragen aus dem Absatz über die Supermodels.

Vor allem Rap enthält oftmals zornige Texte, die Mädchen herabwürdigen. Geben Sie Ihrer Tochter und ihren Freundinnen Gelegenheit, sich ebenfalls zornig zu äußern, aktiv anstatt passiv zu sein, sich das Recht herauszunehmen, andere zu bewerten, genauso wie sie von anderen bewertet werden, sich selbst als *etwas anderes* als nur als Objekt der Begierde zu sehen. Wie Sie das schaffen sollen? Lesen Sie weiter.

7. Strategie: Rapping

Ermutigen Sie Ihre Tochter und ihre Freundinnen, eigene Raptexte zu schreiben, und zwar über Jungen, die sie kennen. Die Mädchen könnten den Text schreiben, ihn einstudieren und ihn dann bei Gelegenheit in der Schule vortragen. Hören Sie sich die Texte aber auf jeden Fall vorher an, um sicherzustellen, dass keine Flüche verwendet werden, was zum Standardrepertoire der männlichen Rapper gehört. Reden Sie ihnen gut zu, die Dinge beim Namen zu nennen und wie die echten Rapper die Rhythmuslaute mit Mund und Händen zu erzeugen. Genauso gut könnten sie dazu tanzen oder ein selbst gemachtes Video im Hintergrund laufen lassen.

Leidenschaft und Risiko: Die Liebesromane

> Favel Farrinton wusste nur wenig über ihren Ehemann … der sie mit der Gewalt einer riesigen Welle mit sich und in die Ehe gerissen hatte … Er hatte etwas Berechnendes, wenn nicht gar Boshaftes an sich. Im Rückblick war sie der Überzeugung, sie sei deshalb so schnell fasziniert gewesen, weil sie sich seiner nicht sicher sein konnte. Es sollte lange dauern, bis sie herausfand, was für ein Mensch er wirklich war.
>
> *(Aus* Bride of Pendoric *von Victoria Holt)*

Liebesromane, die die Sehnsucht junger Mädchen nach Abenteuer auf gefährliche Art und Weise ausnutzen, üben gerade in der Pubertät eine ungeheure Anziehungskraft aus. Obwohl selbst Liebesromane die sich verändernden sozialen Werte mehr oder weniger widerspiegeln, müssen Mütter dafür sorgen, dass ihre Töchter die in den Romanen enthaltenen Elemente verstehen, die ein Erwachsener augenblicklich als Phantasie entlarven würde. Eines dieser Elemente ist die immer nach dem gleichen Muster gestrickte Figur des männlichen Helden, der das Interesse der Heldin weckt, und der geheimnisvoll, unberechenbar und möglicherweise gefährlich sein muss. Die Heldin, die nicht weiß, ob sie ihm trauen kann, nimmt die Herausforderung mit glühenden Wangen an. Genau das macht ihn begehrenswert und erhebt ihn über normale, »langweilige« Männer.

Nachdem das erste Treffen stattgefunden hat, muss die Heldin eine Reihe von Herausforderungen bestehen, um ihren Glauben an ihn zu beweisen. Nicht selten muss sie hinter sein biestiges Äußeres blicken. Er muss weiterhin den Geheimnisumwitterten mimen, der nur schwer zu deuten ist. Er muss veränderlich sein, und er muss sie vielleicht sogar in Gefahr bringen. Obwohl er sich am Schluss natürlich als der Gute entpuppt, ist dies ein gefährlicher Weg für Mädchen und ihrer natürlichen Entwicklung gegenläufig. Das Ganze ist auch eine Variation des Liebe-als-Erlösung-Themas, das mit *Die Schöne und das Biest* seinen Anfang nahm.

Sollte Ihre Tochter gerne Liebesromane lesen, bleibt Ihnen nichts anderes übrig, als sie ebenfalls zu lesen. Wenn Sie einen Roman gelesen haben, den sie ebenfalls gelesen hat, könnten Sie ganz nebenbei bemerken, dass Sie eines ihrer Bücher gelesen haben. Gebrauchen Sie auf keinen Fall den erhobenen Zeigefinger. Weisen Sie sie in spöttischem Ton – Teenager spötteln und witzeln gern – darauf hin, wie töricht es ist, ein Verlangen nach Abenteuer durch die Zähmung eines gefährlichen Mannes zu befriedigen. Im Folgenden einige Anregungen, um Ihnen den Anfang zu erleichtern.

8. Strategie: Sich lustig machen über Liebesromane

- Ich hab in das Buch reingeschaut, das du gerade liest. Unglaublich, wie Frauen in diesen Büchern dargestellt werden – als würden Frauen Abenteuer nur über einen Mann kriegen. Die so was schreiben, halten Frauen wahrscheinlich für Schwächlinge.
- Würdest du nicht lieber deine eigenen Abenteuer erleben? Wer will schon Spannung und Abenteuer in seinem Leben von einem Mann abhängig machen? Das schafft man sich besser selber. Man könnte einen Berg besteigen oder etwas erfinden oder eine Weltreise machen. Das wären richtige Abenteuer!
- Unfassbar, wie in diesen Liebesromanen Frauen der Gefahr ausgesetzt werden, indem potentiell gewalttätige Männer als glamourös und faszinierend dargestellt werden. Aber es ist überhaupt nicht faszinierend, Schmerz zu erleiden, weder körperlichen noch seelischen.
- Diese Liebesromane sind der reinste Humbug. Im richtigen Leben sind Männer, die gefährlich scheinen, entweder wirklich gefährlich, oder nicht gewillt, sich zu ändern und verursachen dazu auch noch Schmerz und Leid und nicht Freude. Gute Männer sind die, die angenehm und sympathisch sind. Die anderen sind ein Graus.
- Männer befriedigen ihr Bedürfnis nach Abenteuer *nicht* durch Beziehungen.

Seifenopern und Talkshows

Seifenopern spiegeln nicht das richtige Leben wider. Sie zeigen nicht, wie richtige Menschen Entscheidungen treffen und ihr Leben handhaben. Das wissen Sie und das weiß ich, aber weiß es auch Ihre Tochter? Da die meisten Kinder gar keine Ahnung davon haben können, wie Erwachsene sich vernünftig verhalten, mit Ausnahme der Eltern natürlich, müssen Sie Ihrer Tochter helfen, Seifenopern als das zu sehen, was sie sind – als *reine Unterhaltung*. Ihre Tochter sollte begreifen, dass die Seifenopern, weil sie die Aufmerksamkeit des Zuschauers von Folge zu Folge sichern müssen, gezwungen sind, unablässig Spannung zu erzeugen. Die Spannung wird erzeugt, indem am Ende einer jeden Folge eine Frage im Raum stehen bleibt. Außerdem bedienen sie sich der dauerhaften Krise sowie der melodramatischen Bösewichte, der unrealistischen Helden und spannungsgeladener Sexszenen.

Sie wollen, dass Ihre Tochter einsieht, dass die handelnden Personen in den Seifenopern im höchsten Grade lebensuntüchtig sind. Sie verhalten sich genau so wie sich gesunde, vernünftige Menschen nicht verhalten würden. Um den dramaturgischen Anforderungen der Drehbuchautoren nachzukommen, die eine Szene endlos in die Länge dehnen müssen, treffen die handelnden Personen schreckliche, oftmals lächerliche Entscheidungen, die aus Gefühlen und bar jeglicher Vernunft gefällt werden. Nicht selten sind es die schlimmsten Gefühle: Eifersucht, Gier, Neid und Angst. Dazu kommt, dass sie häufig zum Liebesroman-Muster greifen, indem sie gefährliche Männer attraktiv erscheinen lassen. Wer einem solchen Mann in der Realität begegnen würde, würde sich höchstwahrscheinlich umdrehen und davonlaufen.

9. Strategie: Die Seifenopern entlarven

Mark Twain hat einmal gesagt: »Dem Angriff des Lachens kann nichts widerstehen.« Ihre Aufgabe besteht deshalb darin, zum Angriff auf die Seifenopern zu blasen und die lächerliche Vorstellung zu entlarven, dass Seifenopern realistisches Erwachsenenverhalten widergeben, indem sie über Handelnde und Situationen spötteln, witzeln, lachen, höhnen und sich lustig machen. Sollte Ihre Tochter schon alt genug sein, um Ironie zu verstehen, spricht nichts dagegen, auch mal ironisch bis sarkastisch zu sein. Machen Sie sich den Humor zu Eigen, der bei Jugendlichen beliebt ist, und wenden Sie ihn auf die lächerlichen Handlungen und Personen in Seifenopern an. Nachfolgend ein paar Kommentare, die Ihnen zu Anfang nützlich sein könnten:

- Ich bin echt froh, dass wir diese Seifenopernfiguren haben, die uns zeigen, wie man sich im richtigen Leben verhält. Andernfalls könnten wir in die Verlegenheit kommen, uns vernünftig zu benehmen.
- Sehnst du dich nicht manchmal nach einer Freundin, die sich so verhält?
- Mann, ist das ein großartiges Rollenvorbild.
- Also, wenn das keine vernünftige Entscheidungsfindung ist.
- Möchtest du nicht auch so egozentrisch (oder gierig oder paranoid) sein wie sie?
- Diese Drehbuchautoren tun wirklich alles, damit man morgen wieder einschaltet.
- Gut, dass das nur Unterhaltung ist. Sonst wär's wirklich eine Beleidigung für jeden intelligenten Menschen.

Wie in Seifenopern werden auch in vielen Talkshows die Einschaltquoten gesteigert, indem eine falsche Spannung erzeugt wird. (Bei Seifenopern wissen wir wenigstens, dass alles erfunden ist.) Ebenso wie in Seifenopern sind auch viele Gäste in Talkshows psychisch angeschlagen, manchmal sogar krank. Wird der eine dem anderen Schimpfwörter an den Kopf werfen? Ihn mit Flüchen eindecken? Sie stoßen? Ihn schlagen? Einen Stuhl werfen? Jemanden nach der Show erschießen? Es ist wohl offensichtlich, dass sich unsere Kinder nicht die Menschen in Talkshows zum Vorbild nehmen sollen.

Es gibt aber auch Talkshows, die sich auf verantwortungsvolle Weise mit einem Thema auseinander setzen und keine privaten Fehden oder dergleichen austragen. Wenn in einer Talkshow ganz bewusst Sensationshascherei vermieden wird, wenn Themen behandelt werden, die Zuschauer aufgeklärt und erbaut werden, wenn Fachleute herangezogen werden, um Verhaltensweisen zu erklären und sie ins Bewusstsein zu bringen – und zwar nicht nur in den letzten fünf Minuten der Sendung –, dann kann man von gutem Fernsehen sprechen. Bedauerlicherweise ist dies aber nur sehr selten der Fall.

Wenn Ihre Tochter bei einigen dieser dummen Talkshows wie gebannt vor dem Fernseher sitzt, machen Sie sie auf Einschaltquoten und Sponsoren aufmerksam. Machen Sie sie auf die theatralischen Illusionen aufmerksam, die von den Produzenten geschaffen werden. Lassen Sie sie wissen, dass Produzenten ihre Gäste oftmals zum Streiten ermutigen, um die Show aufregender zu machen. In einer solchen Talkshow, die ich hier jedoch nicht beim Namen nennen will, wurde mir vom Produzenten vor der Sendung ins Ohr geflüstert: »Machen Sie's aufregend und spannend. Das mögen die Leute.« Je mehr Ihre Tochter weiß, desto weniger fällt sie auf die Illusion herein, wenn Unterhaltungsware als »Information« verkauft wird.

10. Strategie: Empfehlen Sie Sendungen mit positiven Rollenvorbildern

Ich habe bisher immer wieder darauf hingewiesen, wie wichtig positive Vorbilder für Ihre Tochter sind, um den negativen, klischeehaften und hilflosen Bildern entgegenzuwirken, und auch als Gleichgewicht gegen die zahllosen Helden, die Jungen als Vorbilder haben. Nachfolgend zähle ich die Filme und Fernsehsendungen auf, die ich empfehlen würde, weil sie nämlich genau diese Klischees nicht benutzen, sondern weibliche Rollenvorbilder zeigen, die gut für Ihre Tochter sind.

Anfangen möchte ich mit Serien, die heute schon fast Kulturgut sind. Wahrscheinlich kennen Sie schon *Roseanne* und *Dr. Quinn – Ärztin aus Leidenschaft*. Nicht zu vergessen Lisa Simpson.

Drei weitere Rollenvorbilder halte ich hier für erwähnenswert. Es sind *Xena*, die Prinzessin aus der gleichnamigen Serie, und Captain Janeway aus *Star Trek: Voyager*, aber auch noch andere aus der gleichen Serie, und Sally, die Mitarbeiterin des Commanders in *Hinterm Mond gleich links*.

Xena, die Prinzessin, ist im Grunde eine weibliche Variante von *Hercules* und wurde erschaffen, um Mädchen eine eigene Heldin zu geben. Die erste Szene zeigt Xena, wie sie auf ihrem treuen Pferd reitet. Im Hintergrund hört man eine Stimme, die sagt: »Ein Land, in dem Unruhen und Krieg herrschen, rief nach einer Heldin. Es rief nach Xena, der Kriegerin, gestählt in der Hitze vieler Schlachten. Ihr Mut sollte die Welt für immer verändern.« Xena sieht aus wie die klassische Amazonenkriegerin. Sie ist kräftig und überragt die meisten Männer, denen sie begegnet. Ihr Auftrag besteht darin, in ihrer Welt der mythologischen Ungeheuer und Bösewichte die Ungerechtigkeit zu bekämpfen. Xenas treue Gefährtin ist Gabrielle, die sie als Kleinkind gerettet hat. Obwohl Gabrielle kleiner und jünger ist, bewährt sie sich immer wieder und steht Xena bei ihren Abenteuern bei. Gabrielle ist ein ausgezeichnetes Rollenvorbild für jüngere und zarte, feingliedrige Mädchen. In einer Folge entpuppt sich Gabrielle als die Erbin des Amazonenthrons; im Verlauf der Serie wird also gezeigt, wie aus einem schüchternen Waisenkind eine selbstbewusste Frau wird.

Auch in der Science-Fiction-Welt bieten sich Rollenvorbilder für Mädchen an. Wo früher hauptsächlich knapp bekleidete Mädchen über den Bildschirm flimmerten, agieren in den heutigen Science-Fiction-Serien starke Frauen, darunter Sarah Connor, die sich in den *Terminator*-Filmen zur Kampfpilotin ausbilden lässt. Eine solche starke Frau ist auch Dana Scully, die Forscherin und FBI-Agentin in *Akte X*. Trotzdem halte ich die *Star-Trek*-Serie für die Beste. *Star Trek* war von Anfang an etwas Besonderes, denn schon seit den ersten Folgen setzte sich die Mannschaft aus Menschen verschiedener Hautfarbe zusammen. Bedauerlicherweise sind die ersten Sendungen so alt, dass das Frauenbild an vielen Stellen veraltet ist. Sie müssen deshalb dieses Frauenbild, genau wie in den anderen älteren Fernsehserien, zusammen mit Ihrer Tochter ernsthaft hinterfragen.

Captain Kathryn Janeway aus *Star Trek: Voyager* könnte kein besseres Rollenvorbild sein. Sie ist stark und hat die Befehlsgewalt, sie bleibt immer ruhig und behandelt die Mitglieder ihrer Mannschaft höflich und mit Respekt. Captain Janeway hat eine größere Herausforderung zu meistern als ihre männlichen Vorgänger, denn ihr Raumschiff irrt durch den Weltraum, weit ab von der Föderation der Planeten und der Unterstützung der großen Flotte. Sie muss sich auf ihre eigenen Fähigkeiten verlassen, um ihr Raumschiff und ihre Mannschaft sicher nach Hause zu bringen. Sie muss diplomatisch sein im Umgang mit den verschiedenen Völkern, die nichts von der Föderation wissen, und sie muss Gewalt anwenden, wenn das Raumschiff bedroht wird.

Die anderen beiden Reihen bieten ebenfalls starke weibliche Rollenvorbilder. In *Star Trek: Die nächste Generation* agieren zwei weibliche hochrangige Mannschaftsmitglieder, zum einen Beverly Crusher, die Ärztin an Bord und allein erziehende Mutter ist, und zum anderen Deanna Troi, die Psychologin. Mit von der Partie ist auch die wunderbare Whoopi Goldberg als Guinan in der Rolle der Barfrau. In *Die nächste Generation* tritt zum ersten Mal eine Frau als Sicherheitsoffizier auf. Es ist Tasha Yar, die in Ausübung ihrer Pflicht getötet wird. In *Star Trek: Deep Space Nine* sind zwei Frauen hochrangige Offiziere: Lieutenant Dax und Major Kira, ehemals Freiheitskämpferin für ihr Volk der Bajoraner, als ihr Planet von einer feindlichen Rasse besetzt wurde, und Keiko O'Brien, von Beruf Botanikerin. In weiteren Rollen treten weibliche Admiräle, Botschafterinnen, Wissenschaftlerinnen und Politikerinnen auf. In allen drei Serien werden Frauen gezeigt, von denen etliche sowohl Familie als auch Karriere meistern.

Sally in *Hinterm Mond gleich links* ist sowohl Rollenvorbild als auch Mentorin für Ihre Tochter, denn sie entlarvt die Geschlechterklischees auf humorvolle und gleichzeitig unerbittlich ehrliche und klarsichtige Weise. Sally kann deshalb so handeln, weil sie ein Machotyp ist, der für seine Mission auf der Erde in den Körper einer Frau schlüpfen muss. Natürlich hat sie nicht die leiseste Vorstellung davon, wie sie sich als Frau zu verhalten hat. Sie gerät ständig aus dem Häuschen über die Ungerechtigkeiten, die ihr in ihrer Rolle als Frau widerfahren, und sie macht auch keinen Hehl aus ihrer Entrüstung. »Warum muss ich diejenige sein, die eine Frau zu sein hat?«, schleudert sie einmal ihrem Commander entgegen.

Sally wirkt nie hilflos. In einer Folge geht ihr beispielsweise auf, dass sie das einzige Familienmitglied ist, das an Thanksgiving nicht entspannen und lustig sein darf, sondern in der Küche schuften soll. »Großartig«, sagt sie, »noch einer der Vorteile der Frauen«, aber als Lieutenant befiehlt sie den anderen Familienmitgliedern, ihr zu helfen.

In einer weiteren Folge missinterpretiert sie ihre Rolle in einem bevorstehenden Schulbasar. Sie drillt die Gruppe der anwesenden Hausfrauen, bis daraus eine gut funktionierende, disziplinierte Militäreinheit wird. Sie pfeift ihre Befehle, lässt sie Armstützen machen und in Reih und Glied in die Schulcafeteria einmarschieren. Sie ruft ihnen zu »Männer!« und lässt sie salutieren und »Jawohl!« schreien. Vor dem Basarverkauf hält sie eine mitreißende Rede, die jedem großen General Ehre machen würde. Ihre Truppe veranstaltet den erfolgreichsten Basar, den die Schule je gesehen hat. Beim Entlarven klischeehafter Geschlechterrollen ist Sally einfach unübertroffen.

In den Filmen, die ich ausgesucht habe, spielen Frauen die Hauptrollen, die echte zeitgenössische Heldinnen sind. Ich spreche von *Die kleine Prinzessin Sara*, *Das Geheimnis des Seehundbabys*, *Grüne Tomaten*, *Thelma und Louise* und *Das Schweigen der Lämmer*. Die ersten beiden sind besonders beliebt bei Mädchen ab sechs, der dritte bei Mädchen ab neun. Die letzten beiden sollten nicht vor zwölf angeschaut werden – *Das Schweigen der Lämmer*, weil er echte Angst auslösen kann, und *Thelma und Louise* wegen der brutalen Vergewaltigungsszene. In allen Filmen ist die weibliche Hauptperson eine erfolgsorientierte, risikofreudige Frau, die entweder eine oder eine ganze Gruppe von Frauen rettet. Sowohl in *Die kleine Prinzessin Sara* als auch in *Das Geheimnis des Seehundbabys* geht ein kleines Mädchen mit gutem Beispiel voran. In *Das Geheimnis des Seehundbabys* rettet die kleine Helding ein ganzes Dorf! Was *Grüne Tomaten*, *Das Schweigen der Lämmer* und *Thelma und Louise* so außergewöhnlich macht, sind die Hauptdarstellerinnen, die andere Frauen retten. Es kommen keine Männer vor, die in letzter Minute zu Hilfe eilen. Die Erfahrungen, die durch diese Filme bei jungen Mädchen erzeugt werden, sind eindringlich und bewegend, und ich möchte sie deshalb noch einmal empfehlen.

Kapitel 8
Nicht nur für Jungen
Zehn Strategien zur Entwicklung des erfolgsorientierten Denkens

> Kinder sind viel gescheiter, als man denkt.
> Sie wissen nicht, was sie nicht können.
> *Nicole, vierzehn*

Zwei Denkweisen fördern die Kompetenz im Besonderen. Die erste trägt zu Widerstandsfähigkeit und Ausdauer bei und beruht auf dem Wissen, dass Lernen mitunter mit Verwirrung einhergeht und dass der Weg zum Erfolg auch Misserfolge mit einschließt. Bei der zweiten handelt es sich um eine Reihe von intellektuellen Fähigkeiten, die zur Problemlösung beitragen und zu Mehrfachlösungen führen.

Fünf und jünger

Die Erziehung Ihrer Tochter zum erfolgsorientierten Denken beginnt bereits in der Wiege. Auch wenn ihre ersten Bedürfnisse körperlicher Art sind – Essen, Wärme und Schlaf –, sind ihre emotionalen Bedürfnisse nach Liebe und Sicherheit genauso wichtig, vor allem im Hinblick auf die Erziehung zu einem starken und widerstandsfähigen Menschen. Erst wenn ihre körperlichen Bedürfnisse befriedigt und ihre Anforderungen bezüglich Liebe und Sicherheit gestillt sind, kann sich Selbstvertrauen, der Grundstein der Überzeugung von der eigenen Wirksamkeit, entwickeln.

Auch wenn Sie der Meinung sind, dass sich das von selbst versteht, möchte ich trotzdem betonen, dass die Befriedigung körperlicher Bedürfnisse und die liebevolle Hinwendung, wenn Ihre Tochter schreit (positive Verstärkung), ihr die Botschaft vermitteln, dass sie ihre Bedürfnisse mitteilen kann und dass die Welt um sie herum sicher und aufmerksam ist. Sie lernt, dass sie ein gewisses Maß an Kontrolle über ihre Umgebung hat und somit Ereignisse beeinflussen kann, die sie selbst betreffen. Die Schreie eines Kleinkindes sind sein einziges Mittel der Kommunikation, und darum sollte man positiv darauf reagieren.

Schulung ihres Denkens

Neueste Forschungen auf dem Gebiet der Entwicklung des menschlichen Gehirns haben gezeigt, dass die Fähigkeit des Gehirns, sich kognitiv zu entwickeln, Information aufzunehmen und zu verarbeiten und Sprachen, Mathematik und Musik zu lernen, schon im Kleinkindalter vorhanden ist. Diese erstaunliche Fähigkeit ist schon bei der Geburt vorhanden und entwickelt sich ständig weiter. Ihre Reaktion auf die Bedürfnisse Ihres Kindes nach Stimulierung hat weitreichende Auswirkungen auf die Fähigkeit Ihrer Tochter, sich vollständig zu entfalten.

Denken Sie immer daran, dass die Zeiten, in denen sich Gelegenheiten bieten, eine ganz bestimmte Art des Denkens zu erlernen – logisch, mathematisch, körperlich, emotional, sprachlich, musisch –, kommen und gehen.[1] Sie lassen sich folgendermaßen zuordnen:

Körperlich und motorisch (bis zu einem gewissen Grad räumlich)	von Geburt bis 5 Jahre
Emotional	von Geburt bis 2 Jahre
Sozial	von Geburt bis 2½ Jahre
Sprachlich (erste Sprechlaute):	von 3 Monaten bis 3 Jahre
Sprachlich (zweiter Wortschatz)	von 6 Monaten bis 9 Jahre
Mathematisch und logisch (zum Teil räumlich)	von 1 Jahr bis 4 Jahre
Musisch	von 3 Jahren bis 9 Jahre

Nutzen Sie die phänomenalen Fähigkeiten des Gehirns, die schon in frühester Kindheit vorhanden sind, indem Sie Ihrer Tochter vorlesen, mit ihr sprechen und interagieren. Bieten Sie ihr möglichst viele Stimuli, um diese Gehirnfunktionen zu aktivieren. Im Folgenden stelle ich eine ganze Reihe solcher Stimuli vor. Die Liste ist lang, aber Sie müssen nicht alle anwenden. Wählen Sie die für sich besten aus. Wichtig ist auch, darauf zu achten, welche Ihre Tochter am liebsten mag, denn Spaß machen soll es allemal!

1. Strategie: Nutzen multipler Stimuli

Kinder lernen mit allen Sinnen – sie lernen durch sehen, hören, berühren –, und deshalb sollten Sie für Stimuli in diesen Bereichen sorgen. So werden alle Wahrnehmungskanäle geöffnet, auch für das Lernen.

Wenn Sie beispielsweise Ihr kleines Mädchen mit Spielsachen auf den Boden setzen, sollten Sie so viel wie möglich an Berührungsmöglichkeiten bieten: einen kalten Schraubdeckel aus Metall, einen warmen, weichen Socken, einen kratzigen Topfreiniger (keine Stahlwolle), einen weichen Schwamm, einen glatten Ball oder einen harten Stein. Wenn Sie ein Mobile für sein Zimmer aussuchen, sollten Sie eines mit vielen verschiedenen Farben, Formen und Größen nehmen. Schaffen Sie visuelle Stimuli auf niedrigster Ebene, indem Sie in der Küche Unterschränke und den unteren Teil der Wände mit farbenfrohen Bildern aus Zeitschriften bekleben, damit Ihre Tochter, wenn sie auf dem Boden sitzt, diese anschauen kann. Sie können ein Bild sogar mit dem entsprechenden Wort beschriften. Dies mag Ihnen ein bisschen zu viel sein, aber es kommt nicht selten vor, dass besonders begabte Kinder sich schon vor dem vierten Geburtstag selbst das Lesen beibringen. Es kann deshalb nicht schaden, dies zu unterstützen. Viele Eltern sind sprachlos, wenn ihr Kind auf einmal einen vollständigen Satz vorliest. Auch im akustischen Bereich sollten Sie sie mit verschiedenen Lauten bekannt machen: leisen, lauten, hohen, tiefen, kratzigen usw. Wenn Sie zwei- oder gar mehrsprachig sind, sollten Sie immer wieder in einer anderen Sprache zu ihr sprechen. Machen Sie komische Geräusche, Ihre Tochter macht sie vielleicht nach. Pfeifen oder singen Sie ihr verschiedene Lieder vor, angefangen von Schlafliedern bis hin zu Opernarien. Spielen Sie ihr verschiedene Musiken vor, angefangen von Bach und Beethoven bis hin zu modernen Songs. Je mehr ihre Sinne stimuliert werden, desto größer sind ihre zukünftigen Fähigkeiten. Achten Sie dabei aber immer auf die jeweilige Reaktion Ihrer Tochter. Kinder haben genau wie Erwachsene unterschiedliche Toleranzschwellen für Stimuli. Anders ausgedrückt heißt das, dass man Kinder überstimulieren und somit unnötig Stress erzeugen kann. Achten Sie auf stresshindeutendes Verhalten wie Quängeln, Weinen, Anzeichen von Angst und Panik.

2. Strategie: Sport, Spiele, körperliche Betätigung und das Gehirn

Zunehmend aktive körperliche Betätigung steht, je älter Ihre Tochter wird, in direktem Zusammenhang mit dem ständigen Bedürfnis nach geistiger Stimulation. Deshalb wäre es grundverkehrt, wollte man die beiden Entwicklungsbereiche – den körperlichen und den geistigen – trennen. Körperliche Betätigung und geistiges Wachstum sind eng miteinander verbunden. Ich habe bereits erwähnt, dass Spiele und Sport das Gehirn auf die Entwicklung bestimmter Denkweisen vorbereiten. Gehirnforschung hat ergeben, dass Kinder, die körperlich aktiv sind – d. h. das, was sie lernen, auch auf körperlicher Ebene erfahren und sich täglich sportlich betätigen –, bessere schulische Leistungen erbringen. Die Körperlichkeit in der Kindheit ist direkt mit der Entwicklung des Gehirns verbunden, d. h., das eine fördert das andere.

So haben Untersuchungen gezeigt, dass die Teilnahme an Mannschaftsspielen das Gehirn in die Lage versetzt, räumliche Zusammenhänge besser zu verstehen. Feinmotorische Fähigkeiten können zum besseren Lesen beitragen. Das Verständnis für Musik, die mathematische Zusammenhänge enthält, unterstützt das Verständnis für Mathematik und umgekehrt. Das Lesen der Noten, die eine ganz eigene Sprache sind, ist eine Beschäftigung, die beide, die rechte und die linke Gehirnhälfte anspricht. Deshalb sollten Sie nicht zögern, wenn Ihre Tochter sich in dieser Weise betätigen will. Sport ist nicht nur ein ausgezeichnetes Mittel, sich abzureagieren, sondern sie fördert auch die Entwicklung des Gehirns.

3. Strategie: Verstärken Sie künstlerische Betätigung

Auf keinen Fall sollten Sie darauf bestehen, dass sie beim Ausmalen immer innerhalb der vorgezeichneten Linien bleibt. Natürlich kann sie es versuchen, um die feinmotorischen Fähigkeiten und die Augen-Hand-Koordination zu entwickeln, aber genauso wichtig ist es, außerhalb der Linien zu malen, denn dies ermutigt dazu, Grenzen zu durchbrechen. Ermutigen Sie sie, ihre eigene Version des Bildes zu malen oder das auszumalende irgendwie zu verändern.

Ermutigen Sie sie zum künstlerischen Ausdruck in großem Format und nicht nur auf kleinformatigem Papier. Stellen Sie in ihrem Zimmer eine große Tafel oder eine Leinwand auf, damit sie eine große Fläche hat, auf der sie sich ausdrücken kann. Wenn sie älter wird, könnten Sie ihr sogar erlauben, in ihrem Zimmer oder im Keller ein Wandbild zu malen.

Vergessen Sie aber nicht, dass sich künstlerischer Ausdruck nicht nur auf Malen und Zeichnen beschränkt. Lassen Sie sie mit verschiedenen Materialien spielen – Ton, Stoff, Holz und Leim, altem Schmuck. Im musikalischen Bereich können Sie ihr helfen, indem Sie komplexe Rhythmen auf Ihr Knie klopfen und sie ermutigen, es Ihnen nachzumachen. Kaufen Sie ihr eine kleine Trommel oder eine Blockflöte (ein hölzerner Vorreiter von Querflöte und Klarinette). Im Alter von fünf und sechs können Sie bereits Orchesterdirigent mit ihr spielen und ihr zeigen, wie man den Takt hält, indem Sie Ihre Arme im Takt der Musik bewegen. Wenn Sie singen können, singen Sie zweistimmige Lieder mit ihr. Machen Sie sie schon in jungen Jahren mit harmonischen Klängen vertraut. Im Alter von fünf und sechs kann man sie auch schon mit Instrumenten bekannt machen, indem man sie entweder stundenweise auf eine Musikschule schickt oder aber ihr zu Hause Mundharmonika- oder Blockflötenspielen beibringt.

4. Strategie: Sprachfertigkeiten entwickeln

Bringen Sie ihr Fremdsprachen zu Gehör. Wenn Sie jemanden in der Familie haben, der eine Fremdsprache spricht, sollte Ihre Tochter Gelegenheit haben, Zeit mit dem- oder derjenigen zu verbringen. Genauso gut könnte sie sich mit den Kindern einer ausländischen Familie in der Nachbarschaft anfreunden und vielleicht sogar ihre Sprache lernen.

Untersuchungen haben gezeigt, dass die unterschiedlichen Strukturen der verschiedenen Sprachen zu jeweils anderen Entwicklungen des Gehirns beitragen, sodass bestimmte Bereiche, je nach Sprache, mehr Stimulation erfahren als andere. So schaffen beispielsweise Sprachen, die von rechts nach links gelesen werden, wie Japanisch und Hebräisch, andere Muster im Gehirn.

5. Strategie: Schaffen Sie Verständnis für Mathematik

Das mathematische Verständnis kann bereits im Vorschulalter geschult werden, indem Sie mit Ihrer Tochter zählen, Größenverhältnisse studieren, zusammenzählen, abzählen, kochen, die Uhr lesen usw. Auf diese Weise wird das Fach Mathematik in der Schule viel von seinem Schrecken verlieren, ebenso wie das Vorlesen sie mit dem Lesen vertraut machen wird.

Im Folgenden mache ich einige Vorschläge, wie Sie Ihre Tochter schon früh mit Mathematik vertraut machen können.[2] Ziel ist jedoch nicht, sie Mathematik zu lehren, sondern sie mit mathematischem Verständnis auszustatten, indem Sie sie frühzeitig mit der mathematischen Sprache und ihren Prinzipien vertraut machen, denen sie später im Leben begegnen wird.

1. Bringen Sie ihr das Zählen bei. Das kann schon sehr früh geschehen, indem Sie beispielsweise sagen: »Ein Schuh. Zwei Schuhe«, wenn Sie sie frühmorgens anziehen. Bleiben Sie bei gleichen Dingen, d. h., zählen Sie nicht zwei Schuhe und zwei Socken zusammen, denn das wäre Addition und ein bisschen zu schwierig für kleine Kinder.

2. Wenn sie mindestens bis fünf zählen kann, können Sie sie mit einfachen Rechenoperationen wie Addition und Subtraktion bekannt machen. Sagen Sie: »Wie viele Kekse habe ich in meiner Hand?« Dann zählen Sie sie. »Wie viele Kekse hast du in deiner Hand?«, und dann zählen Sie erneut. Legen Sie die Kekse dann nebeneinander auf den Tisch und zählen sie zusammen und sagen: »Und wie viele Kekse haben wir jetzt gemeinsam?« Dabei ist es nicht wichtig, dass sie die richtige Antwort weiß. Sie machen sie ja nur

mit einem Gedanken vertraut. Erzeugen Sie keinen Stress für sie, indem Sie auf der richtigen Antwort bestehen. Wenn sie richtig antwortet, umso besser. Machen Sie dasselbe mit der Subtraktion.

3. Auf die gleiche Art und Weise können Sie ihr auch Brüche nahe bringen. Zeigen Sie ihr dabei ganz konkret, was Sie meinen, indem Sie ein Sandwich einmal teilen, dann noch einmal und dabei sagen: »Das ist deine Hälfte. Und das ist meine Hälfte. Das ist dein Viertel und das ist mein Viertel.« Auch hier machen Sie sie nur mit einem Gedanken und bestimmten Begriffen vertraut: Hälfte, Viertel. Es besteht kein Grund, sie zu prüfen. Im Anschluss verspeisen sie die Teile, was eine großartige Gelegenheit ist, einen körperlichen Bezug zu dem abstrakten Gedanken der Teilung herzustellen.

4. Beim Kochen können schon Vier- und Fünfjährige mit dem Multiplizieren und Dividieren bekannt gemacht werden. Die Multiplikation können Sie ihr beispielsweise anhand eines Muffinblechs, wo vier mal vier Ausbuchtungen sechzehn Muffins ergeben, verdeutlichen. Benutzen Sie beim nächsten Mal ein anderes Muster. Zeigen Sie ihr, dass vier Reihen mal sechs vierundzwanzig oder zwei Dutzend ergeben. Machen Sie das gleiche mit Keksen und Obst. Halbieren und vierteln Sie ein Rezept, um so die Division zu begreifen. (Möglicherweise müssen Sie selbst noch einmal überlegen.) Es ist auch nicht notwendig, diese Spiele Multiplikation und Division zu nennen. Wichtig ist allein, dass sie schon früh mit dem Gedanken vertraut gemacht wird.

5. Schon im Alter von drei, vier und fünf Jahren können Kinder bestimmte Zeiten von der Uhr ablesen – Mittag und jeweils die vollen Stunden. Die halben und Viertelstunden sind höchstwahrscheinlich noch zu schwierig. Auf jeden Fall sollten Sie eine Uhr mit einem Zifferblatt gebrauchen und nicht eine, bei der anstatt Ziffern irgendwelche Symbole zu sehen sind.

6. Kinder messen gern. So können Sie schon mit drei mit Hilfe der Eltern ihre eigene Größe messen und einen Strich an die Wand malen. Nutzen Sie diese Striche an der Wand, um Ihr die Idee von Messwerkzeugen wie dem Meterstab näher zu bringen.

7. Machen Sie sie mit dem Begriff des Volumens vertraut, indem Sie der Drei-, Vier- oder Fünfjährigen zeigen, dass die Wassermenge in einem hohen, schlanken Glas die gleiche ist wie in einem niederen, breiten. Bitten Sie sie zu raten, welches mehr fasst. Dabei deu-

ten Kinder in der Regel auf das hohe Glas. Lassen Sie sie das Wasser aus dem hohen in das niedere gießen.

Schulalter: Sechs bis zwölf und älter

Wenn Ihre Tochter das Schulalter erreicht, beginnt die eigentliche Arbeit zur Erhaltung ihres erfolgsorientierten Verhaltens, denn ab diesem Zeitpunkt werden Verunsicherung, Zweideutigkeit und Versagen geradezu auf sie einstürmen. Mit dem bestehenden Schulsystem – hierarchische Rangfolge aufgrund von Noten, Wettbewerb mit anderen, Selbstwert beruhend auf Leistung, Lehrer, die frühzeitig zu Hilfe eilen usw. – ergeben sich viele Gelegenheiten, um den eigenen Wert herabzusetzen und der Hilflosigkeit zu verfallen. Einer der gefährlichsten Aspekte zu Beginn der Schulzeit ist die erste Begegnung mit dem Gefühl des Dummseins.

Außerdem macht sie Bekanntschaft mit einem neuen Erwachsenen – einer Autoritätsperson, die, wenigstens anfänglich, vollkommen fremd ist. Der erste Lehrer/die erste Lehrerin Ihrer Tochter kann ein/eine fähige/r Erzieher/in und ein liebevoller Mensch sein, der/die Kinder bedingungslos liebt, genauso gut kann es sich aber um einen/eine Lehrer/in handeln, der oder die unerfahren, naiv, gestresst oder sogar ausgebrannt, überarbeitet und abweisend ist. Ganz gleich, welchen/welche Lehrer/in Ihre Tochter bekommt, hat dieser/diese Lehrer/in mit Sicherheit Erwartungen und Normen. Diese können die gleichen sein wie Ihre oder auch nicht. In der Regel stellt dies für Mädchen kein Problem dar, denn sie wollen gefallen, sie passen sich leicht an und bekommen für gewöhnlich in der Grundschule bessere Noten als Jungen.

Was jedoch oft ein Problem sein könnte, ist, dass sich der/die Lehrer/in um zwanzig bis dreißig dieser kleinen Menschen kümmern muss, die alle um die Aufmerksamkeit des/der Lehrers/in wetteifern – vor allem Jungen, die, wie wir bereits wissen, von den Stühlen aufspringen, die Hände schütteln und losschreien. Wenn es Ihre Tochter bis dahin nicht gewohnt war, ihre Bedürfnisse aktiv vorzutragen, könnte sie zögern, es jetzt zu tun, vor allem bei diesem fremden Menschen. Sie könnte in dem Haufen untergehen.

Des Weiteren, und auch das habe ich schon an früherer Stelle erwähnt, ist das Verhalten der Lehrer gegenüber Jungen und Mädchen nicht ermutigend. Lehrer neigen dazu, Mädchen zu übersehen und zuerst Jungen aufzurufen. Sie reagieren weniger freundlich auf Schülerinnen, die sie für aggressiv halten, und sie belohnen Mädchen oftmals mit guten Noten für kooperatives Verhalten. Dies geschieht aus mehreren Gründen, aber Sie müssen Ihrer Tochter klarmachen, dass sie sich wehren muss, wenn sie nicht aufgerufen wird, vor allem, wenn sie mit Jungen wetteifert, die alles tun, um die Aufmerksamkeit des/der Lehrers/in zu bekommen.

6. Strategie: Aufmerksamkeit erringen

Es ist wichtig, dass Ihre Tochter zwei Dinge lernt: 1. Wie sie die Aufmerksamkeit des/der Lehrers/in erringt, und 2. Wie sie mit einem/einer Lehrer/in oder anderen Autoritätsperson reden muss, um Hilfe zu bekommen, wenn sie diese benötigt. Sie schon in frühen Jahren darin zu unterweisen, ist sehr viel besser als hinterher irgendwelche Löcher zu stopfen.

Möglicherweise müssen Sie am ersten Elternabend beginnen, indem Sie den/die Lehrer/in fragen, ob Ihre Tochter sich im Klassenzimmer zu Wort meldet. Fragen Sie den/die Lehrer/in auch dann, wenn Ihre Tochter gute Noten schreibt. Beantwortet der/die Lehrer/in die Frage mit nein, müssen Sie Ihrer Tochter beibringen, sich zu melden und aufgerufen zu werden, wenn sie etwas zu sagen hat. Ermutigen Sie sie, die Hand zu schütteln und vom Stuhl aufzuspringen, sollte dies notwendig sein.

Ich weiß, dass manche Mütter diesen Ratschlag nicht gerne hören, aber Sie sollten nicht vergessen, dass Jungen ein solches Verhalten an den Tag legen und dafür belohnt werden! Wenn Sie nicht wünschen, dass sich Ihre Tochter so verhält, müssen Sie mit dem/der Lehrer/in sprechen und darum bitten, dass er/sie die ruhigen Schüler häufiger aufruft. Bedauerlicherweise ist genau das ein Fall des vorzeitigen Zu-Hilfe-Eilens. Besser wäre es, wenn Ihre Tochter selbst mit dem/der Lehrer/in sprechen würde. Üben Sie mit ihr, wie sie diplomatisch und gleichzeitig bestimmt sein kann, wie sie beispielsweise sagen kann: »Miss Spangler, ich habe mich die ganze Stunde über gemeldet, aber

Sie haben mich nicht ein einziges Mal drangenommen. Was muss ich tun, damit Sie mich aufrufen?« (Das sollte jeder/jede Lehrer/in verstehen.)

Wenn der/die Lehrer/in selbstbehauptendes Verhalten von Mädchen entmutigt oder sogar mit sarkastischen Bemerkungen bestraft, müssen Sie sich für die Mädchen einsetzen. Anders ausgedrückt heißt das, dass es in seltenen Fällen Lehrer gibt, die eine für Mädchen aussichtslose Situation schaffen: Sie sehen über sie hinweg, wenn sie ruhig und höflich sind, und bestrafen sie, wenn sie sich laut zu Wort melden und auf ihr Recht pochen.

7. Strategie: Positiver Umgang mit Verwirrung

Wenn Ihre Tochter im Unterricht hinterherhinkt, den Stoff nicht versteht oder falsche Antworten gibt, könnte sie schlussfolgern, dass sie »dumm« ist. Dazu kommt, dass die anderen Kinder mit grausamen Bemerkungen die Sache oft noch verschlimmern.

Als Mutter, die ständig darum bemüht ist, ihre Tochter auf dem erfolgsorientierten Kurs zu halten, sollten Sie nach Gelegenheiten Ausschau halten, Ihrer Tochter beizubringen, dass Erfolg ein Prozess ist, der Misserfolge mit einschließt. Fangen Sie früh damit an, ihr zu erklären, dass Verwirrung und Fehler zum Lernen dazugehören – oder anders ausgedrückt, dass sie nicht schuld daran ist.

Auf den Seiten 217/18 gebe ich Aussagen wieder, die ganz typisch sind für Kinder, wenn sie auf Schwierigkeiten stoßen. Ihnen folgen typische Erwiderungen von Eltern. Sie werden feststellen, dass die Antworten in der zweiten Spalte den Aussagen der Kinder oftmals widersprechen. Eine ungute Sache. Auch wenn es verlockend ist, einem Kind, wenn es negative Emotionen zum Ausdruck bringt, zu widersprechen, sollten Sie immer daran denken, dass Sie damit dem Kind Geringschätzung entgegenbringen. Indem Sie die Aussagen Ihrer Tochter bezüglich ihrer Wahrnehmungen und Gefühle trivialisieren oder sie nicht ernst nehmen, vermitteln sie ihr das Gefühl, dass sie diese Gefühle und Wahrnehmungen nicht richtig identifizieren und ausdrücken kann. Geringschätzung verstärkt also die erlernte Hilflosigkeit. Besser wäre eine Antwort, die eine erfolgsorientierte Einstellung festigt, selbst wenn Verunsicherung und ungute Gefühle dabei entstehen.

So lässt sich Geringschätzung vermeiden

Ein Mädchen mag daran zweifeln, dass sie eine Situation meistern oder mit einem/einer Lehrer/in oder Klasse zurechtkommt. Jede Mutter und jeder Vater kennt Aussagen wie: »Was ist, wenn ich eine schlechte Note kriege?« oder »Was ist, wenn mich der/die Lehrer/in nicht mag?« In solchen Fällen dürfen Sie ihre Ängste auf keinen Fall mit Geringschätzung behandeln, sondern ihr mit Sätzen wie den folgenden Mut zusprechen:

1. »Du musst nicht in allem gut sein. Du darfst auf jeden Fall neue Dinge ausprobieren, um sie kennen zu lernen.«
2. »Was wäre eine schlechte Note? Und wenn ich dir nun sagen würde, dass alles in Ordnung ist, solange du nur dein Bestes gibst?«
3. »Wenn du eine so genannte schlechte Note kriegst, heißt das noch lange nicht, dass du dumm bist. Du lernst schließlich etwas Neues.«
4. »Man weiß es erst, wenn man's probiert! Warum also nicht einfach probieren?«
5. »Macht's dir Spaß? Willst du's lernen?«

Für ältere, neun- bis zwölfjährige Mädchen kommen folgende Antworten in Frage:

1. »Was könntest du tun, damit du das erreichst, was du willst? Lass uns die Möglichkeiten durchsprechen.«
2. »Ins kalte Wasser zu springen, sich alle Möglichkeiten offen zu halten und sich mit neuen Dingen zu beschäftigen, ist wichtiger als gute Noten. Es ist in Ordnung.«
3. »Was soll deiner Meinung nach dabei rauskommen?«
4. »Was wäre das Schlimmste, was passieren könnte? Könntest du damit leben? Warum oder warum nicht?«
5. »Siehst du eine Möglichkeit, dieses Schlimmste weniger bedrohlich und damit annehmbarer zu machen? Lass uns gemeinsam überlegen, wie du mit dem Schlimmsten umgehen könntest, wenn es tatsächlich eintreten würde.«
6. »Glaubst du, dass dieses Thema hilfreich für zukünftige Situationen oder zukünftige Entscheidungen ist?«
7. »Die einzige Möglichkeit herauszufinden, ob man etwas mag oder nicht, ist, es einfach zu versuchen. Manchmal erlebt man eine Überraschung.«

Je älter Ihre Tochter wird, desto vielfältigere Techniken werden Sie brauchen, um ihr angesichts der Verunsicherung ihre Kompetenz zu erhalten. Um älteren Mädchen zur Seite zu stehen, braucht man diffizilere Mittel.

Ein ausgezeichnetes Mittel, um einem älteren Mädchen den Umgang mit Verunsicherung zu erleichtern, ist, seine analytische Denkfähigkeit zu schulen. Je älter es wird, desto eher ist es dann in der Lage, diese Methode anzuwenden. Im Nachfolgenden sind einige elterliche Antworten auf die Aussagen einer älteren Tochter aufgeführt, die ihr helfen werden, Probleme zu lösen.

Antworten, die sich das analytische Denken zunutze machen

Wenn Ihre Tochter beispielsweise sagt: »Es ist einfach grässlich, wie sich die Sache entwickelt hat« oder »Das ist blöd« oder »Wie kann ich das besser machen?«, ist dies die Gelegenheit, ihr bei der Problemlösung zu helfen. Versuchen Sie es mit den folgenden Antworten, um einen Denkprozess anzuregen:

1. »Kannst du mir bitte erklären, was du mit ›dumm‹ meinst? Und was genau gefällt dir nicht?«
2. »Wie und wo würdest du gerne etwas ändern? Kannst du sagen, wie diese Veränderungen aussehen oder sein sollten?«
3. »Könntest du's vielleicht näher beschreiben? Das heißt in schöneren, farbigeren, komplizierteren, ausgefalleneren Worten.«
4. »Könntest du's vielleicht vereinfachen? Das heißt konkreter, moderner, weniger kompliziert, weniger farbig, einfacher, schlichter sagen?«
5. »Wie soll es deiner Meinung nach aussehen oder sein? Wozu sollte es in der Lage sein? Warum ist es dazu nicht in der Lage?«
6. »Kannst du das, was du am fertigen Produkt nicht magst, auf ein Minimum reduzieren, und das, was du magst, ausschmücken?«
7. »Kannst du es auseinandernehmen (in Stücke schneiden, teilen, die Einzelteile betrachten) und es dann anders wieder zusammensetzen?«
8. »Hat dein/deine Lehrer/in erklärt, was sie oder er will? Ist es das, was du willst?«

Sagt Ihre Tochter: »Ich bin verwirrt« oder »Das kapier ich nicht«, »Warum funktioniert das nicht?« oder »Ich bin ja so blöd«, versuchen Sie's mit folgenden Antworten:

1. »Lass uns mit dem anfangen, was du kapierst.«
2. »Hakt es bei dir jedes Mal an der gleichen Stelle aus? Welche Stelle ist das?«
3. »Lass uns mal schauen, ob wir das Problem analysieren können, um rauszufinden, was genau dich verwirrt.«
4. »Komm, wir machen eine Liste mit allen deinen Fragen.«
5. »Lass uns alle Gründe aufschreiben, warum es deiner Meinung nach nicht funktioniert. Können wir an den Gründen etwas ändern? Welche kannst du beeinflussen?«

Im Folgenden führe ich elterliche Antworten für Mädchen zwischen zwölf und fünfzehn auf:

1. »Erkennst du ein Muster in den Dingen, die dich verwirren und verunsichern? Kann du sagen, an welchem Punkt der Problemlösung du Schwierigkeiten hast?«
2. »Welche Dinge tragen deiner Meinung nach zu deiner Verunsicherung bei? Zeit? Lehrer/in? Lernmittel? Können diese Dinge in irgendeiner Weise zu deinen Gunsten verändert werden?«
3. »Kannst du das grundsätzliche Problem erklären oder die Wurzel deiner Verunsicherung benennen?«
4. »Warum machst du nicht eine Liste mit den Dingen, die dir deiner Meinung nach helfen könnten. Wenn du mit deinen Aufgaben fertig bist, gehen wir sie gemeinsam durch und überlegen, was man machen könnte.«

Möglicherweise antwortet Ihre Tochter auf Ihre Fragen anfänglich mit fast nichtssagenden Antworten wie »Ich weiß nicht« oder flapsigen Bemerkungen wie »Ich wünschte, Mrs. Soundso würde tot umfallen, dann wäre alles viel besser«. Üben Sie sich in Geduld. Irgendwann werden Ihre Fragen, die ja ihr analytisches Denken anregen sollen, zu ihr durchdringen, und dann beantwortet sie Ihre Fragen vielleicht später, vielleicht erst nach ein paar Tagen. Üben Sie sich nochmals in Geduld. Jedes Gehirn braucht Zeit, um neue Informationen aufzunehmen, und noch mehr Zeit, um daraus neue Antworten zu machen. Wenn Sie nicht nachlassen, wird sie sich im Laufe der Jahre diese Fragen selbst stellen.

Wie man sich trotz Verunsicherung erfolgsorientierte Einstellungen erhält

Aussage Ihrer Tochter	Missachtende Reaktion	Reaktion, die die erfolgs-orientierte Einstellung fördert
Ich kann nicht.	Dann mach ich das halt für dich. (Das kann auch ohne Worte geschehen, indem man ihr etwas aus der Hand nimmt und es fertig macht.)	Ich weiß, was du meinst. Du musst dich ein bisschen mehr anstrengen. Mathe kann schwierig sein. Soll ich dir sagen, was ich in solchen Fällen mache?
Ich bin dumm.	Das ist doch lächerlich. Du bist nicht dumm.	Ich kenne das Gefühl. Ich kam mir früher auch oft blöd vor, aber dann hab ich's geschafft. (Nennen Sie ein persönliches Beispiel.) Manchmal braucht man nur etwas Zeit. Meinst du, das könnte dir helfen? Aber es gibt noch mehr, was wir versuchen könnten. Lass uns darüber reden.
Ich habe Angst zu versagen.	Sei nicht albern. Du hast überhaupt keinen Grund, Angst zu haben.	Ich weiß, neue Dinge machen manchmal Angst, aber die Angst kann auch nützlich sein. Soll ich dir sagen, wie?

Aussage Ihrer Tochter	Missachtende Reaktion	Reaktion, die die erfolgsorientierte Einstellung fördert
Alle halten mich für dumm.	Das stimmt doch gar nicht. Wie kommst du bloß auf so eine verrückte Idee?	Ich weiß, wenn man verunsichert ist, bekommt man leicht so ein Gefühl. Ich habe Wochen gebraucht, bis ich den Computer im Büro bedienen konnte, aber dann hab ich festgestellt, dass es den anderen keinen Deut besser ging. Du musst dir merken, dass jeder irgendwann einmal verunsichert ist. Wenn jemand was zu dir sagt, sagst du einfach: »Warst du vielleicht noch nie verunsichert?«
Der/die Lehrer/in kann mich nicht leiden.	Mach dich doch nicht lächerlich. Wie käme denn der Lehrer dazu?	Na ja, ich weiß nicht, ob du Recht hast oder nicht, aber natürlich können einen nicht immer alle leiden. Das macht aber nichts. Im Moment sollten wir aber überlegen, wie du dem Lehrer begegnen und das Problem lösen könntest.

8. Strategie: Können und Meisterschaft durch Projektarbeiten

In der vierten Klasse werden Aufgaben gestellt, bei denen die Schüler Gelegenheit haben zu wählen. Der/die Lehrer/in lässt beispielsweise einen Aufsatz mit dem Titel »Ein Forscher/eine Forscherin« schreiben, und die Schüler können entscheiden, über welchen Forscher/welche Forscherin sie schreiben wollen. Lautet das Thema aber »Eingeborene«, können die Schüler über ein Volk oder einen Stamm schreiben.

Halten Sie Ausschau nach Themen, die Unabhängigkeit und Entscheidungen fördern und somit Ihrer Tochter Gelegenheit geben, die Erfahrungen zu machen, die sie braucht, um ihr erfolgsorientiertes Verhalten zu üben und sich ein Bild von Frauen als leistungsorientierte, erfolgreiche Menschen zu machen. Auf den folgenden Seiten finden Sie einige Anregungen dazu.

Kunst, Sozialkunde, Geschichte und Sprachen

Mündlich überlieferte Geschichte ist die Erinnerung und die eigene Erfahrung eines Menschen, die oftmals als Monolog oder Dialog auf Band aufgezeichnet werden. Forschen Sie in Ihrer eigenen Familie nach mündlich überlieferter Geschichte und Geschichten von weiblichen Vorfahren – es könnten Ihre Urgroßmütter sein, die alleine eine vielköpfige Familie aufziehen mussten oder die die ersten Frauen an einer Universität waren. Das Gespräch mit Großmüttern, Urgroßmüttern und auch nicht verwandten Frauen könnte Ihrer Tochter Einblick geben in die Geschichte und ihr zeigen, wie Frauen – einschließlich ihrer eigenen Vorfahren – Widrigkeiten überwunden haben, widerstandsfähig geblieben sind und Schwierigkeiten gemeistert haben, die für sie nur in der Vorstellung existieren. Außerdem bietet mündlich überlieferte Geschichte Gelegenheit, die wichtige Fähigkeit einzuüben, mit Erwachsenen auf andere und neue Art und Weise zu sprechen.

Die richtigen Fragen stellen, damit diese Frauen über ihre Erfahrungen sprechen, ihnen zuhören und dann die Geschichte beispielsweise einer Großmutter nacherzählen – die ihrerseits ihre Informationen vielleicht von ihrer Großmutter bekommen hatte, was eine weibliche Familiengeschichte über fünf Generationen bedeuten würde –, könnte in einen weiblichen Familienstammbaum münden oder in ein Fotoalbum mit Textkommentar, ein Theaterstück oder Kurzgeschichten über weibliches Ringen und weibliche Beherztheit.

Im Anschluss finden Sie einige Fragen, mit denen Sie Ihrer Tochter auf die Sprünge helfen können, aber lassen Sie sie möglichst viele allein formulieren. Alles andere wäre wieder vorzeitiges Zu-Hilfe-Eilen.

- Was war das Tapferste, was Sie je eine Frau haben tun sehen?
- Was war das Klügste, was Sie je eine Frau haben tun sehen?

- Was ist Ihrer Meinung nach das Wichtigste, was wir von früheren Frauen lernen können?
- Kannten Sie Ihre Großmutter? Wie war sie?
- Wie sind Ihre Mutter und Ihre Großmutter mit Widrigkeiten umgegangen?
- Wie haben sich Männer und Frauen damals durchgeschlagen?

Die Kategorie »weibliche Geschichte« – die mündlich überlieferte Geschichte und Geschichten von Frauen – kann beliebig erweitert werden, indem man Recherchen über das Leben von Frauen mit einbezieht, die entweder Geschichte gemacht oder dazu beigetragen haben. Diese Aufgabe bietet einen Reichtum an faszinierenden Daten und Fakten und gibt Mädchen die Möglichkeit, Frauen als bedeutend, wichtig und risikofreudig zu sehen. Vergessen Sie dabei nicht die so genannten »bösen oder schlechten Mädchen«, ein Stempel, den die patriarchalische Gesellschaft solchen Frauen aufgedrückt hat, die sich weigerten, sich mit dem engen Spielraum zufrieden zu geben, der Frauen früher eingeräumt wurde.

Auch was die Lehrpläne für Geschichte anbetrifft, sollten Sie die Augen offen halten, denn in manchen Schulen wird der Beitrag der Frauen zur Geschichte in ganz kurzer Zeit abgehandelt, sodass der falsche Eindruck entstehen könnte, dass die echte Geschichte die von Männern erlebte und geschriebene ist. In diesem Fall wird die Geschichte der Frauen von den Kindern quasi als Fußnote erlebt. In jedem Fall wird sie bagatellisiert.

Ein besserer Ansatz wäre, die Geschichte der Frauen in die Gesamtgeschichte mit einzubeziehen, anstatt sie als eine Bagatelle in kürzester Zeit abzuhandeln. Machen Sie sich kundig. Drängen Sie darauf, dass Frauen auch im Fach Geschichte die ihnen zustehende Stellung bekommen. Bis es so weit ist, sollten Sie die Rolle der Frauen in der Geschichte anhand der bisher aufgeführten Projekte erarbeiten, selbst mit Ihrer Tochter.

Genauso gut könnten Sie Projekte vorgeben, in denen durch den Gebrauch von Bildern und Worten Frauen als Kriegerinnen auftreten: tapfer, mutig, gebieterisch, vielseitig, handlungsfreudig, oftmals zurückgezogen, nach hehren Zielen strebend und mit Weisheit und Klarheit ausgestattet. Da es so wenige Beispiele für Frauen in dieser Rolle gibt, müssen Sie eine solche Gelegenheit schaffen.

Der Archetyp der Kriegerin muss keine gewalttätige und grausame Figur sein. In vielen Kulturen sind die Krieger weder das eine noch das andere. Ein echter Krieger strebt danach, Gewalt zu vermeiden und Erkenntnis zu erlangen. Gleichzeitig trachtet er danach, Gewalt durch das richtige Handeln zu ersetzen. Ein echter Krieger greift niemals von sich aus an und nimmt nur dann Zuflucht zur Gewalt – ohne Zorn –, wenn alle anderen Möglichkeiten ausgeschöpft sind.

Das Kriegerinnenprojekt könnte damit beginnen, dass Ihre Tochter bestimmt, welche Eigenschaften eine Kriegerin hat. Sie kann ihre eigenen Ideen zu Papier bringen, mit anderen darüber sprechen und ihre Freundinnen befragen. Dann könnte sie, unter Verwendung dieser Eigenschaften, eine Fotoausstellung von Frauen und Mädchen erstellen, denen sie auf der Straße mit Kindern und Erwachsenen, am Steuer, auf dem Fahrrad, beim Sport begegnet. Sie wählt dazu die Frauen aus, die diese Eigenschaften, die sie als bemerkenswert anerkannt hat, verkörpern, entweder durch ihren persönlichen Kleidungsstil oder ihre Körpersprache. Sie könnte dann sogar ein Gedicht zu ihrer Fotocollage schreiben. (Dies wäre ein großartiges Gruppenprojekt für Pfadfinderinnen.)

Zum Schluss möchte ich noch einmal auf die Kriegerinnen zu sprechen kommen, die wir im vorigen Kapitel als positive Medienheldinnen bezeichnet haben: Xena, Captain Janeway und Lisa Simpson sowie die Heldinnen und Retterinnen von Frauen in *Die kleine Prinzessin Sara*, *Das Geheimnis des Seehundbabys*, *Grüne Tomaten*, *Thelma und Louise* und *Das Schweigen der Lämmer*. Schauen Sie sich diese Serien und Filme zusammen mit Ihrer Tochter an, bevor Sie mit dem Projekt beginnen, und diskutieren Sie die Kriegerinnen vom Standpunkt der Filmrolle aus. Natürlich sollten Sie dabei immer das Alter Ihrer Tochter berücksichtigen und die Filme mit gewalttätigen Szenen nur älteren Mädchen zeigen.

Naturwissenschaften und Computer

Obwohl gerade in den letzten zehn Jahren immer mehr Mädchen Mathematik und naturwissenschaftliche Fächer auch in der Oberstufe belegen – der geschlechtsspezifische Graben bezüglich naturwissenschaftlicher Leistungen schließt sich etwas –, sind wir noch lange nicht am Ziel und dürften in unserer Wachsamkeit auf keinen Fall nachlassen. Bis zum zwölften Lebensjahr machen die naturwissenschaftlichen Fächer einschließlich Mathe den meisten Mädchen Spaß und sie erbringen auch gute Leistungen. Wenn der Stoff jedoch schwieriger wird und die Schüler die Möglichkeit haben, Fächer abzuwählen, machen viele Mädchen nicht weiter.

Eine Studie im Jahr 1994 hat gezeigt, dass Mädchen in der Oberstufe deutlich seltener Mathe und Physik als Leistungskurs belegen. Aber nicht nur das, sondern mit dem, was die Mädchen wählen, folgen sie auch noch ganz traditionellen Rollenmustern.[3] Im Jahr 1990 hat die Mehrzahl der Mädchen, die an einem standardisierten Test (SAT – Scholastic Aptitude Test) teilnahmen, erklärt, sie hätten vor, Sozialwissenschaften zu studieren, im Jargon der Universitäten also »weiche Wissenschaften«.[4] Da sie bereits in der Oberstufe Mathematik und Naturwissenschaften abgewählt haben, stehen ihnen diese Fächer auch an der Universität nicht mehr offen. In den naturwissenschaftlichen Fächern verbreitert sich der geschlechterspezifische Graben noch mehr, und zwar bei den Schülern, die zu den besten der Klasse gehören. Sogar Mädchen, die in der Oberstufe außergewöhnlich gute Leistungen erbringen, entscheiden sich verhältnismäßig selten für ein Studium der Naturwissenschaft.[5] Es ist überaus wichtig, dass wir unsere Mädchen motivieren, Mathematik, Naturwissenschaften, Computer- und Technikkurse nicht abzuwählen, um sich ihre Möglichkeiten offen zu halten. Natürlich werden nicht alle Wissenschaftlerinnen werden, aber sie werden mehr Chancen haben, einen der hoch bezahlten, hoch qualifizierten Arbeitsplätze der Zukunft zu bekommen.

In der Oberstufe bezeichnet sich nur eines von sieben Mädchen als gut in Mathe, und Mädchen beschreiben sich auch sehr viel seltener an Naturwissenschaften interessiert.[6] Obwohl sich neunjährige Mädchen für naturwissenschaftliche Aktivitäten interessieren, nehmen sie ungleich seltener als Jungen daran teil – das heißt an naturwissenschaftlichen Ausstellungen und Experimenten. Auch wenn ein/eine Lehrer/in Hilfe bei der Durchführung eines Experiments im Klassenzimmer braucht, nimmt er/sie in der Regel einen Jungen zu Hilfe.[7]

Die Beschäftigung mit einem Computer wird immer noch als männliche Domäne gesehen. Väter unterweisen ihre Söhne im Umgang mit dem Computer, auch im Hinblick auf zukünftige Berufsmöglichkeiten. In der Schule stürzen sich die Jungen auf die freien Computer und tun alles, um Mädchen den Zugang zu den Computern zu erschweren. Mehr Jungen als Mädchen nehmen an privaten Computerkursen teil, vor allem an solchen, die für ältere Schüler gedacht und somit teurer sind.[8]

Diese Umstände verdienen besonderer Beachtung. Eltern und Lehrer scheinen immer noch der Meinung, man müsse Jungen mehr Möglichkeiten als Mädchen bieten, sich mit dem Medium Computer vertraut zu machen. Auf jeden Fall zeigt sich daran, dass Eltern und Lehrer nicht genug unternehmen, um diese Situation zu ändern. Und dieser Mythos, dass Jungen sich mehr für Computer interessieren als Mädchen, wurde ein für alle Mal zu Grabe getragen, als Mädchen sich geradezu auf die Computer in der Schule stürzten, die von Erwachsenen ausschließlich für Mädchen aufgestellt worden waren.[9]

Eine Mutter, die davon ausgeht, dass ihrer Tochter Mathe keinen Spaß macht und sie keine guten Leistungen erbringen kann, weil sie selbst es nicht konnte, die darüber hinaus ihre Tochter darin unterstützt, Mathe und andere naturwissenschaftliche Fächer abzuwählen, weil »Mädchen diese Fächer einfach nicht mögen«, macht es ihrer Tochter wahrscheinlich zu leicht. Diese Einstellung führt dazu, dass wir die Mädchen übersehen, die in diesen Fächern gut sind und denen sie Spaß machen. Wie viele Mädchen, die das Zeug hatten, gute Leistungen in den Naturwissenschaften zu erbringen, sind untergegangen, weil sie einfach übersehen wurden? Vielleicht gehörten auch Sie dazu. Ich ganz bestimmt. Lassen Sie nicht zu, dass es Ihrer Tochter genauso ergeht.

Ermutigen Sie sie, sich für Mathematik und den Umgang mit dem Computer zu interessieren, und stellen Sie Lernziele stets über Leistungsziele. Nachfolgend habe ich einige Aktivitäten zusammengetragen, die der Förderung mathematischer Fähigkeiten dienen. Also los und viel Spaß!

Weitere Möglichkeiten, um die Beherrschung von Mathematik zu fördern (6–10 Jahre)

1. Behalten Sie es bei, rechnerische Aktivitäten in Ihr tägliches Leben mit einzubeziehen. Dazu gehört, dass Sie Dinge messen, die Größe von Dingen schätzen, kochen, gärtnern – beispielsweise die Größe Ihres Gartens und die benötigte Menge an Dünger im Kopf ausrechnen genauso wie Trinkgelder im Restaurant.

2. Wenn sie alt genug ist, bringen Sie ihr »Siebzehnundvier« bei, später Binokel und Bridge. Bei diesen Spielen muss man schnell addieren, Einsätze bringen und Stiche an sich nehmen, und das Ganze unter Benutzung einer besonderen Sprache – Kartenspiele sind eine wunderbare Methode, um sowohl rechnerische Fähigkeiten wie auch Risikobereitschaft zu fördern.

3. Nutzen Sie das Lesen der Uhr, um Ihre Tochter beispielsweise mit dem Dezimalsystem vertraut zu machen.

4. Arbeiten Sie gemeinsam an Puzzles. Puzzles fördern das räumliche Denken, genauso wie Legospiele u. a.

5. Helfen Sie Ihrer Tochter, ihre eigenen Strategien zur Lösung eines Problems zu entwickeln. Hüten Sie sich davor zu sagen: »Das musst du so machen« oder »Schau, ich zeig dir, wie's geht«, sondern sagen Sie vielmehr: »Was meinst du, wie man das Problem lösen könnte?« oder »Welche Methode würdest du benutzen, um zur Lösung zu kommen?« Auf keinen Fall sollten Sie ihr Tricks verraten, mit denen sich Probleme lösen lassen. Von Mathelehrern weiß ich, dass diese Tricks oftmals das kritische Denken vollkommen ausschließen, das nötig ist, um ein Problem zu lösen, und obwohl ein Trick vielleicht in einem speziellen Fall funktioniert, lässt er das höhere Ziel des kritischen Denkens in der Mathematik völlig außer Acht.

6. Entwickeln Sie gemeinsam Strategien, um sich über Wasser zu halten, während sie schwierige mathematische Zusammenhänge lernt, die ihr in der Vergangenheit Schwierigkeiten bereitet haben. Hüten Sie sich davor, jede Antwort parat zu halten. Sorgen Sie, wenn nötig, für Nachhilfeunterricht. Nachhilfeunterricht in Gruppen und von älteren Schülern ist billiger.

7. Kaufen Sie Ihrer Tochter einen Computer, sorgen Sie dafür, dass sie die gängigen Programme erlernt, schicken Sie sie in Computerkurse und spielen Sie gemeinsam Computerspiele.

Ermutigen Sie Ihre Tochter, an naturwissenschaftlichen Projekten zu arbeiten, denn die wissenschaftliche Methode selbst ist eine ausgezeichnete Möglichkeit, erfolgsorientiertes Verhalten zu lernen. Die erforderlichen kognitiven Fähigkeiten und die beim Prüfen und erneuten Prüfen einer Hypothese auftauchenden Schwierigkeiten sind Prozesse, die das Lösen von Problemen fördern.

Erstens ist die Notwendigkeit, eine neue Hypothese zu entwickeln, falls sich die auf der bisherigen eigenen Forschung beruhenden Theorie als falsch oder unwahr erweist, eine Lektion im Durchhalten, da in der Regel viel Zeit und Mühe für die Forschung aufgewendet wurde, die zu der Information geführt hat.

Zweitens sind, je weiter die Forschung voranschreitet, für gewöhnlich Änderungen der eigenen Methode notwendig. Forschung ist ein dauerhafter Lernprozess. Indem Anpassungen vorgenommen werden, lernt das Mädchen, Veränderungen nicht als Misserfolg zu betrachten, weil es begreift, dass die Anpassungen Teil eines größeren Prozesses sind, den alle Wissenschaftler durchmachen müssen.

Drittens ist die Erarbeitung und Überarbeitung einer Forschungsmethode oder der komplette Neubeginn, der auf einer neuen Hypothese beruht, eine ausgezeichnete Methode, um alternative Methoden zur Erlangung eines Ziel zu entwickeln – noch eine Fertigkeit des erfolgreichen Verhaltens. Und schließlich lehrt während der Dauer eines Forschungsprojekts der einfache Prozess des Wartens auf Ergebnisse Geduld und Ausdauer.

Aus den genannten Gründen sollten Sie Ihre Tochter ermutigen, die wissenschaftliche Methode zu erlernen und anzuwenden. Wissenschaftliche Projekte, die mit der Hilfe von Lehrern durchgeführt werden, bieten dazu ausgezeichnete Gelegenheit. Auch die Teilnahme an einem wissenschaftlichen Wettbewerb ist eine positive Erfahrung für ein Mädchen, denn es wird hauptsächlich mit Jungen konkurrieren. Die Lebensgeschichten von Wissenschaftlerinnen und Erfinderinnen bieten eine weitere Gelegenheit für Mädchen, erwachsene Frauen kennen zu lernen, die in schwierigen und in der Regel von Männern dominierten Bereichen arbeiten, in denen Frauen nicht willkommen und sogar aktiv verdrängt werden.

Nachhilfe durch Gleichaltrige

Eine weitere positive Erfahrung ist, in der Lage zu sein, Informationen und Fähigkeiten zu besitzen, um Gleichaltrigen zu helfen. Dies gilt in noch größerem Maße, wenn Ihre Tochter Gelegenheit hat, männlichen Klassenkameraden Nachhilfeunterricht zu geben. Jedes Mädchen kann auf diese Weise helfen, auch wenn es nicht supergescheit ist. Es muss lediglich mehr wissen als der Schüler, dem es Nachhilfeunterricht gibt. Es kann beispielsweise jüngeren Schülern helfen.

Jeder, der schon einmal unterrichtet hat, weiß, dass der beste Weg, etwas zu begreifen, der ist, das Betreffende zu vermitteln; wenn ein Mädchen einem anderen etwas erklärt, fördert es somit die eigene Beherrschung des Stoffes.

Die eigenen Ziele hoch stecken

Eine weitere Möglichkeit, die Kompetenz Ihrer Tochter zu fördern, ist, sich hohe Ziele zu stecken. Aus Untersuchungen wissen wir, dass Mädchen zwischen acht und elf sehr hohe Ziele haben, höhere als wenn sie auf die Universität gehen.[10]

Sorgen Sie dafür, dass Ihre Tochter sich hohe Ziele steckt, indem Sie sie ermutigen, sich auf die verschiedensten Arten auszudrücken – natürlich verbal, aber auch auf andere Weise: im Sport, in der bildenden Kunst, in der Musik, in Mathe und Architektur; durch ihre Kleidung, ihre Ansichten, ihre Albernheit und ihr Lachen; mit Mädchen, Jungen, Geschwistern, Eltern und Lehrern; im Internet, auf dem Spielplatz und Sportplatz; im Klassenzimmer, im Orchester und im Computerraum; in der Schule, in der Kirche, zu Hause und bei den Großeltern; und durch Schriftliches. Anders ausgedrückt heißt das, dass Sie die Sichtbarkeit Ihrer Tochter in der Welt fördern müssen, wenn ihre Ziele hoch gesteckt bleiben sollen.

Je mehr Freiheit die Tochter besessen hat, um die zu sein, die sie ist, um in der Welt gesehen und gehört zu werden, um als Individuum erkannt zu werden, das einen Beitrag zu leisten hat, desto schwerer wird es ihr fallen, diese Freiheit ohne Kampf aufzugeben. Es wird ihr schwerer fallen, ein »braves Mädchen« im herkömmlichen Sinn zu werden – unterwürfig, höflich, still, anständig, »lieb«, abhängig, aufopfernd und schmückend – Eigenschaften, die von unserer Gesellschaft als »weiblich« bezeichnet werden. Da es in der Pubertät geradezu unerlässlich scheint, weiblich und attraktiv zu sein, und Beziehungen zu Männern andere Aktivitäten mitunter sogar ausschließen, müssen wir die Ziele und die Sichtbarkeit eines Mädchens in verschiedenen Bereichen fördern, damit das Mädchen diese Bereiche als wertvoll erachtet und sie nicht vernachlässigt. Scheuen Sie sich deshalb nicht, ihre Ziele zu fördern, und seien Sie bereit, ihre großen Träume mit ihr zu träumen. Gerade dies ist ein wichtiger Teil des Prozesses.

9. Strategie: Den Traum erweitern (eine Fortsetzung)

Erinnern Sie sich an die Mutter, die zu ihrem Unglück feststellen musste, dass sie insgeheim die Ziele für ihre Tochter nur sehr niedrig gesteckt hatte, die, in deren Vorstellung aus der Tochter, die sie zunächst als Nachrichtenredakteurin gesehen hatte, die Herausgeberin der Zeitung wurde? Mit dieser Geschichte im Hinterkopf müssen Sie immer auf der Hut sein, damit Sie nicht der Versuchung erliegen, die eigenen kulturellen Überzeugungen über weibliche Begrenzung auf Ihre Tochter und auf diese Weise selbstauferlegte Grenzen auf die nächste Generation zu übertragen.

Eine Methode, um die Vorstellungswelt Ihrer Tochter gesund und ihre Ziele hoch zu halten, ist, ihr dabei zu helfen, ihre Möglichkeiten durch eine möglichst weite Linse zu sehen. Wenn sie beispielsweise sagt: »Ich möchte Paläontologin werden«, könnten Sie erwidern: »Großartig! Wusstest du, dass der Direktor des Naturgeschichtlichen Museums Paläontologe ist?« Wenn sie sagt: »Ich möchte Buchhalterin werden«, könnten Sie antworten: »Gut so! Vielleicht kannst du eines Tages deine eigene Steuerkanzlei aufmachen.«

Sogar noch »weiblicher« gefärbte Aussagen können auf diese Weise erweitert werden. Wenn sie sagt: »Ich möchte Krankenschwester werden«, könnten Sie sagen: »Großartig. Weißt du, dass ich von einer Krankenschwester gehört habe, die aufgrund ihrer Erfahrung im OP eine neue Operationsmethode erfunden hat, die inzwischen weltweit angewendet wird?« Wenn sie sagt: »Ich möchte Lehrerin werden«, könnten Sie sagen: »Das ist ein wunderbarer Berufswunsch. Aufgrund deiner Begabung im Umgang mit Menschen könnte ich mir gut vorstellen, dass du eines Tages Rektorin an einer Schule wirst.«

Sie werden gemerkt haben, dass diese Antworten den ursprünglichen Berufswunsch der Tochter in keiner Weise übergehen oder die Tochter entmutigen. Auf keinen Fall sollten Sie antworten: »Das ist nicht gut genug. Warum nicht Herausgeberin?« oder »Warum nur Krankenschwester? Warum nicht Ärztin?« Mit Ihrer Antwort sollten Sie das Ziel Ihrer Tochter zunächst verstärken und es dann um ein bis zwei Grad höher schrauben. Verwenden Sie dabei so viel Fingerspitzengefühl wie möglich. Wenn Sie andauernd so reagieren, könnte Ihre Tochter irgendwann die Stirn runzeln und sagen: »Warum musst du immer noch eins draufsetzen? Was ist denn so schlecht an meinen

Ideen?« Sie sollten deshalb eine Pause machen, bevor Sie Ihrer Tochter damit auf die Nerven fallen. Sollte sie schon verärgert sein, erwidern Sie höchstens: »Du hast Recht. Es tut mir Leid. Weißt du, ich finde deine Ideen wirklich gut, aber ich möchte, dass du siehst, dass dir noch viel mehr offen steht. Du kennst mich ja – ich möchte bloß nicht, dass du dich irgendwie eingeengt fühlst.« Sie sollen Ihrer Tochter nicht zu verstehen geben, dass ihre Träume unzulänglich sind, sondern Sie sollen ihr helfen zu erkennen, dass ein Beruf oftmals zu einem anderen führt, dass Ziele, die erreicht sind, zu höheren Zielen führen können, dass Arbeit und Leistung lebenslängliche Prozesse sind und dass sie, und dies ist vielleicht das Wichtigste, ihre Ziele so hoch stecken kann, wie sie will.

10. Strategie: Der positive Umgang mit Geld

Eine fundierte Erziehung in Geldangelegenheiten ist entscheidend für die zukünftige finanzielle Unabhängigkeit Ihrer Tochter. Darüber hinaus ist diese Erziehung unerlässlich für eine bezüglich Geld und Einkommen erfolgsorientierte, risikofreudige Frau. Nur wenn sie Sicherheit im Umgang mit Geld erlernt und begreift, wie Geld arbeitet, ist sie ausreichend auf das Leben im 21. Jahrhundert vorbereitet. Das Ziel dabei ist, Mädchen finanziell so unabhängig und so selbständig wie möglich zu machen. Um es mit den Worten von Wendy Wasserstein zu sagen: »Meine Mutter hat immer gesagt: ›Wendy, Geld ist immer gut, egal ob du arm oder reich bist.‹«

Da finanzielle Angelegenheiten in der Vergangenheit fast ausschließlich von Männern geregelt wurden, haben Sie vielleicht selbst Schwierigkeiten oder sogar Angst vor allem, was mit Geld und Investitionen zu tun hat. Wenn dem so ist, dann könnte dies ein wunderbares Projekt für Tochter und Mutter werden. Ihr Ziel sollte sein, dass Ihre Tochter klug mit Geld umgeht und Spaß dabei hat.

Mein wichtigster Rat an dieser Stelle ist, dass Sie Ihrer Tochter beibringen, dass sie auf altmodische Art und Weise zu Geld kommen muss – dass sie es verdienen muss –, und deshalb ist es unerlässlich, dass sie schon früh den Zusammenhang zwischen Arbeit und Einkommen versteht. Wenn sie acht Jahre alt ist, sollten Sie ihr nicht einfach Taschengeld geben, sondern darauf bestehen, dass sie etwas dafür tut.

Wenn sie Spaß am Geldverdienen hat, wird sie, wenn ein besonderes Ereignis bevorsteht oder sie etwas Besonders kaufen will, wahrscheinlich mehr Geld verdienen und deshalb Überstunden machen wollen. Bringen Sie ihr bei, wie sie den Überblick über die gearbeiteten Stunden behält, und entschädigen Sie sie mit Überstundenzuschlag. Wenn Sie eine besonders verantwortungsvolle oder eine länger währende Arbeit übernimmt, wie zum Beispiel das Streichen ihres Zimmers oder die Versorgung des Hundes der Nachbarn, solange diese im Urlaub sind, sollten Sie sich mit ihr hinsetzen und einen Vertrag ausarbeiten. Auf diese Weise lernt sie, die Verantwortung und den Zeitaufwand einzuschätzen, erfährt sie, welche Bedeutung ein Vertrag hat, und erkennt, dass sie, solange der Vertrag noch in der Verhandlung ist, sehr wohl eigene Wünsche einbringen kann. Natürlich liegt es dann an Ihnen, darauf zu achten, dass sie den im Vertrag festgehaltenen Verpflichtungen nachkommt, denn genau das würde auch ein Arbeitgeber tun.

Erlauben Sie ihr, einen Teil des verdienten Geldes auszugeben – vielleicht 50 oder 60 Prozent (Sie können über den Prozentsatz diskutieren). Indem sie einen Teil des Geldes ausgeben kann, lernt sie, Freude am Geldverdienen zu haben, und sie lernt das damit verbundene Selbstwert- und Unabhängigkeitsgefühl kennen. Auf diese Weise wird sie Geld und die Möglichkeit, es zu verdienen, auch mit Belohnung und Freude und nicht nur mit Verantwortung und Stress in Verbindung bringen.

Wenn sie einmal ans Geldverdienen gewöhnt ist und Sie beide sich darüber einig geworden sind, wie viel von dem verdienten Geld sie ausgeben darf, sollte sie den Rest ihres Geldes zur Vermehrung nutzen – in anderen Worten, zum Sparen und Anlegen. Wenn sie alt genug ist, erklären Sie ihr, was Investitionen und was Zinsen sind – wie man Geld für sich arbeiten lassen kann –, damit sie begreift, dass sie später mehr ausgeben kann, wenn sie jetzt sparsam ist. Erklären Sie ihr, wie Zinsen zustande kommen, und machen Sie sie dadurch mit Prozenten und Dezimalzahlen vertraut. Manche Kinder haben Schwierigkeiten mit diesen Begriffen, solange sie abstrakt sind, begreifen aber sehr schnell, wenn sie mit richtigem Geld in Verbindung stehen.

Erklären Sie ihr den Unterschied zwischen Sparen und Anlegen. Erklären Sie ihr, dass sich jemand, der spart, ein Polster verschafft, das

Sicherheit bietet und gleichzeitig jederzeit verfügbar ist. Es ist in der Tat sinnvoll, einen bestimmten Teil seines Einkommens zu sparen, damit man Geld zur Verfügung hat, wenn man es braucht. Gleichzeitig sollten Sie auch den zweiten Punkt – die Geldanlage – nicht vergessen, und ihr erklären, dass dieser Teil ihres Geldes mehr Möglichkeiten besitzt, dass aber deshalb auch das Risiko größer ist. Erklären Sie ihr, dass die Geldanlage eine Festschreibung des Geldes ist, und das Geld deshalb, während es arbeitet, nicht so schnell verfügbar ist. Am sinnvollsten ist es darum, zweigleisig zu fahren, das heißt, nicht alles auf eine Karte zu setzen, sondern zu sparen und anzulegen, um so die Vermehrung des Geldes optimal zu sichern.

Indem Sie ihr helfen, jetzt, als Kind, Geld anzulegen, solange sie kein echtes Risiko eingeht, und indem Sie aus dem Ganzen ein Spiel machen, helfen Sie ihr, die mit dem Geld verbundene Angst zu überwinden. Lassen Sie sie eine Aktie wählen und beobachten Sie gemeinsam deren Verlauf. Wenn sie älter ist, können Sie ihr Begriffe aus der Finanzwelt erklären und gemeinsam mit ihr die Wirtschaftsseite der Zeitung lesen. Machen Sie sie mit den Grundsätzen der Wirtschafts- und Finanzwelt vertraut, beispielsweise dass, wenn Aktien fallen, Rentenpapiere sinken und umgekehrt, sowie mit der Auf- und Abwertung des Geldes, Zinseszinsen, Angebot und Nachfrage sowie Preis- und Leistungsverhältnis.

Dabei ist es gar nicht nötig, solche Dinge zu planen. Man kann sie einfach in die normale Unterhaltung mit einfließen lassen. Nehmen wir an, sie wünscht sich ein neues Fahrrad. An dieser Stelle könnten Sie sie fragen: »Bei welchem Fahrrad stimmt deiner Meinung nach das Preis-Leistungs-Verhältnis?« Und wenn sie dann fragt: »Was ist das?«, können Sie es ihr erklären. Bitten Sie sie herauszufinden, welches Fahrrad die längste Lebensdauer besitzt und welches den höchsten Wiederverkaufswert hat. Erkundigen Sie sich im Fachhandel oder informieren Sie sich übers Internet. Das wäre auch eine gute Gelegenheit, über Wertminderung zu sprechen, da im Gegensatz zu einem Haus oder Grundbesitz, Fahrzeuge und Maschinen mit der Zeit an Wert verlieren. Wenn Sie sich ein Haustier wünscht, sprechen Sie mit ihr über die Preise für Haustiere. Erklären Sie das Prinzip von Angebot und Nachfrage. Erklären Sie, dass manche Rassen selten sind und deshalb mehr kosten.

Erlauben Sie, dass sie ein kleines Geschäft anfängt, und geben Sie ihr

Vorschläge für die Erziehung Ihrer Tochter im Umgang mit Geld

1. Beziehen Sie Ihre Tochter ein, wenn es um das Bezahlen von Rechnungen geht. Zeigen Sie ihr, dass Sie finanzielle Entscheidungen treffen. Wenn sie etwas älter ist, kann Sie sogar Schecks für sie ausfüllen, bevor Sie unterschreiben.

2. Geben Sie Ihrer Tochter nicht einfach Geld. In jedem Fall sollten Sie sie für jede geleistete Arbeit bezahlen. Sorgen Sie dafür, dass sie den Zusammenhang zwischen Arbeit und Einkommen versteht. Wenn sie länger als gewöhnlich arbeitet, honorieren Sie dies mit Überstundenzuschlag.

3. Arbeiten Sie einen Vertrag für längere und verantwortungsvolle Arbeiten aus.

4. Stellen Sie sie als Lehrling ein.

5. Helfen Sie ihr beim Aufbau eines kleinen Geschäfts. Geben Sie ihr ein Darlehen und bestehen Sie auf monatlicher Rückzahlung mit Zinsen.

6. Wenn sich im täglichen Umgang die Gelegenheit bietet, sie über finanzielle Dinge aufzuklären (ein neues Fahrrad, Kauf eines Haustiers, Anlegen eines Sparbuches), ergreifen Sie sie. Sorgen Sie dafür, dass Geld etwas Wirkliches ist, indem Sie ihr beibringen, wie sie Geld für sich arbeiten lassen kann.

7. Wenn sie alt genug ist, legen Sie ein kleines Wertpapierdepot für sie an, über das sie Mitspracherecht hat. Lassen Sie sie einige Aktien kaufen. Helfen Sie ihr, die Börsenberichte in der Zeitung zu verstehen, damit sie ihr angelegtes Geld beobachten kann.

8. Wenn sie das Teenageralter erreicht hat, ist es an der Zeit, über Rentenpapiere zu sprechen, des Weiteren über Staatsanleihen, Aktien- und Wertpapiermarkt und Börsenindexe wie DAX und Dow Jones. Helfen Sie ihr, das Besprochene in ihr Leben zu integrieren, indem Sie ihr erklären, wie jetzt angelegtes Geld später zu ihrem ersten Auto oder einer Ausbildung beitragen kann.

9. Wenn Sie selbständig sind, könnten Sie sie bitten, Ihnen bei der Vorbereitung der Steuererklärung zu helfen. Auf diese Weise lernt sie, wie wichtig es ist, Belege aufzubewahren und welche Dinge sich absetzen lassen. Wenn sie Ihnen, sagen wir, fünf Jahre lang, von zwölf bis siebzehn, dabei hilft, wird sie später eher wissen, was absetzungsfähig ist und was nicht, und auf jeden Fall versteht sie das zugrunde liegende Prinzip.

ein kleines Darlehen. Bestehen Sie auf regelmäßiger Rückzahlung mit Zinsen. Oder stellen Sie sie als Lehrling ein. Vergessen Sie nicht, dass die Erziehung im Umgang mit Geld im Kindesalter den gleichen Regeln folgt wie im Erwachsenenalter: erarbeiten, sparen, anlegen und Unternehmertum.

Kapitel 9

Sich die eigene Sicherheit zu Herzen nehmen
Sechs Strategien, damit sie sicher ist

> Sicherheit ist eine Illusion.
>
> *Beryl Markham, Autorin von*
> Westwärts mit der Nacht

Als ich vor einigen Tagen die Garage aufräumte, kam ein sechsjähriges Mädchen auf mich zu und fragte, was ich da mache. Noch bevor ich antworten konnte, stand sie neben mir in der Garage, deutete auf den einen, dann auf den anderen Stapel, zog Dinge heraus und fragte weiter: »Werfen Sie das alles weg? Was ist das? Warum werfen Sie das weg? Kann ich das haben?«

Ich war gerade dabei, sie zu bitten, mir beim Aussortieren eines Stapels zu helfen, als ihr Vater eintraf. Er war in Sorge und wütend. »Andrea!«, schrie er, das Gesicht rot vor Zorn. »Ich hab dich überall gesucht! Wie oft habe ich dir schon gesagt, du sollst nicht ohne Erlaubnis zu fremden Leuten gehen! Hast du mich verstanden? Mach das nicht noch einmal!«

»Aber Nicky ist doch keine Fremde«, entschuldigte sie sich. »Ich hab doch gar nicht mit einer Fremden gesprochen.«

»Das ist mir egal«, gab er zurück, ohne in seiner Wut ihre Worte zu hören. »Geh jetzt nach Hause.«

»Aber Daddy, ich …«, fuhr sie fort. In ihren Augen standen Tränen der Demütigung.

Aber er unterbrach sie, wies ihr mit dem Finger die Richtung und schrie: »Und zwar sofort!«

Nachdem sie gegangen war, bat ich ihn um Entschuldigung. Ich hätte keine Ahnung gehabt, dass Andrea ohne sein Wissen von zu Hause fortgegangen sei. Ich versicherte ihm, dass ich das nächste Mal darauf bestehen würde, dass sie die Erlaubnis hatte.

Er dankte mir und fügte hinzu: »Na ja, das ist nicht das erste Mal. In letzter Zeit streunt sie gern in der Nachbarschaft herum. Sie weiß, dass sie nicht mit Fremden reden darf, aber Sie können sich vorstellen, dass wir uns trotzdem Sorgen machen.«

Ja, das konnte ich. Ich gebe diese Geschichte hier wieder, weil sie Gelegenheit bietet, einen wichtigen Punkt zu besprechen. Die Risikobereitschaft Ihrer Tochter zu fördern und gleichzeitig dafür zu sorgen, dass sie sicher ist, scheint auf den ersten Blick ein unvereinbares Unterfangen. Oberflächlich gesehen ist es das auch. Bedauerlicherweise gibt es keine Antworten, die die absolute Sicherheit Ihrer Tochter garantieren. Die möglichen Antworten weisen wiederum in die gleiche Richtung: es gilt, ihr erfolgsorientiertes Verhalten zu entwickeln – in diesem Fall, das erfolgsorientierte Verhalten zu lernen, für die eigene Sicherheit zu sorgen.

Wenn man's richtig nimmt, sollte das das oberste Ziel überhaupt sein. Schließlich möchten Sie, dass Ihre Tochter sicher ist, ob Sie nun bei ihr sind oder nicht. Sie möchten, dass sie ihren Verstand benutzt, um unter allen Umständen sicher zu sein. In dem Bestreben, jede Situation unter Kontrolle zu haben, lassen sich die meisten Eltern jedoch dazu verleiten zu glauben, dass *sie* für die Sicherheit ihrer Kinder garantieren können. Dieser Wunsch ist zwar verständlich, aber realistisch ist er keineswegs. Die Zeit im Leben Ihrer Tochter, in der Sie sie schützen und jedes Übel von ihr fern halten können, ist sehr kurz – im Grunde ist sie nicht existent. Sie könnte bereits in dem Augenblick, wo Sie ihr den Rücken kehren, in Gefahr sein. Es ist offensichtlich, dass Sie nicht immer und überall bei ihr sein können. Dies wäre nicht nur unmöglich, sondern irgendwann schlichtweg aufdringlich. Es ist deshalb unerlässlich, dass sie lernt, aufmerksam zu sein und für ihre *eigene* Sicherheit zu sorgen. Oder anders ausgedrückt, je besser Ihre Tochter weiß, wie sie sich selbst schützen kann – ohne sich auf Sie oder andere zu verlassen, ohne zu erwarten, dass man ihr zu Hilfe eilt, ohne auf ihr Glück zu vertrauen, ohne übermäßig vertrauensselig zu sein und ohne die Anzeichen der Gefahr zu übersehen –, desto sicherer wird sie sein. Wir beginnen zu dem Zeitpunkt, an dem Ihre Tochter alt genug ist, um die Welt um sich herum mit Neugierde zu betrachten, und beweglich genug, entweder zu Fuß oder auf Rädern, um sie zu erkunden.

Frühe und spätere Kindheit

Mit fünf oder sechs, aber auch früher, fangen viele Kinder an, sich für das, was ihre Umgebung ihnen bietet, zu interessieren. (Wünschten Sie sich nicht manchmal, Sie könnten noch wie damals über die kleinen Wunder staunen?) Es ist nicht ungewöhnlich, dass Kinder munter und vergnügt die Welt erkunden, ihre Nachbarn aufsuchen oder aber einfach ins Blaue hinein gehen, ohne Eltern und mitunter sogar ohne dass ihre Eltern von diesen Erkundungsreisen und Besuchen wissen.

Auf jeden Fall *ist* Erkunden und Erforschen ein erfolgsorientiertes Verhalten. Es erfordert Neugierde, Selbstvertrauen, Mut und Unabhängigkeit – lauter positive Eigenschaften, die es in einem Mädchen zu verstärken gilt. Ich weiß, was Sie jetzt denken: Es erfordert auch Naivität, und das macht Ihnen Angst. Und obwohl Selbstvertrauen wichtig ist, fürchten viele Eltern, und das zu Recht, eine übermäßige Selbstsicherheit, die in Verbindung mit kindlicher Unwissenheit (oder soll ich sagen Einfältigkeit?) die Kinder in Schwierigkeiten bringen kann, indem sie sie verleitet, Risiken einzugehen, deren Folgen sie weder abschätzen noch verarbeiten können. Darüber hinaus ist es unvermeidbar, dass die Tochter irgendwann die Regeln bezüglich Grenzen ändern wird. Manchmal tut sie dies ganz bewusst – wenn sie beispielsweise mit Freunden zusammen ist und sie unter dem Druck der Gruppe die Regeln ignoriert. Und dann wieder unbewusst – wenn beispielsweise ihre Neugierde angestachelt wird und sie ohne groß zu überlegen einfach losmarschiert. Außerdem ist es nur natürlich, dass sie, je älter sie ist, »weitergehen« wird.

Sobald sie in der Lage ist, sich unabhängig von Ihnen als eigenständiges Wesen zu begreifen und beim Einkaufen, im Park und in der Nachbarschaft auf Wanderschaft zu gehen, müssen *Sie* ihr beibringen, was ein Fremder ist.

1. Strategie: Bringen Sie ihr bei, was ein Fremder ist

Der wichtigste Schritt in der Unterweisung unserer Töchter, für die eigene Sicherheit zu sorgen, wird oftmals übersehen. Die meisten Eltern predigen ihren Kindern, nicht mit Fremden zu sprechen. Aber stellen Sie sich vor, Sie würden sagen: »Du darfst nie, gar nie mit einem Moig sprechen. Du darfst nie zu einem Moig ins Auto steigen. Du darfst nie mit einem Moig mitgehen. Hast du verstanden?« Wenn Sie ein Kind wären, würden Sie nicken, um dem Erwachsenen einen Gefallen zu tun, aber es würde Ihnen nicht in den Sinn kommen zu fragen, was ein Moig ist. (Kinder handeln vielleicht so, weil sie es gewohnt sind, das Vokabular der Erwachsenen nicht immer zu verstehen.) Deshalb reicht es nicht aus, dass Sie ihr sagen, sie darf nicht mit einem Fremden sprechen, sondern Sie müssen ihr vor allem erklären, was ein Fremder ist.

Erklären Sie ihr, dass eine fremde Person ein Mensch ist, den sie nicht kennt, den sie noch nie gesehen und mit dem sie noch nie gesprochen hat. Erklären Sie ihr, dass sie mit Menschen nur dann sprechen darf, wenn es sich um Verwandte, Nachbarn oder Freunde handelt, die sie durch Sie kennt. Sie können noch weitergehen und die Personen, mit denen Ihre Tochter sprechen darf, im Detail benennen, also Großmutter und Großvater, Onkels, Tanten, direkte Nachbarn, Babysitter und enge Freunde der Familie. Machen Sie sie darauf aufmerksam, dass selbst Freunde der Nachbarn Fremde für sie sind.

Nachfolgend einige Beispiele, wie man erklären kann, warum sie nicht mit Fremden sprechen sollte:

1. Du weißt doch, wie du manchmal »so tun als ob« spielst? Und manche Erwachsene tun das auch. Sie tun so, als ob sie nett und freundlich und hilfsbereit wären, aber in Wirklichkeit sind sie es gar nicht.

2. Weil du nicht wissen kannst, ob Menschen, denen du begegnest – Fremde –, nette Menschen sind, sprichst du einfach nicht mit ihnen, sondern drehst dich um und gehst weg. Auch wenn du vielleicht meinst, dass sie nett sind, kann es sein, dass sie nur so tun.

3. Die meisten Menschen, denen du begegnest, sind nett, aber wenn du jemanden nicht kennst, kannst du eben nicht wissen, welche nett sind und welche nicht.

4. Du darfst nicht mit Fremden sprechen, weil es Menschen gibt, die nicht ehrlich sind.

5. Die meisten Menschen würden dir nicht wehtun, aber manche schon. Und wenn du jemanden nicht kennst, weißt du eben nicht, welche dir wehtun würden und welche nicht.

6. Du musst keine Angst vor Fremden haben. Sei einfach vorsichtig

und geh ihnen aus dem Weg. Sprich einfach nicht mit ihnen und geh auch nicht mit ihnen mit.

7. Auch wenn sie dich ansprechen und nett sind, musst du nicht antworten, vor allem wenn du allein bist.

2. Strategie: Rollenspiel zur Sicherheit

Wenn Sie sich sicher sind, dass Ihre Tochter weiß, was ein Fremder ist, erklären Sie ihr, dass man einem Fremden begegnen kann, der scheinbar in Not ist. Der Fremde kann beispielsweise so tun, als sei er verletzt, möglicherweise blutet er, trägt einen Verband oder sogar einen Gips. Erklären Sie ihr, dass es in einem solchen Fall das Beste ist, einen Erwachsenen zu Hilfe zu rufen. Erklären Sie ihr, dass es Fremde gibt, die vorgeben, ein weggelaufenes Haustier oder einen Ball zu suchen, nach dem Weg fragen oder sogar anbieten, das Kind zu Mama und Papa zu bringen, und zwar auf deren Wunsch.

Wenn Sie solche Szenen als Rollenspiel üben, lernt Ihre Tochter nicht nur, wie sie sich zu verhalten hat, sondern sie übt das Verhalten gleichzeitig ein. Und daraus wiederum schöpft sie die Selbstsicherheit, die sie in der echten Situation braucht und die ihr hilft, sich im gegebenen Fall an das Erlernte zu erinnern.

Üben Sie »so tun als ob«. Tun Sie so, als wären Sie die Fremde. Spielen Sie verschiedene Szenen durch, wie sie in Wirklichkeit schon vorgekommen sind. »Ich suche meinen Hund, er ist mir weggelaufen. Könntest du mir helfen?« oder »Deine Mami hatte einen Unfall, und sie hat mich gebeten, dich zu ihr ins Krankenhaus zu bringen« oder »Ich bin Polizist und ich muss dich mitnehmen« oder »Ich habe ein paar kleine Kätzchen im Auto. Möchtest du mit ihnen spielen?« Üben Sie diese Rollenspiele an Orten, wo ihr ein Fremder tatsächlich begegnen könnte: auf dem Nachhauseweg von der Schule, im Einkaufszentrum, auf dem Spielplatz und so weiter. Auch Ihr Mann kann dieses Rollenspiel mit ihr üben, damit sie versteht, dass ein Fremder sowohl Mann als auch Frau sein und freundlich und hilfsbereit scheinen kann.

Bringen Sie ihr bei, dass sie sich auf jeden Fall von dem Fremden abwenden muss, auch wenn sie noch so gerne mit den Kätzchen spielen würde. Versprechen sie ihr, das von dem Fremden Versprochene nachzuholen – beispielsweise das Spiel mit den Kätzchen. Machen Sie ihr klar, dass sie nur mit Erwachsenen mitgehen darf, die sie bereits kennt – mit einem Verwandten oder einem Freund der Familie, und das auch nur mit Ihrer ausdrücklichen Erlaubnis.

Da sich aber selbst vertrauenswürdige Erwachsene Kindern gegenüber ungebührlich benehmen, müssen Sie ihr als Nächstes beibringen, mit Nachdruck nein zu einem Erwachsenen zu sagen. Auch das muss wiederum geübt werden. Bringen Sie ihr bei, bestimmt und wenn nötig sogar abweisend zu sein. Die Förderung dieses erfolgsorientierten Verhaltens bei einem Kind kann Eltern mitunter Schwierigkeiten bereiten, weil sie der Meinung sind, Kinder müssten Achtung und Respekt vor Erwachsenen haben. Ich bin ganz ihrer Meinung, das sollten sie. Andererseits ist es wichtig, dass Ihre Tochter nicht zögert, einen Erwachsenen abzuweisen, der sich ihr gegenüber ungebührlich benimmt. Wenn sie älter ist, können Sie ihr erklären, dass ein Erwachsener, der Respekt und Achtung verdient, niemals etwas von ihr verlangen würde, was ihr peinlich ist oder ihr Angst macht. Lassen Sie sie wissen, dass kein Erwachsener – nicht einmal ein lieber Freund, Verwandter oder Lehrer – das Recht hat, ihren Körper zu berühren oder von ihr zu verlangen, dass sie sich auszieht oder sonst irgendetwas tut, was ihr unangenehm ist.

Möglicherweise müssen Sie ihr im Detail erklären, welches Verhalten Erwachsener zulässig ist und welches sie mit Recht entschieden zurückweisen kann. Natürlich dürfen Sie nicht vergessen, ihr zu sagen, dass sie damit sofort zu Ihnen kommen und Ihnen davon berichten muss, auch wenn der Erwachsene sie gebeten hat, dies nicht zu tun.

3. Strategie: Sicherheit kommt vor Gefahr

Ein Wort der Vorsicht. Wenn Sie Ihrer Tochter erklären, dass sie unter keinen Umständen mit einem Fremden reden und auf keinen Fall den Wünschen eines Erwachsenen nachgeben darf, wenn ihr dies unangenehm ist, sollten Sie ihr nicht unnötig Angst machen. Im Sinne der Förderung des erfolgsorientierten Verhaltens wäre es denkbar schlecht, wenn Ihre Tochter zu der Überzeugung käme, dass die Welt ein unsicherer Ort ist (obwohl dies natürlich der Fall ist). Dabei denke ich an einen Vater in einem meiner Workshops, der sagte: »Ich sage meiner Tochter immer wieder, dass sie, wenn sie nicht vorsichtig ist, zerstückelt in einer Plastiktüte am Straßenrand landet.« Diese Methode ist bestimmt nicht die, die ich im Sinn hatte. Sie erzeugt nichts als Angst.

Genauso wenig sollte man andauernd auf der Gefahr herumreiten, denn die ständige Warnung davor kann ein Kind ängstlich und schüchtern machen. Gelegentliche Gespräche über Sicherheit und weniger über Gefahren sind vollkommen ausreichend. Diese Hinweise sind vor allem hilfreich, wenn die Situation sie erfordert, so beispielsweise wenn Ihre Tochter zum ersten Mal allein eine Freundin besucht.

Teenageralter

4. Strategie: Helfen Sie ihr, bewusst durchs Leben zu gehen

Sollte Ihre Tochter etwas tun wollen, was Sie für zu gefährlich halten, wäre es falsch, es einfach zu verbieten. Stattdessen sollten Sie die Bitte Ihrer Tochter nutzen, um ihre Fähigkeit, für ihre eigene Sicherheit zu sorgen, zu steigern. So könnten Sie beispielsweise sagen: »Dabei fühle ich mich überhaupt nicht wohl. Wie willst du in einer solchen Situation dafür sorgen, dass dir nichts passiert?«

Wenn sie mit »Keine Ahnung« antwortet, geben Sie zurück: »Warum denkst du nicht darüber nach? Wenn du ein paar Ideen hast, können wir noch mal reden.« Wenn sie nicht mit Ideen aufwartet, sind Sie aus dem Schneider. Wenn sie aber welche vorbringt, haben Sie die Möglichkeit, gleich zwei Ziele zu erreichen: Erstens, sie zu bitten, ihre Vorschläge zu erläutern, und zweitens zu erkennen, ob sie wirklich reif genug ist, um ihre ursprünglich vorgebrachte Bitte in die Tat umzusetzen.

Was das erste Ziel betrifft, brauchen Sie auf ihre Vorschläge lediglich mit »Ja, das ist gut. Und was noch?« zu antworten. Wenn sie mit einem weiteren Vorschlag aufwartet, sagen Sie einfach: »Und was noch?« Widerstehen Sie der Versuchung, sich Vorsichtsmaßnahmen zu überlegen, anstatt es Ihre Tochter tun zu lassen. Wenn Sie sich nämlich Gedanken machen und sie beispielsweise fragen: »Was ist, wenn?«, dann haben Sie den Köder bereits geschluckt. Dann denken *Sie* über ihre Sicherheit nach und nicht sie selbst. Das wäre Ihrem Ziel, ihr beizubringen, wie sie für ihre eigene Sicherheit sorgen kann, in keiner Weise dienlich.

Bezüglich des zweiten Ziels, zu erkennen, ob sie das Bewusstsein und die Reife besitzt, um in einer bestimmten Situation für ihre eigene Sicherheit zu sorgen, werden Sie Ihre Entscheidung auf sehr viel mehr Information stützen können als wenn Sie sämtliche Vorschläge liefern. Natürlich kann es sein, dass Sie sie dennoch nicht gehen lassen, aber Ihre Entscheidung wird wenigstens auf sehr viel Konkreterem basieren als nur auf Ihrer Phantasie oder Ihren Annahmen in Bezug auf ihr Bewusstsein.

5. Strategie: Einen Selbstverteidigungskurs besuchen

Ich weiß, dass die Polizei Selbstverteidigungskurse für Kinder anbietet, die in der Regel von Polizisten und Kinderpsychologen geleitet werden. Sie lehren nicht nur die aktive Selbstverteidigung im Falle akuter Gefahr, sondern machen die Kinder auch mit vorbeugenden Maßnahmen vertraut, weisen sie auf Anzeichen von Gefahr hin und wecken ihr Bewusstsein für zwischenmenschliche Gewalt. Erkundigen Sie sich, ob die Polizei auch in Ihrer Stadt oder Gemeinde solche Kurse anbietet. Wenn nicht, können Sie vielleicht einen Kurs anregen.

Genauso gut könnte Ihre Tochter aber einem Verein beitreten, in dem fernöstliche Selbstverteidigung gelehrt wird. Die Vorteile sind zahlreich, und in der Regel lassen sich Kinder leicht dafür begeistern. Ein mir bekannter Lehrer, der seit zweiundzwanzig Jahren, davon achtzehn Jahre Kinder unterrichtet, meint, sieben bis acht sei das richtige Alter, um anzufangen. Alles andere wäre zu jung.

Bestimmt gibt es auch in Ihrer Stadt solche Vereine und Kurse, aber erkundigen Sie sich auf jeden Fall nach dem Ruf und der Erfahrung in der Arbeit mit Kindern. Wenn Sie etwas Passendes gefunden haben, können Sie Ihre Tochter, sofern sie Interesse zeigt, anmelden. Zeigt sie keines, könnten Sie gemeinsam einen Kurs besuchen. Ihre Tochter erlernt auf diese Weise nicht nur die Technik und die Kunst der Selbstverteidigung, sondern auch die Fertigkeiten des erfolgsorientierten Verhaltens, die auf der fernöstlichen Kunst der Selbstverteidigung basieren: Disziplin, Bewusstsein, Klarheit des Geistes, angemessenes Verhalten bei Gefahr, Stärke, Widerstandsfähigkeit und Ausdauer. Und das alles im Paket geschnürt.

Für eine Heranwachsende kann die Erfahrung der Selbstverteidigung sogar noch intensiver werden. Eine der wirksamsten Methoden heißt Model Mugging (Praxis an einem Trainer in Schutzausrüstung). Diese Methode unterscheidet sich insofern von anderen, als sie die Angst nutzt, statt sie abzubauen. Sie macht sich das Adrenalin zunutze, das bei Angst ausgeschüttet wird (was in einer Gefahrensituation automatisch erfolgt, um den Menschen zum Handeln zu befähigen).

»Es geht darum, den hohen Adrenalinspiegel als Mittel zu benutzen, anstatt zu erstarren oder zu erzittern«, sagte Eugenie Morton, die Leiterin und Trainerin von Model Mugging. »Es geht darum, die Angst zu einer Verbündeten zu machen.«

»Warum ist es für die meisten eine sehr intensive Erfahrung?«, wollte ich wissen.

»Wir bringen Frauen bei, einen kraftvollen Schlag gegen sehr verletztliche Körperteile auszuführen. Da die meisten Frauen noch nie im Leben die Hand gegen einen anderen Menschen erhoben haben, um ihn mit aller Kraft zu schlagen, ist diese Erfahrung folglich sehr intensiv.[1] Wir benutzen dabei auch unsere Stimmen, das heißt, wir schreien und brüllen.« Auch in den fernöstlichen Selbstverteidigungskünsten wird die Stimme als Mittel benutzt, um an die eigene Kraft zu gelangen oder um den Gegner zu verunsichern oder ihm zu drohen.

»Obwohl sie sich nicht nur auf ihre Kraft verlassen, wissen wir, dass es von Vorteil ist, sie zu haben, und deshalb bringen wir unseren Frauen bei, ihre Hüften und Beine, also die stärksten Muskeln im Körper, zu benutzen, um sich zu verteidigen. Diese Art des Trainings ist aus zwei Gründen sehr wirksam. Erstens weil die größten Muskelgruppen am leichtesten einzusetzen sind, wenn man vor lauter Angst nicht weiß wohin. Und zweitens endet eine Frau bei einem Überfall in der Regel ohnehin auf dem Boden und auf dem Rücken. Aus diesem Grund ist es sehr sinnvoll, wenn sie weiß, wie sie ihre Beine einsetzen kann.«

Im Anfängerkurs lernen die Teilnehmerinnen, sich gegen einen unbewaffneten einzelnen Angreifer zu verteidigen, eine Situation, die

die häufigste Form des Überfalls darstellt. Darüber hinaus werden zwei fortführende Kurse für Erwachsene angeboten. Im ersten lernen die Frauen, sich gegen einen Angreifer zu verteidigen, der mit Messer, Pistole oder Schlagholz bewaffnet ist. Im zweiten lernen sie, sich gegen eine Gruppe von Angreifern, das heißt gegen vier oder fünf zu verteidigen.

Die Colorado-Zweigstelle bietet zusätzlich Kurse für Teenager und Kinder. Erkundigen Sie sich, ob es nicht vielleicht auch in Ihrer Stadt etwas Ähnliches gibt. Wenn nicht, können Mädchen im Alter von siebzehn und achtzehn meist schon an Erwachsenenkursen teilnehmen.

Und wenn wir schon bei besonderen Situationen im Leben sind ...

Jedes Mädchen kann in Gefahr geraten. Möglicherweise hat es die falsche Entscheidung getroffen (das kann jedem passieren) oder es durfte gar nicht entscheiden, vielleicht ist es durch unglückliche Umstände in eine gefährliche Situation geraten. Wenn es gelernt hat, sich selbst zu verteidigen, hat es wenigstens die Möglichkeit, körperlichen Widerstand zu bieten.

»Ich möchte Ihnen eine Geschichte erzählen«, meldete sich die Mutter einer fünfzehnjährigen Tochter in einem meiner Workshops. »Sie werden es nicht glauben, aber die Geschichte ist wahr. Sie ist nämlich meiner Tochter passiert.

Meine Tochter Kelly und ihre Freundin Karen wurden wie verabredet von einer älteren Freundin von einer Party abgeholt. Die Freundin hupte, sie rannten nach draußen und setzten sich ins Auto. Nach kurzer Zeit bemerkten sie, dass die Freundin, die das Auto fuhr, mit ihrem Freund etwas getrunken hatte und eigentlich nicht mehr in der Lage war zu fahren. Sie stritten mit ihr, versuchten sogar, sie mit Gewalt vom Fahren abzuhalten, aber die Freundin weigerte sich, eine der beiden fahren zu lassen. Nachdem sie eine rote Ampel überfahren hatte und beinahe mit einem anderen Auto zusammengestoßen wäre, bestanden sie darauf auszusteigen.

Es war ungefähr elf Uhr an einem Freitagabend. Wir wohnen etwas außerhalb. Nicht direkt auf dem Land, aber die Häuser stehen ziemlich weit auseinander. Und da gingen nun die beiden halbwüchsigen Mädchen auf dieser dunklen, verlassenen Straße, und plötzlich hält ein Auto neben ihnen, und der Fahrer, ein Fremder, bietet ihnen an, sie mitzunehmen. Die Freundin meiner Tochter wollte sofort einsteigen. Es war Winter, und sie war nicht warm genug angezogen und fror erbärmlich. Außerdem meinte sie, sie seien auf jeden Fall im Auto sicherer als auf dieser einsamen Straße.«

»Oh-oh«, murmelte eine Frau im Raum.

»Kelly wollte nicht mit einsteigen. Ich hatte ihr eingebläut, niemals zu einem Fremden ins Auto zu steigen. Sie flehte Karen an, zu Fuß weiterzugehen, aber Karen machte die Wagentür auf und stieg ein. Kelly sagte: ›Mom, was hätte ich denn machen sollen? Ich hab gewusst, dass ich nicht einsteigen soll, aber ich hatte viel zu viel Angst, allein weiterzulaufen.‹«

Die Zuhörerinnen waren hin- und hergerissen zwischen Angst und Anteilnahme. Wir sahen augenblicklich die schreckliche Situation vor uns, in der sich Kelly befand – Gefahr, egal wie sie sich entschied.

Eine Frau sagte: »Das ist eine ziemlich schwierige Entscheidung für eine Sechzehnjährige.«

Eine zweite Frau sprach das aus, was wir alle dachten: »Das wäre selbst eine schwierige Entscheidung für eine Erwachsene.«

Die Mutter fuhr fort: »Das Glück war, dass ein Polizeiwagen die beiden Mädchen überholt hatte. Er war ein Stück weitergefahren, dann aber, etwas beunruhigt, umgekehrt, um nach den beiden zu sehen. Als er die Mädchen wieder erreicht hatte, stiegen sie gerade in das Auto des Fremden ein. Und jetzt kommt der grausige Teil. Es stellte sich nämlich heraus, dass der Mann, zu dem sie eingestiegen waren, ein bekannter Straftäter war – ein Triebtäter auf der Suche nach jungen Mädchen. Wer weiß, was passiert wäre, wenn der Polizist nicht zurückgekommen wäre.«

Ich erzähle diese Geschichte nicht, um Sie zu ängstigen, sondern um ein realistisches Bild von Gefahr und Sicherheit zu vermitteln. Da jedes schlagende Herz verletzlich ist, gibt es letzten Ende keine absolute Sicherheit. Ich bin deshalb der Meinung, dass wir unseren Kindern einen Gefallen tun, wenn wir sie möglichst früh lehren, sich selbst zu verteidigen, für den Fall, dass sie, egal, ob durch eigenes Verschulden oder nicht, in gefährliche Situationen geraten. Auch Bewusstsein und Selbstverteidigung sind keine Garantie (es gibt keine Garantien), aber einen Anfang bilden sie alle Mal.

Deshalb dürfen Sie den Kopf nicht in den Sand stecken. Sorgen Sie dafür, dass Ihre Tochter sich zur Wehr setzen, einen Autoreifen wechseln, eine potentiell gefährliche Situation ausmachen kann, begreift, dass man in der Gruppe immer geschützter ist als allein, und dass sie ihre Wünsche wenn nötig mit Bestimmtheit und überzeugend vortragen kann. Kurz, sorgen Sie dafür, dass sie die erfolgsorientierten Eigenschaften einer Kriegerin gelernt hat.

Und melden Sie Ihre Tochter nicht allein zum Selbstverteidigungskurs an. Melden Sie sich gemeinsam an. Auch Sie können davon lernen.

6. Strategie: Greifen Sie bei sexuellem Missbrauch schnell ein

Die Neigung einer Mutter, die Begegnungen ihrer Tochter mit dem anderen Geschlecht – einschließlich Vätern, Onkeln und Brüdern – aufmerksam, wenn nicht gar mit Vorsicht, zu verfolgen, ist ein natürlicher Instinkt, der daher rührt, dass sie selbst als Frau groß geworden ist. Untersuchungen zeigen, dass viele Mütter unfreiwillige Empfängerinnen männlicher Aufmerksamkeit waren, bevor sie sich reif dafür fühlten. Einer Schätzung zufolge erlebt ein Drittel aller Mädchen vor dem achtzehnten Lebensjahr unerwünschte sexuelle Annäherungen seitens eines erwachsenen Mannes. Ungefähr ein Viertel dieser Vorfälle ereignen sich noch vor der Pubertät.[2] Wenn Sie den Verdacht hegen oder sogar Beweise dafür haben, dass Ihre Tochter von ihrem Vater oder anderen sexuell missbraucht wird, müssen Sie schnell und entschieden handeln. Auf keinen Fall dürfen Sie ein solches Verhalten entschuldigen oder so tun, als bemerkten Sie es nicht. In einer solchen Situation müssen Sie handeln. Ihre Tochter ist nicht in der Lage, diese Situation allein zu bewältigen.

Bevor ich ausführe, wie Sie am besten handeln, möchte ich ein paar Vorsichtsmaßnahmen ansprechen. »Verdacht auf Missbrauch« ist eine sehr heikle Angelegenheit. Wird ein Mann fälschlicherweise des sexuellen Missbrauchs beschuldigt, kann und wird eine solche Beschuldigung wahrscheinlich sein Leben ruinieren. Wenn Sie also den Verdacht hegen, aber keinen konkreten Beweis haben, sollten Sie mit einem/einer Schulpsychologen/in oder einem/einer Sozialarbeiter/in darüber sprechen, um sich darüber klar zu werden, ob Ihr Verdacht berechtigt ist. Da solche Menschen verpflichtet sind, jedem Hinweis nachzugehen, sollten Sie beim ersten Anruf vielleicht nicht gleich Ihren Namen preisgeben.

Andererseits dürfen Sie auch nicht zögerlich sein. Wenn Sie jemanden des Missbrauchs verdächtigen, haben Sie wahrscheinlich guten Grund dazu und sollten die Sache auf jeden Fall weiter verfolgen. Das Wichtigste ist jedoch, dass Sie schnell handeln. Sprechen Sie entweder mit einer Psychologin oder einem Psychologen oder entfernen Sie Ihre Tochter aus der Gefahrenzone. Schieben Sie nichts auf. Das Wohlergehen Ihrer Tochter steht auf dem Spiel, wenn tatsächlich Missbrauch vorliegt. Der emotionale und psychische Schaden, der durch sexuellen Missbrauch, vor allem durch Väter, angerichtet wird, ist unübersehbar. Sie dürfen in einem solchen Fall nicht warten oder hoffen, dass dem nicht so ist. Lassen Sie nicht zu, dass sich zum ursprünglichen Problem auch noch das der Verdrängung gesellt.

Es gibt eine Reihe von Gründen, warum die Verdrängung zum Problem werden kann. Die Aufdeckung des sexuellen Missbrauchs seitens des eigenen Vaters kann, und wird tatsächlich fast immer, eine Familie zerstören. Auf jeden Fall wird die Familie nie wieder so sein, wie Sie sie kennen. Aber Sie dürfen Ihre Tochter nicht der Familie zuliebe opfern. Erstens wäre es gewissenlos, die Zerstörung eines Familienmitglieds hinzunehmen, um die anderen zu »retten«. Zweitens könnte der Mann, wenn er eine Tochter missbraucht hat, auch andere Töchter und vielleicht auch Söhne missbrauchen. Drittens ist »die Familie, wie Sie sie kennen«, nicht wirklich die Familie, die Sie kennen. Das Bewahren eines Geheimnisses dieses Ausmaßes innerhalb einer Familie entspricht einem Termitenhügel in den Grundmauern eines Hauses: das ganze Gebäude steht auf brüchigem Fundament und stürzt eines Tages ein. Indem man das Problem leugnet, löst man es nicht, genauso wenig wie es von selbst verschwindet oder die Familie vor der Zerstörung bewahrt.

Und was sind die Konsequenzen? Das kommt darauf an. Es gibt kurzfristige, sofortige Konsequenzen und langfristige. Kurzfristige hängen von den Entscheidungen der Behörden ab. Therapeuten, Ärzte und Sozialarbeiter könnten darauf bestehen, dass der Vater das Haus verlässt. Sie könnten auch darauf bestehen, dass Sie nachweisen, wie Sie Ihre Tochter schützen, sollte er weiterhin zu Hause wohnen. Sie könnten aber auch dafür sorgen, dass Ihre Tochter das Haus verlässt.

Langfristige Konsequenzen beinhalten Therapie, mögliche rechtliche Folgen, Scheidung und finanzielle Einbußen. Zieht man die Tragweite dieser Folgen in Betracht, wundert es einen nicht, dass manche Mütter so tun, als wüssten sie nichts von Missbrauch. Nichtsdestotrotz müssen Sie Ihre Angst angehen und Hilfe in Anspruch nehmen. Es gibt sie.

Teil IV
Teenager

Kapitel 10
Die Geißel der Pubertät
Die Verheißung der romantischen Liebe

> Ich bin ganz einfach ein Mensch,
> gefangen in einem weiblichen Körper.
> *Elayne Boosler*

»Polly ist so ziemlich die Letzte, von der ich erwartet hätte, dass sie mich um künstliche Fingernägel bittet«, berichtete eine Mutter in einem Workshop. »Sie ist nämlich ein Mädchen, das in nichts anderem als abgewetzten, ausgebeulten Jeans und Flanellhemden rumläuft. Sie ist ein echter Wildfang, macht einen Leistungskurs in Mathematik und spielt am liebsten Basketball mit ihrem Bruder. Deshalb war ich total geplättet, als sie ihren Wunsch nach künstlichen Nägeln verkündete.

Als ich sie nach dem Grund dafür fragte, wedelte sie mit den Händen durch die Luft und sagte: ›Damit meine Hände lang und elegant aussehen. Meine sind so kurz, die sehen aus wie Bubenhände.‹«

»Meine Tochter verändert ständig ihre Handschrift«, erzählte eine andere Mutter. »An einem Tag sehen ihre i-Tüpfelchen aus wie kleine Herzen, am anderen wie lächelnde Gesichter. Ungefähr einen Monat lang schrieb sie dann nur in Druckschrift, sehr eckig und fast graphisch, danach dann geschwungen mit mädchenhaften Schnörkeln und Girlanden.«

»Wenigstens experimentiert Ihre Tochter nur mit ihrer Handschrift. Warten Sie ab, bis sie sich die Haare lila färbt und anfängt, sich selber zu piercen und zu tätowieren«, wandte eine humorvolle Mutter ein, die darüber sogar noch lachen konnte.

»Oder aufreizende Kleider trägt«, fügte eine weitere Mutter in ernsthafterem Ton hinzu. »Ich habe meiner Tochter verboten, aus dem Haus zu gehen, als sie in einem Rock, der so hoch geschlitzt war, dass man ihre Unterhose sehen konnte, aus ihrem Zimmer kam. Ich bin selbst eine Frau und kann verstehen, dass sie attraktiv sein will, aber ich erlaube ihr nicht, wie ein Flittchen aus dem Haus zu gehen!«

Es ist in der Tat eines der hervorstechendsten Merkmale der Pubertät, dass man auf der Suche nach der eigenen Identität ist, und bei einem Mädchen gehört es dazu, dass es sich entscheiden muss, welchem der weiblichen Rollenbilder es folgen will. Die große Anzahl von Möglichkeiten kann dabei sehr verwirrend sein. Obwohl Mädchen heutzutage anscheinend wesentlich seltener unter dem Druck stehen, »nett und lieb« sein zu müssen, als noch ihre Mütter, ist diese gesellschaftliche Erwartung noch nicht völlig verschwunden (mit regionalen Abweichungen). Wir wissen, dass alle Mädchen glauben, sexy, verführerisch und attraktiv sein zu müssen.

Zu einer femininen Persönlichkeit werden: Warum eigentlich?

Vor der Pubertät erschien es Ihrer Tochter wahrscheinlich völlig nebensächlich, weibliche Verhaltensmuster an den Tag zu legen, außer es wurde von ihrer Familie ausdrücklich verlangt. (»Benimm dich wie eine kleine Dame«, »Liebe Mädchen machen so etwas nicht«, »Ich hoffe, du bist bald aus deiner wilden Phase rausgewachsen«, sind lauter Bemerkungen von Müttern, wiedergegeben von Mädchen in Gesprächsgruppen.) Die Welt um sich herum zu erforschen, war bis dahin vermutlich wesentlich interessanter. Mit einsetzender Pubertät rückt die Aneignung weiblicher Eigenschaften jedoch in den Mittelpunkt.

Eine erwachsene Frau zu werden, ist eine weit kompliziertere Angelegenheit, als sich lediglich an die neuen Hormone zu gewöhnen, die von nun an durch den Körper kreisen. Wie beliebt man in einer Schule ist, hängt fast immer davon ab, wie anziehend man auf Jungen wirkt. In der Pubertät werden Mädchen, die einen Freund haben, von anderen Mädchen einer genauen Musterung unterzogen: wie sie aussehen, sich benehmen, sprechen und anziehen. Das Aussehen und Verhalten der Mädchen werden zum neuen Maßstab, der darüber entscheidet, ob ein Mädchen von seiner Clique akzeptiert wird.[1]

Zu dieser neuen Beliebtheitsskala füge man nun noch Folgendes hinzu: 1. das Erwachen ihres Körpers, 2. ihre neuentdeckte Macht über Jungen und ihre natürlichen biologischen Triebe, 3. die Gelegenheit, Liebe und Bestätigung sowohl von ihrer Clique als auch von einem einzelnen Jungen zu erhalten, was besonders für Mädchen, die sich minderwertig und ungeliebt fühlen, verlockend ist, 4. den gesellschaftlichen Druck, einen Partner zu finden, und 5. die gute alte gesunde Neugier eines Teenagers – und das Ergebnis ist eine explosive Kombination innerer Zwänge. Diese Zwänge können so beherrschend sein, dass viele Mädchen sich von schulischer Leistung ablenken lassen und nur noch damit beschäftigt sind, so weiblich wie möglich zu wirken, um männliche Aufmerksamkeit zu erregen und umschwärmt zu werden.

Selbst wenn Sie in all den Jahren zuvor gute Arbeit geleistet haben, das Selbstwertgefühl Ihrer Tochter also stark ist und sie sich nichts vormachen lässt, sollten Sie nicht überrascht sein, wenn Ihre Tochter in der Pubertät verschiedene weibliche Rollen ausprobiert und wenn sie durcheinander ist, ihre Selbstsicherheit verliert oder sich minderwertig vorkommt. Sie wird bald mit den enormen Gefühlsschwankungen zurechtkommen, die mit den Hormonen einhergehen. Sie muss sich mit einem neuen und noch unfertigen Selbstwertgefühl auseinander setzen, während sie daran arbeitet, ihre neue Identität als junge Frau zu finden und weiterzuentwickeln. Sie stößt – bewusst oder unbewusst – zum ersten Mal auf den gesellschaftlichen Konflikt zwischen Weiblichkeit und Leistung und wird versuchen, beides miteinander zu vereinbaren.

Das wichtigste Ereignis ihrer Entwicklung steht ihr jedoch jetzt bevor: die ersten Kontakte mit der Kultur der romantischen Liebe, wie Dr. Margaret Eisenhart es nennt. Das Problem ist ein doppelter Angriff gegen die Kraft und Widerstandsfähigkeit eines Mädchens. Einerseits können jene Aspekte der Weiblichkeit, die mit dem Anspruch belastet sind, angesehen, schmückend und attraktiv zu sein, den Versuch, Weiblichkeit und erfolgsorientiertes Verhalten unter einen Hut zu bringen, zu einer Herausforderung machen. Andererseits werden die Anforderungen der romantischen Liebe – ihr tief verwurzelter Glaube und ihre Erwartungen, die Realitäten der Geschlechterbörse und die neu erworbene sexuelle Währung – das größte Hindernis sowohl für ihr erfolgsorientiertes Verhalten als auch ihr Selbstwertgefühl.

Leider können wir das Zeitalter, in dem unsere Töchter leben, nicht ändern, ebenso wenig wie die verwirrenden Botschaften der in Bewegung geratenen Rollen der Geschlechter. Wir können die zwiespältige Einstellung unserer Gesellschaft gegenüber Weiblichkeit und Leistungsverhalten nicht ändern. Wir können die Kultur der romantischen Liebe nicht ändern, die von Mädchen verlangt, dass sie sexy und attraktiv sind, um einen männlichen Partner für sich zu interessieren. Wir können Mädchen jedoch vorsichtig und wohl überlegt auf die Kräfte aufmerksam machen, die auf sie wirken, und wir können ihnen helfen zu verstehen, dass sie sich alle Wege offen halten müssen, um nicht von diesen überall lauernden, althergebrachten Wahrheiten unterdrückt zu werden.

Die Kultur der romantischen Liebe

Um sowohl die moderne Kultur der Liebe als auch die Mythen, die darin eingebettet sind, zu verstehen, wollen wir ganz kurz ihre geschichtlichen Wurzeln betrachten.

Das Leitbild der modernen romantischen Liebe nahm um das zwölfte Jahrhundert mit der höfischen Liebe seinen Anfang. Damals wurde von einem Ritter erwartet, dass er das Objekt seiner Zuneigung mit Beweisen seiner Liebe umwarb: mit Liedern, Liebesgedichten, mit der prompten Erfüllung ihrer Wünsche, mit der Erledigung unangenehmer Aufgaben, mit der Rettung aus gefährlichen Situationen und der Überreichung von Geschenken, sowohl wertlosem Tand als auch teuren Kleinigkeiten. Als Gegenleistung durfte die Dame seines Herzens sich eine Weile zieren, um so ihren Ritter anzustacheln. Nach einiger Zeit dann erlaubte sie ihm, sich ihr körperlich zu nähern – ihre Hand zu halten, sie zu umarmen und zu küssen und schließlich sie zu streicheln und mit ihr zu schlafen. Während man die zunehmende körperliche Intimität noch als natürlichen Lauf der Dinge betrachten kann, beeinträchtigt die Tatsache, dass der Mann die Gunst der Frau »kauft«, das Gesamtbild erheblich.

Auf dem heutigen Partnerschaftsmarkt wird Ihre Tochter feststellen, dass sie über eine Währung in Form ihrer körperlichen Attribute, ihrer Anziehungskraft und ihrer Weiblickeit verfügt. Sie wird dem tief verwurzelten Mythos innerhalb der Kultur der Liebe erliegen, der besagt, dass diese Währung ihr Glück kaufen kann. Der Mythos lautet ungefähr so: Eine attraktive Frau kann ohne große Anstrengung oder harte Arbeit Reichtum, gesellschaftliches Ansehen, eine intime Beziehung und Sicherheit erwerben, indem sie die Gunst eines Mannes erlangt, natürlich des »richtigen« Mannes. Ist er reich und mächtig, ein Märchenprinz also, dann kann er sie befreien von der Mühsal der Arbeit, des Kochens und Putzens, ganz allgemein gesagt von den alltäglichen Mühen des Lebens, denn ihr Mann wird ihr all die ungeliebten Lasten abnehmen und sie aus schwierigen Situationen retten.

Obwohl dieses Leitbild in den letzten Jahrhunderten einige Veränderungen erfahren und an Popularität verloren hat, blieb es im Grundsatz erhalten. Sollten Sie an der Evolution von höfischer Liebe zu moderner Liebe zweifeln, bitte ich Sie, Folgendes zu bedenken.

Erstens lassen sich die körperlichen Attribute und das damit verbundene Maß an Anziehungskraft einer Heranwachsenden am deutlichsten daran messen, wie erfolgreich sie das Interesse eines vorzeigbaren Partners auf sich zieht. Schließlich ist es Aschenputtels Schönheit, nicht etwa ihre gesellschaftliche Stellung, ihr Verstand, ihre Persönlichkeit, ihr Selbstwertgefühl oder ihre Fertigkeiten des erfolgsorientierten Verhaltens, die den Prinzen bezaubert. Hat ein Mädchen den Wert, den ihr Körper darstellt, erst einmal entdeckt, ist es nur natürlich, dass sie herausfinden möchte, was sie damit »erwerben« kann. Diese Art von Macht ist allein schon wegen ihrer Wirkung und weil sie einfach da ist unwiderstehlich.

Zweitens ist für manche junge Frau der tief verwurzelte Mythos der Kultur der romantischen Liebe verlockend: die Möglichkeit, dass sie nicht arbeiten muss, wenn sie heiratet und Kinder bekommt. Dies ist der tückischste und gefährlichste Aspekt, denn viele junge Frauen richten ihren Lebensweg darauf aus. Sie bremsen oft ihre Leistungen und zügeln ihren Ehrgeiz, um bei Männern auf körperlicher und gefühlsmäßiger Ebene anzukommen. Das Körnchen Wahrheit, das diesen Mythos am Leben erhält, ist, dass manche Mädchen – eine winzige Minderheit – tatsächlich reiche Männer heiraten. Das ist zum einen sehr unwahrscheinlich, und zum anderen können auch reiche Ehemänner Pleite gehen oder ihre Frau wegen einer Jüngeren verlassen. Außerdem ist es in der heutigen wirtschaftlichen Lage so, dass die obere Mittelklasse finanziell wesentlich weniger gesichert ist als noch in Ihrer Jugend.

Von all den vielen intelligenten, begabten und privilegierten jungen Frauen, die aus genau den richtigen Gründen voller Ehrgeiz und zielstrebig das College besuchen – nämlich aus dem echten Verlangen nach Bildung und dem Streben nach wirtschaftlicher Unabhängigkeit und beruflicher Weiterentwicklung –, erreichen weniger als ein Drittel das, was sie selbst erwartet haben. Eine Studie belegte, dass intelligente und talentierte Frauen in gemischten Colleges »in intensive heterosexuelle Beziehungen verstrickt waren und sich nur noch am Rande auf ihre Karrieren konzentrierten und sich völlig unzureichend auf ihre Rolle als zukünftige Brotverdienerinnen vorbereiteten«.[2] Wir müssen uns fragen, warum so viele junge Frauen ihre Ziele zurückschrauben und bereitwillig untergeordnete Positionen im Geschäftsleben einnehmen, die ihr Fortkommen einschränken und sie in unvorhersehbaren wirtschaftlichen Situationen verwundbar machen.

Den Autoren dieser Studie zufolge werden die Mädchen von ihren Freundinnen »in eine romantische Welt hineingezogen, in der ihre Anziehungskraft auf Männer am meisten zählt. Die Frauen [der Studie] wurden einer sexuellen Wertskala unterworfen ... in der akademischen Erfolgen nur wenig Bedeutung zukam.« Obwohl diese Studie mit Frauen im College-Alter durchgeführt wurde, kann ich aus meinen Gesprächen mit den Mädchen, mit denen ich arbeite, bestätigen, dass diese Art von Zwang beginnt, sobald die Mädchen die Geschlechtsreife erreichen. Darüber hinaus ergibt sich aus ihren Aussagen, dass diese gesellschaftlichen Zwänge in den letzten zehn Jahren zugenommen haben. Der größte Teil der Veröffentlichungen über Mädchen besagt, dass die gefährlichen Jahre in der Pubertät liegen, aber diese Studie zeigt deutlich, dass junge Frauen dem Mythos der romantischen Liebe noch viele Jahre nach der Pubertät zugänglich sind, vielleicht sogar solange sie fruchtbar sind.

In einer achtwöchigen Reihe von Gruppengesprächen, in denen Schulmädchen und erwachsene Frauen (nicht ihre Mütter) sich wöchentlich trafen, um Themen wie Karriere, Bildung, Ausbildung, Beziehungen und Lebensentwürfe zu diskutieren, lief alles reibungslos, bis Liebe, Heirat, Kinder und die hohe Scheidungsrate angesprochen wurden. Als die erwachsenen Frauen ihre Erfahrungen in Beziehungen mit Männern wiedergaben und betonten, wie wichtig es für Mädchen sei, wirtschaftlich unabhängig zu sein, reagierten die Mädchen mit so extremem Widerstand, dass die Frauen entsetzt waren.

»Wir waren uns in unserer Gruppe kein einziges Mal uneinig, bis Liebe, Heirat, Kinder, Arbeit und Scheidung zur Sprache kamen«, berichtete eine der Frauen. »Die Mädchen nahmen begierig jedes Wort von uns auf, als wären wir der Rat der Weisen, bis wir darüber sprachen, einen finanziell abgesicherten Mann zu heiraten, Kinder zu bekommen und glücklich zu leben bis ans Ende unserer Tage.«

»In unserer Gruppe gab es keinerlei Problem mit dem Maß an Ehrgeiz, den die Mädchen hatten«, erzählte eine andere Frau. »Sie wollten Chirurginnen, Architektinnen und Anwältinnen werden. Sie glaubten daran, diese großartigen Karrieren zu machen und ihre Ziele zu erreichen, ehe sie dreißig waren. Danach wollten sie einen tollen Typen heiraten, Kinder bekommen, fünf bis zehn Jahre zu Hause bleiben, ihre Kinder großziehen und sie mit ihren flotten Großraumautos zu Fußballspielen bringen. Im Anschluss daran, meinten sie, ihre großartigen Karrieren fortsetzen zu können.«

Eine Frau fügte hinzu: »Als wir versuchten, sie dazu zu ermuntern, ›für alle Fälle‹ ihren Arbeitsplatz zu behalten, wurden sie fast feindselig. Als wir sie darauf hinwiesen, dass sie wahrscheinlich zwei Einkommen bräuchten, um sich in unserer wohlbetuchten Gegend ein Haus leisten zu können, stritten sie mit uns. ›Wir werden eben in einem kleinen Haus wohnen‹, sagten sie. Als wir sie darauf aufmerksam machten, dass sie zwei Einkommen bräuchten, um ihren Kindern die gleichen Annehmlichkeiten zu bieten, die sie selbst hatten, erwiderten sie: ›Diese Dinge sind nicht wichtig.‹ Als wir es wagten, das große Tabuthema anzusprechen – die Möglichkeit einer Scheidung –, gingen sie fast auf uns los. ›Ihr seid bloß verbittert, weil ihr geschieden seid. Nur weil ihr Fehler gemacht und euch falsch entschieden habt, müssen wir das noch lange nicht tun.‹«

Bestätigen Sie ruhig die edlen Seite dieser Gesinnung – den Wunsch nach einem ausgefüllten Leben mit dem Schwerpunkt Familie, Freunde, Freizeit und all den anderen schönen Dingen, die man mit Geld nicht kaufen kann –, aber vermitteln Sie Ihrer Tochter, dass sie sich gegen die Unwägbarkeiten des Lebens auch gewisse Fähigkeiten zum Überleben aneignen muss. Der Widerspruch der Mädchen war eine gesunde Gegenwehr gegen die Fehler ihrer Eltern, genau wie die Karrierefrauen der 70er Jahre versuchten, die Auswüchse der 50er Jahre auszugleichen. Allerdings waren die Mädchen in den Workshops der Meinung, dass die gleiche Welt auf sie wartete wie früher auf ihre Mütter. Aber wir wissen, dass die einzige Konstante die Veränderung ist.

Heute wollen viele Frauen zu Hause bleiben und ihre Kinder großziehen, aber für die Mehrheit ist das ganz einfach kein verlässlicher Zustand, auf dem sie wichtige Entscheidungen in ihrem Leben aufbauen können. Selbst wenn eine Frau in der glücklichen Lage ist, eine gewisse Zeit zu Hause bleiben zu können, gibt es viele Risikofaktoren: der Tod oder die Arbeitsunfähigkeit des Ehemannes, der Verlust des Familieneinkommens durch Entlassung und die einfache Tatsache, dass fast die Hälfte aller Ehen in einer Scheidung enden. Die Wahrheit ist, dass es zu einem Privileg geworden ist, bei den Kindern zu Hause zu bleiben, und keine freie Wahl.

Es stimmt, dass Kinder wundervolle Geschenke für ihre Mütter sind, aber sie können auch Mühsal, Opfer und Schwierigkeiten mit sich bringen. Niemand weiß, was das Schicksal dem Kind aus einem unendlichen Reigen an Möglichkeiten im Guten wie im Bösen beschert und damit auch das Leben der Mutter beeinflusst. Je größer die finanzielle Unabhängigkeit, Reife, Autonomie und Selbständigkeit der Mutter, desto weniger anfällig ist sie für die Belastungen durch ein Kind und desto größer ist ihre Chance, dass sie ihr Kind genießen kann. Aus diesem Grund ist es umso wichtiger, dass unsere Mädchen starke Frauen werden, die darauf vorbereitet sind, die ungeplanten Hürden des Lebens zu meistern, und sie so zu erziehen, dass sie sich als Brotverdienerinnen betrachten, genau wie wir es bei den Jungen machen. Wenn wir das nicht tun, sind die Mädchen ungeschützt einer unsicheren Zukunft ausgesetzt. Alles andere wäre ihnen und ihren Kindern gegenüber unfair und lieferte sie einer wirtschaftlichen Abhängigkeit aus.

Vielleicht konnten die Mädchen in der oben angeführten Gruppe auch deshalb die Zusammenhänge nicht sehen, weil sie zu einer bestimmten Schicht gehörten. Die meisten stammten aus wohlhabenden, gebildeten Familien aus amerikanischen Vorstädten, in denen ausschließlich Weiße wohnten. Aus meiner Erfahrung mit Mädchen aus der Arbeiterklasse und weniger privilegierten Familien weiß ich, dass diese oft ein anderes, realistischeres Weltbild besitzen. Jedoch sagten bei einer Umfrage von *Girls Count*, einer Organisation in Denver, die sich für Belange von Mädchen einsetzt, 81 Prozent, dass sie nicht damit rechneten, an ihren Arbeitsplatz zurückzukehren, wenn sie erst einmal Kinder hatten.[3]

Wir müssen Mädchen auch bewusst machen, dass ihr Einkommen mehr als nur eine zusätzliche Unterstützung sein muss. Wenn Frauen sich freiwillig in wirtschaftliche Abhängigkeit begeben, indem sie eine schlecht bezahlte Stellung annehmen, sind sie erneut viel zu verwundbar. Sollten sich die Umstände ändern und ihr Einkommen die einzige Einnahmequelle ihrer Familie werden, können sie ernsthafte Probleme bekommen, vor allem als allein erziehende Mütter. Ganz allgemein kann man sagen, dass Ihre Tochter auch in ihrem Gefühlsleben unabhängiger ist, wenn sie so viel verdient, dass sie ihre Familie alleine versorgen kann. Die meisten von uns kennen mehr als eine Frau, die in einer schlechten, wenn nicht sogar kaputten Beziehung gefangen ist, weil sie nicht über die finanziellen Mittel verfügt, sie zu beenden. Das ist noch häufiger der Fall, wenn Kinder da sind. Wenn eine Frau eigenes Geld besitzt und ein ausbaufähiges Einkommen in der Hinterhand hat, ist die Wahrscheinlichkeit geringer, dass sie sich von ihrem Ehemann schlecht behandeln lässt. Um unsere Töchter und auch deren Kinder zu schützen, müssen wir ihnen beibringen, dass es ein zweischneidiges Schwert ist, von einem Partner wirtschaftlich abhängig zu sein – ein Privileg, das seinen Preis hat.

»Mein Vater hat mir von klein auf eingebläut, wie wichtig es ist, finanziell auf eigenen Beinen zu stehen«, erzählte eine Mutter in einem Workshop. »Er bestand eisern darauf, dass alle seine Mädchen eine gute Ausbildung erhalten und für sich selbst sorgen können. Ich glaube, das kommt daher, dass er zusehen musste, wie seine beiden Schwestern völlige Nieten heirateten, die ihre Familien nicht ernähren konnten. Die eine Schwester hatte keine Ausbildung und keinen Beruf, auf den sie hätte zurückgreifen können, sodass sie auf ihren Ehemann angewiesen war. Sie kämpfte ständig gegen Armut und Entbehrung. Die andere Schwester, die eine Ausbildung und ein eigenes Geschäft hatte, konnte sich gut über Wasser halten und hatte es leichter.«

Mal ganz ehrlich: Einige der Mütter in meinen Workshops, die zu Hause bleiben und Kinder großziehen, scheinen in Bezug auf dieses Thema ein wenig kurzsichtig zu sein. Diejenigen, die das Glück haben, von einem liebenden Partner versorgt zu werden, scheinen manchmal zu vergessen, dass es nicht allen Müttern gegönnt ist, diesen Status zu genießen, und dass die Zukunft ihrer Töchter vielleicht nicht so gesichert ist wie ihre eigene. Außerdem könnte sich ihr Status von einer Minute auf die andere verändern. Gelegentlich fragt mich eine Mutter, ob ich glaube, Hausfrau und Mutter zu sein, sei eine ernsthafte Alternative für Mädchen. Meine Antwort ist immer sehr nüchtern: Es ist egal, was ich denke. Was zählt, ist die Tatsache, dass viele Mädchen dem Mythos Liebe so verfallen, dass sie glauben, ein Mann wird sich um sie kümmern, und deshalb bereitwillig ihre Möglichkeiten einschränken, ihre Selbständigkeit aufgeben und sich somit wirtschaftlich schlechter stellen.

Als Gegengewicht zu dem Mythos Liebe stütze ich meinen Rat nicht nur auf meine persönliche Meinung, sondern auch auf die harten Tatsachen des Lebens. Wir müssen unsere Mädchen dazu bringen, dass sie gut vorbereitet sind und sich ihre wirtschaftliche Selbständigkeit zum Ziel setzen. Sollten sie dann das Glück haben, zwischen Berufstätigkeit und Hausfrauendasein wählen zu können, ist es ihre freie Entscheidung.

Die Kultur der romantischen Liebe und ihre Auswirkung auf erfolgsorientiertes Verhalten und Selbstwertgefühl

Die Verheißung, ein wesentlicher Bestandteil der romantischen Liebe, richtet eine Verwüstung in den beiden wichtigsten Bereichen an, die wir bisher für erfolgreiche Töchter aufgezeigt haben: im erfolgsorientierten Verhalten eines Mädchens und in ihrem Selbstwertgefühl. Man muss kein Wissenschaftler sein, um herauszufinden, dass viele Mädchen die Motivation verlieren, erfolgsorientierte und erfolgreiche Menschen zu werden, wenn gutes Aussehen der Schlüssel zu Sicherheit, Reichtum und einer intimen Beziehung ist. Wenn so wertvolle Güter durch den verhältnismäßig einfachen Vorgang, die Aufmerksamkeit eines Mannes auf sich zu lenken, errungen werden können, warum dann die ganzen Plagen und Mühen auf sich nehmen, um erfolgreich zu sein? Natürlich wissen wir Erwachsene, dass auch Beziehungen mit Mühen und Schwierigkeiten verbunden sind, aber das ist nicht Bestandteil der Verheißung. Ein glückliches Leben bis ans Ende der Tage lautet das äußerst widerstandsfähige Versprechen romantischer Liebe. Da erfolgsorientiertes Verhalten in unserer Gesellschaft außerdem als männlich gilt, löst es einen inneren Konflikt aus, besonders in einer Zeit, in der Weiblichkeit das wichtigste Gut eines Mädchens zu sein scheint.

Die Kultur der romantischen Liebe wird dem Selbstwertgefühl einer Tochter beträchtlichen Schaden zufügen, wenn sie diesem neuen Kriterium nicht standhält. Vielleicht entspricht sie nicht dem gegenwärtigen Schönheitsideal. Vielleicht ist sie eine Spätentwicklerin. Vielleicht vergrault ihre Intelligenz, ihre Begabung oder ihre Strebsamkeit mögliche Verehrer. Da sie ihr sexuelles Potenzial nicht kennt, bis sie es ausgetestet hat, wird sie sich unsicher sein, ob sie aus dem »richtigen Stoff« ist. Ein Mädchen stuft seine körperlichen Attribute immer im Vergleich mit dem gängigen Schönheitsideal ein. Es wird auskundschaften, was es für das, was es zu bieten hat, bekommen kann.

»In meiner Schule sind die Mädchen, die sich mit blöden Typen einlassen, diejenigen, die wissen, dass sie nichts Besseres bekommen können«, sagte ein beliebtes fünfzehnjähriges Mädchen. »Ein hübsches Mädchen weiß, dass es viele Jungs haben kann, deshalb lässt es sich auch nichts gefallen.«

»Die Jungs wissen das auch«, pflichtete eine andere bei. »Wenn ein durchschnittlicher Junge es schafft, mit einem hübscheren Mädchen auszugehen, behandelt er es normalerweise ziemlich gut.«

»Wie zum Beispiel?«, wollte ich wissen.

»Na ja, er führt sie aus, kauft ihr Dinge, ist aufmerksam, sagt nette Sachen über sie zu seinen Freunden. Er denkt, wenn er das nicht macht, sucht sie sich einen anderen, der es macht.«

»Außerdem wissen viele Jungs, dass ein weniger hübsches oder dickes Mädchen auf sexuellem Gebiet weiter geht, weil es dankbar ist für jede Art von Aufmerksamkeit«, fügte eine Dritte hinzu. »Eigentlich ist es ganz einfach.«

Es ist in der Tat einfach. Einfach und brutal. Das Leitbild der höfischen Liebe hat sich für viele Mädchen als heimtückisch erwiesen. Für diejenigen, die vom Ideal abweichen, können sich folgenschwere Konsequenzen ergeben, vor allem wenn sie ihren Anspruch, von Jungen respektvoll behandelt zu werden, herunterschrauben, um ihre körperlichen Defizite auszugleichen. Ein Mädchen, das bereit ist, sich schlecht behandeln zu lassen, zeigt damit, wie wenig es daran glaubt, begehrenswert zu sein, und wie gering sein Selbstwertgefühl ist. Diese Einstellung kann dazu beitragen, dass das Mädchen anfälliger wird für die Gefahren der Promiskuität, oder dass es sich eine demütigende Behandlung gefallen lässt.

Die Schönheit, das Biest

Es ist kein Geheimnis, dass der Zwang, attraktiv zu sein, nicht nur auf Teenagern lastet. Ganz ehrlich, wie viele von uns haben nicht schon ihren eigenen Wert an der Geschlechterbörse abgeschätzt und entsprechende Anpassungen vorgenommen? Wie viele von uns können sich nicht mit Polly identifizieren, die künstliche Nägel wollte, um weiblicher und eleganter zu erscheinen? Wie viele von uns können nicht ihre Versuche nachempfinden, das nachzuholen, was ihnen die Natur versagte? Wie viele von uns können sagen, sie seien mit ihrem Körper zufrieden? Schließlich ist das nicht umsonst die Grundlage, auf der die Werbung ihr Imperium aufgebaut hat.

Die Haltung der Mutter zu Aussehen und Schönheit spielt beim Übergang der Tochter in die Pubertät eine wichtige Rolle. Wenn sie beobachtet, dass ihre Mutter ständig mit ihrem Aussehen und ihrem Gewicht beschäftigt ist, kann man unmöglich erwarten, dass sie davon unbeeinträchtigt bleibt. Zusätzlich zu dem Anspruch, dünn und fit zu sein, bekommen viele Mädchen von ihren Müttern auch noch Kritik an ihrem Kleidungsstil und ihrer Aufmachung zu hören, besonders von Müttern, deren Töchter sich im Punkerstil kleiden (zerrissene und ausgebeulte Jeans, übergroße Flanellhemden, löchrige, alte Socken, plumpe Stiefel, glattes Haar) oder im Grufti- oder Vampirstil (das sind die Mädchen, die aussehen, als seien sie einem Gruselroman von Anne Rice entsprungen). Hier sind einige Aussagen von Müttern über das Erscheinungsbild ihrer Töchter, wiedergegeben von Mädchen zwischen dreizehn und siebzehn.

Zu *Punkerinnen*	Zu *Gruftis oder Vampiristinnen*
Du würdest viel hübscher aussehen, wenn du dir Locken machen ließest oder Lippenstift auflegen würdest.	Warum ziehst du dir nicht etwas Hübscheres und Weiblicheres an?
Warum legst du nicht ein wenig Make-up auf. Du würdest noch viel besser aussehen.	Jungen gefällt es besser, wenn Mädchen hübsch aussehen. Du siehst so hart aus. Warum legst du dir keinen weicheren Stil zu?
Du hast so eine hübsche Figur. Warum versteckst du sie bloß unter den unförmigen Kleidern?	So wirst du nie einen Mann bekommen.
Wenn ich deine Beine hätte, würde ich sie auch zeigen.	Diese plumpen Schuhe sind alles andere als schön. Darin sehen deine Knöchel richtig dick aus.

»Meine Mutter ging letzte Woche mit mir Kleider kaufen«, meldete sich ein Mädchen in einer meiner Gesprächsgruppen. »Als ich aus der Umkleidekabine kam, sagte sie: ›Das steht dir gut. Es überspielt alle deine figürlichen Mängel.‹ Ich hätte heulen können.« Dann fuhr sie fort: »Meine Mutter dachte doch tatsächlich, das sei eine positive Bemerkung.«

Auch wenn diese Kommentare gut gemeint sein mögen, richten sie doch oft mehr Schaden als Nutzen an. Noch gefährlicher sind allerdings so gut gemeinte Bemerkungen wie: »Hast du nicht ein wenig zugenommen?« oder »Solltest du das jetzt wirklich essen?« oder »Wie viele Kalorien hast du heute schon zu dir genommen?« oder »Wenn du ein wenig Sport treiben würdest, könntest du deine überschüssigen Pfunde leicht wieder loswerden.«

Da das Thema Weiblichkeit und Sexappeal vor Gelegenheiten strotzt, in denen Mütter *ihre* Neurosen auf ihre Töchter übertragen können, wage ich einzuwerfen, dass die Sorge um die Erscheinung Ihrer Tochter mehr Ihrem eigenen Ego als der Gefühlslage Ihrer Tochter gilt. Sollten Sie mit Ihrer eigenen Figur schon immer unzufrieden gewesen sein und feststellen, dass Ihre Tochter diese geerbt hat, sagen Sie lieber nichts. Wecken Sie nicht denselben Hass auf sich selbst in ihr, mit dem Sie schon seit Jahren kämpfen.

Das Gleiche gilt, wenn Ihre Tochter einen makellosen Körper hat. Machen Sie ihr nicht ständig Komplimente oder geben Sie Ihren Neid zu. »Meine Mutter sagt mir immer wieder, wie glücklich sie wäre, meine Schenkel ohne Zellulitis oder junge, feste Brüste zu haben. Das ist mir peinlich«, gestand ein Mädchen. Aufgrund von Bemerkungen dieser Art beschäftigt sie sich nur noch mehr mit ihrem Körper und wird vielleicht noch befangener.

Was ist aber, wenn Sie genau das gegenteilige Problem haben? Wenn Sie Ihre Tochter nicht sanft dazu bewegen, anziehend, attraktiv oder sexy zu sein, sie es aber von allein macht (oder übertreibt, was wohl eher das Problem ist)? Vielleicht zieht sie sich verführerischer an, als Ihnen lieb ist, oder verschwendet viel Zeit, Geld und Energie darauf, schön zu sein. Ist das ein Problem?

Es kommt darauf an. Einerseits sind »viel Zeit und Geld« sicherlich ein rotes Tuch. Andererseits werden die meisten Mädchen mit schmückenden Hilfsmitteln herumexperimentieren. Selbst diejenigen, von denen wir es als Letzte erwartet hätten, wie Polly mit den künstlichen Fingernägeln.

»Ich war völlig verblüfft«, erzählte Pollys Mutter, »aber wir gingen trotzdem und besorgten die Nägel.« Ein längeres Schweigen folgte.

»Ist die Geschichte damit zu Ende?«, fragte jemand.

»Nein«, fuhr sie fort. »Es dauerte nicht lange, bis sie feststellte, dass sie furchtbar lästig waren und immer absprangen, wenn sie mit ihrem Bruder Basketball spielte oder an ihrem Fahrrad einen anderen Gang einlegte. Sie nahm sie wieder ab, und seither habe ich kein Wort mehr darüber gehört.«

An dieser Stelle stießen alle Frauen im Raum einen kollektiven Seufzer der Erleichterung aus – eine Reaktion, die ich seltsam fand, weil sie eine weitere Art der Beurteilung offenbarte. In Wahrheit sind weder die falschen Fingernägel noch die Kleidung noch das Haar das Problem. Das Problem ist, dass Mädchen das Gefühl haben, nach ihrem Erscheinungsbild beurteilt zu werden. Manche glauben, abgestempelt zu werden, weil sie nicht weiblich und attraktiv genug aussehen, oder weil sie *zu* weiblich und *zu* attraktiv aussehen. So oder so bleibt die Bedeutung des Aussehens fortbestehen.

Mädchen schmücken sich aus einer Reihe von Gründen. Die eine will damit vielleicht auf kreative Weise ihre Individualität zum Ausdruck bringen; dieses Mädchen hat kein Problem. Eine andere benutzt ihr Äußeres vielleicht als Statussymbol, als Waffe oder als ein Mittel, um Liebe und Zuwendung zu erhalten; sie hat vielleicht ein Problem. Ein weiteres Mädchen findet es vielleicht langweilig, sich mit seinem Aussehen zu beschäftigen, und geht anderen Interessen nach; es hat kein Problem. Das Nächste gibt sich vielleicht äußerlich uninteressiert an seiner Erscheinung, wird aber getrieben von der Angst, dass es nicht fähig ist, das Schönheitsideal zu erreichen, wenn es das versucht; es hat ein Problem.

Das Aussehen ist und bleibt ein kompliziertes Thema für Mädchen und ihre Mütter. Natürlich verstehe ich, warum eine Mutter ihre Tochter auf ihr Aussehen hin anspricht. Aber wir als Erwachsene müssen aufpassen, dass die Mädchen sich nicht gehemmt oder unzulänglich fühlen. Manche Mütter sind besorgt, wenn ihre Töchter sich nicht im Geringsten um Weiblichkeit bemühen. Diese Mütter sollten daran denken, dass eine gesunde Unbekümmertheit und selbst offene Rebellion Zeichen von Charakterstärke sein können. Andere Mütter machen sich Sorgen, wenn das Gegenteil zutrifft. Diese Mütter sollten berücksichtigen, dass selbst wenn das Aussehen zum wichtigsten Thema wird, dahinter etwas so Harmloses wie die Suche nach der Identität stehen kann, die in dieser Lebensphase ganz natürlich ist.

Unstimmigkeiten über das Erscheinungsbild können auch einen Generationskonflikt hinsichtlich der Zurschaustellung von Weiblichkeit sein oder aber persönliche Geschmacksabweichungen zwischen Mutter und Tochter. Selbst wenn Ihre Tochter für Ihren Geschmack also ein wenig zu wild oder zu ausgeflippt oder zu weiblich oder zu zimperlich aussieht, schaffen Sie kein Problem, wo gar keines ist, solange sie mit sich zufrieden ist, Freunde hat, einigermaßen gute Noten schreibt, in der Schule aktiv ist und vielen Interessen nachgeht. Bilden Sie sich Ihr eigenes Urteil, aber vergessen Sie nicht, ihr die Möglichkeit zu geben, alles Mögliche auszuprobieren. Das ist ganz normal.

Schönheit muss leiden: Diäten und Weiblichkeit

Bei der heutigen Generation von Teenagern entscheidet ein Kriterium maßgeblich über die junge Weiblichkeit Ihrer Tochter: ihr Gewicht und ihre Körperform. Berichte von Mädchen in den letzten zehn Jahren haben ergeben, dass ein hübsches Gesicht zwar von Vorteil ist, jedoch nicht ausreicht, um einen Jungen anzuziehen, wenn das Mädchen übergewichtig ist. Für ein Mädchen im Teenageralter ist Übergewicht das Ende aller Hoffnungen, was Jungen anbelangt. Zu diesem Verlust an Hoffnung gesellt sich die Einbuße seines Selbstwertgefühls. Die heutigen Mädchen leben in ständiger Angst vor Fett. Diese Angst ist eine so ernste Angelegenheit, dass sie ein ansonsten glückliches Leben ruinieren kann.

Selbst bei Mädchen, die auf den ersten Blick an keiner echten Essstörung leiden, habe ich in ihren Gesprächen eine Art von Stolz feststellen können, wenn sie Essen widerstanden, fast als wäre es eine Auszeichnung, am Rand der Magersucht zu leben. Wo sich vor zehn oder fünfzehn Jahren Mädchen noch in den Fluren der Schule versammelten, um über Frisuren und Make-up zu sprechen, bilden sie jetzt kleine Grüppchen, in denen übers Essen gesprochen wird und wie man es am besten vermeidet. Hören Sie nur einmal zu:

- Essen ist scheußlich. Es macht dick.
- Meine Schwester hat gesagt, ich soll versuchen, den ganzen Tag lang hungrig zu bleiben.
- Ich versuche, überhaupt nicht mehr zu essen.
- Ich esse nur einen Apfel und eine Kartoffel am Tag. Ach ja, und die Kartoffel ohne alles.
- Ich trinke nur kalorienarme Getränke und esse Kopfsalat oder Sellerie.
- Meinen Eltern haben wieder mit Hausarrest gedroht, wenn ich nichts esse. Deshalb habe ich zugestimmt, beim Abendessen von allem einen Bissen zu nehmen, aber ich mache nur winzige Bissen.
- Meine Freundin ist so schwach. Sie beklagt sich über ihr Gewicht, aber sie isst jeden Tag in der Schule zu Mittag. Ich habe ihr gesagt, dass sie niemals dünn wird, wenn sie weiterhin isst.
- Als Antwort auf die Aussage eines Mädchens, sie könne nicht fasten, weil sie den Hunger nicht aushält, meinte eine andere: »Meine Mutter sagt, Schönheit muss leiden.«

Ich habe selbst gesehen, wie Schülerinnen in der Mittelstufe ausgezeichnete Vesperbrote Tag für Tag in den Abfall warfen. Ein Mädchen sagte zu mir: »Ich seh erst gar nicht in die Tüte rein, falls etwas drin ist, was mich in Versuchung führt. Meine Mutter hat immer etwas in meine Vespertüte geschmuggelt, von dem sie wusste, dass ich es gern mag und nicht widerstehen kann. Jetzt werfe ich sie einfach weg, ohne hineinzusehen.«

Ohne den Brennstoff, der notwendig ist, um die Gehirnfunktionen auf höchstem Niveau zu halten, nehmen diese Mädchen das Risiko auf sich, wenig leisten zu können und schlechte Noten zu schreiben, gar nicht zu sprechen von der fehlenden Antriebskraft und dem angeschlagenen Immunsystem. Falls sie tatsächlich an Magersucht erkranken, werden sie unter niedrigem Blutdruck, Unfruchtbarkeit, Ekzemen und Untertemperatur leiden, ganz zu schweigen von den langfristigen Schäden, die unkontrolliertes Hungern Herz, Verdauungsorganen und Gehirn zufügt. Doch selbst wenn Mädchen das alles wissen, glauben sie immer noch, dass ein dünner Körper diese Nachteile aufwiegt.

Bulimie ist ebenfalls ein sehr ernstes und verbreitetes Problem. Bulimische Kinder, die unter Ess-Brechsucht leiden und Abführ- und Entwässerungsmittel nehmen, werden körperliche Schäden davontragen. Ständiges Erbrechen kann zu einer porösen Speiseröhre und Schädigung des Rachenkopfes führen, Zahnausfall, Blaseninfektionen und, noch schlimmer, Herz- und Nierenversagen verursachen.

Weil Mädchen mit Essstörungen ihr Verhalten in der Regel geheim halten oder falsche Angaben machen, ist es schwer, konkrete Zahlen zu sammeln. Was wir jedoch wissen, ist, dass eine Essstörung mit größter Wahrscheinlichkeit von sehr ehrgeizigen Menschen entwickelt wird, Perfektionisten, die große Anforderungen an sich selbst stellen, besonders was die Erwartungen der Gesellschaft anbelangt. Da Models, Schauspielerinnen und Schönheitsköniginnen, die als Standard für weibliche Schönheit gelten, dünner sind als der weitaus größte Teil der Frauen, ist ein dünner Körper Bestandteil gesellschaftlichen Erfolgs. Gute Noten, Erfolge in gehobener Mathematik und naturwissenschaftlichen Fächern, von der Universität seiner Wahl angenommen zu werden, zu promovieren, eine angesehene Position zu erreichen und sich selbständig zu machen, ist alles noch nicht genug. Man muss auch dünn sein, um eine wirklich »erfolgreiche« Frau in unserer Gesellschaft zu sein.

Wenn wir Mädchen dazu anhalten, erfolgreich zu sein, tragen wir möglicherweise ohne es zu wollen dazu bei, dass ihr wichtigstes Ziel in der Pubertät heißt, dünn zu sein. Eine Mutter muss deshalb darauf achten, dass sie nicht den Eindruck erweckt, ein bestimmtes Gewicht oder eine bestimmte Körperform seien notwendig, um ihre Billigung zu erlangen oder ihre Erwartungen zu erfüllen. Die Gesellschaft übt in dieser Hinsicht zur Genüge Druck aus. Die Aufgabe einer Mutter, und genauso eines Vaters, ist es, bedingungslos zu lieben.

Gefühle, Selbstwertgefühl und Kompetenz

In der Pubertät muss ein Mädchen lernen, mit den gefühlsmäßigen Höhen und Tiefen fertig zu werden, die die Hormone in ihrem Körper begleiten – sowohl mit dem Wechsel zwischen Hoch und Tief als auch mit der Schnelligkeit, mit der dieser Wechsel stattfindet. Wir fördern die Widerstandskraft eines Mädchens, wenn wir ihm beibringen, Ängste zu tolerieren, Frustrationen zu ertragen und immer wieder auftauchende Minderwertigkeitsgefühle und Selbstzweifel abzumildern – in anderen Worten, die Schritte und Abläufe, die im Hinblick auf erfolgsorientiertes Verhalten erörtert wurden, werden nun auch für den Bereich der Gefühle angewandt.

Dazu wollen wir uns kurz mit dem Emotions-Begriff beschäftigen, denn die Aussagen, die in Talkshows gemacht werden, und die beliebte psychologische Literatur in einigen Frauenmagazinen können zu falschen Schlussfolgerungen im Hinblick auf die Bedeutung und den Stellenwert von Gefühlen führen. Wohl können uns Emotionen viel über die Einstellung einer Person vermitteln, wie sie auf äußere Reize reagiert und welche Hormone oder chemischen Stoffe gerade in ihrem Blutkreislauf sind, aber am Ende verraten sie uns sehr wenig über ihre Persönlichkeit. Erlauben Sie mir, dass ich das näher erläutere.

Die auffälligste Eigenschaft von Gefühlen ist die, dass sie einem ständigen Wechselbad ausgesetzt sind und sich von einer Minute auf die andere verändern. Das Wort »Emotion« kommt von dem lateinischen *movere*, was so viel wie »bewegen« bedeutet. Weil Gefühle sich ständig ändern, sind sie kein zuverlässiger Hinweis auf die Fähigkeiten,

Talente, Möglichkeiten und das Selbstwertgefühl eines Menschen. Sie sind schlechte Ratgeber, wenn Entscheidungen getroffen werden sollen, und geradezu armselig, wenn es darum geht, die eigene Zukunft vorherzusagen.

Das Einzige, was unsere Gefühle wirklich verraten, ist, wie wir auf unsere jeweiligen Lebensumstände reagieren und wie übereinstimmend diese Umstände mit unseren Hoffnungen, Träumen und Wünschen sind. Wenn sich beispielsweise die äußeren Bedingungen mit unseren inneren Wünschen decken – das heißt, wenn wir gute Zensuren bekommen, für eine interessante Stelle oder eine höhere Position ausgewählt werden, Anerkennung im Freundeskreis finden, materielle Ziele erreichen oder die Aufmerksamkeit eines angesehenen Menschen erregen –, fühlen wir uns normalerweise wohl. Wenn die Lebensumstände jedoch nicht mit unseren Wünschen übereinstimmen – wenn wir von einem Menschen, den wir anziehend finden, zurückgewiesen werden, bei der Besetzung einer interessanten Stelle übergangen wurden, wenn wir kritisiert werden oder materielle Verluste einstecken müssen –, dann fühlen wir uns schlecht. Sich wohl zu fühlen und sich schlecht zu fühlen – manchmal innerhalb weniger Minuten – ist eine völlig normale menschliche Reaktion auf die turbulente, sich ständig verändernde Wechselbeziehung zwischen Wirklichkeit und inneren Erwartungen.

Hier legen Sie vielleicht Widerspruch ein. Vielleicht sind Sie sogar in Therapie, um Ihre Gefühle zu erforschen. Vergessen Sie bitte nicht, dass Sie als Erwachsener ein viel weiter entwickeltes Gefühlsleben besitzen, das sich auf jahrelange Erfahrung stützt. Die Gefühlsstürme Ihrer Tochter werden nicht nur durch Hormone verursacht, sondern ihr fehlt ganz einfach auch noch das Wissen, wie man mit Emotionen umgeht. Wenn Sie zum Beispiel einen kritischen Chef haben, können Sie Ihren Unmut vielleicht mildern, indem Sie an einen aufmunternden Chef von früher denken. Sie können Ihre gefühlsmäßige Reaktion kontrollieren, weil Sie sich vor Augen führen, dass Ihr jetziger Chef ganz einfach ein unfreundlicher Zeitgenosse ist. Sie wissen vielleicht nicht einmal, dass Sie diesen Hilfsmechanismus entwickelt haben, da er Ihnen zur zweiten Natur geworden ist. Bei denjenigen, denen dieses Gerüst fehlt, können Gefühle jedoch leicht außer Kontrolle geraten und ein Eigenleben annehmen. Genau das ist es, was Ihre Tochter gerade durchmacht.

Die Gefahr liegt darin, etwas, das bei einem Erwachsenen ein vorübergehendes und eher mildes Gefühl auslösen würde, mit allen möglichen Bedeutungen zu belegen. Aus »Ich fühle mich schlecht« wird ein »Ich bin schlecht«. Besonders negative Gefühle, die in der Pubertät so schnell aufkommen, müssen als Bestandteil des Lebensgefüges betrachtet werden und nicht als etwas, was man »glaubt«. Sie scheinen bedeutungsvoll, sodass wir glauben, wertlos zu sein, wenn sie an die Oberfläche steigen. Positive Gefühle bewirken, dass wir uns wohl und wertvoll fühlen. In Wirklichkeit sind beides kurzlebige Reaktionen auf flüchtige Momente.

Doch wie oft passiert es im Alltag schon, dass die äußeren Umstände sich mit unseren inneren Erwartungen decken? Gefühlen ihre Wirkung zu nehmen, indem wir uns klarmachen, dass sie ein Ergebnis des Zusammenspiels von Wunsch und Wirklichkeit sind – und kein Indiz dafür, wer wir sind, was wir sind oder was wir sein können –, ist der erste Schritt, seine Gefühle richtig einzuschätzen. Nach und nach entwickelt man so die Fähigkeit, ein negatives Gefühl zu betrachten und zu sagen »Na schön, ich bekomme entweder nicht das, was ich will, oder ich bekomme das, was ich nicht will, aber das kann sich bald ändern« – keine Schlussfolgerungen oder Feststellungen oder Entscheidungen, die sich auf das Selbstwertgefühl beziehen.

Was Ihre Tochter braucht, um Schwierigkeiten zu überwinden, und was Sie bei ihr fördern sollten, ist deshalb die Fähigkeit, durch diese Gefühle *hindurchzusehen*, sodass sie sie auch noch anders deuten kann. Um ihre Widerstandskraft, deren Anlage in der Kindheit begann, weiterzuentwickeln, müssen Sie Ihrer Tochter helfen zu verstehen, dass es nur eine Art der Auslegung ist, sich mit einem vorübergehenden negativen Gefühl oder einer Situation zu identifizieren, d. h. eine verwirrende und schmerzliche Möglichkeit, die Wirklichkeit zu deuten; ein schlechter Tag, eine negatives Erlebnis oder ein vorübergehender Rückschlag müssen noch lange nicht zum Verlust des Selbstwertgefühls führen. Hierzu gibt es mehrere Vorgehensweisen.

Die Macht von Emotionen ist nicht zu unterschätzen, spielen Sie die Gefühle Ihrer Tochter also nicht herunter. Wenn Sie das machen, wird sie sich eher noch theatralischer aufführen, um Sie zu überzeugen, dass dieses Gefühl »echt« ist, auch wenn es vermutlich rasch wieder verfliegt. Dieses übertriebene Auftreten kommt gehäuft vor, wenn Väter und Töchter miteinander umgehen, denn Männer nehmen Gefühle meist nicht sehr ernst, und das bewirkt bei ihren Töchtern, dass sie zu dramatischen Mitteln greifen. Ausrufe wie »Du verstehst mich einfach nicht!« begleitet von heftigem Türenschlagen und verzweifelten Weinkrämpfen stehen auf der Tagesordnung.

Anstatt ihre Gefühle herunterzuspielen, sollten Sie ein paar mitfühlende Worte sagen, um ihre Gefühle anzuerkennen und sie zu trösten, aber übertreiben Sie es nicht oder tun sich gar mit ihr zusammen, um deren Bedeutung zu erforschen. Das macht sie in ausreichender Weise mit ihren Freundinnen. Denken Sie daran, dass Eltern traurige Ereignisse eher mit Mädchen besprechen als mit Jungen, und bei Mädchen eine gefühlsreichere Sprache wählen.[4]

Der einfachste Weg ist der Beste. Sprechen Sie mit ihr, sobald es ihr wieder besser geht, und lassen Sie durchklingen, dass Gefühle manchmal mit einem durchgehen, wenn man unter Druck steht. Sagen Sie ihr, dass die Pubertät eine Phase ist, in der sie zum ersten Mal mit Lebensaufgaben konfrontiert wird, deren Meisterung von ihr als junge Erwachsene erwartet wird, sodass es ganz natürlich ist, wenn sie empfindlich und gereizt reagiert. Machen Sie sie darauf aufmerksam, dass immer starke Gefühle im Spiel sind, wenn man versucht, seinen Weg zu finden, und außerdem noch große Veränderungen stattfinden: Pubertät, eine neue Stelle, eine neue Schule, der Wechsel an die Universität, Heirat, Umzug, die Geburt eines Kindes, selbst Älterwerden und Sterben. Starke Emotionen kommen und gehen mit jeder neuen Aufgabe, die das Leben einem stellt und die man löst. Meine eigene Mutter sagte als Antwort auf meine Tränen als Teenager immer: »Ich weiß, dass du dich schrecklich fühlst, aber du musst die guten und die schlechten Zeiten im Leben annehmen. Sie gehören zusammen.«

Wichtig ist auch, dass Sie nicht davon ausgehen können, dass sie diese Dinge weiß. Sagen Sie ihr das. Dadurch bringen Sie Ihrer Tochter bei, wie man Gefühle richtig einordnet. Sie vermitteln ihr, dass Gefühle existieren, dass sie triftig sind, dass man sie durchleben muss und dass sie sich ändern.

Ein Gefühlsausbruch, der mit einem Misserfolg zusammenhängt, kann ein besonders günstiger Moment sein, Sie an die normale Entwicklung zu erinnern. Ein Mädchen in der Pubertät hat genügend Lebenserfahrung, um zu begreifen, dass manche Dinge sich im Lauf der Zeit von alleine ändern. Sie können sie also an die Zeit erinnern, als sie noch nicht lesen, Fahrrad fahren, auf den Rollschuhen stehen, Ski laufen, Gitarre spielen, dividieren und hundert andere Dinge tun konnte. Wenn sie sich unzulänglich oder der Sache nicht gewachsen fühlt, sagen Sie ihr, dass es Ihrer Erfahrung nach darauf ankommt, dass man sich so gut es geht vorbereitet und den Rest vortäuscht. Erzählen Sie ihr Episoden aus Ihrem Leben, in denen Sie so vorgingen.

- Obwohl ich Zweifel hatte, dass ich der Situation gewachsen war, dachte ich einfach, ich lasse es mal auf mich zukommen, und wenn ich Mist baue, dann gibt es irgendwann eine neue Chance.
- Ich hab mir gesagt, dass jeder Mensch Fehler macht, und ich bin ein Mensch!
- Obwohl ich unsicher war, habe ich beschlossen, die Herausforderung anzunehmen, als sie sich mir stellte.
- Es ist weise, einen Tag nach dem anderen auf sich zukommen zu lassen. Zu weit in die Zukunft zu planen, lohnt sich nicht.

Bringen Sie Ihrer Tochter bei, dem endlosen und bunten Reigen von Höhen und Tiefen im Leben selbstbewusst zu begegnen.

- Auch wenn du dich heute nicht besonders toll fühlst, vergiss nie, dass du ein starker und leistungsfähiger Mensch bist.
- Auch wenn du manchmal durcheinander bist, bist du in der Lage, Mathematik zu begreifen und zu meistern. Du musst dir vielleicht nur noch ein wenig Zeit lassen.
- Auch wenn du in dem Wettkampf nicht gut abschneidest, finde ich dich toll.
- Auch wenn dieser bestimmte Junge zu diesem bestimmten Zeitpunkt nicht mit dir ausgehen wollte, bist du ein liebenswertes und bezauberndes Mädchen. Du weißt ja gar nicht, wie viele andere Jungs dich um ein Rendezvous bitten wollten, es aber nicht gewagt haben.
- Auch diese Situation, so schlimm sie auch sein mag, wird vorübergehen. Ich verspreche dir, dass du dich dann wieder besser fühlst.

Wenn sie sich selbst herabsetzt, antworten Sie am besten so:

- So sehe ich dich nicht.
- Ich verstehe, warum du dich im Moment schlecht fühlst. Aber was ich sehe, ist ein Mensch, der vorübergehend den Boden unter den Füßen verloren hat, sich nicht wohl fühlt, weil er etwas Neues lernen muss, oder frustriert ist, Erfahrungen fürs Leben sammelt.

Denken Sie daran, dass diese Bemerkungen Aussagen sind, die Ihrer Tochter zeigen, wie Sie sie sehen. Da solche Fremdbewertungen eine Möglichkeit sind, wie wir etwas über uns selbst lernen können, kommt ihnen ein großer Einfluss zu, wenn sie über einen längeren Zeitraum oft wiederholt werden. Diese Antworten vermitteln Ihrer Tochter, dass sie großartig, makellos, liebenswert, talentiert und schön ist, selbst wenn sie gerade mitten in einer Krise steckt. Wenn sie mit Ihnen streitet – und das wird sie tun –, bleiben Sie beharrlich bei Ihrer Überzeugung, dass sie ein liebenswerter, kluger und wertvoller Mensch ist. Sagen Sie: »Du wirst mich nicht davon überzeugen, dass du dumm bist (oder fett oder hässlich). Meine Aufgabe als Mutter, die dich sehr liebt, ist es, dir die Wahrheit über dich zu sagen.«

Diese Art der bedingungslosen Liebe, die ihr zeigt, dass Sie sie lieben, respektieren und anerkennen, auch wenn sie unsicher und ängstlich ist, ist ein wirkungsvolles (wenn auch nicht sofort wirkendes) Mittel gegen ihren Schmerz, denn Sie zeigen ihr damit, wie sie sich selbst lieben kann. Von niemand anderem als von Ihnen wird sie dies lernen. Sie sehen das Ergebnis vielleicht nicht sofort, aber die Saat müssen Sie trotzdem streuen.

Da die Pubertät die Zeit ist, in der Ihre Tochter extrem empfindlich gegenüber negativen Deutungen ihres Verhaltens ist, müssen Sie mit Kritik wohl überlegt und vorsichtig umgehen. Mit ihr zu streiten, funktioniert nicht. Wenn sie sich selbst herabsetzt, widerstehen Sie dem Impuls, mit Bemerkungen wie »Das ist lächerlich« oder »Wie kommst du bloß auf so verrückte Gedanken?« zu kontern. Um an Teenager heranzukommen, muss man sie austricksen.

Gehen Sie Ihrer Tochter mit gutem Beispiel voran. Zeigen Sie ihr, wie Sie Ihre eigenen Unzulänglichkeiten, Fehleinschätzungen und Fehler in Ihrem Verhalten richtig stellen, ohne sich selbst zu schelten, sich zu verurteilen oder zu hart mit sich ins Gericht zu gehen. Auf der anderen Seite müssen Sie natürlich auch *sie* korrigieren, ohne sie zu verurteilen, hart mit ihr ins Gericht zu gehen oder sie zu schelten. Mit anderen Worten, Sie müssen ihr helfen, Änderungen vorzunehmen, ohne auch nur anzudeuten, dass etwas mit ihr nicht stimmen könnte. Wenn Ihre Kritik zu hart ist und keine aufrichtige Liebe dahintersteckt, könnte Ihre Tochter mit Depression, Rückzug oder rebellischem und aufsässigem Verhalten reagieren. Teenager sind sehr geschickt darin, Ich-Projektionen ihrer Eltern zu durchschauen und

Beurteilungen einzuschätzen, und sie sind schnell verletzt und wütend. Außerdem verfügen sie über mehr Triebkraft und Energie, sich auf eine Schlacht einzulassen, als ihre Eltern.

Freche, vorlaute Mädchen

Obwohl die rebellische Haltung für Eltern nervenaufreibender ist, kann sie ironischerweise ein Hinweis auf einen starken, widerstandsfähigen Charakter des Mädchens sein. Während Zurückgezogenheit und depressive Stimmungen oft das Ergebnis der Verinnerlichung von Fehlschlägen oder Schuld sind – das Verhalten erlernter Hilflosigkeit, das möglicherweise zu Verzweiflung führt –, kann offene Rebellion eine gesunde Verlagerung des Problems nach außen sein. Wenngleich eine gewisse Gefahr darin liegt, kann sich dieses Verhalten in etwas Positives wandeln, denn hinter der Wut steckt eine Menge Energie.

Ich gebe zu, dass es ein Problem ist, wenn eine Tochter sich weigert, Verantwortung für die Folgen ihres Handelns zu übernehmen. Doch dies ist eher eine männliche Reaktion als eine weibliche. Mädchen neigen dazu, alles in sich hineinzufressen, sich die Schuld zu geben und depressiv zu werden. Trotzdem fangen viele Mädchen im Teenageralter an, Erwachsene geringschätzig und respektlos zu behandeln. Das kann für Eltern von Töchtern, die keinerlei Hemmungen haben, ihre Verachtung zu zeigen, sehr bestürzend sein. Wo ein Sohn voller Zorn davonrennt und jedem Streit aus dem Weg geht, wird ein Mädchen vermutlich auf ihrer Meinung beharren und Ihnen einen verbalen Kampf liefern.

Als ich die Studie erwähnte, nach der es Mädchen widerstrebt, die Wahrheit zu sagen, platzte eine Mutter in einem Workshop heraus: »Wovon sprechen Sie? Meine Tochter streitet ohne Ende mit mir, um ihren Standpunkt zu verteidigen. Sie ist sehr sarkastisch. Sie rollt mit den Augen. Sie seufzt. Sie verfügt über ein ganzes Repertoire wirkungsvoller Mittel, das sie einsetzt, um ihre Argumente zu unterstreichen. Das Letzte, was sie braucht, ist eine Anleitung, wie sie sich äußert. Das macht sie schon jetzt ganz prima.«

Plötzlich schienen sich im Raum alle Köpfe gleichzeitig zu heben und zu senken. Die Mütter nickten eifrig. Die Bewegung war so einheitlich, als sei sie einstudiert. Alle fingen an zu lachen.

»Aber jetzt im Ernst«, fuhr sie fort. »Was meinen Sie dazu?«

Zuerst einmal ist es wichtig, sich vor Augen zu führen, dass die Fähigkeit und die Bereitschaft Ihrer Tochter, mit *Ihnen* zu streiten, damit zusammenhängt, dass sie sich bei Ihnen geborgen fühlt. Wenn Sie sich Ihnen gegenüber behauptet, bedeutet dies aber noch lange nicht, dass sie dies auch anderen gegenüber tut. Zweitens darf man nicht vergessen, dass sie gerade einen Reifungsprozess durchmacht. Sie muss eine eigenständige und von ihren Eltern unabhängige (und doch verbundene) Persönlichkeit werden, weshalb ihr Verhalten bis zu einem gewissen Grad auch ganz normal ist. Drittens sind es die hormonellen Veränderungen im Körper eines Mädchens, die sie verletzlich machen, bis sich ihr Körper wieder beruhigt hat. Diese Verletzlichkeit kann bis zum Alter von siebzehn oder achtzehn Jahren andauern, obwohl sie normalerweise eher zur Anfangsphase gehört.

Zwar stellen manche heranwachsende Mädchen ihren Widerstand gegen die Ratschläge ihrer Mütter auf beeindruckende Weise zur Schau, aber der entscheidende Ausdruck ist »zur Schau stellen«. Wenn Sie Ihrer Tochter während der Kindheit ein Vorbild waren, ihr mit Rat und Tat zur Seite standen und vor allem eine liebevolle Beziehung zu ihr aufgebaut haben, nimmt sie sich die mütterlichen Anregungen wahrscheinlich mehr zu Herzen, als sie zugeben möchte. Meine Erfahrung mit Mädchen lässt erkennen, dass sie ihren Müttern weniger abwehrend gegenüberstehen, als sie glauben machen möchten.

»Auch wenn ich viel mit meiner Mutter streite«, erzählt eine Dreizehnjährige, »gehe ich anschließend in mein Zimmer und denke darüber nach, was sie gesagt hat. Oft mache ich dann, was sie vorgeschlagen hat, aber sagen tu ich's ihr nicht. Manchmal habe ich ein schlechtes Gewissen, besonders, wenn wir einen schlimmen Streit hatten, aber ich glaube, dass sie zu viel Kontrolle über mich hätte, wenn ich ihr das sage würde.«

In dieser Aussage steckt eine Fülle von Informationen. Erstens: Mädchen hören ihren Müttern tatsächlich zu. Untersuchungen bestätigen dies ebenfalls. Mädchen werden durch engen Umgang mit erfahrenen Frauen und durch Ratschläge der Familie gestärkt. Zweitens: Mädchen brauchen Zeit, um darüber nachzudenken, was ihre Mütter sagen, und sie tun dies am wahrscheinlichsten, wenn sie sich von der

Hitze des Gefechts ein wenig abgekühlt haben. Drittens: Heranwachsende Mädchen brauchen das Gefühl, unabhängig zu sein und Entscheidungen selbst treffen zu können, ohne von ihren Müttern gelenkt zu werden. Natürlich wissen wir, dass sie trotzdem immer noch wachsamer Führung bedürfen, deshalb müssen Mütter ihre Töchter mit List ans Ziel bringen. Auch hierfür gibt es mehrere Möglichkeiten.

Wie man lernt, einen Rat zu geben, den Teenager hören

Einem Teenager Rat, Hilfestellung und Beistand zu geben, ohne dass er das Gefühl hat, gegängelt zu werden, ist eine Kunst für sich. Wenn Sie sie nicht erlernen, werden Sie in mehr Schlachten als notwendig verwickelt. (Manche sind freilich unvermeidbar).

Die größte Aussicht, gehört zu werden, haben Sie, wenn Sie aus Ihrer persönlichen Erfahrung berichten. Wenn Sie darüber nachdenken, werden Sie feststellen, dass aus diesem Bereich ohnehin ein großer Teil Ihrer Ansichten stammt. Benutzen Sie immer das Fürwort »ich« anstelle von »du«, wenn Sie mit Ihrem Teenager sprechen. (Psychologen sprechen von »Ich-Botschaften«.) Das mag im ersten Moment merkwürdig anmuten, aber mit dem Fürwort »du« hört sich alles, was Sie sagen, nach einer Strafpredigt an. »Ich« zu verwenden, kann besonders schwierig sein, wenn Ihre Tochter Sie um Ihre Meinung fragt. Dazu folgendes Beispiel:

Mary: Mama, meinst du, ich sollte nächstes Jahr Algebra nehmen?
Mutter: Auf jeden Fall.
Mary: Aber ich mag Mathematik nicht.
Mutter: Es spielt keine Rolle, ob du Mathe magst oder nicht. Du solltest es trotzdem nehmen.
Mary: Aber was ist, wenn ich eine schlechte Note bekomme?
Mutter: Du wirst keine schlechte Note bekommen, wenn du lernst.
Mary: Doch, das werde ich. Ich hasse Mathe und kapiere null.
Mutter: Du solltest es trotzdem nehmen, weil es wichtig ist, wenn du studieren willst.
Mary: Ja, aber eine schlechte Note verdirbt mir den Durchschnitt.
Mutter: Wenn du richtig lernst, wirst du es schon schaffen.
Mary: Du hörst mir nie zu. Ich sagte doch, dass ich Mathe nicht kapiere, aber du denkst nur daran, was ich tun *soll*.

Mutter: Warum hast du mich dann um meine Meinung gefragt, wenn du sie nicht hören willst?

Außer Marys negativer Reaktion auf die Aussage »du solltest«, ist Ihnen vielleicht aufgefallen, dass sie das »Ja, aber«-Spiel meisterhaft beherrscht. Mütter, passt auf! »Ja, aber« ist eine Falle für Eltern, und sie haben wenig Chancen, als Sieger aus einer solchen Situation hervorzugehen. Mary möchte, dass Mama ihr Problem löst, aber die Sache hat einen Haken: Mary hat sie um Rat gebeten und möchte, dass ihre Mutter das Problem löst, aber sie möchte den Rat eigentlich gar nicht annehmen. Hier eine mögliche Alternative:

Mary: Mama, meinst du, ich sollte nächstes Jahr Algebra nehmen?
Mutter: Auf jeden Fall.
Mary: Ja, aber ich mag Mathematik nicht.
Mutter: Das kann ich verstehen. Mir ging es ähnlich, als ich die neue Programmiersprache im Geschäft lernen musste. Weil mir keine andere Wahl blieb, habe ich sie gelernt, und jetzt bin ich froh darüber, denn im Berufsleben kann es von Vorteil für mich sein. So habe ich mehr Chancen, wenn ich mich um einen anderen Job bewerbe, und außerdem mehr Selbstvertrauen.
Mary: Ja, aber ich habe ja die Wahl. Ich muss Algebra nicht nehmen.
Mutter: Ich glaube, es sieht nur so aus, als hättest du die Wahl. Um zu studieren und später eine gute Stelle zu bekommen, ist ein bestimmtes Wissen notwendig. Dazu gehört auch Mathematik.
Mary: Ich hasse Mathe.
Mutter: Ja, sich für die Zukunft vorzubereiten, bedeutet viel Mühe.
Mary: Was ist, wenn ich eine schlechte Note bekomme?
Mutter: Nun, das bedeutet noch lange nicht das Ende der Welt. Als ich in der Oberstufe war, hatte ich in den ersten paar Klassenarbeiten in Chemie auch schlechte Noten, aber ich habe den Lehrer um Hilfe gebeten und gelernt, wie man Chemie begreift. Im ersten Halbjahr hatte ich keine besonders gute Note, aber das besserte sich bis zum Schuljahresende.
Mary: Ja, aber was ist, wenn ich das nicht schaffe? Was ist, wenn ich immer weniger kapiere?
Mutter: Keine Entscheidung ist für die Ewigkeit. Man kann sich immer wieder neu entscheiden. Ich finde, dass Mathematik so wichtig

für das Berufsleben ist, dass ich an deiner Stelle das Risiko auf mich nehmen und es versuchen würde, bevor ich mich dagegen entscheide. Außerdem würde ich dir gern helfen, wenn ich kann, oder nach einem Nachhilfelehrer schauen, damit du weiterkommst.

Sicherlich ist Ihnen aufgefallen, dass der Ausdruck »du solltest« in der zweiten Unterhaltung fehlt, obwohl man ihn oft hätte einflechten können. Das ist nicht immer einfach. Sie müssen vielleicht manchmal innehalten und Ihre Gedanken sammeln, um es nicht zu sagen. Sagen Sie dann einfach: »Darüber muss ich kurz nachdenken.« Das ist insofern ratsam, als ein typischer Teenager ständig seine Antennen ausgefahren hat, um auch nur den geringsten Versuch, über ihn zu bestimmen, sofort aufzudecken. Da viele Teenager der Überzeugung sind, dass Erwachsene ihnen immer sagen, was sie tun sollen, anstatt sie selbst entscheiden zu lassen, ist es hilfreich, den Ausdruck »du solltest« gänzlich zu vermeiden.

Die wirksamste Methode, einem Streit aus dem Weg zu gehen, ist, Ihrer Tochter zuzustimmen und sie zu bestätigen. Das bedeutet, dass Sie, egal, was Ihre Tochter sagt, immer mit einer Bestätigung oder einer Zustimmung antworten und dann erst Ihren eigenen Standpunkt hinzufügen. Achten Sie darauf, das Wort »aber« wegzulassen. Hier ein paar Beispiele:

- »Ich verstehe deinen Standpunkt.« Pause. »Hast du über Folgendes auch schon nachgedacht?«
- »Ich habe dir zugehört.« Pause. »Hier ist ein Gedanke von mir.«
- »Ich sehe, dass du sehr überzeugt bist.« Pause. »Ich denke darüber folgendermaßen.«
- »Das ist ein interessanter Gesichtspunkt.« Pause. »Ich glaube, Folgendes wäre auch eine Möglichkeit.«
- »So habe ich es noch nie betrachtet.« Pause »Andererseits …«

Sie wissen, was ich meine. Das, was das Wort »aber« beinhaltet, kommt in Ihrer Aussage zum Tragen. Das Wort »aber« ist ein unmittelbares Signal für einen weiblichen Teenager weiterzustreiten, da sie das Gefühl hat, Sie entkräften ihre Argumente.

Auch wenn diese Methode nicht jeden Streit verhindert, so vermitteln Sie doch die Botschaft, dass Sie den Standpunkt Ihrer Tochter respektieren. Dadurch wird sie Ihrer Meinung gegenüber aufgeschlossener sein und nicht sofort den Rollladen herunterlassen, wenn sie wütend ist. (Davon abgesehen macht es Spaß, seine Kinder zu überlisten.)

In manchen Situationen ist es jedoch klug, die natürlichen Folgen eintreten zu lassen. Wachsamkeit und eine gewisse Voraussicht sind notwendig, um zu spüren, wann und wo ein Zusammenprall stattfinden könnte. Wenn Sie zum Beispiel sehen, dass eine Situation sich fast genauso entwickelt wie andere in der Vergangenheit, dann weigern Sie sich einfach, sich in einen Streit hineinziehen zu lassen. Dazu folgendes Beispiel:

Fatima: (Mit flehender Stimme aus ihrem Zimmer) Maaaamaaaa, ich kann meine rote Bluse nicht finden.

Mutter: (schreit aus der Küche zurück) Zieh eine andere an.

Fatima: Ich will aber keine andere anziehen.

Mutter: Vielleicht ist sie im Wäschekorb.

Fatima: Da habe ich schon geschaut. (Fast hysterisch) Mama, komm und hilf mir suchen, ich bin sowieso schon spät dran.

Mutter: (steht an der Türschwelle) Wenn du dein Zimmer immer aufräumen würdest, könnte so etwas nicht passieren, das weißt du genau. Sieh dir nur diese Unordnung an! Nie räumst du etwas auf. Ich weiß gar nicht, wie du in diesem Chaos schlafen kannst. Ich habe dir nicht beigebracht, so zu hausen. Das ist widerlich.

Fatima: O Mann, du tust ja gerade, als sei ich eine Kriminelle oder so was.

Mutter: Jetzt übertreib mal nicht. Hier ist deine Bluse. Großer Gott, schau dir das an. Total zerknittert. So kannst du sie unmöglich anziehen! Jetzt dauert es noch länger, weil du sie bügeln musst. Hättest du sie gleich aufgeräumt, wäre das nicht nötig!

Fatima: Vergiss es! Lass mich in Ruhe! Ich habe dich um Hilfe gebeten, aber du nörgelst immer herum.

Mutter: Prima, dann bitte mich nächstes Mal nicht mehr um Hilfe.

Fatima: Keine Sorge, das werde ich bestimmt nicht tun!

Das ist natürlich kein so ernster Streit, dass er einen bleibenden Schaden in der Mutter-Tochter-Beziehung anrichten könnte. Er spiegelt aber eine gewisse Spannung zwischen Mutter und Tochter wider, die vermieden werden könnte. An einer Stelle des Gesprächs hätte die

Mutter eine andere Antwort geben können, hätte sich weigern können, sich hineinziehen zu lassen, und hätte ihrer Tochter die Lösung des Problems, das sie selbst verursacht hat, überlassen können. Als die Tochter sagte: »Mama, komm her und hilf mir suchen, ich bin sowieso schon spät dran!«, hätte die Mutter erwidern können: »Liebling, dieses Thema hatten wir schon oft. Ich möchte mich von dir nicht wieder in etwas hineinziehen lassen, das mit einem Streit endet. Ich würde dir gern helfen, aber das musst du allein lösen.«

Wie gesagt, es wird nicht einfach sein, und es ist psychologisch gesehen auch alles andere als reizvoll für viele Frauen. Manche Mütter werden aufs äußerste versucht sein – oder soll ich sagen wie von magischer Hand gelenkt sein –, hineinzugehen und zu helfen, besonders wenn ihre Töchter in dem über Jahre geübten, kläglichen Jammerlaut »Maaaaamaaaa« rufen, mit dem Sie alle so vertraut sind. Es erfordert Standfestigkeit, um ihr nicht zu Hilfe zu eilen, aber eines Tages in nicht allzu ferner Zukunft werden Sie nicht mehr zur Verfügung stehen, um ihre Bluse zu suchen oder sie für sie zu bügeln.

Rückblick auf die eigene Pubertät: Eine Möglichkeit zu helfen

Die meisten von uns ziehen es vor, Erinnerungen an die eigenen Erfahrungen während der Pubertät zu verdrängen. Die Mehrheit der Erwachsenen denkt nicht gern an diese Zeit und zählt die damit verbundenen Ereignisse nicht zu den schönsten Augenblicken ihres Lebens. Aber wenn Sie an Ihre Pubertät zurückdenken und sich gestatten, die Gefühle von damals noch einmal zu durchleben, wird es Ihnen leichter fallen, Ihre Tochter zu verstehen. Nehmen Sie sich also einen Moment Zeit und besinnen Sie sich.

Erinnern Sie sich an Ihre Angst, die erste Periode könnte während einer Unterrichtsstunde einsetzen und Sie in eine derart peinliche Situation bringen, dass Sie nie wieder würden in die Schule gehen können? Erinnern Sie sich, wie Sie jeden Tag Ihre Brust abtasteten, um festzustellen, ob sie schon größer war? Erinnern Sie sich, wie Sie Ihre Mutter baten, sich die Beine rasieren zu dürfen? Erinnern Sie sich, wie Sie auf das Sprießen der ersten Schamhaare warteten? Erinnern

Sie sich, wie Sie die Binde in Ihrem Höschen hassten und befürchteten, nie wieder Basketball mit Ihrem Bruder spielen oder sonst etwas tun zu können, was Spaß machte? Erinnern Sie sich, wie bange Ihnen zumute war, als Sie den ersten Tampon einführten? Erinnern Sie sich an Ihre ersten Menstruationskrämpfe? Erinnern Sie sich an die Stimmungsschwankungen?

Alles, was ich oben aufführte, stammt aus Gesprächen mit Müttern und Töchtern in Workshops. Ich bin sicher, Sie fühlen sich ebenfalls angesprochen. Ich werde an dieser Stelle nicht näher auf die physiologischen und emotionalen Veränderungen in der Pubertät eingehen, weil Sie das alles selbst durchgemacht haben. Ich möchte Sie lediglich noch auf die Tatsache hinweisen, dass die Pubertät bei den Mädchen von heute früher einsetzt als noch bei ihren Müttern. Ehe Ihre Tochter zehn Jahre alt ist, müssen Sie sie über alles aufgeklärt haben, was mit ihrem Körper geschieht, weil manche Mädchen schon in diesem Alter anfangen zu pubertieren.

Darüber hinaus halte ich es für eine gute Idee, ihr eine Grundausstattung zu kaufen und sie ihr frühzeitig zu geben. Raten Sie ihr, alles in ihrem Zimmer so aufzubewahren, dass sie es nur zu nehmen braucht, wenn sie es benötigt. Somit kann sie, wenn sie ihre erste Periode bekommt, selbständig handeln, sollten Sie nicht zu Hause sein. Oder falls sie allein damit zurechtkommen will, bevor sie es Ihnen sagt.

Jungen treten in Erscheinung

Erinnern Sie sich an das erste Mal, als ein Junge sich auf sexueller Ebene für Sie interessierte? Was war das für ein Gefühl? Manche Mädchen waren überrascht, manche erschrocken, andere geschmeichelt, die einen verärgert, die anderen fasziniert, manche eingeschüchtert, andere begeistert. Die meisten von uns erlebten eine Vielzahl von Empfindungen, eine verwirrende Kombination aus Staunen, Furcht und Verlegenheit, in die sich erwartungsvolle Neugier mischte. Es ist sowohl aufregend als auch beängstigend, diese erstaunliche neue Macht der Weiblichkeit an sich selbst zu entdecken. Besonders beunruhigend ist dabei die Tatsache, dass ein Mädchen diese Macht ohne jedes Zutun erwirbt. Mittels ihrer Hormone besitzt sie sie eines Tages ganz einfach. Ihr Körper macht das von ganz alleine, ohne dass sie sich darum kümmert – wie beim Wachsen.

Ich erinnere mich noch an das erste Mal, als ein Haufen Jungen mir auf dem Nachhauseweg von der Schule nachpfiff und johlte. Ich war ungefähr vierzehn und erschrak fürchterlich. Erst einmal drehte ich mich um, um nachzusehen, wen sie meinten. Es folgte ein kurzer Moment der Erkenntnis (»Mein Gott, sie meinen mich!«), gefolgt von Entrüstung (»Was erlauben die sich!«), dann Verwirrung (»Ist das gut oder schlecht«?), heimliches Entzücken (»Bedeutet das, dass ich hübsch bin?«) und schließlich Angst (»Werden die mir was tun?«). Meine Gespräche mit Müttern und Töchtern bestätigen, dass meine Reaktion typisch war. Da diese Art von männlicher Aufmerksamkeit eine Mischung aus Anerkennung und Beleidigung ist, ist es für ein Mädchen oft schwierig, die eigenen Gefühle einzuschätzen. Wenn sie bei dieser ersten Erfahrung in Begleitung von anderen Mädchen ist, wird sie sich nach diesen richten und geschmeichelt sein, wenn die anderen beeindruckt sind, oder verlegen, wenn sie es missbilligen. Vielleicht richtet sie sich auch nach Ihnen, wenn Sie ihr vorher erzählen, wie Sie in einer ähnlichen Situation reagiert haben.

Bei jeder Erfahrung, die sie mit ihrer erwachenden Sexualität macht, braucht sie Zeit und Verständnis, um sämtliche neuen Informationen zu verarbeiten. Ihre Erfahrung als Mutter ist dabei von unschätzbarem Wert.

Interesse am anderen Geschlecht: Wie viel ist zu viel?

Nach meiner Erfahrung kann es die Strebsamkeit und die Leistungen eines Mädchens gefährden, wenn ihr Interesse an Jungen ein zu großes Ausmaß annimmt. Dieses Interesse kann auch ein Hinweis auf mangelndes Selbstvertrauen auf schulischem oder sozialem Gebiet sein, auf Überidentifikation mit sich selbst als Sexualobjekt oder auf eine Sehnsucht nach der Zuwendung eines Erwachsenen. Man sollte es nicht unbeachtet lassen. Wenn Sie glauben, Ihre Tochter sei sexuell aktiv, dann gehen Sie gleich weiter zum nächsten Kapitel, in dem ich Ihnen Ratschläge gebe, wie Sie dazu beitragen können, dass Ihre Tochter Beziehungen zum anderen Geschlecht und sexuelle Erlebnisse mit erfolgsorientiertem Verhalten und einem intakten Selbstwertgefühl in Einklang bringt.

Wie definiere ich »ein zu großes Ausmaß«? Das ist eine schwierige Frage, denn Interesse am anderen Geschlecht ist eine normale Erscheinung der erwachenden Gefühle. Außerdem – wollen wir doch mal ganz ehrlich sein – unterhalten sich auch ältere Mädchen und erwachsene Frauen ständig über Männer und ihre Beziehungen. Daher ist es nicht ganz einfach, zwischen normalem und übersteigertem Interesse zu unterscheiden.

Ein Mädchen, das sein Selbstwertgefühl allem Anschein nach ausschließlich auf die Aufmerksamkeit stützt, die das männliche Geschlecht ihr zukommen lässt, das seine ganze Energie dafür aufbringt, sich zu verabreden und andere Gebiete völlig vernachlässigt, das sich für keine Unternehmungen interessiert, an denen keine Jungen beteiligt sind, das den größten Teil seiner Zeit mit Jungen verbringt und Freundinnen dabei ausschließt – dieses Mädchen ist in einem »zu großen Ausmaß« abgelenkt, das ihrer Leistung auf anderen Gebieten abträglich ist.

Es ist nicht *falsch*, wenn ein Mädchen sich von männlicher Zuwendung ablenken lässt – das ist keine Frage der Moral –, aber ein Mädchen, das sich darauf einlässt, sein Selbstwertgefühl, Selbstvertrauen und seine Identität von männlichem Zuspruch abhängig zu machen, steckt in der Klemme. Besonders gefährlich ist dies, wenn das Mädchen sehr schön ist. Es erlebt wahrscheinlich allein durch diese Tatsache, die nur einen Teil seiner Person ausmacht, so viel Aufmerksamkeit, dass es von der Verheißung romantischer Liebe überwältigt wird. Für Zwölf- bis Fünfzehnjährige hat es wahrscheinlich noch keine ernsthaften Folgen, wenn sie sich viel mit Jungen beschäftigen, aber wenn sich diese Beschäftigung bis zur Oberstufe hinzieht, könnte sie ihre Strebsamkeit und ihre Leistungen gefährden. Mein Ratschlag in diesem Fall schockiert Sie vielleicht: Schicken Sie Ihre Tochter, wenn sie es sich leisten können, in eine reine Mädchenschule. Ich weiß, das scheint eine extreme Maßnahme zu sein, aber die nachweislichen Vorteile einer Mädchenschule sind so überzeugend, dass Sie eine solche Schule eventuell sogar in Betracht ziehen sollten, wenn Ihre Tochter nicht übermäßig an Jungen interessiert ist.

Untersuchungen im Verlauf der letzten sechsundzwanzig Jahre bestätigen klare Vorteile für Mädchen, die Mädchenschulen und -universitäten besuchen, gegenüber Mädchen an gemischten Einrichtungen. Sie zeigen, dass Mädchen an Mädchenschulen ein höheres Selbstwertgefühl besitzen, intensiver lernen, größere Wissbegierde über einen längeren Zeitraum aufweisen, mehr Interesse für Mathematik und Naturwissenschaften entwickeln und erfolgreicher berufliche Karrieren verfolgen. Abgängerinnen von Mädchenschulen gehen zwei- bis dreimal so oft an medizinische Fakultäten, schließen ein mathematisches oder naturwissenschaftliches Studium ab, arbeiten für renommierte Firmen und werden auf allen Ebenen in Regierungsämter gewählt.

Warum? Zum einen sind die weiblichen Lehrkräfte an Mädchenschulen angesehene Gelehrte, Forscherinnen, Philosophinnen und Fachfrauen. Zum andern gibt es für Mädchen mehr Gelegenheiten, eine Führungsrolle zu übernehmen; Mädchen sind Klassen- und Schulsprecherinnen, gute Sportlerinnen und Klassenbeste. Kurzum, die Leistungen von Mädchen sind offensichtlicher und werden ernster genommen. Es wird eifriger gelernt als an gemischten Schulen, wo sich das gesellschaftliche Leben mit dem schulischen verbindet. Da keine Jungen in der Nähe sind, lässt das Interesse an Äußerlichkeiten nach. Mädchen widmen ihrer schulischen Arbeit mehr Aufmerksamkeit als ihrem Aussehen.

Die meisten Mädchen werden sich diesem Vorschlag mit aller Macht widersetzen, besonders am Anfang. Sie glauben vielleicht, dass sie nie wieder Gelegenheit haben, mit Jungen zusammenzutreffen. Selbst manche Erwachsenen benutzen dieses überholte Argument gegen Mädchenschulen und behaupten, Mädchen würden auf diese Weise den Umgang mit Jungen nicht lernen. In Wirklichkeit gibt es jede Menge Gelegenheiten, bei denen Mädchen aus Mädchenschulen Jungen treffen können. Mädchenschulen führen normalerweise regelmäßig Veranstaltungen mit Jungenschulen durch und tauschen sich auch sonst regelmäßig aus. Der Unterschied liegt darin, dass diese Treffen nicht jeden Tag auf dem Schulhof stattfinden und vom Lernen ablenken. Erklären Sie Ihrer Tochter, dass sie fast überall Jungen treffen kann und dass der Besuch einer Mädchenschule keineswegs bedeutet, von Zusammenkünften mit dem anderen Geschlecht ausgeschlossen zu sein. Sagen Sie ihr, dass sich Mädchen nach Abschluss der Mädchenschule sehr positiv darüber äußern, und fügen Sie hinzu, dass ihre Erfahrungen ihnen dabei halfen, Zuversichtlichkeit und ein starkes Selbstwertgefühl zu entwickeln.[5]

Wie Sie dem Vater dabei helfen können, seine Tochter während der Pubertät positiv zu beeinflussen

Ein liebevoller Vater, der sich in das Leben seiner Tochter von klein auf einbringt, ist für die Entwicklung ihres Selbstwertgefühls von immenser Bedeutung. Am meisten aber braucht sie ihn in der Pubertät. Der Vater spielt eine wichtige Rolle bei der Prägung ihres Frauenbilds. Höchstwahrscheinlich ist er sich über das Ausmaß seines Einflusses nicht bewusst.

Es ist typisch für die meisten Männer, dass es ihnen unangenehm ist, wenn sie die Situation nicht unter Kontrolle haben, und die Pubertät ihrer Tochter erleben sie als Zeit, in der alles aus den Fugen gerät. Sein einst so bezauberndes kleines Mädchen schert sich plötzlich einen Teufel darum, ob es ihm gefällt. Er ist verletzt. Vielleicht stellt sie eine unverhüllte Abneigung gegen seinen autoritären Stil zur Schau. Er greift möglicherweise zu härteren Maßnahmen. Sie hält ihn vielleicht für töricht. Er ist gekränkt. Wenn sie sich verführerisch anzieht, ist er verwirrt. Wenn sie sich weigert, überwacht oder gegängelt zu werden, geht er vielleicht in die Luft. Wenn alle seine Versuche, sie im Zaum zu halten, auf Widerstand stoßen, und alle seine Versuche, sie zu verstehen, in Unverständnis münden, zieht er sich möglicherweise völlig zurück. Auch wenn das einem Wutausbruch vorzuziehen ist (eine andere sehr wahrscheinliche Reaktion), wird es ihr Selbstwertgefühl doch langsam, aber sicher unterhöhlen.

Da sie noch weit von gefühlsmäßiger Reife entfernt ist und in vielen Dingen noch aus kindlichem Unverstand heraus handelt, wird sie ohne einen Erfahrungsschatz, auf den sie zurückgreifen kann, die falschen Schlüsse ziehen. Wenn er sich zurückzieht, fühlt sie sich allein gelassen, und sein Verhalten ist für sie ein Zeichen, dass sie nicht liebenswert und »nicht okay« ist. Wie Kinder aus einer geschiedenen Ehe, die sich oft die Schuld daran geben, dass Mama und Papa sich getrennt haben, sucht sie die Schuld bei sich und kommt sich minderwertig und unansehnlich vor.

Fügen Sie ihrem Gefühl der Verlassenheit die Angst ihres Vaters vor ihrem veränderten Körper hinzu sowie die Unsicherheit bezüglich seiner neuen Rolle, sein fehlendes Verständnis für ihre Gefühlsausbrüche, sein Misstrauen und seine Eifersucht auf die Jünglinge, die plötzlich herumlungern, und seine Abneigung gegen das Erwachsenwerden seiner Tochter, dann werden Sie verstehen, dass daraus solche Spannungen entstehen können, dass ein Vater seine Tochter gerade dann im Stich lässt, wenn sie ihn am meisten braucht.

Dies soll verdeutlichen, wie wichtig es ist, dass ein Vater auch durch die Teenagerjahre hindurch eine aktive Rolle im Leben seiner Tochter spielt. Da der Vater Ihrer Tochter als Junge großgeworden ist, fehlen ihm natürlich die Einsichten der weiblichen Erfahrung. Helfen Sie ihm dabei, Folgendes zu verstehen:

- Er darf die Gefühlsausbrüche und die Patzigkeit seiner Tochter nicht persönlich nehmen. Sie gehören zu ihrer Entwicklung und haben nichts mit ihm zu tun. Auch wenn es ihn manchmal verletzt, so ist es doch ein ganz normaler Vorgang.

- Er darf sich aufgrund seiner eigenen Ängste nicht von einer Tochter zurückziehen, sondern muss neue Wege finden, seiner Zuneigung Ausdruck zu verleihen: sie kurz umarmen, ihr über den Rücken streicheln, ihr die Hand halten, wenn sie aufgebracht ist. Indem er den Blickkontakt aufrechterhält, wenn sie mit ihm spricht, kann er ihr die Botschaft vermitteln, dass er ihr zuhört und sich für sie interessiert.

- Er sollte versuchen, Eifersuchtsgefühle, die ganz normal sind, nicht aufkommen oder sie sich wenigstens nicht anmerken zu lassen, wenn plötzlich Jungen auftauchen. Denken Sie daran, dass dieser Beschützerinstinkt daher rührt, dass er einst selbst ein solcher Jüngling war. Sein Verständnis ist deshalb so gering, weil er die Jungen nur zu gut versteht. Bestärken Sie ihn darin, seiner Tochter zu vertrauen, und erinnern Sie ihn daran, dass Sie und er die Wertvorstellungen Ihrer Tochter geprägt haben.

- Er sollte ihr auf keinen Fall das Gefühl geben, dass sie sich schuldig oder »schmutzig« fühlen muss, weil sie eine Frau wird. Wenn er ungelöste sexuelle Probleme hat, reagiert er vielleicht negativ auf das körperliche Heranreifen seiner Tochter, aber es wäre verkehrt, seine Probleme auf sie zu übertragen. Sie ist unschuldig.

- Er sollte jede Gelegenheit nutzen, sein wertvollstes Gut großzügig an sie zu verschwenden – männliche Anerkennung. Ihr Komplimente wegen ihres Aussehens zu machen, hat nichts damit zu tun, den gesellschaftlichen Druck zu verstärken, denn er äußert damit lediglich sein Verständnis dafür, dass seine Tochter, die zu einer attraktiven jungen Frau heranwächst, die Bestätigung eines liebenden Vaters braucht.

- Er darf sie niemals wegen ihres Körpers necken, selbst wenn es harmlos gemeint ist. Manchmal neckt ein Vater seine Tochter, um seine eigene Verlegenheit zu überspielen. Sie wird es als Kritik an ihrem Körper verstehen und verletzt sein.
- Er darf nicht ständig darauf beharren, dass sie ein »braves Mädchen« ist, denn dieses Verhalten kann mit Unterwürfigkeit und Unterordnung unter die Wünsche anderer verwechselt werden.
- Er sollte ihr Selbstwertgefühl durch Ermutigung und Liebe stärken und sie nicht unter Druck setzen oder an ihr herumnörgeln.
- Er sollte seine eigene Einstellung Frauen gegenüber prüfen, da er diese unweigerlich auf seine heranreifende Tochter überträgt.

Ein wichtiger Punkt zum Schluss: Er muss die Trauer um sein kleines Mädchen zulassen, damit er anschließend die Ankunft der jungen Frau begrüßen kann. So wird er der wundervollen Verwandlung offener gegenüberstehen, die er nur einmal pro Kind miterleben darf. Helfen Sie ihm, daraus ein schönes Erlebnis zu machen.

Kapitel 11

Und noch einmal von vorne!
Ältere Teenager

> Der Haken an der Sache ist, wenn man
> ein leistungsorientiertes, risikobereites
> Mädchen großzieht, muss man auch mit
> einem leistungsorientierten, risikoberei-
> ten Mädchen leben.
>
> *Mutter einer Siebzehnjährigen*

Unsere Szene spielt an einem frühen Samstagmorgen. Im Haus ist alles
still. Alle außer Mindy und ihrer Mutter Sheila schlafen noch. Sie sprechen bei einer Tasse heißem Tee und frischen Brötchen in trauter Umgebung über die vergangene Woche. Sheila genießt die Vertrautheit, die
sich zwischen ihnen entwickelt hat, seit Mindy achtzehn ist, und be-
glückwünscht sich im Stillen für die offene, erwachsene Art, in der sie
miteinander reden. Plötzlich lässt ihre Tochter die Bombe platzen.

»Mama, erinnerst du dich an den Jungen, mit dem ich vor ungefähr
einer Woche ausgegangen bin, den Tontechniker von Bitter Fruit?«

»Den gut aussehenden Blonden?«

»Genau den.«

»Scheint ein netter Bursche zu sein.«

»Ja, er macht sein eigenes Aufnahmestudio auf.«

»Wie schön.«

»Ja, wirklich cool.« Pause. »Rate mal.«

»Was?«

»Er hat mich gefragt, ob ich bei ihm in die Lehre gehen will. Er hat
gesagt, er würde mir alles, was er weiß, beibringen über Tontechnik.«

»Ich dachte, du mochtest ihn nicht besonders.« An dieser Stelle beginnt sich in Sheila ein Gefühl der Beunruhigung zu regen.

»Ich mag ihn auch nicht. Zumindest nicht als Freund. Er ist ein richtiger Spinner. Aber er weiß eine Menge über Mischen und Aufnehmen.
Ich fände es cool, das zu lernen.«

»Dauert es nicht ziemlich lang, bis man das alles gelernt hat?«

»Ja.«

Sheila legte ihr Brötchen aus der Hand. »Wann hättest du dafür denn Zeit? In knapp zwei Monaten gehst du aufs College.«

Mindy atmet tief durch, um sich für die Kettenreaktion, die kommen muss, zu rüsten. »Ich habe beschlossen, eine Pause zu machen, bevor ich aufs College gehe.«

»Wie bitte?«

»Nur für ein Jahr oder so.«

»Mindy, hast du den Verstand verloren?«

»Ich wusste, dass ich es dir nicht hätte sagen sollen. Ich wusste, dass du in die Luft gehst.«

»Mindy, in der Musikbranche gibt es keine Zukunft. Es ist allgemein bekannt, dass es die unsicherste, am meisten verherrlichte und unterbezahlteste Branche in der ganzen Welt ist. Die Musiker kämpfen ums Überleben und sind meist arm wie Kirchenmäuse. Etwas Riskanteres hättest du dir nicht aussuchen können? Du bist dem Stress noch gar nicht gewachsen.«

»Woher willst *du* das wissen?«

»Sprich nicht in diesem Ton mit mir.«

»Woher willst du das denn wirklich wissen?«

»Ich weiß es einfach.«

Mindy rollt mit den Augen. »Oh, was für eine tolle Antwort. Fast so gut wie ›Ich hab's dir doch gleich gesagt‹.«

»Es ist mir egal, ob es eine gute Antwort ist oder nicht. Ich kann doch nicht einfach mit ansehen, wie du einen großen Fehler machst.«

»Warum nicht? Es wäre noch lange nicht das Ende der Welt. Ich bin erst achtzehn. Ich habe noch genügend Zeit, Fehler wieder gutzumachen. Und außerdem, wie soll ich etwas lernen, wenn ich nichts ausprobiere.«

»Das ist nicht der springende Punkt.«

»Oh doch, das glaube ich schon.«

»Du weißt doch, wie sehr sich deine Tante Judy abplagte und wie weit sie kam.«

»Aber sie ist Sängerin. Ich wäre ja auf der technischen Seite.«

»Na und? Was hat das damit zu tun?«

»Es gibt immer eine Nachfrage nach guten Tontechnikern, und das technische Wissen ist ja auch auf anderen Gebieten nützlich.«

»Und was ist mit dem College? Du hast doch die Aufnahmeprüfungen schon gemacht.«

»Ich gehe ja immer noch aufs College. Ich hab doch gesagt, ich mache nur eine Pause. Die bestandene Aufnahmeprüfung gilt auch noch nächstes Jahr.«

»Warum studierst du nicht nach dem College Tontechnik? Geh zuerst auf Nummer sicher und versuch es hinterher mit etwas Ausgefallenem.«

»Du nennst das College sicher? Sieh dir doch die ganzen jungen Leute an, die vom College abgehen und dann als Telefonverkäufer oder Bedienung arbeiten, weil sie in ihrem Beruf keinen Job finden. Du tust ja gerade so, als sei das College eine Garantie. Außerdem bietet sich mir die Gelegenheit jetzt und nicht in vier Jahren.«

»Tut mir Leid, Mindy, aber ich kann diese Sache nicht gutheißen. Ich möchte, dass du das Ganze vergisst.«

»Warum bestärkst du mich immer, das zu tun, was ich will, und so zu sein, wie ich will, und gehst in die Luft, sobald ich genau das versuche?«

»Ich gehe nicht in die Luft. Ich dachte nur, du seist klüger.«

»Danke.«

»Mindy, ich wollte dich nicht beleidigen. Ich möchte nur, dass du vernünftig bist.«

»Ich möchte aber gar nicht vernünftig sein. Ich bin jung und will neue Sachen ausprobieren, und du kannst mich nicht davon abhalten!«

Seufz.

Manche Dinge ändern sich nicht, und dazu gehören die Konflikte zwischen Teenagern und Eltern unter dem Motto »Du kannst mich nicht davon abhalten«. Wenn wir von der emotionalen Seite einmal absehen, entdecken wir in obigem Wortwechsel zwischen den Zeilen wichtige Aussagen.

Weil Mindy dazu erzogen wurde, risikobereit und leistungsorientiert zu sein, ist der unkonventionelle Weg für sie verlockend. Außerdem interessiert sie sich für Technik, was für ein Mädchen sehr ungewöhnlich ist, und sie denkt an das Geld, das sie dabei verdienen kann. Sie hat Recht, wenn sie sagt, dass ihr das technische Wissen auch auf anderen Gebieten zustatten kommt. Mindy ist nicht durch die Aussicht auf eine romantische Beziehung angespornt, sondern ganz einfach fasziniert davon, was der junge Mann ihr beibringen kann. Und obwohl viele von Ihnen mir nicht zustimmen werden, glaube ich, dass man Mindys Überzeugung, mit achtzehn hätte man noch genügend

Zeit, um Fehler wieder gutzumachen, nicht von der Hand weisen kann. Natürlich hat ihre Mutter Angst, dass sie dann gar nicht mehr aufs College geht, aber es gibt Möglichkeiten, ihr das schmackhaft zu machen, nachdem sie ein Jahr Erfahrungen gesammelt hat.

Mir liegt mehr daran, Ihr Augenmerk auf die Mutter zu lenken. Sheila scheint auf einmal Bedenken zu haben, weil sie ihre Tochter zu einem risikobereiten, leistungsorientierten Mädchen erzogen hat. Aber jetzt, wo Mindy die Fertigkeiten und Anschauungen, die Sheila so sorgfältig in ihr herangezüchtet hat, einsetzen möchte, beschleichen Sheila heimliche Zweifel.

Dieser Punkt ist natürlich das Dilemma, wenn man seine Tochter so erzieht. Die Tochter trifft nämlich eventuell Entscheidungen, die von der Norm abweichen, und nimmt Risiken auf sich, die mit viel Mühen und Schwierigkeiten verbunden sind. Andererseits wird sie vielleicht erfolgreich ein Unternehmen aufbauen. Wer kann das wissen? Die Stärke und die Widerstandskraft in Verbindung mit dem Wissensdrang und dem Selbstvertrauen kann eine Tochter auf Pfade führen, auf die ihre Mutter nicht vorbereitet ist.

Andererseits können unvorhergesehene Entscheidungen und Richtungsänderungen immer wieder vorkommen. Mindy könnte aufs College gehen, ihren Traummann treffen und mit der Ankündigung, die Schule hinzuschmeißen und zu heiraten, nach Hause kommen. Eine Mutter sollte sich ruhig fragen: Was macht mir mehr Sorgen: eine heranreifende junge Unternehmerin voller naiver Unbedarftheit oder eine hoffnungsvolle junge Verlobte voller naiver Unbedarftheit? Und aus welchem Grund?

Ja, viele weibliche Teenager ab sechzehn oder siebzehn erlangen die Stärke, den Wissensdurst und das Draufgängertum wieder, die ihnen vor der Pubertät zu Eigen waren, besonders wenn eine Mutter leistungsorientiertes Verhalten vorgelebt und gefördert hat. Doch auch wenn Ihre Tochter schon älter ist und ein gut entwickeltes Selbstwertgefühl und Fertigkeiten des erfolgsorientierten Verhaltens besitzt, ist ihre Reife immer noch neu und zerbrechlich. Unglücklicherweise wird sie es nicht so sehen, sondern ihrer Mutter gegenüber die Überzeugung vertreten, dass sie jetzt erwachsen ist und keine Hilfe mehr braucht. Tatsächlich scheinen viele siebzehnjährige Mädchen, besonders diejenigen mit einem Job und einem Auto wie Erwachsene zu handeln. Mit der Unabhängigkeit eigener Räder und eines eigenen

Einkommens fühlt sich ein Mädchen der Mutter vielleicht ebenbürtig.

Dieses selbstbewusste Auftreten bewirkt bei der Mutter einen Konflikt, weil sie auf der einen Seite möchte, dass ihre Tochter sich wie eine lebenstüchtige Erwachsene fühlt, die ihre Entscheidungen alleine fällt und auf sich aufpasst, auf der anderen Seite aber das Urteilsvermögen ihrer Tochter für unausgereift hält. Aus diesem Grund sind Entscheidungen über abendliches Heimkommen, Verabredungen, Begleitpersonen, Jobs, die Benutzung des Autos und so weiter für viele Töchter und Mütter Zankäpfel. Irgendwo zwischen den beiden Extremen des Unabhängigkeitsstrebens einer Tochter und dem Bedürfnis einer Mutter, ihr Kind zu schützen, liegt ein Kompromiss, mit dem beide leben können, sofern die Mutter bereit ist, zu verhandeln, zu verhandeln und noch einmal zu verhandeln. Beginnen wir mit einem klar umrissenen Thema.

Arbeit und Schule in Einklang bringen

»Wenn ich einen Job habe, komme ich mir erwachsen und verantwortungsvoll vor«, meinte ein sechzehnjähriges Mädchen neulich in einem Workshop. »Ich verstehe gar nicht, warum meine Mutter etwas dagegen hat. Eigentlich sollte sie doch froh sein, dass ich Geld verdiene.«

Es ist einfach, beide Gesichtspunkte zu verstehen. Ein Mädchen möchte Geld verdienen, aber seine Mutter ist besorgt, ob es mit der Schule und dem zusätzlichen Stress fertig wird. Manche Eltern sind dermaßen auf die Schulnoten ihrer Tochter fixiert, dass sie dabei den psychologischen Nutzen einer Arbeitsstelle übersehen. Einen Job zu haben, eigenes Geld zu verdienen, einem Chef gegenüber verantwortlich zu sein und die strengen Gesetze einer geregelten Arbeitszeit kennen zu lernen, sind Aufgaben, die von einem Teenager ein hohes Maß an Eigenverantwortung verlangen. Sie können dazu beitragen, das Selbstwertgefühl eines ängstlichen Mädchens zu stärken oder eine schlechte Schülerin zu mehr Leistung anzuspornen. Darüber hinaus ist ein Job sicherlich für alle Mädchen ein hilfreicher Einblick in die Anforderungen, die sie als Erwachsene erwarten. Außerdem kann ein Job ein gewaltiger Anreiz für eine gute Berufsausbildung sein. Nichts ist so überzeugend wie die Arbeit in einer Fast-Food-Kette oder als Handlanger, dass eine gute Ausbildung und die Möglichkeiten, die sich damit bieten, ein erstrebenswertes Ziel sind.

Wenn Ihre Tochter neben der Schule arbeiten möchte, sollte Ihre erste Sorge der schulischen Leistung Ihrer Tochter gelten, vor allem, wenn sie überdurchschnittlich begabt ist. Erstklassige Noten sind unerlässlich, wenn man an einer guten Universität angenommen werden will und eine Qualifikation anstrebt, die notwendig ist, um im 21. Jahrhundert ein gutes Einkommen zu gewährleisten. Andererseits ist die Schule nicht alles. Wenn sie also einen Job *und* ihr schulisches Pensum unter einen Hut bringt, dann sollten Sie ihr auf jeden Fall erlauben zu arbeiten und den Erfolg, die Unabhängigkeit und all die anderen Erfahrungen zu erleben, die dazugehören, wenn man sein eigenes Geld verdient.

Was Sie berücksichtigen sollten, wenn Ihre Tochter arbeiten möchte

1. Bedenken Sie den günstigen Einfluss auf ihr Selbstwertgefühl, besonders, wenn sie keine gute Schülerin ist oder wenn die Schule bereits einen negativen Einfluss auf ihr Selbstwertgefühl hatte. Ein Job könnte mögliche Beeinträchtigungen ausgleichen.
2. Überlegen Sie, ob der Job ihr leistungsorientiertes Verhalten angespornt hat oder anspornen wird, einschließlich ihrer Bereitschaft, etwas Neues zu lernen, ihres Durchhaltevermögens, wenn sie etwas nicht sofort begreift, und ihres Maßes an Verantwortungsbereitschaft, Widerstandskraft und Selbstvertrauen.
3. Wägen Sie ab, ob der Job ihr dabei hilft, ein Gefühl der Unabhängigkeit und Eigenverantwortung zu entwickeln.
4. Prüfen Sie ihre Arbeitszeiten und ihren Stundenplan. Selbst der leistungsfähigste Teenager – vielleicht gerade diese Sorte – übernimmt sich manchmal. Wenn sie Ihnen überfordert vorkommt, helfen Sie ihr einzusehen, dass Arbeit und Schule zu viel sein könnten und sie weniger arbeiten oder für eine Weile ganz aufhören sollte.
5. Erkennen Sie ihren Mut an. Loben Sie sie für ihren Wunsch, finanziell unabhängig zu sein, und für ihre Bereitschaft, für ihr Geld zu arbeiten.

Verträge über Alkohol, Drogen und Autofahren

Die meisten Eltern von Teenagern haben schon von Verträgen zwischen Eltern und Teenagern gehört, die Alkohol am Steuer, Drogen oder sonstige, die Fahrtüchtigkeit einschränkende Genussmittel betreffen. Diese Verträge müssen von beiden Parteien eingehalten werden. Das Mädchen verspricht, die Eltern anzurufen, wenn sie wegen Alkohols oder Drogen nicht mehr fahren kann oder wenn ihr Fahrer fahruntüchtig ist. Die Eltern versprechen, sie jederzeit und überall abzuholen, und sie nicht zu bestrafen mit Vorwürfen wie »Wie konntest du das nur tun? Ich habe dir doch gleich gesagt, du sollst dich von dieser Clique fern halten«. Sollten Sie Ihrer Tochter Vorhaltungen machen, können Sie damit rechnen, dass sie das nächste Mal mit ziemlicher Sicherheit nicht mehr anruft.

Diesem »Alkohol-und-Drogen-Vertrag« möchte ich nichts mehr hinzufügen, sondern nur noch einmal betonen, dass er eine großartige Idee ist und Leben retten kann. Alle Eltern von Teenagern sollten einen solchen Vertrag mit ihren Kindern schließen, sobald diese anfangen, mit anderen mitzufahren.

Alkohol, Drogen und sexuelle Übergriffe

Unter Teenagern ist die Meinung weit verbreitet, dass der Konsum von Alkohol Spaß macht und keinen Schaden anrichtet. Viele Teenager verbinden Betrunkenheit mit Fröhlichkeit, Unbeschwertheit und dem Gefühl, erwachsen zu sein. Da sie diesen Zustand nicht von selbst mit einem Mangel an Urteilsfähigkeit und größerer Beeinflussbarkeit in Zusammenhang bringen, müssen Eltern ausdrücklich darauf hinweisen und die Sensibilität und Eigenständigkeit der Mädchen auch auf diesem Gebiet stärken. Es gibt gute und weniger gute Methoden, dieses Thema anzupacken.

Lassen Sie mich zuerst darauf hinweisen, wie wichtig es ist, Alkohol und Drogen nicht als eine Frage der Moral darzustellen, auch wenn dies Ihre Überzeugung ist. Wenn Sie dieses Thema mit Moral in Zusammenhang bringen, stacheln Sie damit vielleicht einen unnötigen und vom eigentlichen Thema ablenkenden Streit an, der sich am Ende mehr um elterliche Kontrolle und weniger um die Sicherheit Ihrer Tochter dreht, die doch eigentlich Ihr wichtigstes Anliegen ist. Ihre Tochter ist gerade dabei, ihre eigenen moralischen und ethischen Maßstäbe zu finden. Dies gehört zum Reifeprozess dazu und ist ein natürlicher Bestandteil ihrer Abnabelung von den Eltern. Aus diesem Grund kann der kleinste Hinweis, dass sie Ihre moralischen Standpunkte annehmen soll, ohne sie zu hinterfragen, Ihre Tochter zu einem Streit *darüber* veranlassen und nicht zu einem Gespräch über ihre eigene Sicherheit.

Zweitens dürfen Sie ihr nicht das Gefühl vermitteln, dass Probleme im Zusammenhang mit dem Konsum von Alkohol auf einen Charakterfehler oder Unreife zurückzuführen sind. Bringen Sie Ihre Argumente vor, wie Sie es bei einem Erwachsenen tun würden, und stellen Sie dabei klar, dass *jeder*, der Alkohol trinkt, in seinem Urteilsvermögen eingeschränkt ist; dass jeder, der zu viel trinkt, beeinträchtigt ist und schwach und unvernünftig wird; dass diese Auswirkungen mit der Droge als solcher zu tun haben und nichts mit der moralischen Unmündigkeit dieses Menschen oder seinem mangelnden Rückgrat. Wenn Sie das nicht tun, ist sie vielleicht bestrebt, Ihnen zu beweisen, dass sie eine verantwortungsvolle junge Frau ist, die mit jeder Situation allein fertig wird. Sie müssen deshalb deutlich machen, dass Moral, Reife und Überlegenheit nicht zur Debatte stehen. Wenn sie trinkt, erhöht sie damit das Risiko negativer Lebenserfahrungen.

Seien Sie drittens darauf bedacht, das Gespräch auf ihre Sicherheit zu beschränken und nicht auf Kritik an ihren Freunden auszudehnen, besonders wenn ihre Freunde eigentlich ganz in Ordnung sind und sich lediglich wie typische Teenager verhalten, die eben alles Mögliche probieren. Wenn Sie das nicht tun, könnte es passieren, dass Sie über das mangelnde Urteilsvermögen Ihrer Tochter bei der Auswahl ihrer Freunde anstatt über ihre Sicherheit sprechen. Sie wollen ja gar nicht über ihre Freunde streiten. Es ist vielleicht hilfreich, wenn Sie daran denken, dass selbst wir so genannten Erwachsenen in Situationen kommen, mit denen wir nicht gerechnet haben, mit Leuten, die wir falsch eingeschätzt haben. Üben Sie also Nachsicht, wenn Ihre Tochter Sie um Hilfe bittet.

Ich möchte auf den Zusammenhang zwischen Alkohol und Drogen und sexuellen Übergriffen bzw. andere Formen der Gewalt eingehen. Während Sie sich dieser Problematik bewusst sind, ist es Ihre Tochter möglicherweise nicht. Um Ihre Tochter zu schützen, müssen Sie sie darauf hinweisen, dass Alkohol und die Gefahr, ausgenutzt zu werden, miteinander verknüpft sind. Sprechen Sie mit ihr über die erhöhte Anfälligkeit gegenüber aufdringlichen Vertretern des männlichen Geschlechts, wenn sie unter dem Einfluss bewusstseinsverändernder Drogen, also auch Alkohol, steht.

Halten Sie sie auf dem Laufenden über Statistiken von Vergewaltigungen, bei denen das Opfer mit dem Täter befreundet war, und sexueller Belästigung, besonders bei Partys, auf denen betrunkene junge Männer als Gruppe auftreten. Machen Sie sie darauf aufmerksam, dass ein junger Mann, der niemals die Kühnheit besäße, einem Mädchen etwas anzutun, wenn er nüchtern und mit ihr allein ist, eine gefährliche Persönlichkeitsveränderung erfahren kann, wenn er mit Freunden zusammen ist, die etwas getrunken haben, und er seine Mannesehre in Frage gestellt sieht.

Lassen Sie Ihre Tochter wissen, dass ihre Fähigkeit, mit schwierigen Situationen fertig zu werden, ihr nur nützt, wenn sie einen wachen Verstand, einen klaren Kopf und den Willen, jederzeit überlegt zu handeln, behält – lauter Dinge, die von Alkohol und Drogen beträchtlich eingeschränkt werden. Sagen Sie ihr, dass sie sich alle Fähigkeiten umsonst angeeignet hat, wenn Alkohol oder Drogen sie beeinträchtigen.

Bringen Sie Ihrer Tochter und ihren Freundinnen bei, in einer Gruppe zusammenzubleiben, wenn die Lage anfängt brenzlig zu werden. Sagen Sie ihr und ihren Freundinnen, dass es ungünstig ist, als Frau allein inmitten einer Gruppe von betrunkenen Männern zu sein. Bringen Sie ihr die »Amazonenstrategien« bei, mit denen sie sich gegenseitig helfen können: Wie man erkennt, wann sich die Lage zuspitzt, wie man eine Freundin aus einer Gruppe herausholt, wie man einer Freundin vermittelt, dass sie genug getrunken hat, wie sie die Botschaft »keinen Alkohol mehr« von jemandem annimmt, dem ihre Sicherheit am Herzen liegt, und wie sie standfest bleibt – auch wenn sie handgreiflich werden muss – gegenüber betrunkenen Freunden und Freundinnen, die vorgeben, nüchtern zu sein.

Der wichtigste Punkt aber ist, dass Sie Ihrer Tochter klarmachen, dass leistungsorientiertes Verhalten nicht nur damit zu tun hat, Ziele zu erreichen und gute Noten zu schreiben, sondern sich auf alle Bereiche des Lebens erstreckt, auch auf gesellschaftliche und zwischenmenschliche Beziehungen. Auf diese Weise ist ihr ihr leistungsorientiertes Verhalten in allen Situationen des Lebens von größtem Nutzen.

Liebesbeziehungen und leistungsorientiertes Verhalten

Liebesbeziehungen und Sexualität sind ohne jede Frage angemessene Schauplätze, auf denen Ihre Tochter erfolgsorientiertes Verhalten anwenden kann. Diese Themen nämlich sind es, die gewaltige Kräfte freisetzen können, um dem Leistungswillen eines Mädchens das Wasser abzugraben. Betrachten Sie nur die vielen erwachsenen Frauen, die zulassen, dass ihre Beziehungen zu Männern ihre beruflichen Karrieren unterbrechen oder verzögern oder sonst wie beeinträchtigen. Vielleicht ist der größte Gefallen, den wir einem Mädchen in der Pubertät erweisen können, der, ihr den Weg zu einer auf Liebe basierenden Beziehung zu einem Mann zu zeigen, die ihr Selbstwertgefühl nicht untergräbt.

Erfolgsorientiertes Verhalten – vor allem Risikobereitschaft, Durchhaltevermögen und Überwinden von Misserfolgen – erlangt eine ganz andere Bedeutung, wenn es auf den Bereich Liebe und Sexualität angewendet wird. Diese Dinge so zu vermitteln, dass wir unsere Töchter nicht verunsichern, erfordert Feingefühl und Sensibilität. Bevor wir uns näher mit leistungsorientiertem Verhalten in Bezug auf Liebe und Sexualität beschäftigen, möchte ich auf Beziehungen eingehen, in denen Frauen misshandelt werden.

Situationen, in denen Frauen misshandelt und gedemütigt werden, weisen erlernte Hilflosigkeit sowie fehlende Alternativen auf. Untersuchungen zeigen, dass erlernte Hilflosigkeit unter geschlagenen Frauen so verbreitet ist, dass sie in Fällen, in denen Ehefrauen zu lange in Beziehungen ausharrten, in denen sie misshandelt wurden, und schließlich ihren Mann umbrachten, als legales Mittel der Verteidigung gesehen wurde. Da Menschen, die missbraucht und misshandelt werden, oft mit dem Tod gedroht wird, falls sie etwas unternehmen, glauben sie irgendwann tatsächlich, dass sie nichts dagegen tun können.

Sollten Sie feststellen, dass Ihre Tochter mit einem Jungen zusammen ist, der sie kränkt, sie anschreit, ihr Vorschriften macht oder sogar gewalttätig wird, dann sprechen Sie mit ihr über den weiteren Verlauf ihrer Beziehung zu dem Jungen. Klären Sie sie über die Tatsache auf, dass sein Verhalten höchstens schlimmer wird, nicht besser. Machen Sie ihr klar, dass sie mit immer drastischeren Handlungen rechnen muss, wenn sie die Beziehung nicht beendet.

Günstig ist es, auf solche Dinge zu sprechen zu kommen, wenn die Freundinnen Ihrer Tochter dabei sind, und zwar aus zweierlei Gründen. Zum einen werden sie Ihnen höchstwahrscheinlich zustimmen, weil sie ebenfalls um das Wohlergehen Ihrer Tochter besorgt sind. Sie stellen sich vielleicht auf Ihre Seite und geben Ihnen Recht. Zum anderen lernen auch sie daraus, sich keine demütigende Behandlung von Jungen gefallen zu lassen.

Wie so oft gibt es auch hier eine günstige und eine ungünstige Vorgehensweise. Versichern Sie Ihrer Tochter als Erstes, dass Sie sie lieben und achten. *Kritisieren Sie auf keinen Fall den Jungen*, denn damit fordern Sie heraus, dass Ihre Tochter ihn verteidigt. Sprechen Sie stattdessen mit ihr über ihre Sicherheit und ihr Wohlergehen. Wenn der Junge Ihre Tochter in Ihrem Beisein beleidigt, bekennen Sie offen Ihre Gefühle. Sagen Sie etwas wie: »Weil ich dich liebe und möchte, dass du glücklich bist, macht es mich traurig, wenn ich höre, wie Jason dich kränkt. Ich weiß, wie schlimm es für mich wäre, wenn dein Vater so etwas zu mir sagen würde. Wie bist du dir bei seinen Bemerkungen vorgekommen?« oder »Wenn Alex dich anschreit, mache ich mir große Sorgen um dich, dein Selbstbewusstsein und dein Glück. Kann ich dir irgendwie helfen?« oder »Wenn du irgendwann darüber sprechen möchtest, was du empfindest, wenn Michael dir Vorschriften macht oder dich kränkt, bin ich für dich da.«

Eine Mutter erzählte während eines Workshops folgende Begebenheit: »Es gefällt mir nicht, wie der Freund meiner Tochter sie behandelt. Er ist sehr dominant, aber ich habe lange nichts dazu gesagt. Eines Tages kam Alison dann aus ihrem Zimmer gestürmt, schlug die Tür hinter sich zu und sagte: ›Es stinkt mir ganz gewaltig, wenn Rick mir sagt, was ich tun soll, und so herablassend mit mir spricht. Als ich ihm heute von einem Vorfall erzählte, der mich ärgerte, sagte er doch glatt, ich litte unter PMS (Prämenstruelles Syndrom). Alles, was ich sagte, tat er mit diesem PMS-Käse ab. Immer, wenn ich ihm etwas erzählen möchte, was mich beschäftigt, schiebt er es auf PMS. Ich wünschte nur, ich hätte eine passende Antwort, wenn er sich so verhält.‹

Ich sah meine Stunde gekommen, aber ich bemühte mich um Zurückhaltung.« Die Mutter hielt kurz inne, und die Zuhörerinnen lachten. »Dann sagte ich: ›Ich weiß, was du meinst. Man muss die Männer von Anfang an richtig erziehen, damit sie wissen, dass einem ihr Benehmen nicht passt. Soll ich dir ein paar Vorschläge machen?‹ Sie war skeptisch, wollte von ihrer Mutter eigentlich keinen Rat annehmen, suchte aber gleichzeitig Hilfe. Zögernd erwiderte sie: ›Welchen zum Beispiel?‹

Dann setzten wir uns zusammen und überlegten uns einige Antworten für das nächste Mal, wenn Rick sie demütigte oder ihr sagte, was sie tun sollte. Das war nicht nur ein freundschaftliches Gespräch unter Frauen, sondern auch sehr lustig. Wir ließen uns ein paar witzige Antworten einfallen. Da er alles auf PMS schob, entschloss sie sich zu dieser Antwort: ›Du solltest endlich lernen, wie ein Mann damit umzugehen. Richtige Männer werden mit PMS fertig.‹ Wir lachten uns halb tot. Sie sagte: ›Es gefällt mir, weil es so herrlich direkt ist.‹ Damit sprach sie mir aus dem Herzen.«

Da Gemeinheiten und Kränkungen von Jungen zum Alltag in den Schulfluren gehören, sollten Sie Ihrer Tochter ein paar Retourkutschen beibringen. Setzen Sie sich bei Gelegenheit mit Ihrer Tochter und ihren Freundinnen zusammen, und machen Sie ein Spiel daraus, sich geistreiche und schlagfertige Antworten auszudenken. Schreiben Sie sie auf und regen Sie die Mädchen zu einem Rollenspiel an. Normalerweise steckt noch genug »Kind« in ihnen, um bereitwillig in die Rollen der Jungen zu schlüpfen. Ermutigen Sie sie dazu zu übertreiben, wie Jungen zu gehen, wie sie zu sprechen und so weiter und ihren Spaß zu haben, während sie lernen, sich zu wehren.

Sicherer Sex, intelligenter Sex, kein Sex

Ich hoffe, dass Sie damit nicht bis zur Pubertät gewartet haben, sondern dass dieses Thema schon immer zur Erziehung Ihrer Tochter gehörte. Trotzdem brauchen Teenager zusätzliche Informationen, die über die üblichen Gespräche über Liebe und gegenseitige Achtung zwischen Sexualpartnern hinausgehen. Wenn Ihre Tochter bereits sexuell aktiv ist, sind lebensbedrohende Sachverhalte, wie z. B. durch

Geschlechtsverkehr übertragbare Krankheiten und Schwangerschaft, dem Thema Liebe und Vertrauen hinzuzufügen.

Natürlich ist der sicherste Sex die Enthaltsamkeit, und viele Mütter greifen bevorzugt zu diesem Hinweis. Daran ist nichts auszusetzen, vor allem, wenn Ihre Überzeugung auf religiöser Basis beruht. Doch nach Gesprächen mit Mädchen, bei denen ihre Mütter nicht anwesend waren, möchte ich Sie warnen. Ihr Glaube daran, Ihre Tochter hätte keinen Sex, ist möglicherweise ein Akt der Verleugnung, der ernsthafte Konsequenzen nach sich ziehen könnte, da viele Mädchen mit siebzehn Jahren ihre ersten sexuellen Erfahrungen bereits hinter sich haben. Selbst in einer offenen, vertrauensvollen Beziehung sind Mädchen sehr zurückhaltend, wenn es darum geht, ihr Liebesleben mit ihren Müttern zu besprechen. (Haben *Sie* das getan?) Aus diesem Grund sind sie auf Informationen aus ihrer Clique angewiesen.

Um sicherzugehen, dass Ihre Tochter die richtigen Informationen bekommt, müssen Sie diejenige sein, die sie ihr gibt. Sie weiß schon alles über Menstruation, weiß, wie ihre Fortpflanzungsorgane funktionieren, wie Kinder gezeugt werden und wie wichtig Liebe und Achtung sind, aber haben Sie die heikleren Themen wie Lust, Befriedigung und die Verantwortlichkeit eines Mannes für die Stimulierung der Frau angesprochen?

Jetzt kommt der Punkt, an dem *ich* nervös werde. Warum? Weil ich dabei bin, die Lustgefühle Ihrer Tochter und ihr Anrecht darauf, ihre Sexualität zu genießen, zu erörtern. Zwar haben die meisten Mütter kein Problem damit, mit ihren Töchtern über Menstruation, Verhütung und die biologische Seite der Fortpflanzung zu sprechen, wohl aber über Lust und Leidenschaft. Aber nur wenn wir unseren Töchtern bewusst machen, dass sie das Recht haben, sexuelle Befriedigung zu fordern und nicht nur zu geben, schaffen wir ihnen eine wichtige Grundlage für ein erfülltes Sexualleben als Erwachsene.

Dies ist ein Punkt, den ich intelligenten Sex nenne. Dazu gehört, die Wahrheit zu sagen, Ihrer Tochter Informationen über ihren Körper zu geben, die sie dazu befähigen, ihre Sexualität zu genießen, und sie darauf aufmerksam zu machen, dass ihr Partner dafür verantwortlich ist, ihr Genuss zu verschaffen. Ich bin überzeugt, dass Sie über meinen Ratschlag glücklich sind, denn er hat zur logischen Folge, dass Ihre Tochter den Geschlechtsverkehr hinauszögert!

Sagen Sie Ihrer Tochter, dass sie, je länger sie mit dem Geschlechtsakt wartet, desto mehr über ihren eigenen Körper lernt, darüber, was sie mag und was sie nicht mag, was sie erregt und was nicht. Wenn sie sich zu Geschlechtsverkehr drängen lässt, erfährt sie vielleicht nie, was ihr körperlichen Genuss verschafft. Wenn sie jedoch wartet, hat sie die Chance, andere Wege der sexuellen Erfüllung zu entdecken, und das Beste daran ist, dass ihr Freund das Gleiche lernt!

Das ist eine hervorragende Lehre für ihr Leben als Erwachsene. Je länger ein Mann warten muss, desto eher wird er andere Wege suchen, um seine Partnerin zu erregen. Zu der Strategie, die alle Frauen verfolgen sollten, gehört, dass sie – anstatt einen Orgasmus vorzutäuschen – die Männer in ihrem Leben feinfühliger, kreativer und aufgeschlossener gegenüber ihren sexuellen Bedürfnissen machen. Wenn sie wartet, wird sie lernen, sich bei jedem neuen Mann, mit dem sie eine Beziehung eingeht, Zeit zu lassen. Gleichzeitig ist er gezwungen, mehr über ihren Körper zu lernen. Es heißt also nicht mehr »brave Mädchen tun das nicht«, sondern »kluge Mädchen warten«. Das ist eine erfolgsorientierte weibliche Haltung zu körperlicher Liebe.

Wenn ein Junge warten muss, lernt er, sich zu zügeln und auf seine Partnerin und deren Wünsche einzugehen, und auch er wird diese Erfahrung in sein Leben als Erwachsener mitnehmen. Das Mädchen hat dadurch Gelegenheit herauszufinden, ob die Absichten des Jungen ehrlich sind. Eine echte Beziehung kann sich dann *vor* dem Geschlechtsverkehr entwickeln und nicht danach. Auf diese Weise profitieren Mädchen sowohl sexuell als auch emotional, denn dadurch, dass sie den Beischlaf hinauszögern, entwickelt sich Vertrauen und gegenseitiges Verständnis.

Wenn Ihnen die Vorstellung, diese Themen mit Ihrer Tochter offen und direkt zu besprechen, Unbehagen verursacht, denken Sie daran, dass Sie sie auf die Herausforderung ihres Lebens als Erwachsene vorbereiten, mit allem, was dazugehört – auch Sexualpartner und »Lebensabschnittspartner«. In den verschiedenen Stationen emotionaler und sexueller Beziehungen werden immer wieder unerwartete Gegebenheiten und Zwischentöne auftreten, die Teil der Prüfungen und des Leids sind, die zu Liebesbeziehungen eines *Erwachsenen* gehören. Eine gute Vorbereitung und das entsprechende Rüstzeug wird ihr auch auf diesem Gebiet nützen.

Offene Gespräche, in denen Sie Ihre Tochter auf unvorhersehbare

Umstände vorbereiten, *bevor* sie eine Beziehung eingeht, tragen dazu bei, dass sie in allen Situationen, auch den romantischen, weiß, was sie will und ihre Fähigkeiten anwendet. Die nachfolgende Liste soll Ihnen auf die Sprünge helfen. Vertrauen Sie Ihrer Intuition und passen Sie das Gespräch dem Alter und der Reife Ihrer Tochter an.

Fragen zum Thema Sex und Beziehungen, die Sie mit Ihrer Tochter besprechen sollten

1. Was ist, wenn du es einmal ausprobierst, mit einem Jungen schläfst und dann entscheidest, dass du keinen Sex mehr mit ihm haben möchtest? Wie regelst du das mit deinem Freund, der wahrscheinlich denkt, dass ihr weiterhin miteinander schlaft?
2. Was ist, wenn sich dein Freund anders zu dir verhält, nachdem du mit ihm geschlafen hast? Was machst du?
3. Glaubst du, dass deine erste sexuelle Erfahrung romantisch und spontan stattfindet, oder möchtest du diejenige sein, die bestimmt, wann und wo? Möchtest du frei entscheiden, vorausplanen und vorbereitet sein?
4. Angenommen, der Junge sagt, er macht Schluss mit dir, wenn du nicht mit ihm schläfst, was machst du dann?
5. Aus welchem Grund möchtest du Sex?
6. Was ist, wenn dein Freund feststellt, dass er nur mit dir befreundet sein will? Wirst du weiterhin mit ihm schlafen oder damit aufhören?
7. Was ist, wenn dein Freund euer intimes Beisammensein genießt, du aber nicht? Wie gehst du damit um?
8. Angenommen, du entdeckst, dass er sich mit anderen Mädchen trifft. Würdest du weiterhin mit ihm schlafen?

Damals und heute

Vor noch nicht allzu langer Zeit – genauer gesagt im Anschluss an die 60er Jahre – bestritten viele Frauen, Feministinnen zu sein. Die etablierte Gesellschaft hatte erfolgreich dafür gesorgt, Feministinnen als einen zusammengewürfelten Haufen aus erbosten, unattraktiven, widerspenstigen, militanten, maskulinen und aufsässigen Frauen hinzustellen, die es nicht schafften, Männer anzuziehen. Oder aber sie wurden als gleichgültige und nachlässige Mütter gezeigt. Unter diesen Voraussetzungen war es nicht verwunderlich, dass so manche Frau sich von dieser Bezeichnung distanzierte.

Ich freue mich sehr, dass unter den heutigen jungen Frauen eine Veränderung stattfindet. Am besten lässt sich dieser Wandel durch Zitate der Mädchen beschreiben, die ich im Laufe der letzten fünf Jahre befragt habe, denn in ihren Aussagen zum Thema Feminismus sehen wir die kleine, aber entscheidende Veränderung. Zum Beispiel sagten junge Frauen in der Oberstufe oder am College vor fünf Jahren »Ich bin keine Feministin, aber …«, um dann eine komplette Liste feministischer Anliegen wie das Recht auf legale Abtreibung, gleiche Gehälter, Erziehungsurlaub, staatlich geförderte Kinderkrippen und so weiter folgen zu lassen. Sie wollten lediglich nicht Feministinnen genannt werden. Heute sagen die Mädchen »Ich *bin* eine Feministin, aber …« Damit bekennen sie sich freiwillig zu einer feministischen Philosophie und erkennen die Möglichkeit an, davon zu profitieren, aber sie machen Einschränkungen in den Bereichen, in denen ihre persönliche Meinung von der Ideologie abweicht.

Untersuchungen bestätigen, dass Mädchen von feministischen Veröffentlichungen der letzten fünfundzwanzig Jahre gestärkt wurden. Klassische Elternratgeber haben Mütter mit den nötigen Werkzeugen ausgestattet, um den negativen Einfluss von stereotypem Rollenverhalten auszugleichen und ein geschlechtsneutrales Umfeld für Jungen und Mädchen zu schaffen. Väter erlangten durch sie neue Einsichten in ihre entscheidende Rolle als aktiver Elternteil. Folgerichtig glauben Mädchen nun, dass eine historische Macht hinter ihnen steht und dass Frauen nicht aufgehalten werden können. Naturgemäß neigen sie dazu, den Fortschritt bei den Frauenrechten, den ihre Mütter und andere weibliche Vorfahren erstritten, als selbstverständlich zu betrachten. Oft sehen sie die Privilegien und Möglichkeiten, die sie haben, als Rechte an, die ihnen nicht mehr genommen werden können. Ihre Mütter sind da nicht ganz so überzeugt.

Im Grunde ist die Überzeugung, dass Frauen nicht aufgehalten werden können, richtig. Unsere Mädchen empören sich, wenn ihre Rechte bedroht und ihre Möglichkeiten eingeschränkt werden. Sie werden in ihrem Kampf um die Gleichstellung der Frauen, in dem sie und selbst noch ihre Kinder in vorderster Reihe stehen, nicht nachgeben.

Diese Überzeugung gibt ihnen die Hoffnung und den Mut, die nötig sind, um die gemeinsamen Bemühungen fortzuführen.

Hinter der feinen Unterscheidung zwischen »Ich bin keine Feministin, aber …« und »Ich bin eine Feministin, aber …« steckt sowohl Herausforderung als auch eine starke Kraft – die Bereitschaft, hinter den Bedürfnissen, Stimmen und Visionen von Frauen als einer Gruppe zu stehen, anstatt die Bereitschaft, sich auf traditionell patriarchalische Strukturen zu verlassen, um die eigenen Rechte zu schützen. Wer sich in die Schwesternschaft einreiht, anstatt seine Zukunft der herrschenden Schicht anzuvertrauen, bekräftigt den Unterschied zwischen Unabhängigkeit und Abhängigkeit, zwischen dem, wie es einmal war, und dem, wie es sein kann.

Sorgen Sie durch Ihr vorbildhaftes Verhalten und aufklärende Gespräche dafür, dass Ihre Tochter widerstandsfähig und ausdauernd ist, dass sie sich die Fähigkeiten eines leistungsorientierten, risikobereiten Menschen mit hohem Selbstwertgefühl aneignet, denn damit hat sie die Voraussetzungen für ein besseres Leben. Tun Sie es nicht nur für Ihre Tochter, sondern auch für deren Tochter. Tun Sie es für Ihre Mutter, die einst auch eine Tochter war. Tun Sie es für Ihre Großmütter, Ihre Tanten, Ihre Schwestern, Ihre Freundinnen. Und tun Sie es zu guter Letzt für all die Töchter, die eines Tages Mütter sein werden.

Anmerkungen

Kapitel 1: Leistungsverhalten

1 Die Untersuchungen und ihre Ergebnisse über heranwachsende Mädchen und die Krise der Pubertät sind im Laufe der letzten zehn Jahre in zahlreichen Veröffentlichungen beschrieben worden. Die interessierten Leser mögen sich anhand der Literaturliste am Schluss dieses Buches informieren.

2 David und Myra Sadker, *Failing at Fairness: How America's Schools Cheat Girls*, Scribner, New York 1994

3 U.S. Department of Labor Women's Bureau, *1993 Handbook on Women Workers: Trends and Issues*, U.S. Department of Labor, Washington 1994, S. 34

4 E. S. Belansky, »The Impact of Mothers and Peers on Adolenscents' Gender Role Traditionality and Plans for the Future«, Arbeitspapier für den alle zwei Jahre stattfindenden Kongress der Society for Research in Child Development, New Orleans, März 1993

5 Sadker und Sadker, *Failing at Fairness*, S. 72. Drei Jahrzehnte Frauenbewegung und angeblicher Bewusstseinssprung bezüglich Rollenverhalten und Klischeevorstellungen haben nicht verhindern können, dass Jungen und Mädchen in der Schule immer noch Männer und keine Frauen als Anführer, Erfinder, erfolgreiche, risikofreudige und handlungsorientierte Mitglieder der Gesellschaft präsentiert werden.

6 Als ich vor zehn Jahren selbst Lehrerin war, wiederholte sich diese Szene immer wieder. Aufgrund meiner Beobachtungen kann ich jedoch sagen, dass sich das Verhalten seit damals kaum verändert hat.

7 Jean H. Block, »Another Look at Sex Differentiation in the Socialization Behaviors of Mothers and Fathers«, aus J. A. Sherman und F. L. Denmark, Hrsg., *Psychology of Women: Future Directions of Research*, Psychological Dimensions, New York 1979, S. 25

8 Michael Siegal, »Are Sons and Daughters Treated More Differently by Fathers Than by Mothers? «, *Developmental Review* 7, 1987, S. 183–209

9 Doris Yee und Jacquelynne Eccles, »Parent Perceptions and Attributions for Children's Math Achievement«, *Sex Roles* 19, Nr. 5-6, 1988, S. 317–34; Max

303

Lummis und Harold Stevenson, »Gender Differences in Beliefs and Achievement: A Cross-Cultural Study«, *Developmental Psychology* 26, Nr. 2, 1990, S. 254–63

10 Janet Kuebli und Robyn Fivush, »Gender Differences in Parent-Child Conversations about Past Emotions«, *Sex Roles* 27, Nr. 11–12, 1992, S. 683–98

11 Andrée Pomerlau, Daniel Bolduc, Gerard Malcuit und Louise Cossette, »Pink or Blue: Environmental Gender Stereotypes in the First Two Years of Life«, *Sex Roles* 22, Nr. 5–6, 1990, S. 359–68. Die erste Studie dieser Art wurde 1975 durchgeführt, als die Gegenstände in den Zimmern von Kindern analysiert wurden und geschlechterspezifische Spielsachen und Spiele gefunden wurden. Als fünfzehn Jahre später die o. g. Studie durchgeführt wurde, hatte sich nur wenig verändert.

12 Sadker und Sadker, *Failing at Fairness*, S. 138

13 Greenberg-Lake Analysis Group, *Shortchanging Girls, Shortchanging America: A Nationwide Pole to Assess Self-Esteem, Educational Experiences, Interest in Math and Science, and Career Aspirations of Girls and Boys Ages 9–15*; R. Caporrimo, »Gender, Confidence, Math: Why Aren't the Girls ›Where the Boys Are‹?«, Arbeitspapier der American Psychological Association, Boston, August 1990

14 A. Sullivan, E. Shnee und K. Weinger, *High Hopes, Long Odds*, Indiana Youth Institute, Indianapolis 1994, zitiert in »Synopsis of Research on Girls«, Copyright © Ms. Foundation of Women 1995

15 Greenberg-Lake, *Shortchanging Girls*, S. 7–8

16 Sadker und Sadker, *Failing at Fairness*, S. 139–40

Kapitel 2: Das Lernparadox

1 Betty Allgood-Merton, Peter Lewinsohn und Hyman Hops, »Sex Differences and Adolescent Depression«, *Journal of Abnormal Psychology* 99, Nr. 1, Februar 1990, S. 55–63; Herman Brutsaert, »Changing Sources of Self-Esteem among Girls and Boys in Secondary Schools«, *Urban Education* 24, Nr. 4, Januar 1990, S. 432–39; Sheila Williams und Rob McGee, »Adolescents' Self-Perception of Their Strength«, *Journal of Youth and Adolescence* 20, Nr. 3, Juni 1991, S. 325–37. Diese Artikel sind nur ein kleiner Ausschnitt aus einer Fülle von Literatur über Mädchen und ihr ab Beginn der Pubertät abnehmendes Selbstwertgefühl. Interessierte Leser verweise ich auf die Literaturliste.

2 Eine Fülle von Untersuchungen aus den Jahren 1977 bis 1992 spiegeln die Ergebnisse wider, die in diesem Teil zusammengefasst sind. Aus zweckdienlichen Gründen habe ich die Studien zusammengefasst und auf die Ergebnisse verwiesen. Die Studien selbst können in der Literaturliste nachgeschlagen werden. Interessierte Leser verweise ich auf die Artikel und Bücher in diesem Teil. Bei jedem Untersuchungsergebnis, das im Text aufgeführt ist, wird auf den entsprechenden Artikel verwiesen.

3   A. H. Stein und M. M. Bailey, »The Socialization of Achievement Orientation in Females«, *Psychological Bulletin* 80, 1973, S. 345–66

4   Carol S. Dweck und B. B. Licht, »Learned Helplessness and Intellectual Achievement«, in M. P. Seligman und J. Garber, Hrsg., *Human Helplessness: Theory and Research*, Academic Press, New York, 1980, S. 197–221

5   Deborah J. Stipek und J. Heidi Gralinski, »Gender Differences in Children's Achievement-Related Beliefs and Emotional Responses to Success and Failure in Mathematics«, *Journal of Educational Psychology* 83, 1991, S. 361–71

6   B. G. Licht und Carol S. Dweck, »Determinants of Academic Achievement: The Interaction of Children's Achievement Orientations with Skill Area«, *Developmental Psychology* 20, 1984, S. 628–36. Auch Stipek und J. Hoffman, »Development of Children's Performance-Related Judgements«, *Child Development* 51, 1980, S. 912–14

7   Stipek und Gralinski, S. 369

8   P. L. Casserly, »Factors Affecting Female Participation in Advanced Placement Programs in Mathematics, Chemistry and Physics«, in L. H. Fox, L. Brody und D. Tobin, Hrsg., *Women and the Mathematical Mystique*, Johns Hopkins University Press, Baltimore, 1980, S. 138–63. Untersuchungen zeigen, dass die Entscheidung, in der achten Klasse Mathematik zu wählen, eine entscheidende ist. Wenn sich ein Mädchen unsicher fühlt oder in der achten Klasse entwicklungsmäßig nicht reif für Mathematik ist, sollten wir ihm gut zureden, die Entscheidung ein Jahr aufzuschieben oder Nachhilfeunterricht zu nehmen und auf keinen Fall zulassen, dass es Mathematik abwählt.

Kapitel 3: Ursachen und Wirkungen

1   Nathaniel Branden, *Die sechs Säulen des Selbstwertgefühls*, Kabel, Hamburg 1995

2   Sedek Grzegorz und Miroslaw Kofta, »When Cognitive Exertion Does Not Yield Cognitive Gain: Toward an Informational Explantion of Learned Helplessness«, *Journal of Personality and Social Psychology* 58, Nr. 4, 1990, S. 729–43

3   Viele Untersuchungen zeigen, dass die schlechten Leistungen von Mädchen in Mathematik das Ergebnis von Lehrmethoden sind, die auf männliche Lernstile ausgerichtet sind, von mangelndem Zuspruch von Erwachsenen und der Verinnerlichung von Versagen.

4   David und Myra Sadker, *Failing at Fairness: How America's Schools Cheat Girls*, Scribner, New York 1994, S. 73–76

5   M. Franklin, *Add-Ventures for Girls: Building Math Confidence, Elementary Teachers' Guide and Add-Ventures for Girls: Building Math Confidence Junior High Teachers' Guide*, Research and Educational Planning Center, Nevada University, Reno 1990; Hanson, »Teaching Mathematics«, S. 1–34

6 Delores Gold, Gail Crombie und Sally Noble, »Relations between Teachers' Judgements of Girls' and Boys' Compliance and Intellectual Competence«, *Sex Roles* 16, Nr. 7–8, April 1987, S. 351–58

7 L. Grant, »Race and the Schooling of Young Girls«, in Julia Wrigley, Hrsg., *Education and Gender Equality*, Falmer Press, London 1992, S. 91–114

8 Ein Bericht der AAUW-Untersuchung von 1993, durchgeführt von Louis Harris und Partner, mit dem Titel *Hostile Hallways: The AAUW Survey on Sexual Harassment in America's Schools* kam zu dem Ergebnis, dass sexuelle Belästigung in Schulen um sich griff. Während Jungen und Mädchen darüber klagten, waren Mädchen häufiger Opfer: 65 Prozent bis 42 Prozent bei Jungen. Bei Mädchen, die zu Minderheiten gehörten, war es noch schlimmer: 42 Prozent der schwarzen Mädchen und 40 Prozent der Mädchen mit hispanischer Abstammung klagten über sexuelle Belästigung im sechsten Schuljahr und früher, verglichen mit 31 Prozent der weißen Mädchen.

Andere Studien bestätigen die sexuelle Belästigung in Schulen. Als 1992 die Zeitschrift *Seventeen* ihre Leserinnen fragte, ob sie schon sexuell, körperlich und verbal, belästigt worden seien, antworteten Tausende von Leserinnen: Man hatte ihnen die BHs aufgemacht, sie mit Stiften und anderen Gegenständen traktiert, an ihren Kleidern gezerrt und gezogen, sie begrapscht, gekniffen, in die Ecke gedrängt, versucht zu küssen, hatte öffentliche Kommentare und Witze über ihr Aussehen gemacht und Graffiti an die Wände gemalt, auf denen Geschlechtsverkehr oder Oralsex dargestellt war.

Als ich an öffentlichen Schulen unterrichtete, war ich schockiert von den Graffiti, die nichts anderes im Sinn hatten, als Mädchen herabzuwürdigen und Sex als Mittel dazu benutzte. Viele Zeichnungen und Wortblasen enthielten die Namen von ganz bestimmten Mädchen und waren ihrer Aussage nach gewalttätig. Ehemalige Kollegen, die heute noch unterrichten, berichten, dass sich nichts geändert hat und dass die Situation teilweise noch schlimmer geworden ist.

9 Jean H. Block, »Another Look at Sex Differentiation in the Socialization Behaviors of Mothers and Fathers«, in J. A. Sherman und F. L. Denmark, Hrsg., *Psychology of Women: Future Directions of Research*, Psychological Dimensions, New York 1979, S. 25

Kapitel 5: Mütter als Mentorinnen

1 Untersuchungen und Theorien zu einem sich wandelnden Bild vom Selbst entstammen einer Sammlung von Arbeiten mit dem Titel *Symbolischer Interaktionismus*. Interessierten Lesern empfehle ich die klassischen Arbeiten von George Herbert Mead; sie finden dort eine tief gehende Diskussion zur Beziehung zwischen dem Selbst und der Gesellschaft.

2 Die Diskussion um die Entstehung der Selbsteinschätzung basiert auf Morris Rosenberg, *Conceiving the Self*, Basic Books, New York 1979

3   Robert Rosenthal und Lenore Jacobsen, *Pygmalion in the Classroom: Teacher Expectations and Pupils' Intellectual Development*, Holt, Rhinehart and Winston, New York 1974; M. Gail Jones und Jack Wheatley, »Gender Differences in Teacher-Student Interactions in Science Classrooms«, *Journal of Research in Science Teaching* 27, Nr. 9, 1990, S. 861–74; Cynthia Tocci und George Engelhard, »Achievement, Parental Support and Gender Differences in Attitudes toward Mathematics«, *Journal of Educational Research* 84, Nr. 5, Mai–Juni 1991, S. 280–86; Paula Olszewski-Kubilius u. a., »Predictors in Achievement in Mathematics for Gifted Males and Females«, *Gifted Child Quarterly* 34, Nr. 2, Frühjahr 1990, S. 64–71

4   Ann B. Miser und Nancy Sebring, Evaluation Report. Unveröffentlichtes Manuskript, Juni 1996

5   *Working Woman*, Februar 1996

6   Carol Kleiman, »Women at Work«, *Chicago Tribune*, 12. März 1996. Statistiken bestätigt von Dr. Douglas Orr, Economics Department, University of Washington at Spokane

7   U.S. Department of Labor Women's Bureau, U.S. Department of Labor, Washington 1994, S. 34

8   Kathleen Galotti, Steven Kozberg und Maria Farmer, »Gender and Developmental Differences in Adolescents' Conceptions of Moral Reasoning«, *Journal of Youth and Adolescence* 18, Nr. 5, 1989, S. 475–88; Zella Luria, »A Methodological Critique«, *Signs: Journal of Women in Culture and Society* 11, Winter 1986, S. 316–21; Eleanor Maccoby, »Gender and Relationships«, *American Psycholgist* 45, Nr. 4, 1990, S. 513–20; J. Tsalikis und M. Ortiz Buonafina, »Ethical Beliefs, Differences of Males and Females«, *Ethics of Business Ethics* 9, 1990, S. 509–17

9   Nancy Eisenber und Randy Lennon, »Sex Differences in Empathy and Related Capacities«, *Psychological Bulletin* 94, 1983, S. 100–131. Vom Autor des Artikels, eine Zusammenfassung zahlreicher Studien, die das Mitgefühl bei Kindern und Erwachsenen messen, kommt diese Schlussfolgerung: »Es gibt wenig Grund zu der Annahme, dass der (vom Individuum beschriebene) geschlechterspezifische Unterschied im Mitgefühl … auf einem angeborenen Mechanismus oder Veranlagung basiert.«

10 Maccoby, »Gender and Relationships«, S. 513–20; Linda Carli, »Gender, Language, and Influence«, *Journal of Personality and Social Psychology* 59, Nr. 5, 1990, S. 941–51. Die von Carli mit Collegestudenten durchgeführte Untersuchung, mit der die weibliche Selbstbehauptung mittels Sprache gemessen wurde, kommt zu einem ähnlichen Ergebnis: dass Frauen in einem Kreis von Frauen selbstbewusster sprachen, als wenn auch Männer anwesend waren.

11 Naomi Wolf, Der Mythos Schönheit, Rowohlt, Reinbek 1991. Interessierten Lesern empfehle ich diese unglaubliche Analyse der Schönheitsindustrie und wie sie dazu genutzt wird, Frauen sowohl auf persönlichem wie beruflichem Gebiet zu unterdrücken.

12 Daniel Shepardson und Edward Pizzini, »Gender Bias in Female Elementary Teachers' Perceptions of the Scientific Ability of Students«, *Science Education* 76, Nr. 2, 1992, S. 147–53; Meredith Kimball, »A New Perspective on Women's Math Achievement«, *Psychological Bulletin* 105, Nr. 2, 1989, S. 198–214

13 Sadker und Sadker, *Failing at Fairness,* S. 96

14 Delores Gold, Gail Crombie und Sally Noble, »Relations between Teachers' Judgements of Girls' and Boys' Compliance and Intellectual Competence«, *Sex Roles* 16, Nr. 7–8, April 1987, S. 351–58

15 Sadker und Sadker, *Failing at Fairness,* S. 156–59

16 Ebenda. Obwohl ich dieses Buch ausgiebig zitiere, möchte ich es hier in seiner Gänze allen Eltern ans Herz legen. Jeder sollte diese erleuchtende, abschreckende und gut recherchierte Abhandlung über amerikanische Schulen und ihr Verhalten gegenüber Mädchen lesen.

17 Ebenda, S. 196

18 Ebenda

19 Alice Baumgartner Papageorgiou, »My Daddy Might Have Loved Me: Students' Perceptions of Differences between Being Male and Being Female«, unveröffentlichtes Manuskript, Institute for Equality in Education, University of Colorado at Denver 1982.

20 Sadker und Sadker, *Failing at Fairness,* S. 84

21 Ebenda, S. 85

22 Ebenda, S. 197–225

23 Kyle Pruett, »Nurturing Dads and the Kids Who Love Them«, Zeitschrift *Child,* Juni–Juli 1995, S. 115. Mütter wurden als gute Lehrerinnen bezeichnet, aber Väter neigten dazu, Lerninhalte mittels Spielen zu vermitteln.

Kapitel 6: Aber ich habe mich so weibisch benommen

1 Nicky Marone, Gute Väter – selbstbewußte Töchter, S. Fischer Verlag, Frankfurt 1992

2 Ross D. Parke und D. B. Sawin, »The Family in Early Infancy: Social Interactional and Attitudinal Analyses«, in F. A. Pederson, Hrsg., *The Father-Infant Relationship: Observational Studies in the Family Setting,* Praeger, New York 1980

3 Kyle Pruett, »Nurturing Dads and the Kids Who Love Them«, Zeitschrift *Child,* Juni–Juli 1995, S. 117

4 Andrée Pomerlau u. a., »Pink or Blue«, S. 338–359 (siehe Kap. 1, Nr. 11). In *Failing at Fairness* erzählen David und Myra Sadker die Geschichte eines Vaters, der seinem Sohn nicht erlaubte, mit einem Spielzeugtelefon zu spielen, das er geschenkt bekommen hatte, weil es rosafarben war.

5 Timothy W. Gallwey, *The Inner Game of Tennis,* Random House, New York 1986

6 Betty Edwards, *Drawing on the Right Side of the Brain*, Tarcher, Los Angeles 1979

7 Nicky Marone, Gute Väter – selbstbewußte Töchter, S. 198–202

Kapitel 7: Der richtige Umgang mit den Medien

1 Mindy Bingham und Sandy Stryker mit Susan Allstetter Neufeldt, *Things Will Be Different for My Daughter*, Penguin Books, New York 1995, S. 219. Dies wurde vor kurzem von der Agentin für Drehbuchautoren Carolyn Hodges von der Carolyn Hodges Agency bestätigt.

Kapitel 8: Nicht nur für Jungen

1 Sharon Begley, »Your Child's Brain«, *Newsweek*, 19. Februar 1996, S. 54–62

2 Diese Ideen beruhen ebenso wie die nachfolgenden in diesem Kapitel auf denen von Peggy Kaye in *Games for Math*, Pantheon, New York 1988, vorgestellten.

3 Amy Sullivan, Ellen Snee und Katie Weinger, *High Hopes, Long Odds*, Indiana Youth Institute, Indianapolis 1994

4 National Science Foundation, *Women and Minorities in Science and Engineering*, National Science Foundation, Washington, D.C. 1990

5 Susan McGee Bailey, »Women and K-12 Science and Mathematics Education«, Aussage vor dem Unterausschuss für Energie, Repräsentantenhaus, Washington D.C., 28. Juni 1994, und Wellesley College Center for Research on Women, *How Schools Shortchange Girls*, S. 24–33

6 Greenberg-Lake, S. 10 (siehe Kap. 1, Nr. 13)

7 Bailey, S. 24–32

8 Robert D. Hess und Irene T. Miura, »Gender Differences in Enrollment in Computer Camps and Classes«, *Sex Roles* 13, Nr. 200–201, 1985, S. 193–203; Marlaine E. Lockheed, »Women, Girls and Computers: A First Look at the Evidence«, *Sex Roles* 13, Nr. 117, 1985; Carole Nelson und J. Allen Watson, »The Computer Gender Gap: Children's Attitudes, Performance and Socialization«, *Journal of Educational Technology Systems* 19, Nr. 4, 1990/91, S. 345–53; June Mark, »Beyond Equal Access: Gender Equity in Learning with Computers«, Women's Educational Equity Act Publishing Center, Juni 1992, S. 1–8. Zitiert in Sadker und Sadker, S. 122.

9 Sadker und Sadker, S. 123

10 Telefoninterview mit Dr. Kristen Yount, Professor für Soziologie an der North Kentucky University, 14. November 1996.

Kapitel 9: Sich die eigene Sicherheit zu Herzen nehmen

1 Die für die Rolle als Übeltäter ausgewählten Personen sind speziell dafür ausgebildet. Sie müssen sich als Erstes einem psychologischen Test unter-

ziehen. Zusätzlich dazu müssen sie im Besitz des Schwarzen Gürtels sein. Nach dem Auswahlverfahren legen sie den »Anzug« an – eine eigens zu diesem Zweck entworfene Schutzkleidung einschließlich Helm und Manschetten. Danach werden sie in einem sechsmonatigen Lehrgang ausgebildet, bevor sie mit den Kursteilnehmerinnen in Berührung kommen.

»Unsere Übeltäter werden angewiesen, den Angriff erst dann zu beenden, wenn mindesten ein K.o.-Schlag gegen sie geführt wurde«, sagte Bill Kipp, einer der »Übeltäter« und selbst Ausbilder. »Oftmals bitten wir die Kursteilnehmerinnen, zwei oder drei oder sogar noch mehr harte Schläge zu verabreichen, bevor wir aufgeben. Wir wissen, dass wir ihnen nicht dienen, wenn wir frühzeitig aufgeben, da ein echter Angreifer dies bestimmt nicht tun würde, und sie vielleicht um ihr Leben kämpfen. Von Kursteilnehmerinnen, die tatsächlich überfallen wurden, wurde uns gesagt, dass die echten Angreifer leichter niederzuschlagen waren als wir. Wenn wir das hören, wissen wir, dass wir gute Arbeit geleistet haben.«

2 Elizabeth Debold, Marie Wilson und Idelisse Malave, *Mother/Daughter Revolution*, Addison-Wesley, New York 1993, S. 37. Die Statistiken weichen aus mehreren Gründen voneinander ab. Die Zahlen schwanken erheblich, je nachdem, wie der Untersuchende Missbrauch definiert.

Kapitel 10: Die Geißel der Pubertät

1 Margaret Eisenhart, »The Culture of Romance and the Myth of Gender Neutrality« Rede beim YMCA Mother-Daughter Brunch, Boulder, Colorado, 25. Januar 1997

2 Dorothy C. Holland und Margaret A. Eisenhart, *Educated in Romance: Women, Achievement and College Culture*, University of Chicago Press, Chicago 1990, S. 4

3 Elizabeth Debold, Marie Wilson und Idelisse Malave, *Mother/Daughter Revolution*, Addison-Wesley, Reading, Mass. 1993, S. 74

4 Janet Kuebli und Robyn Fivush, »Gender Differences in Parent-Child Conversations about Past Emotions«, *Sex Roles* 27, Nr. 11–12, 1992, S. 683–98

5 Schulman Yankelovich, *Girls' Schools Alumnae: Accomplished, Distinguished, Community-Minded*, National Coalition of Girls Schools, 1990. Zitiert in Sadker und Sadker, S. 233

Bibliographie

Bingham, Mindy and Sandy Stryker, Things Will Be Different for My Daughter, New York, Penguin, 1995

Brown, Lyn Mikel and Carol Gilligan, Meeting at the Crossroad, New York, Ballantine,1992

Carlip, Hillary, Girl Power: Young Women Speak Out!, New York, Warner Books, 1995

Chernin, Kim, The Hungry Self: Women, Eating and Identity, New York, Times Books, 1985

Debold, Elizabeth, Marie Wilson and Idelisse Malave, Mother/Daughter Revolution: From Betrayal to Power, Reading, Mass., Addison-Wesley, 1993

Eagle, Carol J. and Carol Colman, All That She Can Be, New York, Simon & Schuster, 1993

Faludi, Susan, Backlash: The Undeclared War Against American Women, New York, Crown, 1991

Gilligan, Carol, In a Different Voice, Cambridge, Mass., Harvard University Press, 1982

Goleman, Daniel, Emotional Intelligence, New York, Bantam, 1995 (dt. Emotionale Intelligenz, München, dtv, 1997)

Holland, Dorothy C. and Margaret A. Eisenhart, Educated in Romance: Women, Achievement and College Education, Chicago, University of Chicago Press, 1990

Kaye, Peggy, Games for Math: Playful Ways to Help Your Child Learn Math from Kindergarten to Third Grade, New York, Pantheon, 1987

Mackoff, Barbara, Growing a Girl: Seven Strategies for Raising a Strong and Spirited Daughter, New York, Dell, 1996

Marone, Nicky, How to Father a Successful Daughter, New York, McGraw-Hill, 1988 (dt. Gute Väter – selbstbewußte Töchter, Frankfurt a. M., Fischer, 1992)

Marone, Nicky, What's Stopping You? Overcome Learned Helplessness and Do What You Never Dreamed Possible, New York, Simon & Schuster, 1992

Orbach, Susie, Fat Is a Feminist Issue II, New York, Berkley, 1986

Pipher, Mary, Reviving Ophelia: Saving the Selves of Adolescent Girls, New York, Ballantine, 1994 (dt. Pupertätskrisen junger Mädchen, Frankfurt a. M., Fischer 1999)

Pogrebin, Letty, Growing Up Free, New York, McGraw-Hill, 1980

Rosenberg, Morris, Conceiving the Self, New York, Basic Books, 1979

Sadker, David and Myra, Failing at Fairness: How America's Schools Cheat Girls, New York, Scribner, 1994

Seligman, Martin, Learned Optimism, New York, Random House, 1991

Skolnick, Joan, Carol Langbort and Lucille Day, How to Encourage Girls in Math and Science, Englewood Cliffs, N.J., Prentice-Hall, 1982

Solinger, Ricki, Wake up Little Susie: Single Pregnancy and Race before Roe v. Wade, New York, Routledge, 1992

Tavris, Carol, The Mismeasure of Woman, New York, Simon & Schuster, 1992

Wolf, Naomi, The Beauty Myth: How Images of Beauty Are Used Against Women, New York, Doubleday, 1991 (dt. Der Mythos Schönheit, Reinbek, Rowohlt 1991)

Nicky Marone

Gute Väter – Selbstbewußte Töchter

Die Bedeutung des Vaters für die Erziehung

Aus dem Amerikanischen von Erna Tom

Band 12224

Jüngsten Forschungsergebnissen zufolge läßt sich das Selbstbewußtsein von Mädchen zum Teil darüber messen, wie interessiert sie an Mathematik sind. Das entspricht der zentralen These des Buches. Beschrieben werden alltägliche Situationen, über die man sich normalerweise keine Rechenschaft ablegt.

So ist es folgerichtig, daß ein Vater, der seine Tochter vor allem wegen ihres Äußeren lobt oder kritisiert, bei dem Mädchen den Eindruck hinterläßt, daß Schönheit das wichtigste Kriterium bei der Bewertung einer Frau ist. Dagegen wird bei einem Vater, der seine Tochter zu allen technischen Reparaturarbeiten hinzuzieht und ihr die Zusammenhänge erklärt, für die Heranwachsende deutlich, daß sich solche Fertigkeiten durchaus mit Weiblichkeit vereinbaren lassen. Mancher Vater wird sich durch dieses Buch selbst erst richtig kennenlernen und vielleicht sein Verhalten Frauen gegenüber einer generellen Prüfung und Wandlung unterziehen.

Fischer Taschenbuch Verlag

fi 814 / 8

Regine Schneider

Gute Mütter arbeiten

Ein Plädoyer für berufstätige Frauen

Band 13623

Schuldgefühle – wohl jede berufstätige Mutter hat sie. Frauen fühlen sich als schlechte Mütter, wenn sie ihre Kinder nicht rund um die Uhr selbst betreuen. Dies, so drohen Experten, verursache Fehlentwicklungen und Persönlichkeitsstörungen. Der Mythos, daß eine gute Mutter zu ihrem Kind gehöre, diszipliniert alle Mütter und beordert sie, vor allem wenn Arbeitsplätze knapp werden, zurück in die Küche.

Die Autorin räumt umfassend und gründlich mit diesem Muttermythos auf und weist nach, daß Kinder zufriedene Mütter brauchen, die eigene Interessen haben. Kinder benötigen verschiedene Bezugspersonen, den Kontakt zu anderen Kindern und ihren eigenen Freiraum. Das Fazit: Kinder berufstätiger Mütter sind selbstbewußter, selbständiger und verantwortungsvoller als Kinder von Vollzeitmüttern.

Fischer Taschenbuch Verlag

fi 782 / 6

Regine Schneider

Krisen als Chancen

Zur Bewältigung scheinbar auswegloser Situationen

Band 14084

Das Gefühl kennen populäre Spitzensportler ebenso wie stille Angestellte, Models und Politiker ebenso wie Hausfrauen und Mütter:
Die Angst, vor einer großen Leere zu stehen, vor Veränderungen, die
dazu zwingen, den Lebensplan von einem Tag auf den nächsten völlig umstellen zu müssen, die Angst vor dem Leben »danach«. Der
Abschied von einer Sache, mit der man sich völlig identifiziert hat,
ob im Beruf oder im privaten, ist sehr schmerzhaft. Dabei geht es
einer Monica Seles, die nach der Attacke eines Fanatikers zwei Jahre
nicht mehr ihrem Beruf nachgehen konnte, nicht anders als dem
Arbeitnehmer vor dem Ruhestand, einer prominenten Mutter wie
Isabel Allende nach dem Tod ihrer Tochter nicht anders, als dem, der
nach langjähriger Partnerschaft plötzlich allein ist: Was tun, wenn das
alte Leben unwiderruflich vorbei ist und das neue noch nicht begon-
nen hat? Regine Schneider zeigt, daß die Angst vor einem Neuan-
fang ganz verständlich ist. Entscheidend aber ist, diese Angst anzunehmen und zu überwinden.

Fischer Taschenbuch Verlag

Regine Schneider

Powerfrauen

Die neuen Vierzigjährigen

Band 12946

Natürlich ist die Mitte des Lebens mit Veränderungen verbunden. Auch mit unangenehmen. Die Krise, die viele Frauen während dieser Zeit erfaßt, wird heute jedoch zur bewußten Bilanzierung genutzt. Sie wird als Chance begriffen, Weichen anders zu stellen, und als Möglichkeit, etwas Neues anzufangen. Viele Frauen stellen um 40 ihr bisheriges Leben völlig in Frage, beginnen eine Therapie, lassen alte, unbrauchbare Muster hinter sich und finden heraus, was ihnen persönlich am besten entspricht. Sie stellen sich Entscheidungen, packen Probleme an und finden ein neues Selbstbewußtsein. In der Folge lassen sie oft verkrustete Beziehungen hinter sich, leben allein oder gründen erst jetzt eine Familie. Sie verabschieden die Kinder aus dem Haus oder bekommen ihr erstes Baby. Sie geben eine Karriere auf oder legen nach der Familienpause erst richtig los. In Protokollen erzählen Frauen von ihren Veränderungen, ihren Krisen und was sie daraus gemacht haben. Dazu gehört jeweils ein Theorieteil, der sich mit der Bedeutung der Lebensmitte, mit Themen, die in dieser Zeit anstehen, befaßt.

Fischer Taschenbuch Verlag

Claudia Bepko/Jo-Ann Krestan

Das Superfrauen-Syndrom

Vom weiblichen Zwang, es allen recht zu machen

Aus dem Amerikanischen von Gabriele Herbst

Band 12268

Die Anstrengung, die Erwartungen von Gesellschaft, Familie, Arbeitswelt, Freunden etc. zu erfüllen – also all das zu tun, was traditionell erwartet wird – führt im Leben vieler Frauen nicht zu Anerkennung und Selbstbewußtsein, sondern eher zum Gegenteil. Dieses Paradoxon und seine Folgen für die einzelne Frau sowie die Möglichkeiten von Veränderungen und Befreiung werden von den Autorinnen anhand zahlreicher Beispiele dargestellt. Das Buch wird ergänzt durch einen Anhang, in dem typische Krisensituationen in Form von Fragen und Antworten veranschaulicht und Lösungsmöglichkeiten angeboten werden.

> *»Ein wundervoll kluges und außerordentlich nützliches Buch, das hilft, die Arbeit in Angriff zu nehmen, die es bedeutet, Frau zu sein.«*
> Harriet Goldhor Lerner

Fischer Taschenbuch Verlag

Eva Wlodarek

Mich übersieht keiner mehr

Größere Ausstrahlung gewinnen

Band 14458

Sie wird umschrieben als »ein geheimnisvoller Zauber«, »das gewisse Etwas, das Menschen auf uns aufmerksam macht« oder als »eine Art Harmonie«. Und obwohl sie für jeden im Detail etwas anderes bedeutet, so wissen wir doch alle: Unsere positive Ausstrahlung bestimmt unser Auftreten. Mit ihr steht und fällt unsere Wirkung auf andere, sie ist damit die Voraussetzung für Erfolg in allen Bereichen des Lebens.

Doch wer ist schon richtig glücklich mit seiner Ausstrahlung? Frauen jeder Bildungsstufe, jeder Altersgruppe und jeglichen Aussehens haben Probleme. Sie zweifeln an sich selbst und an ihrer Wirkung auf andere. Sie stellen ihr Licht unter den Scheffel. Sie sind sich ihrer eigenen Wirkung nicht bewußt und reagieren mit Staunen, wenn sie ein positives oder negatives Feedback bekommen.

Die Autorin bietet das psychologische und praktische Know-how, um an der eigenen Ausstrahlung zu arbeiten. In zehn Schritten lernen Sie, Ihre persönliche Ausstrahlung zu entwickeln.

Fischer Taschenbuch Verlag

Eva Wlodarek

Den richtigen Mann finden

Sechs Schritte zur passenden Partnerschaft

Band 14080

Ob wir den Mann fürs Leben finden, liegt nicht an den äußeren
Umständen, sondern vielmehr an uns selbst. Haben wir möglicherweise »blinde Flecke«? Kennen wir uns nicht gut genug?
Leiden wir an einer unbewußten Zwiespältigkeit? Verlieben wir
uns immer in den Falschen, oder fehlt uns das Know-how, einen
Mann kennenzulernen? Das läßt sich ändern!
Eva Wlodareks Programm in sechs Schritten hilft Ihnen, durch
bessere Selbsterfahrung den passenden Partner zu finden. Zu jedem Schritt bietet Eva Wlodarek den Leserinnen Übungen, psychologische Informationen und Ratschläge. Ein Buch für alle, die
ernsthaft Schluß machen wollen mit dem Alleinsein!

Fischer Taschenbuch Verlag